JN222959

子どもと教師の学びと育ち

新時代の探究をひらくポイント 61 ＋ α

溝邊和成

松田雅代・永井毅・長田悠佑　編著

三学出版

はじめに

　本書は，書名からもわかるように，新時代に向けた子どもと教師の学びと育ちに注目しています。教育の営みが学び手と教え手のかかわりによって成り立つことは自明でありますが，そのかたちが常に刷新されていく点に強く意義を感じているからです。その未来姿を見出すきっかけになるべく「探究」に焦点付け叡智を整理・集積してみました。

　「探究」と言えば，最近では総合的な学習（探究）の時間の専売特許となっていますが，「探究」する行為・行動それ自体，人としての生命活動の始まりであり，学びの原点であり，成長のプロセスそのものと言えましょう。もともと，わたしたちの関与する世界は，自然を基底とした社会・文化によって構成されています。そこに人として生きることは，ご承知の通り，それほど容易ではなく，常に「人はいかに生きるか」という問いが沸き起こってきます。その解答を得るための模索の数々は，誕生直後から始まる環境（人・社会・自然）との応答的関係や共創的な関係の構築に他ならないと言えましょう。それゆえに，自らがさまざまな世界を対象化し，積極的に理解を進めるとともに他者とも豊かに交流し合う場が必要になってくると言えます。

　そうなると，多種多様な世界に包まれたわたしたちにとっては，まず個人が主体となり，より自由に探究できるという学び・育ちの力を培う場がなくてはならないでしょう。このことは，歴史的にもさまざま試みられてきたようですが，昨今の保育・教育システムにおいては，「好きな遊び」や「総合」等の設定が，その一つの形式であると考えます。そこに求める姿は，勿論「探し究める」姿であり，自ら設定した問題・課題に対してよりよい解決をめざし，その成果を充足するプロセスが大切にされなくてはなりません。最近では，人工知能等の進化に伴い，社会全体が大きく変化する中で教育のDX化も進み，「学びづくり」それ自体も変化の受容と発展が求められています。だからこそ，当事者も常にさまざまな課題に対して主体的にビジョンをもち，集団型，分散型，いずれの形式においても自律的に解決・達成ができる経験や能力が，これからも重要になってくると考え

ます。このようなオーダーメイド色の強い学びを支える状況は，次のように表現できるでしょう。

　自らが主体となって，いつでも，どこでも始めることができ，さまざまなところにアクセスもできる。それは，どんな些細なことであってもかまわず，日頃から不思議に思っていることや知りたいことにこだわってもよく，自身が納得いくまで繰り返したりする自由が用意されている。また，友だちや身近な知人に限定せず，どこのどんな世代の人ともつながり合って，さまざまな道具を用いながら情報をやり取りし，課題解決に至ったり，目標達成していったりすることが了解され，それが常時可能となる。

　では，自律的で自由度の高い学びを支援できる環境を実現するにはどのように考え，進めていけばよいでしょう。すぐに名案は浮かびませんが，今言える確かな考えとしては，むしろ，上記の学びの様相を念頭に置きつつ，これまでに得られた上質で確かな実践報告や研究事例の知見をていねいに整理し，自己の教育や指導に対する考え方を不断にとらえ直していくことが重要だということです。その際，イメージする整理の観点には，時間的制約の緩和や学習場所の拡張，学習集団の弾力化，課題の個別化といったキーワードが役立ちそうです。そして，それらの省察から，アプローチの組換えや新しいカリキュラム作成に向けた実践的トレーニングに結び付けていくことが最も有効な策に思います。本書は，そのための「探究」を切り口にした機会提供という立ち位置にあると考えています。
　以上のような教師の「学び・育ち」を支援する考えを踏まえ，本書編集におきましては，次のようにしています。
　第1章では，「幼児期の学びをとらえる」として保育場面の「遊び」に見られる"学び"に着目しています。続く第2章を「幼児期から児童期前期の生活科へ」と設定し，幼児期とのつながりを大切にした生活科の「探究」を追いかけています。第3・4章には，「総合で学びが豊かになる」として前者では「社会の課題」「個人の取り組み」に焦点付け，後者では総合における「探究」のありようを事例的に集

めています。さらに第5章では，「児童期の科学的問いを探る」として，いわゆる小学校時代の子どもの自然事象に対する興味・関心や疑問・問題を取り上げています。「諸外国と結ぶ」とする第6章では，諸外国と日本の教育比較をしつつ，学び・育ちのあり方について，その一端にふれるようにしています。そして，最終となる第7章においては「教員養成・育成に向かう」として教え手の学び（探究）について報告しています。

　各章では，実践事例の後に，特別寄稿を用意しています。第1・2章，第3・4章，第5・6章，第7章を区切りとした関連コラムも併せ，補足・発展のある読書探究が可能となるようにいたしました。また，本書の最後には，推薦図書の解説も加え，本書で扱う内容の関連情報として役立つことを期待し，設定しています。

　このように，「探究」を手がかりに，これからの子どもの「学び・育ち」をより確かにするため，本書全体61+αにわたって，自律的で可動性のある学びのとらえ方，支援の仕方，また指導者へのサポートの方法について熟考する教師の「学び・育ち」の場といたしました。したがって，本書活用の方法としては，具体的な探究のカリキュラム作成や実践化に向けた指南書的扱いに加え，教員養成系の大学テキスト風に学生とともに教育活動の基礎理解として読みを深めるのもよいかと思います。また，研究会等で読み合わせ，「新時代の学び・育ちのゆくえ」を議論するのも面白い取り組みとなるでしょう。いずれにせよ，本書が常に読者の手元にあり，ご自身の教育のよりどころになったなら，筆者たちにとって，この上ない喜びです。

　末尾になりましたが，ご多忙の中，執筆いただいた多くの現職の先生方にお礼申し上げるとともに寄稿いただいた大学教員の皆様に心より感謝いたします。また，三学出版の中桐様には，一連の出版作業におきまして，多大な尽力を賜りましたことをここに記し，感謝の意を表します。

2024年7月

編著者代表　溝邊和成

〜〜〜　推薦の言葉　〜〜〜

　本書を読み始めた瞬間から，永遠のテーマとも言える「教育」に，長きにわたって情熱を持ち，あくなき研鑽を積まれてこられた方々の叡智が集まったものであるとすぐにわかる。なぜか。「教育」のど真ん中にある「子ども」と「教師」の「学び・育ち」，その物語をどう語るのか，どう綴っていこうとしているのか，暗中模索の中にありながら，わずかな到達点を丁寧に紡いでいる雰囲気が感じられるからだ。読者になろうとするあなたなら，そればかりか，何度も読み返していく価値もわかるだろう。久々に出会った厚みを，私は大いに推薦する。

　　　野田敦敬（愛知教育大学学長／日本生活科・総合的学習教育学会第9期会長）

　今日，さまざまな点で「教育」の未来が懸念される。それは，人間の未来についての懸念であり，その基盤となる地球規模の環境についての心配でもある。すでに事態は危機的な状況にあると言っても過言ではないだろう。一方，このような課題に対する希望の光もまた「教育」である。本書はその希望を現実にしていく一つの挑戦である。叡智と思いや願いに溢れた本書をきっかけとして，議論や取組が活発に前進し，よりよい未来へと続くことを願い，本書を推薦したい。

　　　朝倉　淳（広島大学名誉教授／日本生活科・総合的学習教育学会第10期会長）

　本書のキーワードである「探究」については，いくつかの英訳が当てはまると言う。一つは，「inquiry」，問い続けるという意味がある。二つは，「quest」，探し求めることや追い求めることを意味する。そして，三つめは，「authentic learning」。「authentic」は真正の，正真正銘のなどの意味をもつ。思いや願いを実現しようと没頭し集中すること，課題の解決に向けて本気で真剣に学び続けること，そんな子供の姿が期待されている。本書を通して，「探究」を実現する要因が鮮明になることを願っている。

　　　田村　学（文部科学省初等中等教育局主任視学官／元國學院大學教授）

― 目　次 ―

第3章　総合で学びが豊かになる I（個人・社会にひらく）　… 101

第4章　総合で学びが豊かになる II（探究すること）　……… 153

第7章　教員養成・育成に向かう……………………………………… 303

第1章

幼児期の学びをとらえる

「アサガオ・水・音」をどう受け止める？

稲井　雅大

1　はじめに

　昨今，幼児期における教育は，生涯にわたる学びと資質・能力の向上に大きく寄与するものとして，改めてその重要性が世界に認識されてきている。各国において小学校入学前にも 1 年間の無償で義務的な教育を提唱することが奨励された世界教育フォーラム 2015「仁川宣言」は，その証左ともいえよう。

　日本においては「幼児期の終わりまでに育ってほしい 10 の姿」が示された。そこでは科学的な育ち・学びにかかわる「思考力の芽生え」「自然との関わり・生命尊重」も挙げられており，幼小接続期における科学教育の実践的な課題も方向付けられつつある。しかし，幼小接続期の科学教育については小学校第 3 学年から始まる理科学習まで明示されておらず，「幼児期に育まれた『見方・考え方』や資質能力を，徐々に各教科等の特質に応じた学びにつなげていく時期」と述べるに留まっている。一方，大阪市では平成 25 年より「系統的な生活科・理科の教育内容の検討，モデルカリキュラム策定に係る研究」が行われ，低学年の実践も提案されてきた。溝邊ら（2016）は，低学年期における探究的能力育成を保障する取り組みの検討が，今後も引き続く課題であるとして報告している。

2　実践の目的・方法

（1）目的

　小学校低学年期における科学的な探究能力育成のための授業改善に着目する。具体的には小学校第 1・2 学年で「あさがお」「水」「オルゴール」を教材とした実践の分析・検討を行い，そこで科学に対して表れる興味・関心や疑問・問題意識を明らかにすることを目的とした。

（2）対象者と授業教材

①教材：あさがお

対象：大阪府内のN小学校1年生（31名）

時期：2013年5〜7月（全7時間）

方法：生活科「きれいにさいてね」のあさがおを継続的に栽培する活動を通して，生育条件に関する考えの変容について分析評価する。

②教材：水

対象：大阪府内のN小学校2年生（31名）

時期：2014年5〜6月（全5時間）

方法：雨樋を用いて水を流し，サイズの違うPETボトルを倒すゲーム風の活動を行う。条件制御をする中で，水の勢いを強くするため雨樋の形状や置き方をどうすればよいかという考えの変容について分析評価する。

③教材：オルゴール

対象：大阪府内のN小学校1年生（72名），2年生（55名）

時期：2018年5月（全8時間）

方法：オルゴール（図1）を教室の様々な場所に置き，置く場所の素材や形によって音の響きが変化することを明らかにする活動を通して，その気付きを学年ごとに分析評価する。

図1 オルゴール

3　授業実践の成果

（1）あさがおを教材にした授業について

　導入時における話し合いで得られたあさがおの生育条件は表1に示す通りに，場面ごとに集計した支持人数の結果は，表2のようになった。① 5/14では，D（応援歌）を支持する児童がクラス全体の約3割（9名）にのぼり，最も人数が多かった。反対に，E（肥料）は最も支持人数が少なかった。③ 7/13では，D（応援歌）の支持者はなくなり，E（肥料）には約8割25名が認識していたことがわかった。また，A（日光）については，② 6/6の時点で急激に人数が増え，その後の③ 7/13で全員が支持している。B（水）も① 5/14では，1割程度の支持だったが，

4

② 6/6 では，約半数が支持し，最終的には 8 割近くの人数に増えている。そして，単元の終わりには，「日光，水，肥料」が概ね必要だという考えに達することができた。児童のつぶやきとして「幼稚園の時に屋上で花を育てていたよ。」「毎日じょうろで水をあげていたね。」等，栽培活動の経験を思い出す内容が聞かれた。このような児童のつぶやきを瞬時にキャッチし，全員で共有することで生育条件を考え直すきっかけにもなった。幼児期の経験は小学校第 5 学年になってからの理科「植物の発芽と成長」ではなかなか出にくいと思われる。そういった意味でも，低学年期に改めて思考を働かせた経験としておくことは非常に意味のあることだと考える。しかし，これまでに理解のプロセスとして，全ての観点において同時期に理解が進むのではない点が示唆されていることより，個々の幼児期の栽培活動体験の違いや思考の流れの違いが作用していると考えられる。

表 1　児童が考えた成育条件

A	お日さまがたくさん当たるようにする
B	水をたっぷりあげる
C	水をあげない
D	応援歌をたくさん聞かせる
E	肥料をあげる

表 2　生育条件に対する支持人数　（N=31　表内の A ～ E は，表 1 の内容を示す）

	A	B	C	D	E
① 5/14	6	4	4	9	1
② 6/ 6	28	16	0	4	7
③ 7/13	31	24	0	0	25

（2）水を教材にした授業について

　長さや幅の違う様々な雨樋を用意し，水の力を比較することができる装置を作成した。それらを使って選択・吟味・比較する思考活動を行い，実際の体験活動の中で振り返りながら活動を修正し，自分の思いを実現するよさを感じることができるようにワークシートや意見交流といった表現活動を通して互いの考えを交流・吟味・検討し，班の考えをまとめて活動へつなげていくことができるようにした。意見交流の場面では，これまでの経験（就学前の樋遊び，川遊び等）が多

く出され，活発な話し合いとなった。

　活動後には水の様々な特性に気付き，水のエネルギーとその変化に対するバリエーションある気付きを高めることができた（表3）。条件制御をすることで遊びの中でも科学的思考が働き，水の特性を理解することができるということが分かった。

表3　流れる水を強くする条件に対する支持人数　（N=31　複数回答）

方法	樋を長くする	角度をつける	滝状に流す	広くする	細くする	短くする	上から流す
①活動前	5	8	5	2	3	5	3
②活動後	8	31	0	22	0	0	0

（3）オルゴールを教材にした授業について

　活動をとおして，幼児期の音遊びを想起する児童が多く，「大太鼓の上に乗せたい。」「ピアノの上に置くと大きい音がなると思う。」といった意見が出た。1年生は置く場所によって音が変化することに気付いたものの，音の大小や美しさのみに着目する児童が多く，置く場所の素材の違いに気付く児童はいなかった。しかし，2年生では，音の響きや震えに気付くだけでなく，置く場所の素材による音の違いにまでも気付く児童が16.7％いた。年齢が高くなるほど単に音の聞こえ方だけでなく，その響きや震え，発信源の素材にまで着目できるようになることが言え，1年生に比べて2年生の方が，より音の震えに対する気付きが増えるということが明らかになった（表4）。

表4　オルゴールをいろいろな場所に置いた時の気付き（%）

	無回答	大小	美しさ	響き	震え	置く場所	素材
1年生(n=72)	4.2	86.1	54.2	34.7	0	0	0
2年生(n=55)	1.4	34.7	30.6	43.1	2.8	16.7	16.7

6

4 示唆されること

　3つの実践全てにおいて，活動中に幼児期の経験を想起する発言が多く出された。その内容は日常の遊びの場面が多く，一人が発言した後，同じような経験に基づき会話を広げていく姿が見られた。教師が「幼稚園の時に似たようなことしなかった？」等と声かけをすることで，さらに目の前の現象と遊びの経験を結びつけて考える姿も多く見られた。

　今後は遊びの生活経験と関連付けて科学的思考を働かせることで，幼児期の経験が科学的根拠を伴う理解につながり，その理解に基づいた理科授業の展開を精査することが求められる。そして科学教育の幼小接続期カリキュラムの作成や授業デザインを開発し，その効果検証を行う必要がある。

注　本稿は，下記の3編の内容に基づき，作成している。
稲井雅大・溝邊和成（2017）低学年期の科学的な探究能力を育む授業の試み〜小学校第1学年「あさがおのひみつ」を事例として〜，日本理科教育学会福岡大会論文集, 235.
Inai M., Mizobe K. (2018) "The Idea of Science Activities to Nurture the Early Scientific Thinking Attempt of Science Lessons (6-8 years old) with Sound", PECERA（Pacific Early Childhood Education Research Association）, Abstract Book, 41.
Inai M., Mizobe K. (2018) "The idea of Science Activities to Nurture the Early Scientific Thinking Attempt of Science Lessons (6-8 years old) with Water " EECERA（European Early Childhood Education Research Association）, Abstract Book, 235.

引用・参考文献
溝邊和成・藤倉憲一（2016）小学校低学年期における科学的探究，日本理科教育学会第66回全国大会論文集, 93.
中央教育審議会教育課程部会幼児教育部会（2016）「幼児教育部会における審議の取りまとめについて（報告）
　https://www.mext.go.jp/b_menu/shingi/chukyo/chukyo3/057/sonota/__icsFiles/afildfile/2016/09/12/1377007_01_4.pdf　最終閲覧日：2023.11.25
日本ユネスコ国内委員会（2015）「仁川（インチョン）宣言
　https://www.mext.go.jp/unesco/002/006/001/shiryo/attach/1360521.htm
　最終閲覧日：2023.11.25

岩本　哲也

1.2 「幼児と児童，学びに違いがあるのか」にせまる

1　はじめに

　平成 29 年改訂の幼稚園教育要領，小学校学習指導要領では，幼児期での学びの芽生えから児童期での自覚的な学びへと連続させるカリキュラムの充実が図られている。そうした動きに伴い，最近では，幼児・児童の認知発達を踏まえた研究を模索する形で諸感覚に着目した基礎的研究が見られる。岩本等 (2018)，岩本・溝邊 (2019) のように，諸感覚でとらえた自然事象を様々な方法で表すことを通して，より豊かな科学概念の形成へと向かうなどの報告がある。しかしながら，幼児・児童を対象とした実践的事例の縦断的な検討数は，それほど多くない。

　そこで，子どもが共通の自然事象に対してどのように諸感覚を働かせ，そして，諸感覚を働かせながらどのような学びを成立させていくかを年齢ごとに詳述し，「幼児と児童，学びに違いがあるのか」にせまる。

2　実践例 1「大太鼓の音はどこから出て，どのように伝わるの？」

(1) 目的・方法

　子どもの「音理解」を表した描画事例 (絵や言葉によって示された作品) を検討することを目的とした。4 歳児クラス 24 名，5 歳児クラス 25 名，小学校 1 年生 29 名，2 年生 17 名，3 年生 23 名を対象とし，以下の手順で調査した。

　そして，幼児，児童が表現した音が伝わる様子を，線の本数・種類・通り道，色，言葉ごとに分類とともに個数を数え，1 回目と 2 回目で比較し，分析した。

(ⅰ)　指導者が鳴らす大太鼓の音を聞き，大太鼓の音がどこから出て，どのように伝わってくるのか，線と色，言葉で表現する (1 回目)。
(ⅱ)　(ⅰ) をもとに，聞く場所を変えたり，床や壁を触ったりするなどして，大太鼓の音を調べる。
(ⅲ)　(ⅰ) 同様，線と色，言葉で表現する (2 回目)。

（2）結果・考察

①線の本数

　子どもの作品（図1）をもとに，線の本数の変化を比較した。線の本数が増加した4歳児は11名(45.8%)，5歳児10名(40.0%)，1年生14名(48.2%)，2年生8名(47.1%)，3年生11名(47.8%)であった。どの年齢にも見られた本数の増量変化は，（ ii ）の活動に基づく音の量や広がり等の表現と解釈される。

図1　4歳児Aの作品例（左：1回目，右：2回目）

②線の通り道

　線の通過場所を上・中・下・地面の4つに分け，どの部分を通っているか調べた（表1）。増加させた割合は，1年生16名(55.2%)で最も多かった。

表1　線の通り道の比較　　　　　　　　　　　　　n = 118

変化	4歳児 (24名)	5歳児 (25名)	1年生 (29名)	2年生 (17名)	3年生 (23名)
増加	10	5	16	8	10
無し	9	15	8	7	8
減少	5	5	5	2	5

表内の数値は，人数を示す。

③線の種類

　音を曲線で表現する作品が見られたので，曲線に着目して比較した。（ i ）の時に曲線を描いた4歳児は17名(70.8%)，5歳児19名(76.0%)，1年生21名(72.4%)，2年生16名(94.1%)，3年生22名(95.7%)だった。（ ii ）の活動後，直線から曲線に変わった割合が最も高かったのは5歳児(24.0%)で，波数が増加した割合が高かったのは3年生(52.2%)だった。

④色と言葉

（ⅰ）の時に複数の色で表現した割合が各クラスで最も多く，特に第2学年では14名(82.4％)であった。色を増加させた割合は，各クラス20％～45％で，（ⅱ）の活動をもとに，場所による音の聞こえ方の違いを表現したと思われる。

言葉の変容が最も見られたクラスは1年生25名(86.2％)であった。「ドーン」から「ドドドドーン」や「ドーンドーンドーン」などの変容が見られ，（ⅱ）の活動に基づく音の振動や広がりの表現と考えられる。

3　実践例2「土と水にどのように働きかける？」

（1）目的・方法

5歳児クラス8名，小学校2年生16名，5年生17名を対象に，「流れる水の働きと土地の変化」(小学校第5学年理科)につながる「土と水を使った遊び」を扱った。土や水に働きかける子どもの行動をもとに，諸感覚を働かせる姿を分析し，その特徴を明らかにすることを目的とした。

水道が近くにある砂場に，じょろ，洗面器，バケツ，ホース(2m)，雨樋(1.5m)，塩化ビニルパイプ($1.5m×\phi 65mm$，$1.5m×\phi 50mm$)，パイプ接続部品(L字型，T字型)といった7種類の教材を用意し，約30分間活動を設定した。なお，各クラスの実践の日時は異なり，5年生に対しては「流れる水の働きと土地の変化」の学習前に行った。映像で記録した「土と水」に働きかける行動を基に，本研究関係者5名で，子どもが「土」のどの部分に着目し，諸感覚(視覚，触覚，嗅覚，聴覚)をいかに働かせているかを分析した。そして，諸感覚をどのように活用しながら探究しているか，時系列に整理した。探究過程に見られる諸感覚の活用パターンを分類し，5歳児，2・5年生での人数を比較した。

（2）結果・考察

土を対象とする視覚，触覚の活用は複数の観点でとらえていたことを踏まえ，土を対象とする感覚の活用を時系列に整理し，活用パターンを分類した(表2)。

視覚，触覚，複数感覚(視覚と触覚)の活用を繰り返す「反復」(タイプA)，繰り返しながら視覚や触覚の活用が加わる「反復⇒追加」(タイプB)に分類するこ

表2 「土」の探究過程に見られる感覚の活用パターン

タイプ	5歳児 5名	2年生 13名	5年生 16名
A： 【反復】			
A1： 【視覚(動き)】	2	0	0
A2： 【触覚(湿り気)】	1	0	0
A3： 【複数感覚<視覚(色)と触覚(硬さ, 湿り気)>】	2	0	0
A4： 【視覚(染込み)→複数感覚→視覚(色)→触覚(硬さ→湿り気)】	0	1	0
A5： 【視覚(染込み→色)→触覚(硬さ)→視覚(動き)】	0	0	6
B： 【反復】⇒追加			
B1-1： 【視覚(染込み)→複数感覚→視覚(色)→触覚(硬さ→湿り気)】⇒触覚(温かさ→動き)	0	3	0
B1-2： 【視覚(染込み)→複数感覚→視覚(色)→触覚(硬さ→湿り気)】⇒触覚(温かさ)	0	1	0
B1-3： 【視覚(染込み)→複数感覚→視覚(色)→触覚(硬さ→湿り気)】⇒触覚(重さ)	0	1	0
B2-1： 【視覚(染込み→色)→触覚(硬さ→湿り気)】⇒触覚(動き)	0	3	0
B2-2： 【視覚(染込み→色)→触覚(硬さ→湿り気)】⇒触覚(動き)⇒視覚(動き)	0	3	0
B3： 【視覚(染込み→色)→触覚(硬さ→湿り気→温かさ)】⇒触覚(動き→重さ)⇒視覚(動き)	0	1	0
B4： 【視覚(染込み→色)→触覚(硬さ)】⇒視覚(動き)⇒触覚(重さ)	0	0	1
B5-1： 【視覚(動き→染込み→色)】⇒触覚(湿り気)	0	0	3
B5-2： 【視覚(動き→染込み→色)】⇒触覚(動き)	0	0	3
B5-3： 【視覚(動き→染込み→色)】⇒触覚(重さ)	0	0	2
B5-4： 【視覚(動き→染込み→色)】⇒触覚(湿り気→温かさ)	0	0	1

表内の数値は, 人数を示す。

とができた。また, 様々な共通性や特徴が見られた。具体的に, 反復の過程において, 複数観点での視覚の活用がある場合はすべて「染込み→色」の順序, 複数観点での触覚の活用がある場合はすべて「硬さ→湿り気」の順だった。

他にもタイプA4, B1に見られる「視覚(染込み)→複数感覚→視覚(色)→触覚(硬さ→湿り気)」, タイプA5, B2・3・4・5の「視覚(染込み→色)」, タイプB5の「視覚(動き→染込み→色)」, タイプA4, B1・2・3の「触覚(硬さ→湿り気)」といった共通の過程があった。複数感覚(視覚と触覚)の活用は, すべて「視覚(色)と触覚(硬さ, 湿り気)」の観点だった。タイプBでは, すべての追加部分に触覚の活用が含まれ, 視覚の追加は「動き」だけという特徴があった。

5歳児, 2・5年生でタイプの重なりは見られなかったが, 「反復」の過程が見られたことから, 「反復」が探究過程のベースとなっていると考えられる。5歳

児は全員タイプ A であった。2 年生全員が「視覚 (染込み)」から始まっていることから，土に水が染み込む現象を視覚でとらえることに探究の出発点があるといえる。5 年生は，タイプ A5，B4 のように「視覚 (染込み→色)」でのスタート (7 名：43.8 %)，タイプ B5 のように「視覚 (動き→染込み→色)」でのスタート (9 名：56.3 %) が多かった。すなわち，土に水が染み込む現象を視覚でとらえることから探究が始まる傾向 (2 年生同様) と，流水によって土が侵食・運搬・堆積する現象を視覚でとらえることから始まる傾向があると考えられる。また，全員が「視覚」から始まり，B5 のように「視覚 (動き→染込み→色)」の反復の過程が 9 名 (56.3 %) であったことから，5 年生は視覚を優位に活用しながらも気になる点を触覚活用していくといった特徴があると思われる。

4　示唆されること

　目に見えない「音」に対する，諸感覚を (聴覚，触覚を中心に) 働かせてとらえた多様な表現が 4 〜 9 歳児の全クラスにおいて可能だった。「土と水」への働きかけにおいても，諸感覚を活用した探究過程に共通点や傾向が見られた。今後，児童の実態に応じて，作品の変化と活動の関係性を記述したり，説明したりする場面を設定したり，いくつかの実験あるいは何度も繰り返す実験の用意をしたりする必要があるだろう。本研究実践をもとに，遊び，生活科，理科授業をデザインしたり，個人に応じたアプローチを講じたりすることが，幼児期から児童後期の学びの充実につながると考える。

注　本稿は，以下の内容をもとに作成している。
岩本哲也・溝邊和成・寺西絵美 (2018) 諸感覚を働かせ，自らの考えを生成・変化させる理科授業－小学校第 3 学年「音の性質」(新単元) を事例として－，日本理科教育学会中国支部大会発表要旨集 (67)，25.
岩本哲也・溝邊和成 (2019) 園児・児童の異年齢集団活動における科学的思考に関する基礎的調査－ 5 歳児と小学校 3 年生の交流活動「磁石遊び」を例に－，日本保育学会第 72 回大会発表論文集，919-920.
岩本哲也・溝邊和成・流田絵美・平川晃基 (2019) 4 〜 9 歳児の音理解に関する基礎的調査－描画法による比較を中心に－，日本理科教育学会全国大会発表要旨集 (69)，303.
岩本哲也・流田絵美・平川晃基 (2021) 自然の事物・現象に対する諸感覚の活用に関する分析－ 5 歳児と小学校 2 年生，5 年生を対象にした「土と水で遊ぼう」の活動より－，日本保育学会第 74 回大会発表論文集，664-665.

<table>
<tr><td>1.3</td></tr>
</table>

10 の姿「自然との関わり・生命尊重」を解く

礒野　久美子

1　はじめに

　幼児期は，自分の生活から離れた知識や技能を一方的に教えられて身につけていく時期ではなくではなく，生活の中で自分の興味や欲求に基づいた直接的・具体的な体験を通して，この時期にふさわしい生活を営むために必要なことが培われる時期であることが知られている。そのため，幼稚園・保育所・認定こども園では，小学校以降の子どもの発達を見通した上で，幼児教育において育みたい資質・能力を幼児期にふさわしい生活を通して育むことが大切である。資質・能力は，保育内容の5つの領域におけるねらい及び内容に基づく活動全体によって育むものであり，その資質・能力が保育内容のねらい及び内容の中でどのように伸びているのかを示すものが「幼児期の終わりまでに育ってほしい姿」である。

　また，『幼稚園教育要領』において，「教師は，幼児との信頼関係を十分に築き，幼児が身近な環境に主体的に関わり，環境との関わり方や意味に気付き，これらを取り込もうとして，試行錯誤したり，考えたりするようになる幼児期の見方・考え方を生かし，幼児と共によりよい教育環境を創造するように努めるものとする」と示されている。しかし，子どもを取り巻く環境は変化し，現代の生活では自然との関わりが非日常的になりつつある。

　これらのことから，「幼児期の終わりまでに育ってほしい姿」の「自然との関わり・生命尊重」を取り上げ，幼児期における「環境を通して行う教育（保育）」の重要性を考える。ここで述べる「環境」とは，「保育の環境」としての人的環境（保育者や子どもなど），物的環境（施設や遊具など），さらに，自然や社会の事象などのことである。

2 実践事例

事例で紹介する園では，子ども一人一人の違いを受け止め，主体性を大切にしながら保育を行っている。また，子どもたちが，周りの環境に能動的にかかわれるよう，それぞれの興味や関心を示している事象を保育者が共通理解し，意図的・計画的に環境を設定している。

（1）「でてこないよー」4歳児　11月

A児が，「大きいまつぼっくり みつけた！」と嬉しそうに幼稚園に持ってきた。父親と神社に行って見付けたが，砂がついていたので，洗って形が崩れないように，瓶に入れて持ってきたと話す。友だちから，「すごいなー」「どこの神社でみつけたの？」などの質問にも，得意げな表情で答えていた。その時，「触りたい」と友だちから声がかかり，「いいよ！」と瓶から松毬（まつかさ）を取り出そうとした。しかし，瓶を逆さにしたり，松毬の向きを変えたりするが，瓶から取り出せない。「なんで？なんで？」「ギューッと持ってたから，瓶が小さくなった？」など，自問自答を繰り返しながらも，松毬の形を崩さないように気を付けながら瓶を動かしたり，瓶の中の松毬に指が届かない時は，針金を入れて引っかけようとしたり，両面テープを入れて松毬に貼り付けようとしたり，さまざまな方法を試していたが，松毬を取り出すことはできなかった。そして，担任に「まつぼっくりが怒って でてこないよー」と訴えた。

担任は，「どうしてなのかな？」と，A児の周りにいた子どもたちにも問いかけた。すると，「瓶をぶつけたから形が変わってしまい，松毬が取り出せなくなった」「大人の力で無理やり入れたから，子どもの力では出せない」などの答えが返ってきた。その中で，「1日経ったから，まつぼっくりが大きくなった」と答えたB児の声に，A児が反応し，瓶の中を覗き込み，昨日と違うことに気付いた。「めちゃくちゃ大きくなってる。形も違う。不思議や」とつぶやいた。その日は，父親にも見せると言い，瓶を持ち帰った。周りにいた子どもたちも，A児の気づきから松毬の変化に興味を持ち始めた。

そこで，子どもたちが興味や関心を持つような，松毬に関する図鑑や絵本を意図的に保育室に置いた。

14

（2）「絵本との出会い」4歳児　11月

　子どもたちの松毬に関する疑問が，家庭でも話題になったようだ。翌日，保護者から，「子どもの質問は，大人に勉強する機会を与えてくれますね。変な答えはできないから，『不思議だね』としか言えませんでした。今日は，その不思議について答えを考えておきます」と話された。

図1　絵本1

　園では，絵本棚に置いてある図鑑や絵本に興味を持ち，登園するなり，「先生，これ読んで」と絵本を持ってくる子どもがいた。手にした絵本は，『びっくりまつぼっくり』（図1）。絵本コーナーで読み聞かせをしていると，B児が急に立ち上がり，「これや！びっくりや！」と嬉しそうに叫んだ。その後，一言も喋らず，食い入るように最後のページまで絵本を見ていた。この絵本は，松毬の形や種のしくみなど，自然界の進化の過程を物語として伝えている。A児の「松毬の形が変わった」という疑問に答えてくれる内容だ。そのことに気付いたB児は，A児を見付けると，「これや！」と手を引っ張って絵本の前に連れてきた。「先生，もう一回読んで」というB児の声に，先程，一緒に見ていた子どもや絵本のうわさを聞いた子どもたちが集まり，クラス全員での読み聞かせが始まった。

　最初は静かに見ていたが，花びらみたいだった松毬が，雨に濡れて小さくなった場面にくると，「これ！」と声を発したA児。きれいに洗った時の松毬の形にそっくりの絵を見付け，「この形だった」と周りの友だちにも指さして教えていた。しばらく絵本を読まずに待っていると，「次は？」と続きを催促したため，最後の場面まで読み聞かせた。「こんなに（松毬が）開いてなくて，ツンツンしていた」「水が入るのがいやだったから，目も口もギュッてしてたのかな？」など，それぞれが松毬の変化した理由を考え，自分の言葉で意見を出し合っていた。そして，「ぼくも，まつぼっくりてじなやってみたい」とC児が提案したので，松毬探しの散歩に出かけることにした。

　そこで，絵本から松毬の形の変化に興味を持った子どもと，種の飛び方に興味を持った子どもがいたため，種類の違った松毬を拾える場所を検索し，アカマツとヒマラヤスギがある近くの公園を目的地とした。

（3）「まほうみたい」4歳児　12月

子どもたちは，近くの公園で拾ってきた松毬を，タライに入れた水につけ，絵本の「まつぼっくりてじな」（図2）のようになるか観察し始めた。「ちょっとちいさくなったかな？」「まだまだ」。「ちいさくなった？」「まだまだ」を何度も繰り返し，1時間近く経つと松毬は閉じた。「すごいな，てじなってまほうみたいや」と感動する子ども，「どうしてなんだろう」と，さらに疑問が湧いた子ども，同じ現象を見ても反応の違いがおもしろい。

図2　絵本2

さらに疑問を持ったD児は，父親と図鑑で調べ，「松毬は，鱗片（外側）の間にある種をできるだけ遠くに飛ばすため，雨の日には鱗片を閉じて種を守り，晴れの日には鱗片を開く」「松毬の仕組みを利用して服の素材が生まれた」この2点を理解し，自分の言葉にして友だちに伝えていた。「松毬は省エネだ」とも話していたことに驚いた。

3　考察

子どもの「なぜ？」「どうして？」の疑問は，学びの入り口である。この事例のように，最初は不思議に思っていたことも，理屈がわかると別のもので試してみたいと新たな欲求が生まれてくる。その欲求を満たすためには何が必要かも考え，工夫し始める。そして，自分の思い通りになった時のうれしさ，思い通りにならなくても別の方法で試す楽しさ，そのすべてが，子どもにとっては「遊び」であり，「学び」である。「松毬はどうして開くのか」というテーマのもとに疑問を解決したのではない。子ども発信の疑問だからこそ，「遊び」の中での「探究」のおもしろさがあるのだと考える。

①自然との関わりは，イベント的な単発でかかわるのではなく，日常生活の中で継続してかかわるものである。②保育環境としての自然とは，子どもの遊びを誘発する多様性のあるものである。③日々遊び込むことで，子どもは様々な生物に出会い，自然の変化に気付き，感動し，時には厳しい自然の姿にも触れ，「なぜ？」という疑問を抱き，その答えを知りたいと思う。④絵本や図鑑を保育室に

そろえるなど，実体験したことの疑問を，子ども自身で答えを探せるような環境を整えることが重要である。

　以上の4点が，事例を通して窺えた。

4　示唆されること

　幼児教育では，園生活全体を通したすべての環境が潜在的な教材になっている。「自然に触れて感動する体験を通して，自然の変化などを感じ取り，好奇心や探究心をもって考え言葉などで表現しながら，身近な事象への関心が高まるとともに，自然への愛情や畏敬の念をもつようになる。また，身近な動植物に心を動かされる中で，生命の不思議さや尊さに気付き，身近な動植物への接し方を考え，命あるものとしていたわり，大切にする気持ちをもって関わるようになる」という「幼児期の終わりまでに育ってほしい姿」の「自然との関わり・生命尊重」がどのように育まれているのかという過程を大切にしながら，どのように自然を見て，どのように自然と向き合うかを保育の中で再検討し，そこでみられた幼児の姿をどう意識し，小学校教育へ確実につなぐことができるのかということが保育者として重要となる。

引用・参考文献

厚生労働省（2018）『保育所保育指針解説』フレーベル館

松本信吾・広島大学付属幼稚園（2018）『身近な自然を活かした保育実践とカリキュラム 環境・人とつながって育つ子どもたち』中央法規出版

文部科学省（2018）『幼稚園教育要領解説』フレーベル館

無藤隆・汐見稔幸（2017）『幼稚園教育要領・保育所保育指針・幼保連携型認定こども園教育・保育要領 はやわかり BOOK』学陽書房

無藤隆（2020）『幼児期の終わりまでに育ってほしい10の姿』東洋館出版社

内閣府・文部科学省・厚生労働省（2018）『幼保連携型認定こども園教育・保育要領解説』フレーベル館

多田多恵子・堀川理万子（2010）『びっくりまつぼっくり』福音館書店

高山静子（2021）『改訂 保育者の関りの理論と実践 保育の専門性に基づいて』郁洋社

高山静子（2022）『保育内容5領域の展開 保育の専門性に基づいて』郁洋社

冨田久枝・上垣内伸子・田爪宏二・吉川はる奈・片山知子・西脇二葉・名須川知子（2018）『持続可能な社会をつくる日本の保育 乳幼児期における ESD』かもがわ出版

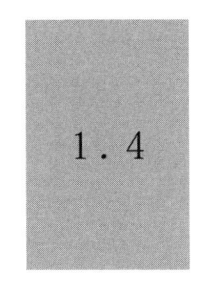

STEAM 教育の視点から見た
遊びの変化

1.4

―積み木遊びに見られる5歳児の姿を基に―

流田　絵美

1　はじめに

　日本においても STEM ／ STEAM 教育が注目され始めている。高等学校「総合的な探究の時間」をはじめ，小・中学校のカリキュラムマネジメントにおいても STEAM 教育の扱いについて関心が寄せられている（文部科学省 2017,2018,2021）。また「未来の教室」（経済産業省 2019）にも「学びの STEAM 化」が挙げられている。現在，発展の方向性に関わる整理も行われつつ（ex. 大谷 2021），新しい取り組みの成果が待たれるところである。

　また，STEM ／ STEAM 教育が探究的・創造的や横断的・総合的といった特性を有する点からすれば，幼児教育においても検討する意義は認められる。最近では，幼児教育においても STEAM 教育に関する研究報告がされ始めている（ex. 石沢ら 2021）が，研究の初期段階であり，今後も継続的かつ丁寧な実践検討が課題として挙げられる。

2　実践の目的・方法

（1）目的

　本研究は，幼児を対象とする STEAM 教育の基礎研究として，STEAM 教育の視点から幼児の遊びを分析・検討することを目的とした。具体的には，幼児が積み木を使った一連の遊びの中で，どのような STEAM 要素が発現されるかを検討することである。

（2）方法

　対象；大阪市内　私立幼稚園5歳児（3名）

　時期；2022年11月～2023年1月

　方法；5歳児が集まって積み木（板状）で自由遊びをしている様子（作品をつくっている場面）を，1回につき10分程度ビデオ撮影する。園児の撮影は，2回実施する。

（3）データの分析

①　得られた映像データから一連の活動場面を筆者ら5名でSTEAMの観点で活動を分類する。観点は，表1に示す5観点[1]とした。

表1　観点とその特徴

観点	特　徴
Sの姿	観察や実験を行い，決まりを見つける
Tの姿	最もよい条件・しくみを見つける
Eの姿	デザインして，実用的なものづくりをする
Aの姿	自分の考えを基にSTEMの特性を活かし，創造する
Mの姿	数や図形で表したり，数や図形を使ったりする

②　各観点の個数をカウントするとともに，各園児のSTEAMの特徴を示す姿を時系列に整理し，比較・分類する。

3　実践の成果

（1）1回目の活動

　A児，B児，C児の活動結果は，表2となった。

表2　1回目の活動

時間(分)	A児	B児	C児
0〜2	円形に積み上げる(E・A・M)。ずらしてバランスを確かめながら積み上げる(T・E・A・M)。	円形に積み上げる(E・A・M)。ずらしてバランスを確かめながら積み上げる(T・E・A・M)。	円形に積み上げる(E・A・M)。「速くできたら勝ちな」と言い(M),急いで積み上げる(E・A・M)。
2〜4	4本ずつを1段に井桁で積み上げる(E・A・M)。	積み木に書かれている文字を裏向きにして(A),円形に積み上げる(E・A・M)。	円形に積み上げる(E・A・M)。時々,隣のタワーの積み上げを手伝う(E・A・M)。
4〜6	崩れて,たまたま1段が3本になった。4本に修復しようとするが上手くいかず(S),1段を三角形にして積み上げる(E・A・M)。	ずらしながら円形に積み上げる(E・A・M)。	ずらしながら円形に積み上げる(E・A・M)。時々,隣のタワーの積み上げを手伝う(E・A・M)。

| 6～8 | 指で高さを示し，隣の円形に積み上げた作品と積み上げた高さを比べる (M)。さらに積み上げ，高くする (E・A・M)。 | 「ブラックホールみたいになった」と発言し (A)，さらに積み上げる (E・A・M)。 | 指で高さを示し，円形に積み上げた作品とタワーの作品の高さを比べる (M)。「勝った」と発言する (M)。 |
| 8～10 | 慎重に置きながら積み上げる (E・A・M)。作品に顎を乗せるようにして高さを示す (M)。 | 横から見て，隣のタワーの作品と高さを比べる (M)。自分の作品の方が低いので，さらに積み上げる (E・A・M)。 | ずらしながら円形に積み上げる (E・A・M)。 |

（2）2回目の活動

A児，B児，C児の活動結果は，表3となった。

表3　2回目の活動

時間 (分)	A児	B児	C児
0～2	正方形の板の辺に沿って積み上げる (E・A・M)。時々，隣で8の字に積み上げている友達を手伝う (E・A・M)。	正方形の積み木の蓋の辺に沿って積み上げる (E・A・M)。	8の字に積み上げる (E・A・M)。
2～4	バランスを確かめながら正方形に積み上げる (T・E・A・M)。	正方形に積み上げる (E・A・M)。内側から，少し押してバランスを調整する (T・E)。	8の字に積み上げる (E・A・M)。
4～6	一部を崩して，らせん階段を作る (E・A・M)。家 (正方形に積み上げた作品) につながるように階段をつなげる (E・A・M)。	正方形に積み上げる (E・A・M)。内側から，少し押してバランスを整える (T・E)。	8の字の中心を重点的に積み上げる (E・A・M)。積み上げた一部を取り除き，少ない数で作品を作ろうとする (T)。
6～8	友達に階段づくりの方法を紹介する (E・A・M)。安定するように，階段の下部分に積み木を足す (T・E)。	友達がらせん階段を作る様子を見ながら，階段を作る (E・A・M)。	8の字の作品に立てかけて滑り台を作ろうとするが失敗する (E・A)。友達からららせん階段づくりを紹介され，階段を作る (E・A・M)。
8～10	おもちゃ (積み木とは別の物) を人に見立てて，階段を上ったり家に入ったりして遊ぶ (A)。	階段の下部分に積み木を足す (E)。積み上げ階段を高くする (E・A・M)。	おもちゃ (積み木とは別の物) を人に見立てて，階段を上って遊ぶ (A)。新たな階段を作る (E・A・M)。

　表2・3から，STEAM の各観点の個数をカウントするとともに，5歳児の STEAM の特徴を示す姿を分類すると「E・A・M」の姿が最も多く見られた。積み木を円形や正方形，三角形，8の字の図形に積み上げていく姿，積み木の枚数や段差を意識して階段を作る姿や，作品の高さを意識して積み上げる姿が挙げられ

る。複数の観点を含む他の姿として，ずらしてバランスを確かめながら積み上げる「T・E・A・M」の姿や，安定するように階段の下部分に積み木を足す「T・E」の姿，積み木を立てかけて滑り台を作ろうとする「E・A」の姿などもある。複数の観点を含む姿に比べて個数は少ないが，1観点の姿も見られた。「S」の姿として，井桁で積み上げていたものが崩れ，3本で積み重ねていくことができるか試行錯誤する姿がある。「T」の姿として，積み上げた一部を取り除き，少ない数で作品を作ろうとする姿が挙げられる。「E」の姿として，崩れないように階段の下部分に積み木を足す姿が2回目の活動のA児・B児に見られた。崩れないように，内側から少し押してバランスを調整するB児の姿もある。「A」の姿として，B児の1回目の活動で見られた，積み木に書かれた文字を見えないように裏向きにしたり，作品を見て「ブラックホールみたい」と発言したりする姿がある。また，A児やC児の2回目の活動で積み木以外のおもちゃを人に見立てて作品内を動かす姿がある。「M」の姿として，指で高さを示したり，作品に顎を乗せて高さを示したりする姿がある。また，指で高さを比べる姿，「(高さを比べて)勝った」と発言する姿や，「速く積み上げたら勝ちな」と発言して，時間を意識する姿が挙げられる。

　次に，1・2回目の各園児のSTEAMの特徴を示す姿を，時系列で比較・分類し，遊びの変化や育ちについて分析した。積み木遊びの取り掛かりは，どの児童も1回目，2回目ともに，積み木を円形や正方形，8の字の図形に積み上げるところからであった（E・A・M）。その後，形を意識しながら積み上げる姿（E・A・M）が，どの時間帯でも見られたことから，自由遊びの際は「E・A・M」の姿を中心に進める傾向があると考えられる。また，積み木を積み上げ，作品が高くなるにつれ，隣の作品と高さを比べる姿（M）が出現したり，作品がある程度完成した時点で，おもちゃを人に見立てて作品内を動かす姿 (A) が見られたりする傾向があると推察される。「E・A・M」の姿に加え，特定の姿がよく出現するといった園児はいなかった。また，遊びの回数によるSTEAMの特徴を示す姿の違いは見られなかった。

4　示唆されること

　5歳児の積み木遊びに見られるSTEAMの特徴を示す姿を分類することができ

た。積み木遊びの変化と育ちについて，「E・A・M」の姿をベースに，「T・E・A・M」
「T・E」「E・A」「S」「T」「E」「A」「M」の姿が時々に出現する傾向があると考えられる。
今後も積み木遊びの事例収集を進めるとともに，異年齢児での比較分析を進めて
いくことを課題とする。

　STEAM の観点を働かせる際も，いつでも，どこでも，誰とでも，何回でも成
し遂げるまですることが大切である。

注

1）5 観点作成に当たっては，以下を参考にした。

　Saito T., Gunji Y., Kumano Y. (2015) The Problem about Technology in STEM Education: Some Findings from Action Research on the Professional Development & Integrated STEM Lessons in Informal Fields, *K-12 STEM Education*, 1(2),85-100.

　STEAM Education, https://steamedu.com (2021.8 参照)

　STEM QUEST, http://stemquest.jp (2021.10 参照)

2）本稿は，下記の内容をもとに作成している。

　流田絵美・溝邊和成・岩本哲也・坂田紘子・平川晃基（2022）SREAM 教育の視点から見た遊びの変化と育ちに関する事例分析―積み木遊びに見られる 5 歳児の姿を基に―，日本保育学会第 75 回大会発表要旨集，P-A-2-4.

引用・参考文献

石沢順子・大貫麻美・椎橋げんき・奈良典子・稲田結美・佐々木玲子・原口るみ（2021）幼児期から児童期の子どもを対象とした健康教育に関する一考察：STEAM 教育を取り入れた食育プログラムの検討，日本科学教育学会第 45 回年会論文集，549-550.

経済産業省 (2019)「未来の教室」と EdTech 研究会 ― 第 2 次提言 , https://www.meti.go.jp/shingikai/mono_info_service/mirai_kyoshitsu/pdf/20190625_report.pdf（閲覧日：2024 年 6 月 27 日）

文部科学省 (2017) 小学校学習指導要領（平成 29 年告示）解説総則編
https://www.mext.go.jp/component/a_menu/education/micro_detail/__icsFiles/afieldfile/2019/03/18/1387017_001.pdf（閲覧日：2024 年 6 月 27 日）

文部科学省 (2018) Society 5.0 に向けた人材育成～社会が変わる，学びが変わる～, https://www.mext.go.jp/component/a_menu/other/detail/__icsFiles/afieldfile/2018/06/06/1405844002.pdf（閲覧日：2024 年 6 月 27 日）

文部科学省 (2021) 中央教育審議会答申「令和の日本型学校教育」の構築を目指して，教育課程部会における 審議のまとめ，13-14. https://www.mext.go.jp/content/20210312-mxt_syoto02-000012321_2.pdf（閲覧日：2024 年 6 月 27 日）

大谷忠 (2021) STEM/STEAM 教育をどう考えればよいか ―諸外国の動向と日本の現状を通して―，科学教育研究，45(2), 93-102.

舞鶴カリキュラム0-15における 幼児の学び： 0歳から始まる探究とその連続性

―泡遊びの事例より―

1.5

椋本　有加里

1　はじめに

　乳幼児期は自分の存在が周囲の大人に認められ，守られているという安心感から生じる安定した情緒が支えとなって，次第に自分の世界を拡大し，自立した生活に向かっていくとされている。また，乳幼児期の教育・保育は乳幼児が自分から興味をもって環境に主体的にかかわりさまざまな活動を展開し，充実感や満足感を味わう体験を積み重ねていくことが重視され，乳幼児なりに試行錯誤したり，考えたりするようになることが大切にされている。

　乳幼児自らが「やってみたい」と思い行動を起こすようになる，つまりは主体的に物事にかかわり探究しようとすることを子どもの主体性とし，この主体性の基盤づくりが0歳児の生活から始まっていることを事例で検証していく。

2　実践の目的・方法

（1）目的

　0歳児の遊び・生活の様子を丁寧に見つめ直して，子どもの主体性の芽生えがどの場面で見られ，主体性を育むために必要な保育者のかかわりや環境の構成はどのようなものなのかを探る。

（2）方法

　泡遊びのドキュメンテーションを事例として時系列で追い，環境の構成・保育者のかかわり，それに伴う子どもの変容を考察する。また，0歳児以降の遊びの様子についても考察し，子どもの主体性が発揮される生活の連続性が探究につながっていくことを整理する。

表 1　実践：0 歳児の泡遊び　　考察：○園児の思いの読み取り　●保育者の意図

園児の様子	環境の構成と保育者のかかわり	考　察
泡をじっと見た後,自ら手をたらいの中に入れて泡を触る。	1, 2 歳児が泡遊びをしているところに近づき,泡があることを知らせる。 保育育者が泡をすくって,園児の足につけてみる。 「泡だね。気持ちいい？」「自分で触ってみたね」と言葉掛をする。	○異年齢児が遊んでいる様子を見たことが刺激となり,泡を身近に感じられたのではないだろうか。
泡遊びに誘われてけげんな表情をしていた園児が保育者の様子を見て泡に手を伸ばす。泡をつかんだ手をじっと見る,何度も握りしめて泡の様子を見る,を繰り返す。	たらいの中の泡を保育者がカップに入れて見せる。 園児のそばで様子を見ながら「泡,にぎにぎ　気持ちいいね」と言葉掛けをする。	○信頼関係が築かれている保育者が泡を使って遊ぶことを楽しむ様子を見て泡を触ってみたいという気持ちが大きくなったのだと思われる。泡の感触に興味をもち,繰り返し確かめていると思われる。
泡が入ったたらいを目にして自ら近づいていく。 手を洗うように両手をごしごしこすり合わせる。 スプーンを手にして泡をかき混ぜる。	園庭・テラスに水を使ったさまざまな遊びが楽しめるようにプールやたらい・用具を準備しておく。 納得できるまで両手で泡に触れられるように,様子を見守る。 スプーンで泡をかき混ぜている園児に「おいしそうだね。先生にもちょうだい」と言葉を掛ける。分けてくれた泡をごちそうに見立てて食べる真似をしながらままごと遊びを一緒に楽しむ。	○繰り返し楽しんでいる遊びであり,「やってみたい」という気持ちをもち,たらいに自ら近づくことができたと思われる。 ●泡に集中して感触を確かめる園児の姿を大切にしようと言葉を掛けず見守った。 　保育室でもままごとを楽しむようになっている姿があり泡遊びでも同じように楽しもうと言葉を掛けた。

園児の様子	環境の構成と保育者のかかわり	考　察
2歳児が泡遊びをしている様子を見ながらたらいの水を触っている。泡で遊んでいた他児が手を洗おうとたらいに手をつけると泡が浮かんだ。それをすくってみるとすぐに泡がなくなってしまった。 早速,泡を手に取りじっと両手を見た。そして,泡の入ったボウルをたらいの中に入れた。 	異年齢児が遊んでいる様子を見たり感じたりしながら遊べるように用具等を準備しておく。 浮かんだ泡をすくった時に「あわあわだね」と言葉掛けをする。泡がなくなった状態についても「なくなってしまったね」と言葉にする。 「あわあわだよ」と言いながらボウルに入れた保育者が作った泡を園児のそばに置いた。じっと見つめている時間はその様子を見守り,水の中に入れた泡の変容について言語化し,状況を共有する。	○2歳児の遊びの様子を見ていたこととたらいに浮かんだ泡に手を伸ばした動作から,泡に興味があるのではないかと思われる。 ●泡の感触をもう少し楽しみたいかもしれないと考え,手を伸ばすと届く場所に泡を入れたボウルを置いた。園児自身が感じ取り,考えている時間は大切にしたい。
すぐにバケツの中に手を入れたり,容器に水を入れたり出したりして遊びだす。 泡を見つけ触って感触を楽しんだり水に浮かんだ泡に触れたりしている。 別の園児がやってきて手でいっぱい泡をすくい,水がしみ込み泥になった状態の上と混ぜ合わせた。 	牛乳パック・空き容器,水を入れたバケツを園児のそばに置く。 遊びだした頃に泡を作って遊びに使えるようにそばに置く。 「気持ちいい?」と尋ねたりしながら保育者も泡を触って一緒に楽しむ。 「泡いっぱいだね」「どろどろの泡だね」などと状況を言葉にしながら園児が楽しんでいることを受け止める。	○園児の手が届く場に環境を整えることで意欲が遊びという形になりやすいと考える。 ○泥と泡を混ぜ合わせたことは偶然のものと考えられるが,いつも遊んでいた泡の状態と異なる様子は分かったと思われる。興味をもったものに積極的に働きかける姿勢を大切に育んでいきたい。

3　表1（0歳児）以降の泡遊びの様子

　1歳を過ぎると操作性が育まれ用具をいろいろに扱って物事にかかわり好奇心を満たそうとする。泡遊びでもさまざまな容器に移し替えながら，泡がどんなふうに中に入っていくのか何度も見ている姿がある。保育者のあたたかな見守りや励ましを受けて，自分が思う量の泡が容器に入っていくまで多様な方法を試すこともあり，それぞれの思いをもって泡にかかわっている。

　2，3歳になると自分なりに比べたり，予想したりすることが少し意識できるようになり，繰り返し物事にかかわる中で確かめようとする姿が見られ始める。泡が飛び散る様子に面白さを感じて，繰り返し泡を叩いている子どもにしっかり泡立てた硬い泡を用意すると，同じようにし始めた。しかし，地面に落ちた泡は，形が広がらず立体の状態を保ち，子どもはその意外性に興味を示した。保育者が硬い泡をつくって一緒に遊ぶことで，子どもは山ができるほど泡を地面に落とすことを繰り返した。自分がしたことの現象を自分なりに意識しながら面白さを感じて楽しんでいる。

　3，4歳になると泡遊びも石鹸・水・用具を自分なりに用意して泡をつくることを楽しむようになる。異年齢児がしていることを真似することから始まり，見たままをやってみて自分で作った泡の状態と異年齢児のものを比較してどうすればいいのか尋ねたり，教えてもらったりする。石鹸・水の量を調整しながら自分が理想とする泡つくりに取り組み，保育者に支えられながら諦めずに挑戦し続けられる姿が見られるようになる。

　4，5歳の泡遊びでは色水や草花，砂・泥といった素材との組み合わせの中で不思議さに出会い，自分で作りたい泡の状態，水の色等にこだわりをもち，また，見た目の美しさにも気持ちが向けられるようになる。素材・使う用具・量などの違いを意識し，時には挫折感や葛藤を感じたとしても自身が納得できるまで試すようになってくる。

　子どもの「やりたい」気持ちが信頼する保育者にしっかりと受け止められ積極的に環境にかかわろうとする意欲が育つ中で，主体性が発揮され探究への気持ちが強くなっていることが伺える。

4 示唆されること

　大人の支えが欠かせない発達段階の0歳児であっても上記の事例から周りの環境に関心を向け，自らの意思をもって物事にかかわっていることが伺える。言葉でのコミュニケーションは難しいが，表情や動作，それまでの生活の流れや経験を踏まえて子どもの思いを推測することは可能である。

　0歳児の事例を丁寧に見ていくと，泡に出会った頃は異年齢児の姿からの刺激や信頼している保育者の見守りを受けておそるおそるかかわっている。泡をじっと見つめたり，感触を確かめたりといったじっくりと泡に向き合う時間が保障されていることで泡に対する個々の思いが確立されている。また，保育者の言葉掛けにより思いの共感を得たり，自分の感覚を言語化してもらうことで認知につながったりしている。そして，自らが泡遊びの場へ近寄りそれぞれに遊び，して欲しいことをはっきりとした表情や態度で伝えるといった積極的に泡にかかわる姿へ，つまり主体性を発揮する姿へと変容している。

　主体性を発揮することが探究につながり，0歳児から探究は始まっているといえる。子どもの育ちを支える保育者には，子どもの好奇心を引き出す環境・子ども自身の力で「やってみたい」を実現できる環境を用意すること，そして，子どもが伝えようとしていることをまず受け止め，そのことに応じて言葉掛けや直接的な援助を行うことが求められている。興味をもった瞬間に，自ら手を伸ばすことができる場所で，支えとなる大人とのつながりをもち，やりたい・知りたい・かかわりたいと思ったことを，たっぷりの時間の中で存分にやり切ることの積み重ねとその連続性が探究につながっていく。0歳から子どもの主体性が発揮され，子どもの探究が保障される保育を今後も追究していきたい。

引用・参考文献

内閣府・文部科学省・厚生労働省（平成30年3月）『幼保連携型認定こども園教育・保育要領解説』フレーベル館

宮里暁美編著，文京区立お茶の水女子大学こども園著（2020）『触れて感じて人とかかわる　思いをつなぐ保育の環境構成』中央法規

西川正晃編著，大橋美智子著『0歳児から主体性を育む保育のQ&A』みらい

<特別寄稿1>

0～8歳の子どもの「探索活動」は「科学的」か

−子どもの知識獲得・構成の過程の考察を通して−

小谷 卓也

1 はじめに

　子どもが初めて科学知識を獲得するのは，小学校「理科」の「探究活動」を通してである。一方，0歳から8歳（小学2年生）までは「理科」の様な正式な科学教育のカリキュラムが存在しない。このためこの年齢の子どもは，理科授業における「探究活動」を体験していない。しかし0～5歳の乳幼児は「遊び」において，さらに6～8歳の児童は生活科「体験学習」において「探索活動」[注]を体験している。では0～8歳までの子ども達が行っている「探索活動」は，理科で行っている「探究活動」の様に「科学的」なのであろうか。

2 理科授業における「探究活動」の特徴

　表1に示す様に「光合成」の理科授業を例に，授業における一連の「探究活動」の各過程における行為を「科学哲学」の視点から解釈した。

表1 「光合成」の理科授業における「探究活動」の過程の解釈

	「探究活動」の過程における出来事	「科学哲学」から見た「探究活動」過程の行為の解釈
Step1	教科書の学習から「植物がデンプンを生成するには光が必要か？」という「問い（課題）」を見つける（または教師から提示される）。	興味ある「対象（現象）」が発見され，自分の中に「問い（課題）」が生じる。
Step2	（前半）遊び・生活科での植物栽培経験から「デンプンの生成に光は必要である」という「仮説」を立てる。 （後半）その仮説に基づいて，「葉の光を当てた部分にはデンプンができ，当てない部分にはできない」という「予測」を立てる。	（前半）過去の体験や既存の知識を用いて「仮説」を立てる。 （後半）「仮説」をもとに起こりうる現象を「予測（予言）」する。
Step3	「予測」が正しいかどうかを「実験（観察）」により確かめる。	その「予測（予言）」を検証結果と比べ，「予測（予言）」通りかどうか確認する。

| Step4 | 「予測」が正しかった場合は「デンプンの生成には光が必要である」という「仮説」を保持し，正しくなかった場合はその「仮説」を「修正」するか「破棄」する。 | ①予測（予言）と一致した場合：その仮説を考察の対象とする。
②予測（予言）と一致しない場合：仮説を修正するか，破棄して別の仮説を立てる。 |

　ある事柄を「前提」として，何らかの「結論」を得ることを「推論」という（戸田山，2020：88；市川，2008：i）。理科における「探究活動」では，表1のStep2において2つの推論が行われている。具体的には表1のStep2の右欄に記載した様に「前半」では，ある「問い（課題）」に対し，これまでの体験や知識を「前提」として「問い（課題）」の「解」である「仮説」を「結論」として導くといった推論を行っている。つまり「問い（課題）」に関連する体験や知識（前提）をもとに「仮説」（結論）を導いている。この様な推論を「非演繹的（帰納的）推論」と呼ぶ。さらに「後半」では，「前半」で導かれた「仮説」を今度は「前提」とし，「予測（予言）」を「結論」として導くような推論を行っている。つまり先程の「仮説」（前提）を検証されていない「一般法則」とみなし，そこからどんなことが起こるかを「予測（予言）」（結論）として導いている。この様な推論を「演繹的推論」と呼ぶ。「科学哲学」では，新しい「仮説」を生み出す「非演繹的推論」と「仮説」から「予測（予言）」を導く「演繹的推論」の2つの推論を組み合わせた一連の科学的な探究の方法を「仮説演繹法」と呼んでいる。この様に正規の理科授業の「探究活動」は，表1のStep1〜4に示される「仮説演繹法」という科学的な探究方法によって子どもが知識（科学知識）を獲得するという特徴を持つ（e.g. 戸田山，2006：53-58；戸田山，2020：104-116；森田，2010：23-24；榛葉，2022：26-35）。

3　「遊び」や生活科「体験学習」における「探索活動」の特徴
　現代の認知研究の基礎理論を構築したピアジェは，どの発達段階（年齢）においても「機能的不変項」があると指摘した。その一つが，どの年齢においても見られる認知機能の1つである環境への「適応」である。「適応」は，「同化」と「調節」という2つの過程から構成される。「適応」を理解する上で重要な概念が，「ス

キーマ（シェマ）」である。ピアジェは，子どもがこれまでの経験から「スキーマ」という「物事の認識の枠組み」を獲得すると考えた。この「スキーマ」は，換言すれば日常で知覚する出来事を理解する助けとなる「知識」ともいえる。ピアジェは，子どもは自ら「スキーマ」という「知識」を獲得・構成し，そのスキーマの「フィルター」を通して「物」や「現象」を観察し，自分なりに解釈したり思考したりすると考えた。「同化」とは，子どもが周囲の環境と関わる過程で「新しい知識」に接した際，既存の「スキーマ」に「新しい知識」を組み込むことをいう。この様に既存の「スキーマ」は，「同化」を繰り返し，そこに「新しい知識」が加わることでより豊かになっていく。また「調節」とは，「新しい知識」に接した際，既存の「スキーマ」では矛盾が生じて同化できない場合に，「新しい知識」にあわせて「スキーマ」自体を変化させることをいう。以上で述べた「同化」と「調節」の具体例である「リンゴスキーマ」を表2に示す。

表2　リンゴスキーマの「同化」と「調節」の具体例

	適応	適応による「スキーマ」の変化
既存の「スキーマ」 （リンゴスキーマ） 「リンゴは赤い」	同化	リンゴを食べて甘かった場合に，既存の「リンゴスキーマ」に「甘い」という「新しい知識」を加えて「同化」させ，「リンゴは赤い」，「リンゴは甘い」を既存の「スキーマ」とした。
	調節	店頭で黄色のリンゴを見たとき，リンゴは「赤い」ものだけでなく「黄色い」ものがあるという「新しい知識」を知る。その結果，「リンゴは赤い」という既存の「リンゴスキーマ」に矛盾が生じる。そこで「調節」を行って，この既存のスキーマを「リンゴは必ずしも赤くない」という「スキーマ」に修正した。

　なお，子どもは，発達のどの段階（年齢）においても表2に示した「同化」と「調節」を行いながら，環境に「適応」している。「遊び」や生活科「体験学習」における「探索活動」には，「同化」と「調節」という「適応」を通して子どもが「スキーマ」という「知識」を獲得するという特徴がある（e.g.，旦，2020：135-139；森口，2015：26-38；今井，2021：18-36）。

4　乳幼児及び低学年児童の「探索活動」の「科学的側面」

　本節では，理科授業における「探究活動」と「遊び」や生活科「体験学習」における「探索活動」の２つの活動を比較・検討してみる（表３参照）。

表３　「探究活動」と「探索活動」の各過程における比較

	「探究活動」過程における出来事	「探索活動」過程における出来事
Step1	教科書の学習から「植物がデンプンを生成するには光が必要か？」という「問い（課題）」を見つける（または教師から提示される）。	子ども自ら「物」や「現象」に興味を持って関わろうと（探索しようと）する。
Step2	（前半）遊び・生活科での植物栽培経験から「デンプンの生成に光は必要である」という「仮説」を立てる。 （後半）その前提に基づいて，「葉の光を当てた部分にはデンプンができ，当てない部分にはできない」という「予測」を立てる。	（※個人差があるが，（特に４・５歳以上の）子どもによっては，自ら「仮説」を立てて，そこから「予測（予言）」を導く場合がある。）
Step3	「予測」が正しいかどうかを「実験（観察）」により確かめる。	子どもが自ら「物」や「現象」との関わりを通して「新しい知識」を獲得・構成する。
Step4	「予測」が正しかった場合は「デンプンの生成には光が必要である」という「仮説」を保持し，正しくなかった場合はその「仮説」を「修正」するか「破棄」する。	獲得・構成された「新しい知識」を既存の「スキーマ」と比較し，両者に矛盾がなければ，「新しい知識」を既存の「スキーマ」に取り入れ（同化），矛盾があれば既存の「スキーマ」を修正する（調節）。

　理科授業における「探究活動」と「遊び」や生活科「体験学習」による「探索活動」の相違点は，表３の Step2 の「仮説」から「予測」を立てるか否かという点である。「仮説」から「予測（予言）」を導くことは，一般的には０～３歳児には難しいが，４歳児以降になってくると思考力が発達する為，既に持っていた「スキーマ」を使って簡単な「仮説」から「予言」立てが出来るようになると考えられる。一方，「探究活動」と「探索活動」の共通点は，表３の Step3 及び４において，「既存の知識」と子どもが実験（観察）または探索によって得た「新しい知識」とを比較・検討する点である。「探索活動」において，子どもがこれまでに探索を通して獲得・構成した「スキーマ」という「既存の知識」と探索後に得られた「新しい知識」を比較・検討することは，「探究活動」において子どもが「仮説」という「既存の知識」

と探究後に得た「結果」という「新しい知識」を比較・検討（考察）することと同じ過程と考えることができる。

　以上の考察から，理科授業における「探究活動」と「遊び」や生活科「体験学習」における「探索活動」は，Step2 における「仮説」を立てて「予測（予言）」するという点において発達段階に起因する若干の違いがあるが，基本的には「既存の知識」と「新しい知識」を比較・検討するという大本の部分では同じ特徴を持つと考えられる。このことから，理科が始まる前の 0 〜 8 歳の子どもであっても，「探索活動」において獲得・構成される知識が科学的に正しいか否かを除き，「知識」を導き出すプロセスはすでに「科学的」であると考えることができる。この様な考え方に基づけば，0 歳からの科学教育は，科学的に正しい知識を獲得することよりも「知識」を導き出すプロセスにおいて思考することが大切である。そして保育者・教師が，子どもが繰り返し知識の獲得・構成のプロセスにおいて思考することを体験できる適切な物的環境を準備することで，新しく得られる知識の科学的妥当性は時間をかけながらも徐々に高まっていくと考える。

注　辞書的な意味では「探索」は「探し求めること」，「探究」は「物事の真相・価値・在り方などの深く考えて，筋道をたどって明らかにすること」とある（松村明：スーパー大辞林 3.0，三省堂，2006）。本稿では「発達段階」の違いの観点から，理科授業を受けた子どもの活動を，深く思考して筋道をたどって明らかにするという意味を持つ「探究」の言葉を用いて「探究活動」とし，理科の授業を受けていない 0 〜 8 歳の子どもの活動を，興味・関心のあるものを探し求めるという意味を持つ「探索」の言葉を用いて「探索活動」と記した。

引用・参考文献

今井むつみ（2016）『学びとは何か　＜探究人＞になるために』岩波書店

市川 伸一（1997）『考えることの科学　推論の認知心理学への招待』中央公論新社

森口佑介（2014）『おさなごころを科学する　進化する幼児観』新曜社

森田邦久（2010）『理系人に役立つ科学哲学』化学同人

榛葉豊（2022）『思考実験　科学が生まれるとき』講談社

旦直子（2018）認知の発達，開一夫・齋藤慈子編著『ベーシック発達心理学』東京大学出版会，135-156.

戸田山和久（2005）『科学哲学の冒険　サイエンスの目的と方法をさぐる』NHK 出版

戸田山和久（2011）『「科学的思考」のレッスン　学校では教えてくれないサイエンス』NHK 出版

<特別寄稿2>

SDGs と幼児教育のあり方

名須川　知子

1　はじめに

　現在，様々なところで SDGs の名前を聞くようになった。教育関連の教材化として SDGs を題材とした絵本やカルタ等が見られる。SDGs の 17 の目標と 169 のターゲット，そしてインディケータと呼ばれる評価指標を含めて国際連合，ユネスコが推進し，世界各国の共通目標とされている。ゴール作成後コロナ感染症によるパンデミック，国々の紛争等が継続，気候変動では，2024 年元旦に能登半島地震があり，SDGs にかかわる負の出来事が次々と起こっている。

　SDGs は 2030 年までに達成する行動計画であるが，現在では二酸化炭素削減もすでに困難となり，地球全体の温暖化も好転せず，5 年少しの期限での実行は難しくなっている状況である。しかし，この共通の目標を世界各国の共有すべきものとして高らかに声をあげた意義は大きい。そして，その実現は教育への期待が大きい。そこで，幼児教育の中でどのように SDGs を捉えていくべきなのかについて述べていく。

2　SDGs と幼児教育のかかわり

　SDGs とは英語表記のアルファベットの頭文字であり，Sustainable Development for Goals，日本訳にすると「持続可能な開発目標」とされている。この内容は，現状の社会生活，経済を維持することを前提として，より持続性をもたせるという意味合いが強いものとなっている。また，この考え方の前提には ESD，すなわち Education for Sustainable Development，持続可能な発展のための教育という概念がある。それらの目標を辿ると発展途上国の課題として出発した目標から，日本が国連に提言した ESD という環境目標等の変遷が見いださせる。さらに，それらは経済，社会的な先進国に無関係ではなく世界全体で関わっ

ていくべきものであり，一国だけで解決できるものでもなく，地球全体で解決していかなくてはならないものである。また，環境問題の解決もその地域で生活をしている社会，経済的な側面を含めた分野と関連しており，環境の課題として単独には実行不可能である。ここでは人々の価値観が大きく関与する。つまり，人間が自然と共存していくこと，この地域との環境との相互作用を考慮して，人がどのような棲み方をしていくことでこれからの生き続けることができるのか，ということをマクロな視点で考えていくことである。さらに，ミクロな部分で日々の過ごし方を再考する視点も必要となってくる。地域との共存，各国の人々との共存，文化との共存，いずれもお互いに気持ちよく過ごすための人間としての知恵が試されている時代だからである。

　さて，ここで ESD と SDGs の関係について述べよう。両者についてそれぞれが関わり SDGs に包含されるものとして ESD の存在があるが，現在では，SDGs を学ぶこと，SDGs の教育として，Education for Sustainable Development の概念が出されている。つまり，持続可能な発展についての教育，という意味である。持続可能な発展をするために我々はどのような視座をもって教育的に実施していくのか，ということも含まれる。従って，現在の学習指導要領では，SDGs そのものの単語は出されていないが，持続可能な発展を意味する文章が記載されている。就学前の幼児教育でも同様である。しかしながら，学習形態の異なる遊びをとおした学びを推進する乳幼児期ではその方法が異なる。次に SDGs の目標に基づいてどのように幼児期に実現していくのか，その保育方法について述べよう。

3　幼児期における SDGs の考え方

　幼児期の SDGs について，①幼児にとって，②保護者にとって，③保育者にとっての立場から考えていこう。

　まず，幼児にとっての SDGs については，自分自身の社会との関連の中で生活方法を身に付けていく幼児期に，もっとも身につけやすいという利点があると言えよう。例えば，誕生したときからプラスチックのスプーンがなければ，使い捨ての習慣はなくなるであろうし，砂場で使うスコップが竹で出来ていたら，元々

そのようなものであるという認識のもと自然に砂場で活用することになる。つまり，子どもにとっては，すべてが生まれて初めて使うものである故に，その素材や使用方法には違和感がないのである。そのようなことで，環境として考える際には，後述するように保育者の意図が最も大きなものなる。

　また，例えば，手で砂を掘っていて，もっとダイナミックに穴を掘りたいと思えば，スコップのような用途で何か探そうとするであろう。子どもは自分の世界を広げるためには今ある環境の中で様々な可能性を考えながら行動する。自らが環境に対して出来うる限りのことを考えることは，環境との相互作用ともアフォーダンスとも呼ばれるものである。まだ既成概念にあまりとらわれない幼い時だからこそ，出来ることである。一方で，幼い頃に多くの既成の玩具に囲まれ，その中で多く遊んで来た子どもは5歳児くらいになって，自然物の中で遊ぶ術を知らないことも起こる。これは実際にあったことだが，既成玩具に囲まれて3〜5歳児を過ごした幼児が自然豊かな園に転園した際「ここでは遊ぶものがなくて，ちっとも遊べない」という言葉を聞いたことがある。この子どもにとっては，枝切れや砂場といったものは，遊ぶ際の道具にはなり得ないのである。これは，環境が子どもの世界をつくっていることの例示である。環境には子どもが参画して遊びの場をつくるという配慮の大切さを示している。これをSDGsとして考える際，子どもの世界の「見立てる」こととのかかわりを示していると言えよう。すなわち，活動する際の道具，遊具等の節約ではなく，ファンタジーの中で十分楽しめる子どもの特性こそが，持続可能性と関わっているということである。その想像力を育む最善が自然環境なのである。

　さて，戦後の保育教材史を振り返ると自然環境から採取されたものが多い[1]。例えば，絵本の題材，お遊戯や歌の対象として子どもの身近なものからの取材が多くみられる。子どもは大人以上に身の周りの環境と大変近い距離感をもち，環境とのやりとりも自然体でそのまま多くを吸収していることがわかる。本能的に持続可能な発展を体現しているとも言えよう。

　次に保護者とSDGsについては，園でのわが子の生活の仕方を見て学ぶ機会がある。就学前の子どもは常に親とのかかわりの中で捉えられることが多く，子ど

もの様子を見たり，園での生活状況を聞いたりしながら SDG s 的な発想に気づかされるのではないだろうか。例えば，園での上履きやスモック等の色の選択においても，男女の区別なくわが子と相談しながら好きな色を身につけることようにエ夫している園がある。そこで，保護者はジェンダー的な発想を取り除いて，子どもの意見を聞きながら選択することを学ぶ。このような日頃の生活から保護者自身もハッとさせられ，これまでの既成概念をなくすような機会を得ることができる。

　そこで，決め手となることは，園全体で SDGs 観の意識を高めることである。これは保育者各自の意識にかかわることである。保育者は，無意識に様々な既成概念にとらわれて発言したり，行動したりすることが多くある。しかし，例えばペットボトルの代わりに自分の水筒をもってくるといった小さなことから自分自身の生活を見直すことや，保育中に「男の子，女の子」と都合良く使って保育をしていること等の気づきを深めていくことであろう。ある園では，園環境を見直していたら，砂場で多くのプラスチックの遊具が使われていることに気づいたという。これは，後で水洗いしたら便利だからとか，長持ちするからといった理由によるものだが，環境や子どもの遊びの状況から果たしてこのままでいいのかという疑問をもったということであった。その結果，先述したように，園で廃材として残っていた竹で工夫したスコップを開発したとのことであった[2]。このように 17 のゴールを意識してということよりも，このゴールをきっかけとして，これまでの保育実践の根本である価値観を見直すことができる。このことが幼児教育における SDGs のあり方ではないかと考える。

4　保育実践における SDGs-ESD Rating Scale（教育指標）を手がかりに

　具体的にどのような保育内容で SDGs を体験することができるだろうか。ESD Rating Scale（教育指標）を紹介する。この指標は OMEP（世界幼児教育・保育機構）で ESD という名称であるが，実際には，経済，社会・文化的な側面も含まれている。OMEP 日本では英語からの翻訳を終え，今後は子どもと一緒に作成し，

子どもの参画を得ながらともに考えていこうと考えている[3]。

　この翻訳をもとに保育者養成の学生とともに子どもにわかる語りかける言葉を考えた。例えば，「環境的な持続可能性について」の項目にある「園では，動物や植物を含む自然の世界を探求するための様々な素材や活動を定期的に提供している」を子どもには「私たちの周りにはたくさんの動物，お花があるね。それは住んでいるところだけではなくて，ちがうところにはもっとたくさんの自然があるよ。みんなどんなお花を知っているかな。」と伝える。また，「社会・文化的持続可能性について」の項目の「積極的にステレオタイプ的な表現をなくす努力をしており，多様性を描く様々な展示物や教材（本，ポスター，パズル，衣装，遊び場の備品）がいくつかある。」では，「みんなはどんな色が好きかな，みんなは自分が好きだと思う色を選んでもいいし，好きなことや物についていっぱい話をしてもいいんだよ。お友達がしているときにふしぎだなと思ったらお友達はこれが好きなんだと思ってね。」という話をする。さらに，「経済的な持続可能性について」の項目では「園では，ゴミを削減するための資源の節約と再配分を伴うプロジェクトに関与している。さらに環境上必要なもの，無駄なもの，倫理的な生産，消費及び環境への影響を及ぼす購入に係る協働の意思決定に参画している」ということを子どもに話すには「みんなはごみを減らすために使う分だけ使っているし，トイレットペーパーの芯やティッシュケースなどおもちゃにしてもう一度使って地球によいことをしているよね。ほかにも地球に優しいものやいらないもの，誰も嫌な気持ちにならず気持ちの良いものなどを買ったりして，きれいにあるようにみんなで力を合わせていこうね」という話をするということが学生たちから提案された。

　このように，次世代を担う学生にとって子どもと一緒に考えようとする姿勢はSDGsの推進においても重要なことであると言えよう。

注
１）名須川知子他（2023）『保育に活かすSDGs/ESD』かもがわ出版
２）OMEP日本委員会（2022）ESDプロジェクト報告書，OMEP日本委員会
３）世界OMEP ESD Rating Scale（第2版）翻訳は，OMEP日本委員会HPに掲載されている。

＜特別寄稿３＞

幼児期における学びの広がりとその支援

隅田　学

1　はじめに

　人新世と呼ばれるまでにヒトは地球上に大繁栄し，幼児もその一員である。地球の歴史上におけるヒトの急速な拡大に「文化」が大きく影響していることは今や議論の余地はない。そしてヒトの文化の広がりの特徴は，単にある事象が伝達されるというだけではなく，蓄積的，発展的に伝えられる点にあり，これこそがヒトの本質に関わる形質の一つと考えることができる[1]。

　ヒトはその学びの支援にも特徴があることがわかっている。ヒトとチンパンジーを比較した研究から，ヒトの高度な知的発達を根底で支えているのは，母親のような他者がモノを介して子どもかかわったり，ほめたりすることで子どもの能力を伸ばそうとする姿勢である可能性が示唆されている[2]。そして子ども自身もモノを介して他者とかかわろうとする。

　本節では，こうしたヒトに特有な文化の進化様式を踏まえた，新しい幼児期における学びの広がりや支援について，愛媛大学 Kids Academia の事例を紹介しながら考えてみたい。

2　文化進化における３種類の伝達パターン

　ドーキンス（1976/2018）は，遺伝子による進化の場合に遺伝情報を伝達する複製子である DNA に対して，文化の進化にかかわりその伝達を担う複製子を「ミーム（meme）」と名付けた[3]。この文化の伝達を担うミームについては，日常の会話や，テレビやソーシャルメディア，書籍，自然物や人工物等を通じてヒトからヒトへと伝達される情報を広く含む。

　文化の伝達については，DNA のような前世代（親）から子どもへの「垂直的な伝達」だけでなく，前世代の親以外の誰かからの伝達としての「斜行的な伝達」，

そして同世代の間における「水平的な伝達」がある。そして特に「斜行的な伝達」と「水平的な伝達」は，ヒトの急速で高度な文化の進化を支える特徴と考えることができる。ヒトは文化の伝達にかかわる高度で社会的な学びを行う能力を備えていると考えられている[4]。

　こうした文化の伝達や進化は，今や遺伝的な伝達や進化に影響を与えるほどにも大きくなっている。例えば，フェイクニュースの拡散が人類の重大な選択に影響を与えたり，影響力のある特定者のメッセージが多くの人々を過激な方向へ導いたりすることもある。我々は幼い子どもの学びの広がりや支援を新しい見方で整理し，ヒトが本来有する能力を活かしながら，子どもの自己実現やより良い未来社会へ向けた学びの支援を考えていく必要がある。

3　幼い子どもの強い好奇心や高い能力に応えるプラットフォーム～愛媛大学 Kids Academia ～

（1）愛媛大学 Kids Academia について

　幼い頃より，身の回りの事物現象に強い関心を示したり，抽象的で創造的な思考を示したりする子どもたちは存在する。愛媛大学では 2010 年に Kids Academia を設立し[5]，幼稚園年長児から小学校 2 年生の幼児を主な対象とした特別教育プログラムを開発し，実践している。コロナ禍を経て，2020 年よりオンラインを中心に活動を行っている。現在は国内外に 177 名（1 名は海外在住）がキッズメンバーとして登録している。Kids Academia の教育活動は，フォーマルな教育においてはまだ垂直な文化伝達のチャンネルを持たない子どもたちを対象に，斜行的な伝達を行い，水平的な伝達を促進させるものと考えることができ，こうした活動を通して子どもたちの文化が水平にも伝達しながら進化していくものである。

Kids Academia の HP（https://kids-academia.com/）

（2）「音」に関する STEAM（科学・技術・工学・芸術・数学）教育実践

　本節では，Kids Academia サマースクール 2021 の実践について紹介する。愛媛県内外から 10 名の子どもたちがオンラインで参加した。1 回の講座時間は約 1 時間，保護者も参加し，機器の操作等で適宜サポートを行った。

　サマースクールは 4 回の講座から行われ，第 1 回は「かがくっておもしろい！」と題して，参加する子どもたちの自己紹介，Kids Academia の紹介，アイスブレイクを兼ねた導入的な活動を中心に行った。第 2 回は「水」をテーマ，第 3 回は「音」をテーマとした体験的な学習活動を行い，最後の第 4 回は「きみも今日からけんきゅうしゃ！！」と題して，各自が自分の興味関心に基づく研究発表会を行った。以下では，その第 3 回「音であそぼう！」の実践を取り上げて紹介する。

　「音」は身近で五感を使って遊びながら学ぶことができるテーマであり，感情豊かに学ぶことができるテーマである。自然にも屋内にも様々な音があり，刻々と変化する。幼児を対象に実践可能な興味深い活動内容が国内外の文献において多数紹介されている[6]。2021 年の 8 月に，それらも参考にしながら，オリジナルにプログラムを開発し，実践した。使用する教材は事前に送付し，同期型のオンラインにて活動を行った。

　まず導入で，糸電話づくりを行った。紙コップとたこ糸を使って糸電話を作った。実際に素材を使って，自分で作って，験すことによって思考が促進される。糸の張りが変わると音の伝わり方が変わることを発見する子どもたちはもちろん，糸を手でつまんだりする子どももいた。次に糸の部分をビニール紐や針金，ゴム等の別のものに変えるとどうなるか予想して実際に験した。予想をして，結果を験すというのは重要な思考のプロセスであり，子どもたちは大変楽しんだ。

　実際に素材を使って現象を楽しみ，試行錯誤を行うことにより，子どもたちの思考が洗練され，広がる。上の活動の後に，他にもどのようなことを験してみたいかと子どもたちに尋ねたところ，コップの大きさを変えたい，

糸電話の糸部分のバリエーション

糸の代わりに毛糸を使ってみたい，ゴムを使ってみたい，コップの素材を変えてみたい，糸をコップに止める場所を変えてみたい，小さい紙をコップに入れて音の様子を見たい，テープではない止め方（差し込むなど）にしてみたい，話している途中で糸を水につけてみたい，糸の代わりに中が空いているストローを使ってみたい，1 km くらいの長い糸をつかってみたい，など創造的なアイデアが溢れ続けた。

次に，アプリケーションで音を波形で示して提示した。子どもたちは，離れたところに住む自分たちが今，オンラインで音をやりとりしながら講座に参加していることを技術的な側面からイメージすることができた。関連して，耳からの情報が脳へと伝達される仕組みについても興味津々に聞き入っていた。

この第3回目の講座は，各自が 30 秒程度の「夏の音」を探して録音し，送ることを事前課題としていた。本講座の最後に，音楽教育の教員のサポートを得て，提出されていた子どもたちの音源を一つの音楽へと編成した。かき氷を削る音，花火の音，水しぶき，セミの鳴き声，カエルの鳴き声，祭りの太鼓の音，扇風機の音など，子どもたちが録音した音は様々な形で活かされ，一つの曲が完成した。

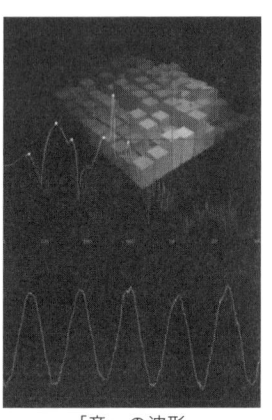

「音」の波形

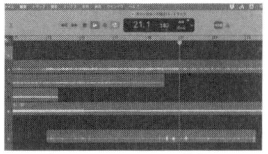

子どもたちの夏の「音」を活かした作曲

参加した一人の女児は，最後（第4回）の自由研究のテーマに「音」を選んだ。トイレットペーパーの芯の片方を手で塞ぐときと，塞がないときの音の違いに始まり，芯をつなぐことで，長さが2倍，3倍と増加した場合の音の振動数の変化をアプリを使って調べて整理し，発表した。

4　今後の期待と展望

ヒトは創造的で社会的な生き物である。幼い子どもたちであっても様々な情報を探索し，自分の知識や能力を伸長させ，広めようとする。簡単な支援の工夫に

よって，子どもたちの学びは広がり深まる。

　まず第一に考えられる支援は，本節の実践が示すように，子どもたちに多様なモノのある環境を整備することである。本節で紹介した活動も，頭の中だけではなく，紙コップや糸などのモノを介して，子どもたちの思考は広がった。二つ目は，本節の最初の部分で説明した，垂直的な伝達や斜行的な伝達に関わる文化の進化である。Kids Academia のサマースクールやウィンタースクールの効果として，子どもが興味のあることや発見について親子で会話するようになったこと，親子で一緒に日常の現象や事物等を身近に感じ，考えを深めるようになったことが報告されている。幼児と保護者や教育者がかかわりあう意義やその在り方をあらためて考える必要がある。最後は，子どもたちによる水平的な文化伝達にかかわる支援である。このサマースクールでは地理的に離れた県内外の子どもたちが参加し，密な意見交換を行った。こうした子どもたち同士による学びの可能性，その支援についても考えることが重要である。

注

1）長谷川眞理子（2023）『進化的人間考』東京大学出版会
2）松沢哲郎編（2010）『人間とは何か』岩波書店
3）リチャード・ドーキンス（1975/2019）『利己的な遺伝子』紀伊國屋書店
4）大坪庸介（2023）『進化心理学』放送大学
5）Sumida, M. (2015). Kids Science Academy: Talent development in STEM from the early childhood years. In Khine, M. S. (Ed.), Science education in East Asia: Pedagogical innovations and research-informed practices, 269-295, Springer.
6）例えば，以下のようなものがある。
　安田寛・今村方子・田中照道（1990）『ガラクタ楽器の世界　子どものための音あそび集』音楽之友社
　R・マリー・シェーファー（2019）『音さがしの本　リトル・サウンド・エデュケーション』春秋社
　J.D. ハーレン・M.S. リプキン（2004/2007）『8歳までに経験しておきたい科学』北大路書房

第2章

幼児期から児童期前期の生活科へ

<table>
<tr><td>2.1</td><td>自分への気付きを高める
第2学年単元「わたしの成長」
－ちがいとつながりに着目した
「体ウォッチング」の試み－</td></tr>
</table>

松田　雅代

1　はじめに

　生活科は，幼児期の学びを発展させ，具体的な活動や体験を通して学ぶことを基本としている。自分自身の生活や成長に関する内容（小学校学習指導要領生活編，H29）の実践では，体そのものについてアプローチする実践は，管見するところ見当たらない。

　J.D. ハーレン& M.S. リプキン（2007）は，「視覚・聴覚の大切さがわかり視覚・聴覚の人を思いやる気持ちが育つ」を学習のねらいにおいた実践例や「似てるよ・違うよゲーム」を通した創造的な思考活動を紹介している。自分の見え方，指紋や皮膚，骨・筋肉・心臓の働き，さらに，健康や栄養の重要性について体験を通して「8歳までに経験しておきたい科学」の取り組みである。

　厚生労働省（2016）は，学校教育や社会教育において長期的な視点で，ゲノムに関する知識の現状も踏まえた具体的な取り組みの必要性を提言している。ゲノム情報に基づく差別について，個人や親族の観点のみでなく集団（民族等）の観点でも起こり得ることを留意点として挙げている。「ちがいとつながり」の前提は，遺伝教育にある。中川ら (2011), 鳥嶋ら (2015), 小林ら (2017) の実践からは，多様性が生まれる仕組みの理解と個々の差異性の考えをもつことができ，遺伝から生まれる偏見や差別を解消するという一定の効果を報告している。

　「Science　Windows 人のいのちを知る冒険『もっと知りたい！遺伝のこと』（科学技術振興機構，2016）」は，「遺伝のしくみについて正しい知識を分かりやすく伝えるとともに，みんなそれぞれに違っていて，その人なりの個性を持っていること，そして「わたし」という存在はこの世界で唯一無二のものであることをメッセージにしました」と編集され各学校に配布されている。

2 実践研究の紹介：「体ウォッチング」

（1）目的

「わたしの成長（じぶんたんけんをしよう）」の学習前に，「体ウォッチング」の活動を設定し，諸感覚を通して人の体の各部位の特徴をとらえることとする。自分自身の体を含めて考えることが，「わたしの成長」について深く考えることにつながる。また，多様性，唯一性，継承性という遺伝のしくみを単純ながらも正しく理解することが，他者との違いを理解し，互いを尊重する意識を養うことにつながるととらえる。その過程で，命の尊厳とゲノム医療の進歩の裏で直面すると考えられる遺伝に対する差別や偏見をなくしていくことにつなげていきたいと考える。

（2）方法

対象；第2学年32名　　　　時期；2018年2～3月

単元；「体ウォッチング」（全6時間）

①知ってる？体の名前（1時間）

②○○ってどんなところ？（3時間）

③すてき！ぼくだけ，わたしだけ！（1時間）

④体ウォッチングブックをつくろう（1時間）

（3）結果

①知ってる？体の名前

「骨・筋肉」「手」「手の指」「指紋」「爪」「顔」「耳」「血管」など

②○○ってどんなところ？

観察したことや試してみたことの記入例である。

「よくみると・・・」カード

・血管が青と赤があった。血管は3mm

・筋肉は，伸ばしたら筋肉が出ないで，曲げたら出てきます。

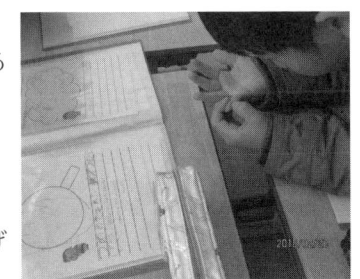

図1　指紋・関節を調べている

- 線がとても多い。人それぞれ，手の形や線や指や爪の形が違うとは人それぞれ違うと学べたよ(図1)。
- 見ているものや人が目にうつる(目の絵)

「さわってみると・・・」カード

- あごの下のまわりだけ骨であとは穴が開いていたからびっくりした。
- 下(耳の絵)ぷにぷにで中がコリコリでとってもふしぎ。
- ○○くんが言ってくれたみたいにさわったら(手指の爪の絵)白くなりました。しかも，つめに1本1本線がありました。人がつくったみたいにこまかかったです。しぜんにできたのでしょうか?

「やってみると・・・」カード

- 走る時骨がぐにっと曲がる。(ひざの絵)
- 腹筋してみたらお腹がへこんだ。
- 友だちのいうとおり走ってみました。走る前は心ぞうはドックドックでゆっくりでした。「ドクドクドク」走ったらなりました。音がくの「たん，うん」の「うん」がなく，休みのこらずに，心ぞうが動きました。

「人それぞれ」カード

- みんな手のしもんがちがうよ！
- つめのよこをおしてみると…爪の真ん中らへんが赤くなったり白くなったりした!!(図2)

図2　グループで爪を調べている

- よく見ると手の下から指までの真ん中に三本線(指の関節の絵)があったし指を後ろにやるとふにゃふにゃ。
- ぼくはお父さんと顔がにてます。
- 髪の毛の色が茶色だったり黒だったりうまれつきです。学べてよかったです。

③すてき！ぼくだけ，わたしだけ！

- たぶんみんなできるけど，まき舌ができる。
- 左手の真ん中にほくろがある。このほくろはうまれつき。

「すてき！ぼくだけ，わたしだけ！」の学習中に，「家族と似ている特徴がある」の意見が出てきたので，継承性を示すスライド「たくさんの人から命のバトンを

受け継いできた自分（増井，2016）」を提示した。

④体ウォッチングブックをつくろう

「体ウォッチング学習後の感想」　（略）

（4）成果

　学習後に，次の観点からの感想が得られた。

①多様性

・人は個性があって色々違う。だからかく絵も違うし身長も違う。

・人それぞれ違う。生き方が違う。

・できることも人それぞれだとわかりました。

②唯一性

・自分だけが多くて，自分しかないもの自分だけが知ってるとか，自分だけっ
　ていう言葉が心に残りました。

・ヒトはそれぞれ違うけど，一緒のところもあったりなかったりそれぞれ違う。

③継承性

・わたしとパパは二重

・体の学習で命が大切と思いました。

④感謝

・自分が昔のころを思い出して「自分にこんな気持ちでつけてもらったんだな
　あ」「こんな感じに育ててくれたんだなあ」ということが分かった。

・同じ名前の子がいても名前の意味が違う。それが大切。

⑤情意面

・こんなに体のことを考えなかったからいい学習をしたなあと思った。

・人それぞれ違うけど，みんなのことを思う気持ちが大切だし人のことを思う
　ことがぼくだけわたしだけのすてきなものだと心から思います。あと地球の
　全部がぼくだけわたしだけだと思います。　絵「ちきゅうぜんぶともだち」

3　示唆されること

　「体ウォッチング」の活動を通して，児童は，諸感覚を使って自分や友だちの

体の各部位を体感しその特徴とともに人の多様性・唯一性について気付くことができた。さらに，授業プロセスから継承性に気付くことができ，自分自身の体が，多くの人たちから受け継いできた命であることやその命の尊さを気付きとして得ることができた。

　幼児期と児童前期に，人の体・健康管理と栄養について体験活動を通して学ぶことは非常に有意義である。多様性の時代において，幼児期とのつながりを考慮した体そのものに関わる学習内容を我が国においても，児童前期に取り組む多様な実践を期待する。さらに，第4学年理科「人の体のつくりと運動」，第5学年「動物の誕生（松田ら，2017）」，第6学年「人の体のつくりと働き」につながると考える。

注　本稿は，下記の内容をもとにして作成している。
松田雅代・溝邊和成・佐野雄太（2018）自分への気付きを高める第2学年単元「わたしの成長」の授業改善－ちがいとつながりに着目した「体ウォッチング」の試み－，日本生活科・総合的学習教育学会全国大会（北海道大会）大会紀要，190.

引用・参考文献
J.D. ハーレン・M.S. リプキン著，深田昭三・隅田学監訳（2007）8歳までに経験しておきたい科学，北大路書房，111-134，（Original work published 1976）.
国立研究開発法人科学技術振興機構（2016）もっと知りたい！遺伝のこと，Science　Window 子ども版
小林朋子・菅原美智子・石原利乃他（2017）「遺伝の仕組み」と「多様性」を学ぶための小児を対象とした遺伝教育ツール開発の取り組み，日本遺伝カウンセリング学会誌，38，2，89.
厚生労働省（H28）ゲノム医療等の実現・発展のための具体的方策について（意見とりまとめ），ゲノム情報を用いた医療等の実用化タスクフォー https://www.mhlw.go.jp/stf/shingi2/0000137401.html（2023.08.30）.
増井薫（2017）初等教育課程におけるヒト遺伝学教育の実践とその評価，近畿大学大学院総合理工学研究科修士論文
松田雅代・米田勝将・巽純子（2017）初等教育（小学校）での取り組み－遺伝カウンセラー養成課程とのコラボレーション－，日本遺伝カウンセリング学会誌，38，2，60.
中川奈保子・沼部博直・浦尾充子他（2011）遺伝の仕組みと生物の多様性を学ぶための小学3年生向け教育ツールの開発，日本遺伝カウンセリング学会誌，32，45-55.
鳥嶋雅子・秋山奈々・和田敬仁・平岡弓枝・西尾瞳・本田明夏・小杉慎司（2015）小学生に対するヒト遺伝教室実践の評価，日本遺伝カウンセリング学会誌，38，2，67.
渡邉淳，市石博，巽純子，中川奈保子，松田雅代，米田勝将，武田正道，大野智久，菅野治虫，佐々木元子，田村和朗，櫻井晃洋（2017）学校教育における「ヒトの遺伝・遺伝学」導入の実践，生物の科学遺伝，エヌ・ティー・エス，72(1)，2018，

一人ひとりの探究の目を大切にする生活科授業の改善

2.2

—「10年後のわたしたちのまちを考えよう」の実践より—

青木 千夏

1 はじめに

　幼児の学びは，「つくりながら考え」「考えながらつくる」と言われる。児童期前期においても，この環境を保障し，友だちと意見交換し試行錯誤しながら創り出すことで成長につながり，その経験の積み重ねが見通しと計画性を育むと考える。

　生活科における「家庭と生活」の内容は，校区の「町たんけん」をして，見てきたこと聞いてきたことをまとめ，発表をしたりマップづくりをしたりする実践が多く見られる。調べてきたことをお礼の手紙やまとめたことを新聞にするなどで地域の人たちと交流している（例えば，鎌倉，2018）。また，詳しく調べていく中で，「こんな○○○になるといいな」という設定で自分の思いを文字や絵で表現している実践が見受けられる（關，2019）。

　しかしながら，自分の住んでいる町にあるものや人，町の特徴を理解するにとどまり，町をどうしたいかという子どもなりのビジョンや貢献性に対する思いなどのクリエイティブな面に乏しい。また，まとめたことをICTを活用して発表したり，マップづくりなどを平面で表現したりする実践が多い。

　そこで，町たんけんを行った後に10年後も自分たちの町にあってほしいもの，新たにあったらいいなと思うもの・ことについて，町全体を対象に考える活動を行う。自分たちの町の未来について考え，立体表現をつかって創り出すこととした。

2 実践の目的・方法

（1）目的

　未来の町づくりを念頭に置き，目的をもった「町たんけん」を行い，一人ひとりの探究の目を育てる。未来の町を制作する際，個々のこだわり，使う素材や思い描く形を大切にすることで，創造性を培う。

　また，立体での「未来の町づくり」を行うことで，リアリティを保障する。人が暮らす立体の世界を表現するには，縮尺の感覚やバランス，景観に関する考えも必要とされる。すなわち，立体の世界を表現する際にはものづくりやSTEAMの視点が必然に入るということである。

（2）方法

　対象；第2学年23名

　時期；2022年10月〜2023年1月

　単元；「10年後の○○のまちを考えよう」（全15時間）

　1　10年後に住んでみたい町ってどんな町？どんなものを残したい？（1時間）

　2　10年後にあったらいいものを考える（2時間）

　3　未来の建物や公園，道路などをつくる（10時間）

　4　学級でひとつの町を完成させる（2時間）

3 実践の成果

（1）子どもの様子

① 10年後に住んでみたい町についての子どもの意見

　「どんな町にしたいか」と尋ねると，「いつも元気な町」（病気がない，いつも明るい，勉強や仕事が頑張れる）「進化した町」（機械，新しい車，学校，電気を使わない）「きれいな町」（ごみがない，お花がきれい，景色がきれい）「勉強も楽しくできる町」（時間割が決められる）「みんなが過ごしやすい」「やさしいくらしの町」という意見が出てきた。

　そこから，10年後の町に何を残したいか，あったらよいかということを考え

た。子どもたちからは，学校，公園，マンション，工場，カフェなどの残したいものとプール，ホテル，水族館，魚屋，図書館，遊園地，森，自然博物館といった新たに自分たちの町にあったらよいと思うものが出てきた。その際，理由を

図1　10年後の地図

尋ねると，学校は「みんなの未来のため」「友だちをつくるため」「分からないことを解決するため」という意見が出てきた。また，公園や森といった理由の中には，「虫たちが生きるため」という自分たち以外のことを考えた意見も出てきた。そこには，どれも子どもたちなりの理由があった。模造紙を 10 枚貼り合わせて 10 年後の町の地図とした（図1）。

② 「未来の町づくり」の素材や形のこだわり

　未来の町を作る際に，「誰のためか」「何のためか」ということを常に子どもたちに投げかけるようにしていった。そうすることで，「ここではこんなことができる」と一つひとつに意味をもつようになった。

　段ボール，空き箱などの廃材やストローや綿など子どもたちが必要だという材料を用意した。使いたい材料が家にある子どもは家から持ってきた。思い思いの材料を使い，試行錯誤しながら作る様子が見られた。思ったような形にならない時には，友だちと協力したり教師に相談にきたりしていた。一人で作りたいものを作る子どももいれば，友だちと協力して作る子どももいた。また，友だちの作っているものを見て考えが広がり改良したり，友だちとの対話の中で形や色などを決めたりする様子も見られた。例えば，プールを作っている子どもは，「温泉も一緒にあったら冷たくなった体を温められる」などと使う人の立場になって考えることで，新たな発想が生まれていた。設計図通りに作るというよりは，作りながら考え，考えながら作るという様子がたくさんみられた。最後の振り返りにも「一回考えた想像とは違ったけど，うまくいった」と記している子どももいた。

それぞれが作ったものを一つの町にするときには，どこに何を置くかということで子どもたちだけの話し合いで解決できないときもあった。その時には，教師が介入し，折り合いがつけられるようにしていった（図2）。

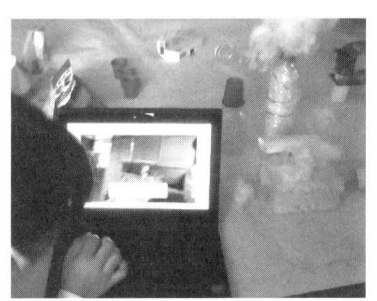

図2　配置して考える

③　振り返り

毎時間の振り返りには，作っているものが形になってきた時間から一人一台端末を使って写真や動画で残すようにした（図3）。自分で撮ったものを見返すことで進度が分かり，次の時間に何をするかの見通しをもって進めていくことができた。

図3　記録の様子

（2）未来型町探検をして児童が得たこと

まず何よりもクリエイティブに活動できたと言える。友だちの作品から刺激を受けたり対話の中で新たな発想が生まれたりと，作りながら試行錯誤することができた。様々な材料を工夫して使い，自分の理想の町に近づけていくことができた。

毎時間，振り返ることで次の時間はこうしようと見通しをもって進めることができた。

子どもたちはわくわくした気持ちで最後まで主体的に取り組むことができた。そこには，自分たちの町を自分たちで作るんだという思いがあり，自分事として考えた結果だと思う。

今ある電柱や電車などが未来にはどうなっているのかと考える子どももい

図4　全員で町づくり

た(図4)。今あるものがどのように変わっていくのかということに考えを巡らせることができていた。この学習が今後，自分たちの町についての理解を深め，住んでいる人にとっての住みやすさを考えることへの第一歩になればと思う。

　しかしながら，あるまとまった町づくりにしようとすると，個人の意見とのすり合わせという共同性をどう担保するのかには課題が残る。

4　示唆されること

　町の敷地(最初は，模造紙4枚分を貼り合わせたものから始めた)を教室の後方や隣の図工室に常設したことでイメージがもちやすかった。休み時間にもいつでも制作ができることで，考えたことを瞬時に試すことができた。1人でつくることも友達と数人で一緒につくることも認めたこと，学級でひとつの町づくりを行ったことで，自然と会話が生まれた。時には，意見がぶつかることや考えにズレが生じることもあったが，子どもたち同士で解決法を見つけて前進していた。教師が信頼して見守る姿勢が大切であった。思いの詰まった子どもたちが描く「10年後の町」(立体)を完成させたことが達成感をもったのは言うまでもない。まだまだ続けてしたいと語った子どもが多く，時間を見つけて自主的に作品を制作していた。

引用・参考文献

文部科学省(2017)小学校学習指導要領解説　生活編

鎌倉博(2018)地域探索活動－自分が住む町の魅力発見，鎌倉博・船越勝編著『新しい教職教育講座教科教育編5，生活科教育』ミネルヴァ書房，119-134.

關浩和(2019)『生活科カリキュラム・マネジメント』ふくろう出版，142-166.

2.3 生活科授業における
思考ツールの活用

木原　夢華

1　はじめに

　生活科はスタートカリキュラムにおいて中心教科となっており，具体的な活動や体験を通して学びを深めることが重要とされている。しかし，体験活動ばかりの授業内容になることから，文部科学省（2016）は，「気付きを十分に深め切れていない」と指摘している。このような課題を克服するには，生活科では具体的な活動や体験を基盤としつつ，「気付き」「見方・考え方」といった生活科ならではの思考力の育成の充実を図る必要性がある。

　「見方・考え方」「気付き」を深めるためには，思考ツールを使用することが効果的である。思考ツールとは頭の中にある考えを引き出しやすくするための道具であり，自分の考えを可視化する役割があるため，「見方・考え方」や「気付き」の力を高めていくことが可能である。体験活動と思考ツールの活用の2つを組み合わせることで，思考力育成の充実を図ることができると考えられる。

2　実践の目的・方法

　これまで述べた通り，生活科ならではの思考力を育むには思考ツールを使用した授業の実践が1つの手段であると考えられる。しかし，小学校低学年の思考の発達は未熟であるため，よりスムーズに思考を促すためには具体物を使った思考ツールを生活科で使用する必要がある。本実践では具体物を使って思考ツールを活用する授業を生活科の授業で行い，児童にどのような意識が表れるのか明らかにすることを目的とした。

　小学校第1学年84名，第2学年95名を対象に，具体物でアレンジした思考ツールを用いた生活科の授業（第1学年「砂と水で遊ぼう」，第2学年「町たんけん」）

を行った。授業前後の意識調査や思考ツールの分析をした。

　第1学年で使用した紙コップウェビング（図1）はグループ活動で行い，第2学年で使用した折り紙ツール（図2）はペアの子やグループの子の意見も取り入れながら個人で完成させた。

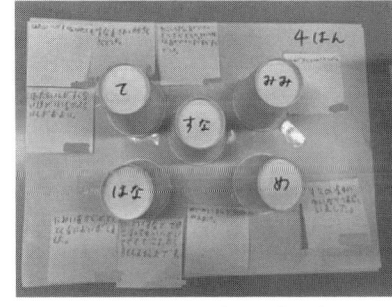

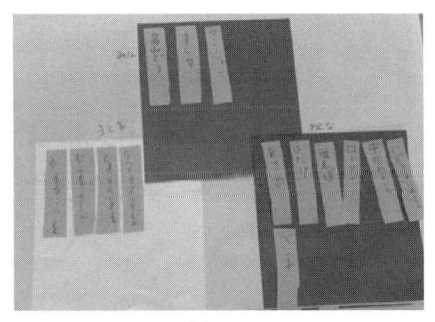

図1　紙コップウェビング　　　　　図2　折り紙ツール

3　実践の事前事後の意識変化

　第1学年児童に向けた授業前後の意識調査では，授業の前後に「水や砂で遊ぶ」様子を表す絵の分析を行うこととした。対象となった84名の児童が描いた絵を9項目で分類したところ，事前事後に描かれた項目数と，制作物や人が描かれた人数は，変化がほとんど見られなかった。しかし，事後に新しく加わった項目数については，4項目（5名），3項目（7名）の児童も見られ，質的な変化があったととらえることができる。そのことから，思考ツールで導かれた作品づくりや協同的なかかわりなどにおいては思考の変化が担保されていたととらえることができる。

　第2学年児童に対してのアンケート調査でも授業前後の意識変化を分析した。各項目の平均値と標準偏差，及びt検定の結果を表1に示す。「①ものを分類することが得意」「②考え・思いを出すことが得意」「③考え・思いを分類することが得意」「④考え・思いをまとめることが得意」「⑤考え・思いを思いつくことが得意」「⑥考え・思いを見つけることが得意」「⑦似ていることを発見することが得意」「⑧友だちと自分の考えの違うところを見つけることが得意」「⑨友だちと自分の考えの似ているところを見つけることが得意」「⑬授業が好き」の項目にお

いて有意な差が見られ，これらの認識が高まっていたことが分かった。また，項目「⑪自分の考えの違いを分けることが得意」においては有意な傾向があり，この認識が深まる傾向があると分かった。一方，「⑩思考することが好き」「⑫自分の考えの違いを見つけることは得意」という問いにおいて有意差は見られなかったことから，これらの認識の深まりには変化がないことが分かった。

表1　アンケート調査結果（第2学年児童）

項目	事前 (n=95)		事後 (n=95)			
	平均	SD	平均	SD	t値	
①	3.02	0.92	3.38	0.62	3.75	**
②	2.80	0.91	3.07	0.84	2.84	**
③	2.96	0.94	3.31	0.74	3.49	**
④	2.76	0.91	3.24	0.78	4.51	**
⑤	3.03	0.85	3.29	0.78	2.44	*
⑥	2.87	0.90	3.26	0.73	4.20	**
⑦	3.19	0.74	3.42	0.67	2.75	**
⑧	2.94	0.84	3.13	0.80	2.11	*
⑨	3.02	0.85	3.29	0.72	2.90	**
⑩	3.29	0.79	3.27	0.80	0.17	ns
⑪	2.98	0.94	3.17	0.83	1.67	+
⑫	3.18	0.89	3.14	0.87	0.44	ns
⑬	3.25	0.81	3.64	0.60	4.20	**

+p<.10　p*<.05　p**<.01

4　思考ツールの分析結果

　まず，第1学年児童が使用した思考ツールの分析結果を述べる。紙コップウェビングを KH Coder の共起ネットワークで分析を行ったところ，図3の通りとなり，9つのノードのまとまりが見られた。「聞く」，「見る」，「掘る」，「嗅ぐ」などという動詞があることから自身の行動から砂の特徴を五感でとらえていることが推測できる。加えて，「大きい」，「小さい」，「少ない」，「冷たい」，「綺麗」という形容詞があることからも「砂」の特徴をとらえ，表現する

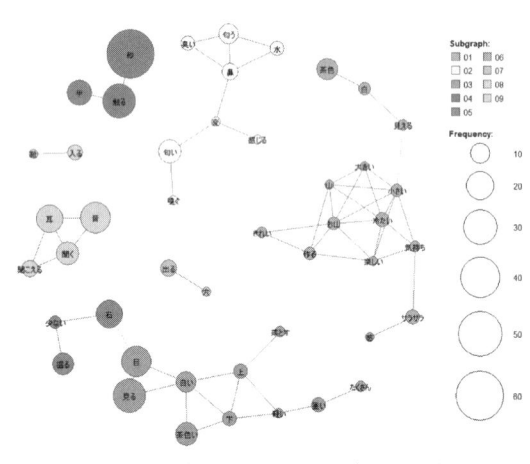

図3　思考ツール分析結果（第1学年）

ことができていると
判断できる。

　次に，第2学年
児童で使用した思考
ツールの分析につい
ての結果を述べる。
折り紙ツールでは町
にあるものを「みん
な」「子ども」「大人」
の3つに分ける作業
を行い，分類基準を
「その場所に大人が
多いなら大人，子ど

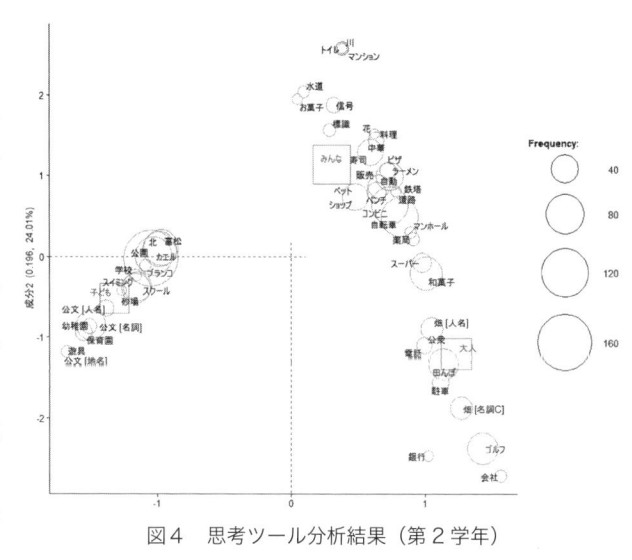

図4　思考ツール分析結果（第2学年）

もが多いなら子ども，同じくらいならみんな」とした。さらに，「子ども一人で
行ける場所なら子ども，行けないなら大人」という基準を二つ組み合わせて判断
するように児童に指示した。折り紙ツールを KH Coder の対応分析で分析を行っ
たところ，「みんな」のカテゴリーには「信号」「道路」「自動販売機」などの単語が
あった。「子ども」のカテゴリーには「公園」「習い事」「学校」などの単語があった。
「大人」のカテゴリーには「田んぼ」「駐車場」「銀行」などがあった。これらのこと
から，3つのカテゴリーを基準に沿って分けることが以前よりできていると判断
できる。「和菓子屋」に関しては，「みんな」と「大人」の間に位置しているため，
分け方において，双方に言い分があることが考えられる。

5　示唆されること

　第1学年児童の授業前後に描かれた絵の分析からは，児童の「水や砂で遊ぼう」
における泥遊びなどへの気付き，見方・考え方の広がりを見ることができた。第
2学年児童のアンケート調査からは，分類すること，考えや思いをまとめること，
友だちの考えや思いの共通点・相違点を見つけること等が得意になったという結

　果が得られた。思考ツールの分析からは，対象について考え，それについての思考を促していることが明らかとなった。また，ここでも自分自身と対象に対する新たな気付きが生まれていることが分かった。

　生活科で思考ツールを活用することは，他者と協働しながら自分の思考を深め，表現することを可能にする。さらに完成した思考ツールを掲示したり，思考ツールを繰り返し使って定着させたりすることで，いつでもどこでも主体的に事象を分析するようになることが期待できる。

　今後の展望としては，生活科授業において児童の実態を踏まえ，学習対象や活動場面のバリエーションに応じた思考ツール（アレンジ版）を工夫し，詳細な検討を継続して取り組むことが課題である。そして，より主体的に自由度の高い探究ができるような生活科における思考ツールの活用法を編み出していきたい。

注　本稿の内容は，下の論文をもとに再構成したものである。
木原夢華 (2022) 小学校生活科における思考ツールの活用に関する研究，兵庫教育大学，教育実践研究報告書，15.

引用・参考文献
黒上晴夫 (2017)『田村学・黒上晴夫の「深い学び」で生かす思考ツール』小学館
黒上晴夫 (2012)『シンキングツール〜考えることを教えたい〜』NPO 法人学習創造フォーラム
須本良夫 (2018)『生活科で子どもは何を学ぶか』東洋館出版社
中西信男・三川俊樹 (1995)『新教育課程の教育心理学 ［第 3 版］』ナカニシヤ出版
文部科学省 (2016)『生活・総合的な学習の時間ワーキンググループ 議論のまとめ (たたき台・イメージ)〔生活科〕』https://www.mext.go.jp/b_menu/shingi/chukyo/chukyo3/064/siryo/attach/1375566.htm (最終閲覧 2022 年 8 月 22 日)

2.4 ものづくりと STEAM に見られる小学校低学年児童の探究の特質

北田　寛人

1　はじめに

　2024 年現在人工知能(AI)の目覚ましい進化により,ChatGPT や生成 AI といったものが次々に生み出され，私たちの生活をアップデートし続けている。その中で学校の在り方が問われており，2017 年告示学習指導要領解説では「(略)人工知能が，どれだけ進化し思考できるようになったとしても，その思考の目的を与えたり，目的のよさ・正しさ・美しさを判断したりできるのは人間の最も大きな強みであるということの再認識につながっている。」と示している。

　また，「生きる力」という言葉が様々な場面で強調されている。生きる力の中でも，私は創造的思考力というものに注目した。創造的思考力は現在のような変化の激しい多様的な社会において物事の判断をする上で重要な力の一つである。その創造性を育成するための手立てとして STEAM 教育という教育概念を今回取り上げた。そもそも STEAM は, Science (科学),Technology (技術),Engineering (工学),Art (芸術),Mathematics (数学)の頭文字を組み合わせた造語である。これは，2000 年代に米国で始まった教育モデルであり，STEM という理数教育に A の創造性教育を加えた教育概念である。この STEAM は創造的思考力の育成を目指すものである。

　この STEAM 教育は私がこの単語に出会った 2018 年当時，3 年生以上の実践がほとんどであった。そのため低学年からでも行えないかと考え，創造性の育成を目指した，低学年に向けた実践を生活科において『ものづくり』というものを軸に 2 つの実践を行うこととした。

2　実践研究の紹介

【実践①】磁石ブロックを用いた未来のまちの建物づくり

実践①の目的・方法

〈対象〉第2学年28名

〈時期〉平成30年10月3日~11月30日

〈単元名〉未来の○○市のまちをつくろう（全7時間）

〈内容〉STEAM教育の考え方をもとに，小学校2年生を対象に磁石ブロック を用いて建物をつくる活動を行った。磁石ブロックを設計図の代わりの 設計モデルとして扱い，それを画用紙で再現する活動を行った。

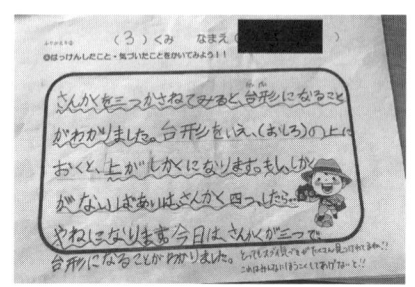

図1　児童のふりかえり

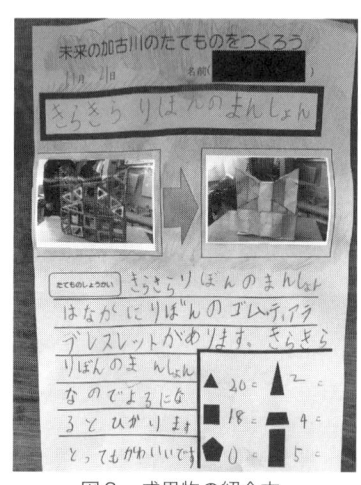

図2　成果物の紹介文

【実践①の成果】

　磁石ブロックを用いたことにより，数学的 思考が促されたと読み取れる。また，作品に 物語やその作品の持つ背景を考えるとともに 図形の形や画用紙の色にも考えながら選んでいた（図1）。さらに，画用紙でな くほかの素材での創作意欲を示している児童もいた（図2）。

【実践②】ポップアップを用いた地図作り

　実践②の目的・方法

〈対象〉第2学年130名（4クラス）

〈期間〉令和元年5月28日~6月21日

〈単元名〉H小学校から○○へ案内しよう（全16時間）

〈内容〉地域を探検したり，見つけたことを地図に表したり，それを伝えあっ たりする活動を通して，地域に対して親しみをもち，相手に伝わりや すい地図づくりを考え作成することで，創造性と問題解決力の向上を

図る。その際に飛び出す絵本のようなポップアップの作り方を伝え立体的に表現できるようにした。

今回の単元では，教師側の持つSTEAMの専門的視点[注1]（表1）を設定した。その後，本単元におけるSTEAMの具体的視点（表2）も設定し，子どもだけでなく，教師側もより具体的にSTEAMを意識した実践を行った。

【実践②の成果】

ポップアップを使った地図を作る際，前後を考え，絵を描く児童がほとんどであり，立体的に考え作製していた（図3）。また，目的地までの時間や，曲がる回数など具体的な数字を出すことで算数科

表1　STEAMの専門的視点

領域	専門的視点
S	実験・観察をもとに法則性を見出す。
T	最適な条件・仕組みを見出す。
E	仕組みを組み合わせることで実用的なものづくりをする。
A	自分の考えをもち，それをオリジナルなものへと昇華する。
M	数量を論理的に表したり，使いこなす。

表2　実践② STEAMの具体的視点

領域	具体的視点
S	・交差点には横断歩道，信号がある。細い道にはないことがある。
T	・仕掛けがしっかりと機能しているか。
	・何回曲がれば目的地に到着するか。
	・わかりやすい地図のつくり方を構想する。
E	・仕掛けの仕組みを理解する。
	・場所を知らない人が作成した地図を見て，目的地へたどり着くことができるものになっているか。
A	・なぜ地図を作るのかを理解する。
	・自分しか作ることのできない地図を完成させる。
	・相手にわかりやすい工夫ができているか。
M	・目的地までの信号や横断歩道の数はいくつあるか。
	・目的地までの時間や距離はどのくらいか。
	・仕掛けを作る際に長さを意識して作る。

図3　ポップアップを用いた目的地の絵

図4　ポップアップを用いた地図

とのつながりを意識させている。さらに，危ない場所などを書いた方がみんなのためになると気づき自分でマークを設定して地図に書き込んだ。このことは，社会科の地図学習の素養になると考える（図4）。

実践後に行ったアンケートでは，「わかりやすい地図を作ることができた。」「友だちに分かりやすく伝えることができた。」という項目は高く，わかりやすい道案内をするための解決の手立てを考え実行できたと感じた児童が多かった。しかしながら，教科間のつながりに関しては，クラス間でばらつきがあった。その原因はSTEAMの具体的視点を教師がどの程度持てていたかどうかであると考えた。

　ふりかえりで行った自由記述では，ポップアップという Technology（技術）を「誕生日カードに使えそう。」，「これを使って家族にお手紙を渡したい。」という具体的な意見が多く得られた。

3　示唆されること

　この2つの実践に協力していただいた学校でその後の活動に変化があったかどうか話を聞くことができた。そこで，その後行った「おもちゃ教室」というものづくりの単元で気づいたことの話を聞くと，明らかに児童の様子がこれまでと違うという話があった。

「家で試作品を作ってくる子がいた。」

「教科書に載っていないおもちゃを素材にこだわって作っていた。」

「こちらが何も言わなくても設計図を書いている子がいた。」

　これらは一例であるが，児童の成長に感動している様子であった。この話の中から児童が自ら創造し，つなげながら考えていることがうかがえた。

　表3で示した視点を常に持ち，その視点で物事を見ること，これが創造性の育成に必要だと考える。しかし，視点だけでは低学年児童は経験も少なく見方がわからない可能性が高い。したがって，具体的な道具や技術と絡めることで探求的な学びにつながると考える。なので，今回の実践では磁石ブロックやポップアップといった道具や技術とつなげて学ぶという実践を行った。

　最後に，今回取り上げた STEAM という教育概念は，学校という教育現場にとどまるものではなく，様々な場面で用いることのできるものである。大事なのは STEAM の視点をいかに具体的に持つかということである。視点が具体的であればあるほど，より探究的に物事をつなげて考えることができるはずだ。

注

1）STEAM の基本的視点は，東京学芸大こども未来研究所の目指す STEAM 教育についての概念を元にした。また，STEAM の教育原理を明確に提示した Yakman G.（2008）が設定していた STEAM ピラミッド（図5）を参考にし，作成した STEAM の指標である。

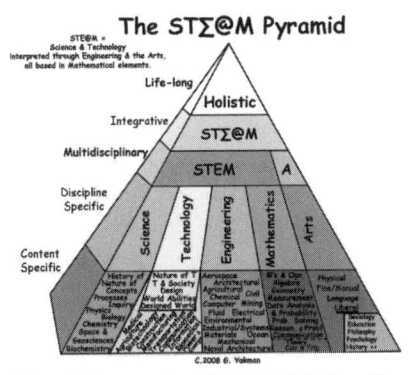

図5　Yakman G. の STEAM ピラミッド

2）本稿は，以下の発表内容に基づいて作成している。

　　北田寛人・溝邊和成・孫章豪（2018）アジアにおける STEAM 教育の可能性と課題 －韓国の実践例を通して－，日本理科教育学会四国支部大会，A-05

　　北田寛人・溝邊和成（2019）STEAM 教育に根ざした生活科教育の検討，日本理科教育学会近畿支部大会，D-01

　　溝邊和成・北田寛人（2020）生活科授業における STEAM 教育の特質，日本生活科・総合的学習教育会

　　Hiroto Kitada, Kazushige Mizobe, Jang Ho Son (2019) Attempt of the Class of Living Environment Studies based on STEAM Education; Practice Example in the Second Grade using Magformers, KASE (The Korean Association for Science Education)

引用・参考文献

内閣府 Society5.0 とは　https://www8.cao.go.jp/cstp/society5_0/（最終閲覧 2024.7.17）

Yakman,G(2008) STEAM Education: An Overview of Creating a Model of Integrative Education.
　　https://www.researchgate.net/publication/327351326_STEAM_Education_an_overview_of_creating_a_model_of_integrative_education（最終閲覧 2024.7.20）

文部科学省（2017）「小学校学習指導要領（平成 29 年告示）解説　総説編」東洋館出版社

ヤング吉原真理子・木島里江（2019）『世界を変える STEAM 人材シリコンバレー「デザイン思考」の核心』朝日新聞出版社

David A Sousa & Tom Pilecki 著,胸組虎胤訳（2017）『AI 時代を生きる子どものための STEAM 教育』幻冬舎

STEAM JAPAN https://steam-japan.com(最終閲覧 2024.1.13)

東京学芸大こども未来研究所 https://codomode.org(最終閲覧 2024.7.20)

李繁榮・孫章豪・溝邊和成 (2017) STEAM プログラムの適用が小学生の創造的問題解決力と環境素養に及ぼす影響，日本理科教育学会近畿支部大会発表要旨集

生活科における個人探究の展開

2.5

―「光とかげ」にせまる子どもの学び―

藤原　達矢

1　はじめに

　幼児期の子どもたちを見ていると，一つの遊びに何度も，夢中になって取り組む姿に出合うことがある。夢中になって取り組む中で，成功と失敗を繰り返し，失敗した原因に気付いたり，新たなこつをつかんだりしていく。

　教科学習において，そのような場面を保障することができているだろうか。「個別最適な学び」が求められる中でも，教科学習となると，同じ課題を，学級全員で取り組むことが多い。

　だからこそ，幼児期と小学校との接続の役割をもつ生活科では，一人ひとりの思いや願いを実現し，夢中になって繰り返し取り組む姿，つまり個人で探究する姿をめざしていきたい。

2　実践の目的・方法

（1）目的

　総合的な学習の時間における探究的な学びは，課題の設定，情報の収集，整理・分析，まとめ・表現という活動をスパイラルに繰り返していくことで実現される。生活科でも，対象に対して繰り返しかかわる中でこそ気付きが高まっていく。神永（2018）は「対象とかかわる体験活動と表現活動を繰り返しながら，対象との自己内対話をおこなったり，対象へ働きかけ―働き返されたりする中で，自らの働きかけたことへの手応えを感じ取り，活動そのものに没頭していくことになる。」と述べている。つまり，子どもたちが活動に没頭していくためには，「手応え」を感じ取ることが大切であり，そのためには自ら働きかけたことによる「働き返し」を認識していくことが重要なのである。しかし，子どもたちが「働き返し」を

認識できず，手応えを感じることなくやり過ごしてしまうこともあるだろう。

　佐野・藤田（2019）は，子どもたちが「働き返し」を認識し，手応えを感じ取るための手立てについて，①題材設定（表１），②働きかけと働き返しをつなぐ声かけ，の２点で整理を試みている。

表１　手応えを感じ取りやすい題材設定の要素

課題に適度な難しさがあること（困難性） ＝課題達成の過程でも，手応えを感じることができる。 達成への驚きがあること（驚異性） －想像以上の働き返しがあり，大きな手応えを感じることができる。 思ったこととは違う発見があること（意外性） ＝想定外の働き返しがあり，想像していないところからの手応えを感じることができる。 活動に広がりがあり，子どもたちの思考が深まる要素があること（発展性） ＝働きかける対象や，その働きかけ方が多様であり，色々な場面で手応えを感じることができる。 友だちとのかかわりによって，活動がより楽しく豊かになること（共同性） ＝友だちと協力したり，競争したりすることで，より大きな手応えを感じることができる。

　本稿では，この２点を視点にして，子どもたちが没頭していく姿とそのための手立てについて考察していく。

（2）方法

　①対象　国立大学附属小学校第２学年２５名

　②時期　令和元年６月

　③単元計画（全6時間）

　・かげとあそんでみよう（１ｈ）

　・かげのひみつをさぐろう（３ｈ）

　・かげともっとあそぼう（２ｈ）

3 実践の成果

(1)題材設定

　本単元の素材である「かげ」は，子どもたちが普段から目にするものであり，なじみのあるものである。しかし，子どもたちの様子を見ていると，「影踏み」や「影絵」といった遊びをする様子は見られない。つまり，知っているようでよくわかっていないものであり，表1の【意外性】があると言える。また，光源やそれを遮るものの位置，光源そのものを変えることで，影の大きさや形，色などが多様に変化するため，【発展性】がある。さらに，影は自分の動きや自分が操作したものの動きに応じて，形や大きさなどが即時的に変化するものである。つまり，「働きかけ」に対する「働き返し」が見えやすいという点でも魅力的な題材である。

　そのよさを活かすためには，環境設定も大切である。光源，遮蔽物，スクリーンなど，多様な活動ができるような環境設定を行った。(表2)

表2　環境設定

光源	蛍光灯　懐中電灯　白熱電球
遮蔽物	手　紙（型紙や折紙など） コップ　スズランテープ
スクリーン	壁　床　模造紙

・学習の中での子どものたちの声から，これらを随時提示していった。
・この他，教室前に日常的に利用できる廃材置き場があり，そこから廃材を持ってくることも可能。

　その結果，影絵遊びから影絵クイズや影絵劇に展開する子，カラーセロファンやスズランテープ，色水を使った色つきの影で遊ぶ子，自分の影を大きくしたり小さくしたりして遊ぶ子など，多様な探究活動が展開されていった。また，自由に遊ぶようにしたため，いろいろな遊びが混じり合う様子も見られた。

(2)「働き返し」を意識化させる手立て

　影は，即時的に変化するため，手応えを感じやすい題材ではあるが，その一方で，形が残らないという特徴もあり，後から見返すことができない。そのため，その場その場での声かけが大切になってくる。働き返しを意識化させるための声かけをふり返るために，ここでは，2つの場面の発話記録を参考にする。

　1つ目は，C2がカラーセロファンを透かして色つきの影を見つけた様子を見

た C1 が, 遮蔽物を色紙にしてみた結果について話す場面である。

C1： 先生, 折り紙でさ, こう見たら, 電気がある。
T： どういうこと?やってみて。
C1： こうやってすると, ここが。
T： (折り紙の)色がうすくなるってこと?
C1： ここが。(影を指差す。)
T： ああ, たしかに。①黒の影とはちょっとちがうね。折り紙でもいいんだ。(カラーセロファンとは)何が違うのかな。
C2： こっちは透明。
T： 透明だったらいいんだ。
C2： だから, これ(スズランテープ)もいい。
T： これ(スズランテープ)は透明だけど, これ(折り紙)は透明じゃないってことだね。

　「色紙で影をつくる」という働きかけに対して, 「やや薄い影ができた」という働き返しがあったと捉えられる。そこで, 教師は下線部①のように働きかけと働き返しをつなぐ声かけをしている。
　2つ目は, C3 が白のスズランテープで影を映した場面から, C4 が虹色の影をつくろうとした場面とのつながりである。

(C3 は, 白のスズランテープを透かして, 影を見ていた。)
T： C3, おもしろいね。白のテープだけど, ちゃんと影ができるんだね。白色の影にはならないんだね。
C3： 透けてる。
T： ああ, 透けているんだね。②じゃあ, 重ねてみると, どうなるのかな?
(C4 は, スズランテープをつなげて, 虹色の影をつくろうとしている。しかし, 手元に紫色のテープがなく困っていた。)
C4： 紫がない。虹をつくろうとしてるんやけど。
T： じゃあ, 重ねてみたらどうかな?
C5： ③え, つくれんで, これで。(赤と青のスズランを重ねる。)
C4： あ, そっか。これでつくれる。これ(白のスズランテープ)に紫色のインクで塗ったらいいねん。
T： なるほど。
C3 と C4 は, 二人で白のスズランテープに色を塗り始める。見事に紫色の影ができる。

> T：　すごいやん。ということは，④絵をかいたら絵が映るんじゃない？
> C3 は，白のスズランテープに，紫色でいろいろな形をかき始める。
> それを見ていた C6 はスズランテープに絵をかき始める。

　下線部②④は，新たな試行錯誤を促す声かけである。つまり，次の働きかけを促している。それにより下線部③では C5 が重ねるという発想と，既知の赤と青で紫になるという知識が結びついた様子が読み取れる。

4　示唆されること

　本実践では，多様な環境を設定し，その中で自由に光とかげを使った遊びを楽しむ時間を設けた。一つの活動を繰り返す子，色々な活動を渡り歩く子，別の活動をしてからまた同じ活動にもどる子など，取り組み方は様々であった。このように個性的な学びを展開する一方で，発話記録にもあるようにかかわり合い，協働的に学ぶ姿も見られた。

　しかし，自由度をもたせた活動は，ただ楽しい活動になってしまうこともある。そうならないように，教師がその様子を見とり，働きかけ－働き返しの関係を認識させるための声かけが必要である。ここではその一端が見えてきた。手応えを感じ取らせることで，活動がさらに繰り返され，そうした学び方を他教科・領域へとつなげていきたい。

引用・参考文献

神永典郎（2018）生活科の継承と刷新－自立し生活を豊かにしていく，よき生活者の育成を目指して－，せいかつか＆そうごう 25, 8-17.

佐野雄太, 藤田麻由（2019）子どもの「夢中」を引き出す生活科の学習文化, 兵庫教育大学附属小学校提案要項・学習指導案集, 106-110.

学びの連続性とその支援のあり方

2.6

―保幼小の連携活動に見られる探究の姿を通して―

長谷川士　田中万里子

1　はじめに

保育所では，毎日自分のやりたい遊びに没頭し，その遊びを通して，考えたり，発見したり，不思議さを感じたりして自己を発揮しながら，試したり，工夫したりして，試行錯誤することを楽しんでいる。遊びは何度も繰り返され，何日も続き，友達と一緒に協働的に取り組んだり，さらに探究したりする姿が見られるようになる。それが幼児期の育ちと学びの姿だと考える。一方で小学校では達成すべき目標があり，学習指導要領に則り学習が進んでいく。子どもの育ちと学びを円滑に接続していくためには，生活科や保幼小の連携活動を中心に，幼児期の育ちと学びが十分に発揮される授業を展開していくことが重要である。

そして，5歳児と1年生が一緒に活動する連携活動においては，互いの育ちと学びが相互作用し，より豊かな活動になることが期待される。

2　実践の目的・方法

（1）目的

実践事例を基に，連携活動に見られる5歳児と1年生の学びの姿を「自己発揮・協働・探究」の視点で捉え，それに関わる支援のあり方について考える。また，連携活動が幼児期から児童期前期にかけての学びの連続性・互恵性にどのような意味を持つのか，その有用性も含めて考察する。

（2）方法

対象：舞鶴市立中舞鶴小学校1年生38名，舞鶴市立中保育所5歳児23名

時期：2021年10月～11月　　回数：5回（1，2時限目）

場所：中舞鶴小学校　2教室と階段（3階から1階まで）
単元：生活科「たのしいあきいっぱい」　活動内容；どんぐり転がしづくり
教材：どんぐり，段ボール，牛乳パック等　グループ：4〜5人×14グループ

3　実践の成果

（1）支援のあり方〜保育士と教師の共有の大切さ〜

　連携活動を進めるにあたり，5歳児と1年生の実態を保育士と教師が共通理解する必要があった。子どもの姿を語り合い，連携活動における「ねらい」と「育みたい力」とは何か，「学び」はどんなことが考えられるか，互いが自己を発揮し探究できる活動とは何か，などを丁寧に話し合った。そして，5歳児は，日頃からどんぐりなどの自然物を使ってつくる遊びを楽しんでいること，1年生は，裏山にどんぐりなどの自然物が多く，生活科で取り入れていることから，互いの共通部分でもある「どんぐり」をテーマに，つくる活動とした。また，一人では扱いが難しく互いに協力が必要になる教材として，段ボールも準備した。

　事前の打ち合わせや事後の評価・反省では，保育士と教師の支援のあり方として，「やってみたら？」「それもいいね！」などの励ましの言葉や「どうなると思う？」「なぜだろう？」などの試行錯誤や探究へと導くための問いかけや見守りなどを意識し，子どもの思いや考えに寄り添い，支えることを確認し合った。

（2）連携活動における学び〜自己発揮・協働・探究の姿から〜

　連携活動では，5歳児は日頃の経験からつくりたい物のイメージが湧いてくる様子が見られ，そこに1年生やそれぞれのアイディアや工夫が加わっていき，どんぐりを転がすコースづくりへと展開していった（図1）。同じコースを2本作ってレースができるようにしたり，どんぐりを転がす滑り台に段ボールを丸めたトンネルや四角い段ボールにどんぐりを並べた迷路，落とし穴，ジャンプ台などの仕掛けをつくっ

図1　コースづくり

たりして,それぞれのグループならではの工夫やアイディアが見られた。うまくいかなくても何度もやってみたり,別の方法を試そうと試行錯誤したりする様子も見られた。こうした工夫やアイディアを実現させるため,5歳児と1年生が互いの思いや考えを伝え合い,段ボールを持つ役,切る役,ガムテープで貼る役などの役割を分担し,協働する姿が見られた。

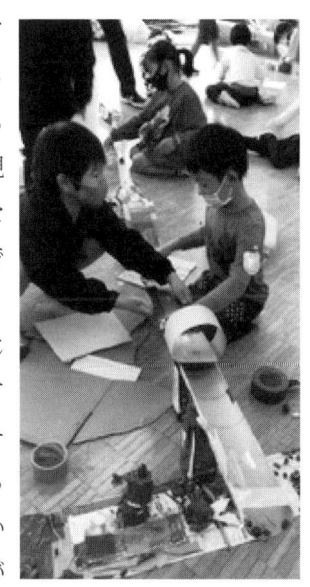

図2 協働する姿

　内気で人前で話すことが苦手な5歳児Aは,同じグループの1年生が優しく,根気強く言葉をかけてくれる中で,身振りや表情で思いを伝え,1年生がその思いを汲んでくれ,2人の間で気持ちが通じ合っている様子が見られた(図2)。Aは,1年生の手伝いという形ではあるが,安心して自己発揮することができた。5歳児Bは,ガムテープを切って渡すことを自分の役割と決め,自分なりのポジションを見つけ,自信をもって取り組む姿が見られた。こうした思いや考えを自分なりの方法で伝え自己を発揮する姿や,それぞれの方法で協働する姿は連携活動の醍醐味でもある。

　連携活動後の振り返りでは,それぞれのグループがこだわったところや工夫,アイディアについて発表し合った。実際にどんぐりを転がす実演付きでの振り返りは,ライブ性が高く,子どもたちはじっとしていられず,コースの周りに自然に集まり,歓声をあげる様子も見られた。互いに質問し合って答える姿も見られ,他のグループから刺激を受け,次へのやる気やさらなる工夫,試行錯誤,探究へとつながっていった。そして,最後には,「みんなのコースをつなげてとびきり大きくて長いどんぐり転がしのコースをつくりたい!」と意見があがり,校舎の3階から1階までの階段を使ってコースをつなげることになった。

　そこで,コースの底の面と階段の角をガムテープで止める,どんぐりがうまく階段の踊り場を曲がって転がるように壁を新たに取り付ける,直角ではうまく曲がらないことに気が付いて緩やかなカーブにして作り直すなど,1年生が経験と

学びを活かして活躍することとなった。予定の終了時刻が迫る中,「業間休みも続きをやらせてほしい！」という1年生の熱い思いもあり,時間を延長して,特大どんぐり転がしのコースを完成させた（図3）。できあがった時には子どもたちから歓声が上がり,達成感の大きさがその姿から伝わってきた。どんぐり転がしを楽しむ時間はわずかとなってしまったが,子どもたちの笑顔を見ると,コース完成の達成感だけでなく,それまでの過程におもしろさや楽しさを感じ,自己を発揮する姿や協働的に取り組む姿,探究の姿が見られ,それらを含めて充実感や達成感を味わえる連携活動となったのではないか。

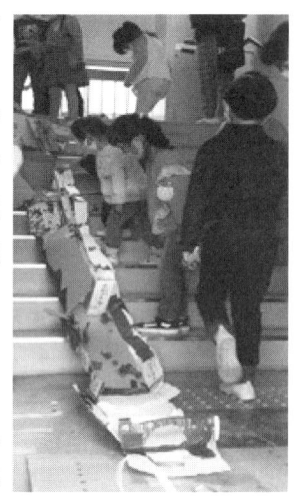

図3　特大コース完成！

（3）学びの連続性〜思いや願いの実現〜

　連携活動が終了した後,1年生は作成した「どんぐり転がしのコース」を教室でも遊べるよう改良して設置した。階段のように傾斜がないため,子どもたちはグループの友達と何度も相談し,支柱を立てたり棚や机を活用したりして試行錯誤していた。そうして完成したコースにはそれぞれに名前が付いていた。しばらくは自分達で遊んでいたが,「どうしたい？」と問うと,「もっと他の学年の人にも遊んでほしい。」という意見が出たため,全校で集まる「なかよし集会」で紹介し,全校のみんなを招待して遊んでもらうことになった。発表の台詞を担任が提案すると,「自分で考えたい。」という声が返ってきたため,国語科で学んだことを活用してグループごとに台詞を考えた。教室には上級生がたくさん遊びに来てくれ,1年生だけでは難しかった部分の修理を頼んで手伝ってもらう姿や,混雑した時に待機場所を設定し,案内係をする姿などが見られた。幼児期に遊びの中で育まれた力が発揮され,授業の枠を超えて主体的に自分たちの願いを実現し,表現する姿であった。

4　示唆されること

　保幼小の連携活動において，5歳児と1年生の育ちと学びの相互作用が生まれ，豊かな活動へと展開していくためには，5歳児と1年生のどちらもが自己発揮し，協働，探究できる活動（単元計画）を考えることが重要である。そのためには，保育士や教師の細やかな連携が必要不可欠である。保育所での育ちや学び，小学校で大切にしたいことなどの相互理解はもちろんのこと，互いの視点から連携活動の中で見取った子どもの姿を交流する中で展開される自由度の高い活動は，子どもたちが幼児期に培ってきた育ちや学びを途切れさせることなく，主体的に学ぶ探究の基盤を育てることにつながると実感した。

　それは，活動の中で随所に見られる子どもたちの姿や様子から，見取ることができる。放課後や休み時間，保育所に帰った後にも「明日はもっとこうしてみたい。」「このどんぐりが使えそう。」「ちょっとこれを試してみよう。」と活動に没頭していく姿。もともと活動していた教室を飛び出し，自分たちの願いが実現できる場所を探して活動する姿。活動後も場所を変えて活動を展開させようとする姿。5歳児と1年生のペア，ペアが合体したグループ，保育士や教師，全校児童へと，様々な人との関わりを広げながら活動する姿。作り上げたものに自信を持ち，全校集会での発表内容まで自分たちで考えようとする姿。そして，それらを時間がかかっても最後まで粘り強く成し遂げようとする姿。今回の実践を通して見られた子どもの姿は，どれも自信を持って自己を発揮し，生き生きとしていた。

　5歳児と1年生の思いや考えが活かされ，様々な困難も乗り越えようとした結果達成されたことは，子どもの育ちや学びにとって価値のあるものになることが見て取れた。保育士や教師が枠組みを作ったり道筋を示したりするのではなく，「どうしたいのか。」「どうしようと思っているのか。」と問いながら，子どもが主体となって自己を発揮し，さらに子ども同士が協働，探究を深めていく連携活動を，今後も大切にしていきたいと考えている。

注　本稿は，下記の掲載内容を参考にしている。
舞鶴市乳幼児教育センター（2022）乳幼児教育の質の向上研修ニュース，ニュースレター第8号，1-5.

＜特別寄稿4＞

乳幼児期からの育ちと学びへの期待と支援

北野　幸子

1　はじめに

　誕生からのすべての子どものウェルビーイングをめざして，日本国憲法と児童の権利に関する条約の精神にのっとり，こども施策を社会全体で総合的かつ強力に推進していくための包括的な基本法である，こども基本法が2022年6月に成立し，2023年4月に施行された。そもそも，児童の権利に関する条約にもあるように，子どもの教育は誕生からすべての子どもに保障されることが前提とされている。昨今，特に，その教育の質保証が問題とされている。児童の権利に関する条約の批准状況を確認している機関である国連の児童の権利委員会においても，特に誕生からの乳幼児の権利保障を問題としている。そこでは，誕生からの全ての子どもに，質の高い教育を保障することが大切であることも，指摘されている。

　昨今では，国境を越えて世界が一体となり，持続可能な社会の発展を目指して目標を掲げている。実際，いわゆるSDGsの目標4においても，誕生からすべての人に対して一生涯にわたり質の高い教育の機会を保障することがめざされている。

　新しい時代に向けた子どもの育ちと学びを考えるにあたり，それらが誕生から積み重ねられていくものである点を踏まえることが大切であると考える。また，誕生から質の高い教育を保障し，幼児教育の立場からは，その育ちと学びの姿をしっかりと小学校に架橋して，伝えることにより，質の高い小学校以降の教育に資することができると考える。本稿では特に，質の高い乳幼児期の育ちと学びへの期待とそれを支える乳幼児教育の在り方について，乳幼児教育の独自性を踏まえながら考えていきたい。

2　質の高い乳幼児期の学びと育ちを支える教育

（1）環境を通じた教育

　乳幼児教育は，その発達的な特性を踏まえて，幼稚園教育要領（2017）等（以下，要領指針とする）にもあるように，「環境を通して行う」ものであることが基本とされている。保育の分野では20年前から，特に権利保障の観点から，子どもの声を実践に反映することが提唱されてきた（Clark ら ,2005; Lewis & Lindsay,1999,Sheridan & Samuelsson,2001 等）。日本ではこども家庭庁の創設に伴い，すべての子どもに質の高い育ちと学びを保証するために，子どもの居場所づくりや，子どもの意見や思いの表明と尊重等が，現在さらに盛んに議論されている。

　私たちは要領指針にもあるように，この時期に適した質の高い教育とは，ケアと教育が一体となった教育であり，つまり，保育者が乳幼児との基本的な信頼関係をしっかりと築き，情緒の安定をはかり，安心で安全な環境を乳幼児との相互作用の中で構成し，乳幼児が身近な環境に主体的にかかわり，探求や，試行錯誤，創意工夫することであると認識すべきと考える。誕生からの質の高い教育保証や，ケアと教育の統合，Social Pedagogy の実践への提案については，児童の権利に関する条約が実際に守られているのかを確認する機関である国連の子どもの権利委員会による一般的意見の第7号「乳幼児期における子どもの権利の実施（Implementing child rights in early childhood）」（2005）や Cameron & Moss（2011）等によりなされている。乳幼児が，環境に気づき，興味関心，探究心を抱き，試行錯誤したり，創意工夫する，そういった「環境を通した教育」により，この時期の子どもたちに，環境とかかわる楽しさ，探究の経験を通じて自らの知性への信頼を培い，世界が不思議に満ちていてさらに学びたいと思う気持ち，学びに向かう力，人とかかわることの楽しさを通じて社会性を培うこと，つまり，社会情動的スキルを培うことが，乳幼児教育において期待されている。

　園における教育の保障は，保護者の就労支援とは別の文脈において，子どもの教育権利の保障として考えるべき部分がある。家庭保育とはまた異なる，教育保育施設における，乳幼児の教育専門職との相互作用にもとづく教育で，環境を通

じた教育の保障である。

（2）社会情動的スキルを育む教育

　これからの時代を生き抜く子どもたちに育みたい力として，社会情動的スキルが注目されて久しい（Gutman& Schoon 2013; OECD・ベネッセ教育総合研究所,2015 等）。特に，乳幼児期の教育は教科教育ではなく，自尊感情や自己効力感，思いやり，粘り強さ等の社会情動的スキルを育むことに適した教育であることが明らかになっている。加えて，国際化，情報化，人工知能化が進み，自然災害や未曾有のパンデミックににさらされる時代に生き抜く力を子どもたちに培うことが望まれると考える。

　誕生からの社会情動的スキルの育ちの姿と保育者の援助の在り方についての研究を進め，実践において子どもの主体性を尊重し，話し合いの時間を大いに設け，子どもが参加して保育実践をつくっていく保育を展開した園においては，他の大規模調査と比較して 10 － 16 ポイント以上も，子どもの社会情動的な育ちが著しいことも明らかになっている（北野ら,2020）。ベネッセの CRN アジア子ども学研究ネットワークによる 8 か国比較調査（佐藤他,2022）では，コロナ禍における子どものウェルビーイングにおいては，子どものレジリエンスの育ちが大切であったこと，園における保育専門職の支援を保護者が高く評価しており，実際に園と家庭との良好な連携がなされていることが，子どものレジリエンスの育ちに関連していることが明かになっている。

　乳幼児の教育の権利保障は児童や生徒と同様に，保障すべき権利である。しかし，その内容や方法は，乳幼児期の特徴を踏まえた，独自なものであることにに留意する必要があると考える。繰り返しになるが，乳幼児期は，いわゆる社会情動的スキルの育ちが著しい時期であり，その特性を踏まえて，保育専門職は，小学校以降の教育とは異なる方法による，質の高い乳幼児教育を個々の子どもに保障することが望まれるのである。

3 保育の中の Co-Agency を考える

　先に紹介した，こども基本法では６つの基本理念がしめされている。そのうちの二つ目の内容は，「教育基本法の精神にのっとり教育を受ける機会等が等しくあたえられること。」である。また，同法の第13条では，こども施策が適正かつ円滑に行われるように，教育を含め，医療，保健，福祉，療育等の関係者が，互いに連携することが規定されている。

　2023年4月にこども家庭庁が創設され，「こどもまんなか社会」の実現が目指されているが，ここでは，子どものみならず，乳幼児教育専門職をはじめ，子どもとかかわる様々な教師や，他の専門職の人々が当事者意識を持ち，自己を発揮し，主体的に，幸せに生きる社会が目指されていると考える。子どもとかかわる専門職がそれぞれの専門性を発揮し，互恵的な関係性の中で連携協働を図ることが，子どものウェルビーイングを具現化する鍵であると思われる。そのためには，それぞれの発達を踏まえた，例えば乳幼児期には，前倒し教育や早期教育，準備教育ではなく，乳幼児期に適した，また個別最適な教育をしっかりと保障することが大切であると考える。

　子どもをまんなかに，より包括的で一体的な連携協働による質の高い乳幼児教育をすすめるためには，複雑性の縮減や機能分化と相対立するものとしてではなく，専門特化により高度化をはかり，それぞれの専門性の発揮による互恵的な支援が進められていくことが期待されると考える。

参考・引用文献

Cameron & Moss (Eds.) (2011) *Social Pedagogy and Working with Children and Young People: Where care and education meet*, Jessica Kingsley Publishers.

Clark, Kjorhol, & Moss (2005) *Beyond Listening. Children's perspectives on early childhood services*, Bristol Univ. Press.

Gutman,L.M.,& Schoon,I. (2013) The impact of non-cognitive skills on outcomes for young people,Education Endowment Foundation.

北野幸子・大阪府私立幼稚園連盟教育研究所26次研究プロジェクト (2020) 子どもと保育者でつくる育ちの記録：あそびの中の育ちを可視化する，日本標準。

大阪府私立幼稚園連盟教育研究所『第26次プロジェクトチーム研究紀要』(http://www.kinderosaka.or.jp/pdf/20220328.pdf，最終閲覧 2024 年 2 月 18 日）。

Lewis & Lindsay (1999) *Researching Children's Perspectives*, Open Univ. Press

OECD・ベネッセ教育総合研究所（2015）家庭，学校，地域社会のける社会情動的スキルの育成 国際的エビデンスのまとめと日本の教育実践・研究に対する示唆．

佐藤朝美・北野幸子・深見俊崇・星三和子・榊原洋一，【日本】CRNA 国際共同研究：アジア諸国 にみる「ハッピー＆レジリエントな子どもをどう育むか」日本のカントリーレポート（https:// www.blog.crn.or.jp/lab/pdf/lab_10_33.pdf　最終閲覧 2024 年 2 月 18 日）

Sheridan & Samuelsson (2001) "Children's Conceptions of Participation and Influence in Pre-School: A Perspective on Pedagogical Quality" *Contemporary Issues in Early Childhood*.

＜特別寄稿5＞

「橋」をかけるということの
意義とその展望

神長　美津子

1　はじめに

　中央教育審議会「幼児教育と小学校教育の架け橋特別委員会」報告（2023）「学びや生活の基盤をつくる幼児教育と小学校教育の接続について〜幼保小の協働による架け橋期の教育の充実〜」では，義務教育開始前後の5歳児と1年生の2年間は，生涯にわたる学びや生活の基盤をつくる重要な時期であり，この2年間を「架け橋期」として，幼児教育と小学校教育の双方から歩み寄り，「学びの連続性」を確保することを提案している。

　幼児教育と小学校教育では，カリキュラムの構成原理等が異なり，一般に「異なる学び方」をしているように受け止められているが，果たしてそうだろうか。確かに，子どもは小学校という新しい枠組みの中で学んでいくことを求められているが，それは「異なる学び方」ではない。体験と体験がつながり「深い学び」になっていくという，学ぶことの本質は変わっていない。小学校という新しい枠組みに入っていくからこそ，子どもの学ぶ姿に着目し，「学びの連続性」を確保することが重要であり，そのことがその後の学びの基盤をつくっていくと考えている。

　本論では，「学びの連続性」の確保に焦点を当てて，幼児教育側と小学校教育側の両側から歩み寄って「橋」をかけるとはどのようなことか，またそのためにどのような準備が必要かについて論じていく。

2　「気付きを共有する」ことから「学びの連続性」を確保

　幼小間で「学びの連続性」を確保するとは，どのようなことだろうか。義務教育開始前の5歳児の保育では，生活や遊びの中で，子どもが試行錯誤しながらも，これまでの経験を生かして課題を解決しようとし，その過程で様々なことを学ん

でいくことを大切にしている。義務教育初年度の小学校1年生の授業では，これまでの経験や学びを生かして，これ以降の学びや生活に発展していく力を身に付けていくことを大切にし，教科等の学習の中で学んでいく基盤をつくっている。こうしたことから，幼児教育では，生活全体を視野に入れて「学び」をとらえるが，小学校教育では，各教科等における授業や単元を中心に「学びの質」を考慮している。ここで大事なことは，幼児教育において生活の中での学びを通して育まれた資質・能力が，教科等の学習に生かされて「深い学び」につながっていくことであり，そのためにどう「橋」をかけていくかを問うことである。いわば，幼児教育と小学校教育との間にある「尊重すべき違い」を踏まえて，「学びの連続性」をどのように確保していくかが問われている。

　幼小間の連続というと，園でアサガオを育てて，小学校でもアサガオを育てる等，同じ活動を繰り返すことがいいのかどうか等，活動の連続が話題になることがある。同じ活動をすることがよいというわけでも悪いというわけでもない。大切なことは，その活動の中で，子どもが何を経験し学んでいるかであり，その学びを深めているか否かにある。

　ある幼保小の合同研修会で，5歳児担任と1年生担任が植物の栽培にかかわる子どもの姿を報告し，意見交換をしていた。5歳児担任による「毎日水やりをしている子どもの鉢に限って，芽が出ないということがあったが，その時，その子にどう説明したらよいか，少し躊躇した」という報告に対して，1年生の担任は，「それは，水のやりすぎだよ」と，適度な水の量をなぜ指導しないのかと率直に質問していた。保育者は，「最終的には，適度な水やりに気付いてほしいが，それだけでは，植物の成長に対する興味や関心が育っていかないので，できるだけその子の視点から言葉をかけていくようにした」と答えていた。つまり，植物の成長に対する興味や関心を育てていくためには，先ず「毎日水をやっているのに，がっかりだね」と，植物の世話をしたいという子どもの気持ちを受け止め，次に「よし，先生も一緒に様子を見ていくね」と伝え，一緒に活動しながら適度な水の量に気付かせていく働きかけが求められると説明していた。1年生の担任には，このような子どもの興味や関心の後からついていくという，保育者の視点が意外

なこととして受け止めていたようだ。

　一方，1年生の担任からは，「アサガオのツルが絡んだ時，どうしたらよいかについて，子ども同士で真剣に話し合っていた」という報告があった。担任が，「幼稚園や保育所でどうしていた？」と聞いたところ，子どもたちから「先生が，絡んだところをやさしく解いていた」「ツルを棒に絡ませていた」等，子どもたちの園での栽培体験の報告が寄せられたそうだ。その話し合い後，さっそく支柱を用意し，その成長を見守ることにしたところ，子どもたちのアサガオの観察画には，ツルがどうなっているかが丁寧に描かれるようになり，成長のシンボルであるツルへの関心が一層深まったと報告していた。

　その合同研修会のまとめでは，5歳児も1年生も，先生や友達とともにする「心揺れ動く体験」が「深い学び」につながっていること，その学びのプロセスにおいて，保育者や教師の言葉のかけやかかわり方が鍵となることが，共有されていた。

　「学びの連続性」を確保するとは，体験と体験をつなぎ，「深い学び」を保障していくことである。そのためには，子どもたちがこれまでどのような体験や学びを重ねてきたのか，またこれから先どのような学びを重ねていくかの情報は不可欠であり，幼小間の具体的な子どもの姿を通しての「気付きを共有する」ことが必要である。

3　生活の中での「多様な学びの体験」が「深い学び」につながる

　「橋」をかけるということは，幼児教育と小学校教育でそれぞれが異なる立場にあることを前提にして，双方の立場を理解した上で，円滑な接続に向けて一歩を踏み出すことを意味する。それは，何もないところで始まるわけではない。幼児教育では，5歳児の保育をふり返り，小学校教育を見通した上で，5歳児の経験として大事にしたいことを確認することが必要となる。小学校教育では，既に実践している1年生の生活科のスタートカリキュラムを中心にしてふり返り，子どもたちのこれまでの経験や学びを生かて「深い学び」につながる授業の道筋ができているかどうかを検証することから始まる。

　いずれの場合も，そのベースには，生活の中での多様な学びの体験があり，保

育者や教師がその体験を「学ぶことの楽しさの体験」にどうつなげているかが鍵となる。言い換えれば，生活の中での多様な学びの体験があるからこそ，その後の「深い学び」が保障されていく。

　ある保育場面での子どもと保育者のやりとりを紹介する。生活の中での学びを支える保育者の姿勢を改めて考えさせられた。それは雪が降り始めた時のことである。窓の外の降る雪をじっと見ていた子どもに保育者が寄り添っていくと，その子は「しんしんとして降る雪は，音がしないね」と呟いた。保育者は，耳を澄まして「本当だ。何も聞こえないね」と応えると，にっこりとしたそうだ。保育者の話によると，その子は，絵本の中にできてきた「しんしんとして雪が降る」というフレーズが気になっていたので，実際に雪が降る様子に接して「しんしん」という言葉の意味が理解できたようだ。まさに，ここでは「感じる」「気づく」体験を通して，研ぎ澄まされた感覚が養われている。

　生活の中の学びは多様である。興味や関心をもち対象とかかわる中での「考える」「試し確かめる」「工夫する」などの体験，人やものとのかかわりを深める中での「表現する」「伝え合う」「折り合いをつける」「達成感を味わう」「挑戦意欲をもつ」などの体験等，これら全てを把握し，対応していくことは難しい。ただし，生活の中での多様な学びの体験があってこそ，その後の「深い学び」が促されていくことを踏まえ，子どもの姿に温かな関心を寄せていきたいものである。

4　今後の期待と展望

　全国的にみると，架け橋期カリキュラムの作成状況は，これまでの幼保小の連携の取り組みや自治体の組織体制等によりさまざまであり，自治体の取り組みが，その地域の架け橋プログラムの展開に大きく左右していることは確かである。自治体によっては，ようやく幼保小の合同研修会が始まったところも少なくない。この意味で，「橋」をかけるまでには，まだまだ課題が山積みであることは確かであり，自治体の取組みに期待することは大きい。

　ただし，「橋」をかけるということは，「学びの連続性」を確保していくことであり，それは，自治体が架け橋プログラムに取り組む以前に，それぞれの学校園

で，また日々の実践の中で考えおかねばならなないことである。この意味で，保育者・教師自身が，それぞれの指導の過程に見られた子どもの学びの姿や，その時の先生としてのかかわりや周りの子どもたちとの関係などについての記録をまとめ，子どもの学びのプロセスついての理解を深めていくことが大切である。

引用・参考文献

神長美津子・小川聖子「幼小比べて分かる子供の学び事例集」東京書籍 https://ten.tokyoshoseki.co.jp/ten_download/2023/2023099370.htm（閲覧日：2024 年 2 月 28 日）
文部科学省「学びや生活の基盤をつくる幼児教育と小学校教育の接続について～幼保小の協働による架け橋期の教育の充実～」https://www.mext.go.jp/content/20220307-mxt_youji-1258019_03.pdf（閲覧日：2024 年 2 月 28 日）

<特別寄稿6＞

幼児期に育みたい資質・能力からみる
生活科の有すべき特質

田村　隆宏

1　はじめに

　本項では，幼児期の保育から児童期前期の生活科へとなめらかに繋ぐために，特に幼児期に育みたい資質・能力の観点から，児童期前期の生活科の有すべき特質について指摘してみたい。論旨としては，幼児期に育みたい資質・能力が保育のどのような要素によって育まれているかについて幼児期の保育実践事例から読み取り，それを踏まえて児童期前期の生活科の有すべき特質を指摘する，といったものになる。

2　幼児期に育みたい資質・能力と生活科の目標との関連

　現行の保育所保育指針（厚生労働省，2017），幼稚園教育要領（文部科学省，2017），幼保連携型認定こども園教育・保育要領（内閣府・文部科学省・厚生労働省，2017）には，幼児期に育みたい資質・能力として，(1) 豊かな体験を通じて，感じたり，気付いたり，分かったり，できるようになったりする「知識及び技能の基礎」，(2) 気付いたことや，できるようになったことなどを使い，考えたり，試したり，工夫したり，表現したりする「思考力，判断力，表現力等の基礎」，(3) 心情，意欲，態度が育つ中で，よりよい生活を営もうとする「学びに向かう力，人間性等」，の3つが挙げられている。保育所保育指針，及び幼稚園教育要領では，2017年の改訂において，幼児期に育みたいこれらの資質・能力が具体的に明示され，現在の保育においては，これらを育む視点を明確に持つことの重要性が改めて指摘されたといえる。

　一方，小学校学習指導要領（文部科学省，2017）においては，生活科の教科目標として，(1) 活動や体験の過程において，自分自身，身近な人々，社会及び自然の特徴やよさ，それらの関わり等に気付くとともに，生活上必要な習慣や技能を身に付けるようにする，(2) 身近な人々，社会及び自然を自分との関わりで捉

え，自分自身や自分の生活について考え，表現することができるようにする，(3) 身近な人々，社会及び自然に自ら働きかけ，意欲や自信をもって学んだり生活を豊かにしたりしようとする態度を養う，といった資質・能力の育成を目指すとされている。この中の (1) は「知識及び技能の基礎」，(2) は「思考力，判断力，表現力等の基礎」，(3) は「学びに向かう力，人間性等」と対応していると捉えられよう。このように，幼児期に育みたい資質・能力と生活科で育むべき資質・能力は密接に関連するものであり，生活科においては幼児期に育みたい資質・能力をより高度な形で伸長させることが重要となろう。

3　保育実践事例からの示唆

　ここでは，幼児期に育みたい 3 つの資質・能力が十分に伸長されたと捉えられる保育実践事例から示唆される重要な特質を指摘してみたい。

「プロペラの飛行機」（5 歳児の事例）

　登園してくるなりセイガは，「先生，昨日の 『鳥人間コンテスト』のテレビ見た？」と，興奮した様子で私に話しかけてきた。「ぼくも見たよ。すごい人力飛行機が出てきてたよな」と私（保育者）が言うと，セイガは，「オッケイ。ぼくも，今日，それつくるから」と，そそくさと持ち物の整理をすませて，材料倉庫に駆けていった。「先生，なんか，ないかなあ。軽くて，ばきっと割れなくて，丁度良いやつ」セイガは保育室に帰ってきて，私にそう尋ねる。

　「うーん。君がつくりたいのはどんな飛行機なの？」と私が聞くと，「そりゃ。ぼくが乗れるやつだけど・・・」とセイガは少し思案している表情になる。すると，傍にいたアツシが，「乗れるやつは無理だから，小さい模型ってことだろう」と言葉をつなぐ。「オッケイ。そういうことよ。アッちゃんもチームに入るか，ぼくらの？」とセイガはアツシや私を見回していった。私達は一瞬でチームスタッフにされてしまった。「先生は，さっき言った材料の準備を頼む。ぼくとアッちゃんは設計図を描くぞ」「おう」

　アツシは裏の白い広告紙を，私は使えそうな材料を集めに走った。その後，接着剤を乾かしながら設計図に沿って作業工程は進んでいった。

　関心をもって製作に参加してくる仲間が増えた。自分達の飛行機ができつつあることが誇らしく，小さい組の子ども達を誘い，見学ツアーを企画したりして，テレビなどから仕入れた飛行機づくりの蘊蓄を披露したりもした。

　3日かけて本体が仕上がると，セイガとユウキは，「やっぱりプロペラはいるだろう。先生しかおらん。この仕事ができる人は」と私の手を握って重々しく言った。「土日に探してくるけれど，もし，なかったときのことも考えておいてくれたまえ」と私も重々しく言って，二人の手を握り返した。

　月曜日の朝一番，私の用意したプロペラとゴムを見つけたアツシは興奮気味に言う。

　「これで，いける」　次々と登園してくる子ども達はアツシにプロペラを見せられ，私の手を握りに来た。「先生に一番に見せてあげる」　やがて，プロペラ付の飛行機は完成した。飛ばしてみると前のめりに墜落した。「羽（主翼）がちゃんとしてないんだ。もっと前だろう」とか「風を計算するんだ」とか「もっと高いところから飛ばすんだ」など，代わる代わる飛ばしながら機体を微調整したり，飛ばし方や場所を工夫していった。

　佐々木（2008）より抜粋，一部改変

　この事例で保育者は子どもの自発的な興味・関心，意欲に徹底して寄り添い，全く予定していなかったであろう子ども達の飛行機作りの取り組みを躊躇なく認め，様々な側面からサポートしている。この取り組みは，テレビ番組を契機として，一人の子どもが飛行機を作りたいという強い気持ちにかられ，周りの子どもを巻き込みつつ展開されている。その過程で，子どもは適切な材料の性質や，飛びやすい飛行機の構造，飛ばし方などに気づき，様々なことを理解しているといえる。このことは，「知識及び技能の基礎」を大きく育むものであろう。さらに，完成した飛行機を試行錯誤して何度も飛ばす中，気付いたことから考えたり，試したり，工夫したりしていることから「思考力，判断力，表現力等の基礎」も豊かに育まれていると捉えられよう。加えて，何日間にもわたり，粘り強く飛行機を作ることに取り組み，飛行機が完成してからは，うまく飛ぶように何度も修正し，飛行実験を繰り返し，試行錯誤を重ねる取り組みに，強い心情，意欲，態度

が見受けられることから，「学びに向かう力，人間性等」についても飛躍的に育まれているといえよう。

　このように，この事例では，幼児期に育みたい資質・能力のいずれもが十分に育まれていると捉えられるわけであるが，子どもたちにこのような大きな学びがもたらされたことには，どのような要因が関与しているのであろうか。

　まず指摘できるのが，保育者のかかわりの柔軟性・即興性の要因である。この事例は，テレビ番組を契機として，一人の子どもが飛行機を作ることに強い興味，関心を示したことから始まっている。保育者は，その子どもの興味，関心を最優先し，徹底して飛行機作りがうまくいくようにサポートし，新たな環境設定にも応じている。このような保育者の柔軟性，即興性によって子どもたちは飛行機作りに対する興味，関心をいっそう高め，夢中になって取り組む中で幼児期に育みたい資質・能力の伸長がみられたと考えられる。

　また，子どもが飛行機を作ろうとした際に，それに相応しい材料がある程度揃っていた環境面の要因も子どもたちの学びを支えたといえるであろう。遊びのニーズに応じられる環境があったことで，一人の子どもの強い動機から即座に飛行機作りの取り組みが展開され，複数の子どもを巻き込んでの，何日にもわたるダイナミックな遊びに繋がっていったと考えられる。

　このように，子どもの興味，関心に徹底して応じる保育者の柔軟性・即興性と，環境設定の充実にかかわる要因が，子どもたちの資質・能力を飛躍的に高めることに関与していると捉えられるのである。

4　生活科が有すべき特質

　保育実践事例から示唆された重要な要因を踏まえて，生活科が有すべき特質について指摘してみよう。まず，柔軟性・即興性についてであるが，生活科で扱う題材については，児童が持つ様々な興味・関心に対応できるような多様な内容を含むものを用意し，教師は徹底してその様々な興味・関心に応じられる柔軟性・即興性をもつことが重要であると考えられる。小学校1年生の生活科では，自然環境を題材として植物の栽培や，風や日光などの自然現象が扱われることがあるが，例えば，特定の植物の栽培や，風のみを対象とするように内容を限定するの

ではなく，子どもたちが興味・関心を持つ内容を多様に含む題材を取り上げるといった特質を持つことが生活科で育むべき資質・能力を伸長させるのではないかということである。このような場合，教師側の対応には子どもの多様な興味・関心に応じられる柔軟性・即興性が強く求められることであろう。幼児期の教育とのつながりを踏まえるべき生活科では，特に教師が柔軟性・即興性を持って授業を展開させることが育むべき資質・能力をより伸長させることにおいて重要であるように思われる。

　次に環境設定についてであるが，生活科においても子どもの興味・関心に応じて，即座に調べられ，活動に取り組める環境設定が重要であろう。子どもたちの多様な興味・関心にかかわる内容に対応するためには，環境設定としては様々な内容をカバーできる，より幅の広いものが必要となる。例えば，ＩＣＴ機器などを充実させるなど，子どもたちの多様な興味・関心に応じて瞬時に情報提供が可能で，子どもたちの取り組みをスムーズに推進させるような環境を充実させることが重要であろう。

　いずれにせよ，生活科においては，教師の子どもに対する関わりと環境設定の両側面において，子どもの興味・関心を最大限に尊重するスタンスが，子どもの「探求」を強力に支え，育まれるべき資質・能力がよりいっそう伸長されることに繋がっていくものと考えられる。これまで主として教師が担ってきた題材設定を，子どもの興味・関心を契機とした柔軟性のある子ども主導の題材設定にシフトし，教師は，その多様な題材による学習過程が滞りなく進展するように徹底して子どもに寄り添い，可能な限り望ましい環境を構成するという特質が，今後の生活科の学習をより高度化すると考えられるのである。

引用文献

厚生労働省（2017）保育所保育指針（平成 29 年厚生労働省告示第 117 号）
文部科学省（2017）小学校学習指導要領（平成 29 年告知）
文部科学省（2017）幼稚園教育要領（平成 29 年告知）
内閣府・文部科学省・厚生労働省（2017）幼保連携型認定こども園教育・保育要領
佐々木晃（2008）事例「プロペラの飛行機」，鳴門教育大学付属幼稚園研究紀要，42，33-34.

<特別寄稿7＞

幼・小接続期に期待される
生活科を核とした横断的な学びの提案

大貫　麻美

1　はじめに

　平成29年に改訂された幼稚園教育要領の大きな特徴のひとつは，幼稚園教育において育みたい資質・能力の明確化である（文部科学省,2018a）。小学校生活科の目標と幼稚園教育要領の目標はどちらも「知識及び技能の基礎」，「思考力・判断力・表現力等の基礎」，「学びに向かう力，人間性等」の3つの観点で育む資質・能力が整理されている（表1, 文部科学省,2018ab）。学習者自身が体験を通して得る学び，自分なりの考えを持ち表現すること，自分自身の生活をより豊かにしようとする態度の構築など，共通する点が複数ある。

表1　幼稚園教育及び小学校生活科において育む資質・能力

	幼稚園教育において育みたい資質・能力（文部科学省，2017a）	生活科の目標（文部科学省，2017b）
知識及び技能の基礎	豊かな体験を通じて，感じたり，気付いたり，分かったり，できるようになったりする。	活動や体験の過程において，自分自身，身近な人々，社会及び自然の特徴やよさ，それらの関わり等に気付くとともに，生活上必要な習慣や技能を身に付けるようにする。
思考力，判断力，表現力等の基礎	気付いたことや，できるようになったことなどを使い，考えたり，試したり，工夫したり，表現したりする。	身近な人々，社会及び自然を自分との関わりで捉え，自分自身や自分の生活について考え，表現することができるようにする。
学びに向かう力，人間性等	心情，意欲，態度が育つ中で，よりよい生活を営もうとする。	身近な人々，社会及び自然に自ら働きかけ，意欲や自信をもって学んだり生活を豊かにしたりしようとする態度を養う。

　一方で，日本の幼児教育においては，個々の幼児が多様な学びをすることが肯定的に捉えられており，科目ではなく幼児の発達の側面を意識した五領域（領域「健康」，領域「人間関係」，領域「環境」，領域「言葉」，領域「表現」）が設定さ

れ，それぞれの領域の往還を前提としながら「幼児期の終わりまでに育ってほしい姿」の構築が期待されるものとなっている（文部科学省, 2018a）。

　小学校においては教科教育が行われるが，幼・小接続期においては，こうした幼児期の学びの特性をふまえた指導の在り方を検討する必要がある。たとえば幼児期に「言葉による伝え合い」を楽しんだ経験をふまえつつ，小学校低学年においては「学習の質に大きくかかわる語彙量を増やす」（文部科学省, 2017）といった基礎的な知識及び技能の定着を行うことなどが期待される。

2　小学校生活科における学びの対象と幼小接続の観点

　小学校生活科において扱われる学習対象は「学校の施設」，「学校で働く人」，「友達」，「通学路」，「家族」，「家庭」，「地域で生活したり働いたりしている人」，「公共物」，「公共施設」，「地域の行事・出来事」，「身近な自然」，「身近にある物」，「動物」，「植物」，「自分のこと」と多岐にわたる（文部科学省, 2018b）。しかしながらこれらはすべて児童にとって日常生活でかかわりあってきている対象であり，幼児期にも関連する経験をしている場合が多くある。

　図1は，5歳児たちが自分たちで栽培しているダイズとトウモロコシを描いた栽培記録の一部である。左側2枚の記録では栽培している植物への愛着を示す「かわいい」，「すてき」，「だいすき」という表現が見られ，栽培している対象への自らの思いが表出されている。右側2枚の記録では，トウモロコシとダイズの葉の形態学的特徴の差異が描画や文章で示されている。

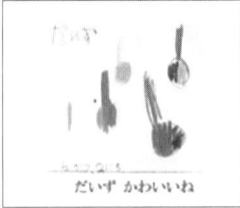

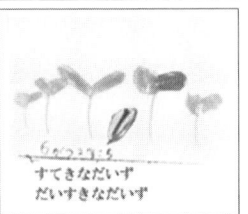

　小学校生活科においては，植物の栽培について「それらの育

図1　5歳児が作成した栽培記録
（大貫・隅田, 2017）

つ場所，変化や成長の様子に関心をもって働きかける」ことが「思考力，判断力，表現力等の基礎」として重要な学習内容となる（文部科学省, 2018b）。そのため，幼児教育においては教師が主導していた栽培方法の在り方について，小学校生活科では子ども自身が決定していく場面が多くなっていく。図2は，生活科の単元「野菜を育てよう」において自分たちが栽

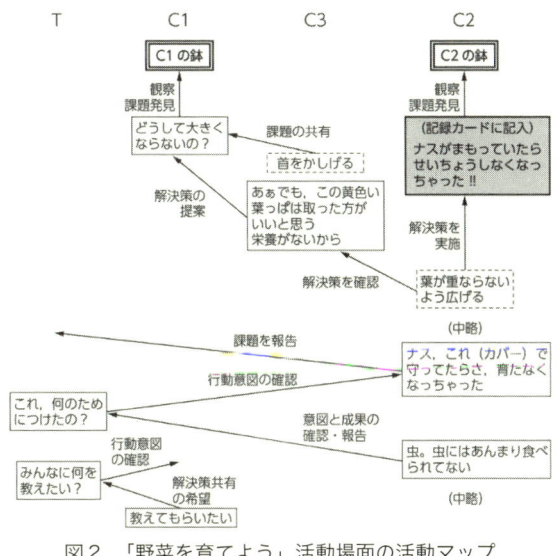

図2　「野菜を育てよう」活動場面の活動マップ
（大貫ら, 2017）

培している野菜の鉢を観察する3名の子ども（C1, C2, C3）と教師（T）の発言や行動を図示したものである。C1とC2はそれぞれ自分の育てている野菜の成長が滞っていることを見いだしている。

　C1の「どうして大きくならないの？」という発言でC1の課題を共有したC3は，自分なりの根拠をもって解決策をC1に提案する。そのC3の発言を横で聞いていたC2は，その提案を自分の鉢に適用する行動をとっていた。

　C2はさらに自分が行った栽培の工夫である虫除けのカバーについて，虫除けという観点では成果をもたらしているものの，野菜の成長が滞ったことに関係があると考えられることにも気付き，それを教師に向けた発言として表出していた。教師はC2に活動意図を問う発問をしたり，C1に他者と共有したい情報の整理を促す発問を行ったりしていたが，C1はそれに対して「教えてもらいたい」と返しており，他者の知識を参照することの意義を理解している様子が示唆された。

　C2はこの場面の後，別の子どもからカバーをつけるために使った輪ゴムが，茎から栄養が入ってくるのを阻害しているのだという指摘を受けて，カバーの付

け方を変える。こうした学びは，植物の生長に対する自らの関与の在り方を考え，実行するという観点で生活科の学びであるといえるが，光合成や植物体内の水や養分の動きなど，理科で扱う重要な概念の構築を基盤するものであるということもできる。

　幼児期に培ってきた経験を通した学びを前提としつつ，生活科で自らの在り方を考えながら周囲とかかわり自己実現をしていく過程では，他教科等とのつながりが必然的に生じる。野菜の育て方について本を通して学ぶ，農家に話を聞くといった場面では，国語科で培う「言葉による見方・考え方を働かせ，言語活動を通して，国語で正確に理解し適切に表現する資質・能力」が重要となる。また，栽培過程を分かりやすく記録するために数値による成長の記録を行う場面では算数科で培う「数学的な見方・考え方を働かせ，数学的活動を通して，数学的に考える資質・能力」が，描画による記録を行う場面では，図画工作科で培う「表現及び鑑賞の活動を通して，造形的な見方・考え方を働かせ，生活や社会の中の形や色などと豊かに関わる資質・能力」の活用が期待できる。さらに栽培した野菜を食する過程で食育などの健康教育に関する理解や，図 2 に示すような他者との情報共有等を基にした学びの共同体の重要性や学校図書館の有用性などの理解の促進にもつながりうる。また，こうした学びを通して得た成功経験は，自分たちの生活を豊かにしようとする意欲やその実現への自信の向上に寄与すると考えられる。

3　今後の期待と展望

　幼稚園教育要領解説（文部科学省，2018a）は改訂の経緯の冒頭で「変化が急速で予測が困難な時代にあって，学校教育には，子供たちが様々な変化に積極的に向き合い，他者と協働して課題を解決していくことや，様々な情報を見極め知識の概念的な理解を実現し情報を再構成するなどして新たな価値につなげていくこと，複雑な状況変化の中で目的を再構築することができるようにすることが求められている」としている。ここには，幼児期からの学びを連続的にとらえ，自分たちの生活がより豊かなものとなるよう働きかけていく力の基盤を構築すること

の重要性が含意されているといえる。この学びの実現のためには，幼小接続も見通したカリキュラム・マネジメントが肝要となる。

　特に小学校においては直接体験による学びをさらに豊かにする質のよい間接経験を通した学びも大切になる。こうした学びを支える知の拠点として学校図書館の活用が期待される。学校図書館には読書センター，学習センター，情報センターの機能があり，図書館の図書等を介して先人の知に触れることや，自分の行動を決断する根拠となる情報を収集すること，自らの学習成果を記録・公開することなど，多面にわたる活用が可能である。これは，探究や研究に必要な「巨人の肩の上に立つ」[注]ことや，その有意味性についての実感的理解にもつながる活動と言えよう。担任と学校司書や司書教諭が協働することでより豊かな学びの醸成を実現することが期待される。

注
　この言葉の起源については諸説あるが，アイザック・ニュートンがライバルであったロバート・フックに宛てた手紙で用いられた表現として知られている(西山，2017)。研究を進めるうえで依拠する先行研究の理論やデータ等を確保することの重要性を示している。

引用・参考文献
文部科学省 (2017) 小学校学習指導要領
文部科学省 (2018a) 幼稚園教育要領解説
文部科学省 (2018b) 小学校学習指導要領解説 生活科編
西山真司 (2017) 巨人の肩の上に—政治学においてパーソンズとルーマンはどう使えるのか—，法政論集，(269)，53-74.
大貫麻美・隅田学 (2017) モンテッソーリ教育園に見る生命科学に関する豊かな学び，保育・教育の実践と研究，(3)，11-18.
大貫麻美・八嶋真理子・葛川美希・岡村佳織・高根順 (2017) 幼児期から育まれる「生命」に関する見方についての一考察：次期『幼稚園教育要領』『小学校学習指導要領』及び生活科事例分析から，保育・教育の実践と研究，(2)，1-8.

--- コラム1　諸感覚を働かせる　---

　ユクスキュル(Uexkull J. V. 独：生物学者)の動物がそれぞれ特有の知覚作用によってつくりあげる「環境世界」の話に通じるように，人においても諸感覚を働かせることによって自分自身を取り巻く環境を把握し，適応しています。では，子どもたちは，持ち合わせている複数の感覚をいつ，どのように働かせ，自らの環境認知を形成したり，刷新したりしているのでしょうか。そのあたりについて，語りを寄せてみましょう。

1　感覚について

　人が保有する外界に対する情報は，身体の一部として持っている複数の感覚受容器(目，耳，鼻など)の働きによって得られます。その特徴の違いから，視覚，聴覚，味覚…といった区分がなされています。しかし，わたしたちは，単一の感覚から得られる情報のみによって対象を理解しているとは限りません。複数の感覚を順番に働かせたり，交互に働かせたり，あるいは同時に働かせたりすることによって，理解を深めたり，広げたりしています。こうした複数の感覚を用いること(マルチモーダル Multimodal)による刺激作用が記憶として形成され，行動操作の原点となっていきます。ある感覚情報が他の感覚情報に影響を与えること(クロスモーダル Crossmodal 効果)も含め，これらについては，すでに知覚心理学や認知科学の学術世界でも研究が進められてきています。以下では，小学生を対象にした「植物」に対する諸感覚活用の事例を紹介しましょう。

2　「植物」をとらえる感覚1[1]

　身近な自然物の代表とも言える「葉っぱ」を対象とした4感覚(視・聴・触・嗅覚)調査(対象：5歳児)では，子どもたちは，視覚を使って「穴が空いている」とか「丸い」といった表現や「ロケットみたい」「赤い色」のように表現していました。また「パリパリ(触覚)」「石鹸みたい(嗅覚)」もあり，多くの子どもが複数の感覚を活用していることがわかりました。別の調査(対象：5歳児・1年生)においては，視覚(形)では「カエルの足跡みたい」といった比喩表現が最も多く，色や大きさについてはほとんど見られませんでした。嗅覚では「化粧のような匂い」などの比喩表現が見られる一方で，触覚，聴覚においては「ツルツル」「バリバリ」のようなオノマトペがほとんどでした。さらに，諸感覚から表現する「葉っぱ」の調査(対象：1年生)では，触覚には，葉の表面の凹凸に注目し「ツルツル」「ザラザラ」のオノマトペが多用されていました。また，視覚(形)では「魚みたい」といった比喩的な表現が多く用いられているのが特徴でした。嗅覚でも比喩表現が多く，聴覚はオノマトペの数が圧倒的でした。

　このように，視覚(形)や嗅覚では比喩表現が多く，触覚・聴覚ではオノマトペが多い傾向にあることがわかりました。

3　「植物」をとらえる感覚2[2]

　もう少し詳しい調査を行ってみました。身近に見かける植物(タンポポ，シロツメクサ，ナズナ)に対して，小学校入学して間もない4月の1年生6名は，次のような反応でした。

　諸感覚を働かせる姿として，視覚と触覚の活用が主でした。視覚では「色」「形」「大きさ」の観点が出てきました。また，触覚では「先」「表面」や「重さ」「力を加える」などがありました。タンポポに対して6名中半数の子どもたちが，まず「色」に着目していました。しかし，3種類の植物全てに最初に働かせる感覚が同じ子どもはいませんでした。また，ある子どもは，シロツメクサに対して形を見ることから始め，その形状から「チクチクしてそう」と発言し，次に花の先部分を触り始めました。触った後に出てきた言葉が「フワフワしてる」でした。その後，花以外の部分：茎にも触り心地を確かめ「茎はザラザラ」

を得ていました。さらに「葉はツルツル」「葉(葉脈)はガタガタ」という把握をしていました。こうして，諸感覚をつなげた理解を進めていることがわかりました。

4 「植物」をとらえる感覚3[3)]

　小学生5名(第3・4学年)の果実：ミカンについての調査では，2感覚(視覚，触覚)が用いられていました。観察スタート時，5名中4名が視覚活用から入り，そのうち3名がヘタ(果梗枝)に注目していました(後になって残りの2名もヘタを取り上げています)。ある子どもは，視覚からではなく触覚から入り，「ツルツル」を感じた後，「ヘタが長い(視覚)」をとらえるものの，また「重い」「ザラザラ」につながる触覚を使っていました。さらに視覚活用に戻って「模様」に目を凝らしていました。このように，果実を観察する際，視覚活用から始まる傾向があるようですが，触覚も活用され，その活用のされ方や併用のタイミング等については，子どもによって様々なようです。さらに，観察したミカンを他のミカン(5個)に混ぜ，その中から選び出す作業では，それまでに諸感覚を使って得た情報を適宜使っていたことがわかりました。1つの情報で判別ができる場合がある一方で，区別が難しい場合，情報を追加しているようです。その情報の入れ方は，先の観察で得られた順番を踏襲するとは限らず，むしろ得られた情報の中から最も区別しやすいものを選択して感覚活用につなげ，弁別に活かしていると考えられます。

5 感覚が主導する学びの研究へ

　子どもが自然事象をとらえるには，諸感覚による情報が大きく関与していることがわかりましたが，その関与の仕方は，それまでの生活や遊びの中に見いだされたり，つくり出されたりしていると推察されます。となると，諸感覚の使い方こそが本来の学びの姿を写す「探究」なのかもしれません。そしてその解明には，諸感覚を鍛えたり磨いたりする具体的なメソッドも合わせた検討も必要であるように思います。こうした点を踏まえていくと，子どもの諸感覚を大切にした学び(探究)のあり方が今後も重要な課題となってくるでしょう。それに対する1つのアプローチとして「感覚主導学習(Sensory-driven Learning: SeDL)」を掲げ，その基礎的調査研究となる実践的検討を重ねていくというのはどうでしょう。

注

1）溝邊和成・岩本哲也・流田絵美・平川晃基(2020)諸感覚を大切にした遊びと教師の働きかけ～自然理解の表現を手掛かりに～，日本保育学会第73回大会発表論文集，J53-J54.
2）岩本哲也・溝邊和成・流田絵美・平川晃基・佐竹利仁・坂田紘子(2020)諸感覚を働かせる姿に見られる自然理解の表現，日本科学教育学会研究会研究報告，34(10)，29-32.
3）坂田紘子・溝邊和成・岩本哲也・流田絵美・平川晃基・佐竹利仁(2020)諸感覚を働かせた自然理解について～小学校中学年児童の果実観察より～，日本科学教育学会研究会研究報告，34(10)，33-36.

引用・参考文献等

日高敏隆・野田保之訳(1973)『生物から見た世界』思索社(Uexkull J. V.,& Kriszat G., Streifzuge Durch Die Umwewlten von Tieren Und Menschen, S. Fischer Verlag GmbH, Frankfurt, 1933)，新装版(新思索社 1995)
溝邊和成編著(2024)『感じてひらく子どもの「かがく」』ミネルヴァ書房

--- コラム2 幼児の小学校体験の時期を考える ---

　最近では，幼児に関わる保育・教育のあり方がよく話題となる中，保育所や幼稚園，こども園と小学校との連携といった動きが注目されています。学校教育の第1段階となる小学校体験活動や入学前後の取り組みに関しては，どのようなシステムやスタイルが望まれているでしょうか。少し話題にしてみましょう。

1　就学年齢について

　文部科学省（2005）によれば，日本の義務教育年限は6〜15歳の9年間であり，初等教育6年（6〜12歳），中等教育3年（12〜15歳）となっています。小学校は，6歳に達した後の最初の学年に始まり，就学年齢前の修学は認められていません。それに対して外国では，次のようになっているようです。アメリカでは，各州がそれぞれの憲法や教育法等で規定しておりますが，ほとんどの公立小学校は入学前1年間の就学前クラス（K学年）を有しており，多くの児童が5歳から就学しています。イギリスでは，通常5歳になる年度（4歳の間）に入学します（レセプション・クラス）。9月（秋学期）入学を基本としていますが，1月（春学期），3/4月（夏学期）にも受け入れる学校もあります。義務教育年限は，5〜16歳の11年間で初等教育6年（5〜11歳），中等教育5年（11〜16歳）となります。フランスでは，就学前教育との接続性をもたせるために，幼稚園最終学年と小学校の5年間をひとまとまりのものとし，この計6年間を前半「基礎学習期」と後半「深化学習期」に二分しています。小学校への入学については，保護者又は幼稚園の担任教員が申請し，各校の教員会議の審査に合格すれば，入学を5歳に早めることもできるようです。ドイツも，すべての州で義務教育は満6歳で始まりますが，保護者の申請を条件に，基準日に満6歳とならない子どもにも早期就学を認めています。

　このように，一部の外国の就学年齢及びその対応例を取り上げても，多様であることがわかります。その中で，日本にはない早期就学の可能性も確認できます。

2　ニュージーランドの例

　さて，日本において，個別最適化な学びの実現が謳われる中，就学前後の取り組みについても一歩進めてみると，ニュージーランドの例が気にかかります。幼児教育が充実するニュージーランドも満6歳での就学が義務付けられていますが，日本のように4月に一斉入学するのではなく，子どもの成長に応じた「5歳の誕生日の次の日から入学できる」とする個別就学（continuous entry）システムが採用されています。しかし，教育法改正（2017）に伴い，個別就学に加え，小集団入学（cohort entry，以下コホートエントリーと称する）も認められてきました。ニュージーランドでは，1年4学期制なので，学期ごとに2回（初日，半ば）コホートエントリーが設定されることになります。コホートエントリーのメリットとしては，子どもたちが小学校によりよく馴染めるようにするためとし，他の子どもと一緒に登校することで人間関係を築いたり，学校生活をよりスムーズに送ることができるととらえています。また，教師側も特定の日に入学してくる方が，負担も軽減されるようです。

　こうした誕生日をベースに子どもの成長を考慮し，学期制に合わせた複数名入学方式は，ニュージーランドの伝統的な個別就学システムと現行の日本の一斉型の入学システムとの中間的位置に当たるのではないかと考えられます。その点，4月一斉入学を伝統とする日本の教育制度改革を図るのであれば，全面的な個別就学システムより，コホートエントリーを試験的に導入し，その効果検証を行うことが望まれるように思います。

3　調査：就学前の分散型小学校体験

　上記のような動向や見解を踏まえて，幼稚園年長児を対象に就学前の小学校体験に関する調査を行ってみました（溝邊ら 2022）。グループ A：9 名（誕生月：4〜6 月，M=6.59 歳，SD=.074）と B グループ B：10 名（誕生月：8〜10 月，M=6.28 歳，SD=.075）を対象に，異なる時期（A：11 月，B：12 月）に小学校第 1 学年児童との交流活動（3 回）を設定し，年長児の変容について分析しました。また，年長児の変容に対する保護者の意識や設定された活動への評価も調べました。その調査から得られた結果と考察を概括しますと，次のようになります。すなわち，活動前後で描かれた「小学校」の絵の分析結果や小学校進学に対する不安や期待に関する変化，さらに保護者からの評価（グループに見られる変化の違い）等から，A グループの効果を認めつつも，それを上回る B グループの正効果が生じていたと結論付けられ，誕生日からしばらく経過してからの小学校体験活動よりも誕生日に近い設定での体験の方が受け入れやすく，学びも豊かであったと考えられるというものでした。

4　今後の取り組み

　前節で取り上げた調査は，限定的であったとはいえ，今後もより多くの事例検討によってその効果が明らかになってくるのではないかと思います。また，このような小学校体験活動等の実施回数や時間設定，実施時期など，更なる精査を行うことで，未来に向かうビジョンとして，「架け橋期」における個別最適化を実現するカリキュラムデザインの提言につながるのかもしれません。また，それは，就学年齢に対する固定的でない柔軟対応的な形式の確立に向かう研究と称することもできましょう。今後も研究の確かな歩みを続けたいところです。

引用・参考文献等

飯野祐樹（2019）ニュージーランドの就学システムに関する研究：個別就学から集団就学への移行過程に着目して，兵庫教育大学研究紀要，54，27-36.
国立教育研究所（2017）幼小接続期の育ち・学びと幼児教育の質に関する研究＜報告書＞
　　https://www.nier.go.jp/05_kenkyu_seika/pdf_seika/h28a/ syocyu-5-1_a.pdf（閲覧日：2021.8）
Ministry of Education, New Zealand, Starting school
　　https://www. education. govt. nz/school/managing-and- supporting-students/starting-school/#ben（閲覧日：2021.8）
溝邊和成・名須川知子・上原禎弘・永井毅・森田啓之・富田明徳・礒野久美子・中野裕香子・阿賀研介（2022）分散型小学校体験活動に参加する児童の意識変化と保護者評価，兵庫教育大学研究紀要，61，57-80.
中央教育審議会（2005）義務教育に係る諸制度の在り方について（初等中等教育分科会の審議のまとめ）
　　https://www.mext.go.jp/b_menu/shingi/chukyo/chukyo0/toushin/05082301.htm　参考図表 5　各国の義務教育制度の概要，https://www.mext.go.jp/b_menu/shingi/chukyo/chukyo0/toushin/attach/1419882.htm（閲覧日：2021.8）
中央教育審議会（2021）「令和の日本型学校教育」の構築を目指して〜全ての子供たちの可能性を引き出す個別最適な学びと協働的な学びの実現〜（答申）（中教審第 228 号）
　　https://www.mext.go.jp/b_menu/shingi/chukyo/ chukyo3/079/sonota/1412985_00002.htm（閲覧日：2021.8）
文部科学省（2022）幼保小の架け橋プログラムの実施に向けての手引き続き（初版）
　　https://www. mext. go.jp/content/20220405-mxt_youji- 000021702_3.pdf（閲覧日：2022.6）

---　コラム3　たかが・されどの指導案　---

1　保育指導案から

　近年，保育指導案が注目されるようになり，項目や表記の方法について丁寧に紹介される書籍も見られます（ex. 開 編著 2012）。また，その指導案は日々の子どもの個人記録や保育記録が重要であり，「環境図記録」や「ウェブ型記録」「エピソード記録・記述」を合わせて考えていくことが大切だと言われています（滝川 2011）。河邉（2013）は，それまでの研究成果を踏まえ，「環境図記録」（河邉 2005）という名称から「保育マップ型記録」と変更し（河邉 2008），保育構想につながる「保育マップ型記録」の研究報告をまとめています。これは，保育環境が示された図に子どもの遊びをマッピングしていく方法ですが，これまでの姿とこれからの期待する姿を志向する効果があるされています。子どもの遊びが周りから影響を受けていることへの理解が進み，個別と共通を把握する中で，支援の優先を判断することも可能となってくるようです。ニュージーランドのラーニングストーリー（ex. Carr著・大宮・鈴木訳 2013）を元にしたヴィジブルな保育記録（小泉・佐藤編著 2017）も興味深いものとなっています。最近では，ビフォーアフター型やデザインマップ型などの工夫も見られます（大豆生田 2023）。こうした過去の記録重視から，次の保育構想や省察にもつながる保育案は，活動中心とする学習の指導案改善の方向性と言えるでしょう。

2　ビジュアル化のアイデア

　児童・生徒用学習指導案に関する書籍もいくつか見られますが（ex. 藤村 2015, 柴原ら編 2015, 明星大学教職センター 2023），板書型指導案（ex. 阿部ら 2019）といった視覚化の工夫は，さまざまなタイプも見られ（溝邊 2018），具体的でわかりやすい工夫と言えます。ビジュアル面では，保育指導案もそうでしたが，特別支援学校のものもわかりやすい事例として受け止めることができます（ex. 肥後ら 2013, 斉藤 2016, 山本・田所監修 2018, 新井編著 2022）。どの場合においても，イラストや写真を用いながら，子どもの実態を踏まえた設計図，進行表という特徴と次につながる資料性（記録や省察の道具）が確認できます。

3　作成・活用の工夫

　学習指導案のフォーム改善としてラーニングスケッチ[注]が考えられます。そのフォームはこれまでの特徴と大きく変化はありません。簡単に説明すると，――　単元名・目標・評価規準をまとめて書く。単元目標は大枠のものとし，その具体を評価基準（観点と内容）で表現していく。また，単元目標の要約的なフレーズとして単元名を示す。「指導にあたって」では，「児童観」と「教材観」を併記し，その下に「指導観」を書く。「指導観」の下に指導計画をつなげ三者一体型とする。本時の学習：目標は，具体的に1文で表す。展開は，原則「子どもの活動」「教師の働きかけ」の2項目として，イラスト，写真，吹き出し等を用いて示す。必要に応じて，黒板の写真（分割も可），教室内の環境図（絵・写真含）を挿入する。必要な資料（ワークシート，教材関連のデータ等）も添付する。

　そして，こうした形式から次のような工夫が考えられます。――　活動場面は，児童と教師のイラストを用意し，その関連がわかるよう吹き出しを挿入し時系列に並べる。本時の授業場面では，学習環境図としてイラスト風に用意したり，その場所の写真を掲載し，そこに準備物や活動内容，評価規準，活動時間等を盛り込んだりする。作成負担の軽減のために，机や椅子，遊具や樹木などのアイコンを用意する。授業内で活用する壁面掲示の写真も添付し，子どものワークシートも同じ形式を用いたり，板書の際にも学習環境図（ワークシート）と同じものを提示する。子どもの動きがわかりやすくするために，教室の俯瞰図に加え，体育館・運動場や学校周辺の上から写真も合わせる。板書計画は，使用する黒板写真を用意し，導入・展開・まとめが明確になるよう3分割して表記する。また，黒板の写真に，時刻が

示されたアナログ時計の写真を入れたり，学習形態がわかるようにイラスト（アイコン風）を貼ったりする。子どもの作品データ（写真・動画含）を指導案にリンクさせて保存し，授業中，モニターに映し出し，共有・振り返りを図る。また，個人ポートフォリオにも指導案を載せれば，保護者参観日での授業の様子もわかりやすく，評価につながる。

　今後も遠隔授業など様々な状況に応える活用多様型の学習指導案が求められることでしょう。「たかが・されど」から「なるほど・これも」への転換を心がけたいものです。

注　ラーニングスケッチについては，下記の学会発表等での資料に基づく。
・日本生活科・総合的学習教育学会…溝邊和成（2016）動的学びを支援する活動可視化型学習指導案「ラーニングスケッチ」の進化，森川茂樹・溝邊和成（2016）子どもと教師が主体的に気付きにせまる授業の工夫：「ラーニングスケッチ」の活用，溝邊和成・森川茂樹・田中吾子（2017）ラーニングスケッチ（学習指導案）の試作・活用に見られる教師の意識，田中吾子・溝邊和成・森川茂樹（2017）小学校第1学年生活科授業におけるICT端末を用いたラーニングスケッチの試み，野島崇志・溝邊和成（2017）地域素材を活かしたアクティブラーニングを支援するプランニングと授業展開
・日本理科教育学会…溝邊和成（2016）学びを支援する活動可視化型学習指導案の構想：生活科に見られる学習指導案の工夫を手がかりに，松田雅代・溝邊和成（2017）ビジュアル化学習指導案作成に見られる教員の意識：ラーニングスケッチの応用を通して
・その他…Mizobe K.(2017)Research on the Development of Learning Sketch(Teaching Plan) for Elementary School in Japan,International Scientific Events,8th International Conference,Bulgaria.　Mizobe K.(2018) Awareness of Elementary School Teachers for Prototyping of Learning Sketch (Learning Guidance Plan) based on the idea of childcare plan,European Early Childhood Education Research Association,the 28th International Conference, Hungary.　Mizobe K.(2018)Teacher's Awareness of Prototyping of Learning Sketch (Learning Guidance Plan),Organisation Mondiale pour L'Education Presscolare, the 70th International Conference, Czech.
　また，2019年8月に実施された兵庫教育大学夏期研修講座（於：兵庫教育大学神戸ハーバーランドキャンパス）の野島崇志（福山市立千田小学校教諭：当時）氏の発表資料を参照。

引用・参考文献等
新井英靖編著・茨城大学教育学部附属特別支援学校（2022）『「自立活動」の授業づくり：指導課題・教材開発・指導案づくり：発達障害・知的障害』明治図書
Carr M. 著・大宮勇雄・鈴木佐喜子訳（2013）『保育現場で子どもの学びをアセスメントする―「学びの物語」アプローチの理論と実践』ひとなる書房
肥後祥治・雲井未歓・片岡美華・鹿児島大学教育学部附属特別支援学校編著（2013）『特別支援教育の学習指導案と授業研究：子どもたちが学ぶ楽しさを味わえる授業づくり』ジアース教育新社
開仁志編（2012）『保育指導案大百科事典』一藝社
河邉貴子（2005）『遊びを中心とした保育：保育記録から読み解く「援助」と「展開」』萌文書林
河邉貴子（2008）明日の保育の構想につながる記録のあり方 ―「保育マップ型記録」の有用性―，保育学研究46(2)，245-256.
河邉貴子（2013）『保育記録の機能と役割 ―保育構想につながる「保育マップ型記録」の提言―』聖公会出版
小泉裕子・佐藤康富（2017）『ヴィジブルな保育記録のススメ』すずき出版
松田雅代・溝邊和成（2017）ビジュアル化学習指導案作成に見られる教員の意識，兵庫教育大学学校教育学研究，30，119-126.
松田雅代・溝邊和成（2018）授業研究会活性化を図る一方策 ―ビジュアル化学習指導案活用時の教員の意識調査から―，兵庫教育大学学校教育学研究，31，215-222.
溝邊和成編著（2017）『小学校理科「深い学び」につながる授業アイデア64 ―思考スキルで子どもの主体性を引き出す―』東洋館出版社
溝邊和成（2018）小中学校学習指導案の表記に関する工夫 ―板書型学習指導案に着目して―，兵庫教育大学研究紀要，53，125-133.
大豆生田啓友（2023）『0〜5歳児 子どもの姿からつくるこれからの指導計画』チャイルド本社
滝川光治（2011）指導計画づくりに活かすための保育記録のあり方(1)―選考文献の整理を中心に―，関西国際大学，教育総合研究叢書，4，53-70.
山本邦晴・田所明房監修・小倉京子編（2018）『特別支援教育 学習指導案の書き方』K & H

第3章

総合で学びが豊かになる I
（個人・社会にひらく）

総合的な学習の時間の授業改善

3.1

—ICE モデルの活用とキャリア・マンダラの作成—

伊藤　良介

1　はじめに

　人工知能の発達により，急激な社会の変化に対応できるようなキャリア教育の充実が提唱されている。また，中央教育審議会答申（2021）「『令和の日本型学校教育』の構築を目指して」では，「協働的な学び」と「個別最適な学び」について言及されている。「協働的な学び」である「主体的・対話的で深い学び」は，令和時代における学校の「スタンダード」となるよう授業改善に資することが求められている。

　しかし，キャリア教育は未だ職業体験を重視する傾向が強い。基礎的・汎用的能力育成のカリキュラム改善は進められているが，学びを生活に活かそうとする実践は少ない。また，「他者から感謝された」「人の役に立った」「自分は社会の一員だ」というような人とのかかわりから育まれる自己有用感は，キャリア教育の中核とも考えられる感情であるが，それをねらった実践も少ない。

　そこで，アクティブ・ラーニングの授業改善を目的に Young(2000) が提唱した ICE モデルをキャリア教育に活用する。ICE モデルは，Ideas（以下 I），Connections（以下 C），Extensions（以下 E）の段階で学習を構成し，E において学びを活かすことを目指す理論である。先行実践の成果から，ICE モデルは，自己有用感向上の効果が期待され，ICE モデルの理念は，学びを活かし，生き方を探究するキャリア教育に通じる。

　以上を踏まえ，本研究では I を職業や働くことに関する自分の考えを整理する場，C を他者と比較，関連付けることで自分のキャリア発達を見つめる場，E を I，C での学びを自分に応用する場と定義し（図1），総合的な学習の時間（以下，総合）の授業改善に取り組む。具体的には，E での表現に，「マンダラート（1987年，今泉浩晃によって開発）」をもとにした児童自身の成長を表現できるツール

（「キャリア・マンダラ」と称し，児童には簡便さを理由に「マンダラ」と称する。以下マンダラ）を取り入れる。また，Eにおいて社会貢献活動に取り組む。そして，協働的な学びを通して，学習者自身が，学びを深めることができたと実感できるような授業の構築を目指す。

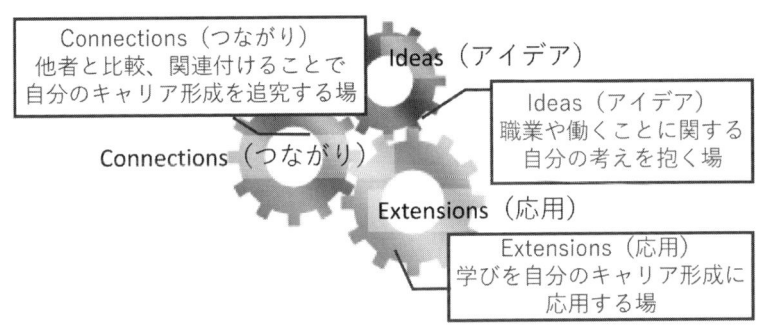

図１　キャリア教育における ICE モデルのイメージ図

・Sue Fostaty Young・Robert J.Wilson（土持ゲーリー法一監訳　小野恵子訳）（2013）『「主体的に学び」につなげる評価と学習方法―カナダで実践される ICE モデル―』東信堂
・スー・ヤング（2013）『ICE 出版記念講演会レポート―スー・ヤング博士講演』主体的学び　創刊号 p126　主体的学び研究所をもとに伊藤が作成

2　実践の目的・方法

（1）目的

　Eでの表現にマンダラを取り入れる効果及びEに社会貢献活動を取り入れる効果を児童の変容をもとに検証する。

（2）実践概要

【期間・対象】2019 年 7 月 9 日〜 11 月 12 日　加古川市立 H 小学校　第 6 学年

【単元名】理想の姿をマンダラで表現し，学びを活かす活動に取り組もう

【単元目標】

・目指す理想の姿と現在の自分の姿を結び付けて考え，自己成長するための目標や課題を設定し，マンダラを使って表現することができる。

・目指す姿に迫るため，自分たちで貢献活動を考え，実行することができる。

【活動内容】

①理想とする人物について調べる。（I，C）

②目指す姿をマンダラを使って表現し，発表する。（C，E）

③貢献活動を企画，立案し，実行する。（E）

④活動のふり返りを行う。（E）

（3）分析方法

①学級における自己有用感の分析

　栃木県総合教育センター（2013）の尺度（「人の役に立っている」「重要な一員だと思う」等を5件法で問う）を援用し，児童の自己有用感の事前・事後を測定する。分析対象は，6年生135名のうち，事前・事後の調査に回答できた125名とする。

②児童間のかかわりについての分析

　児童のふり返りにおいて，友だち，授業者，先行例のうち，どのマンダラや助言を参考にしたのか，また独自に開発したのかという件数を測定する。

③貢献活動についての分析

　①同様，125名に対して，地域における自己有用感の事前・事後を測定する。また，貢献活動後のふり返りにおいて，満足度を5段階で自己評価し，その件数及び記述内容を分析する。満足度の分析対象は，記述できていた124名とする。

　なお，作品や調査結果の使用は承諾済みである。

3　実践の成果

（1）学級における自己有用感の検証

　自己有用感の3因子「存在感」「貢献」「承認」と児童間の関係性について分析したところ，マンダラの作成を通して自己有用感が向上したといえる（表1）。

表1　学級における自己有用感の変化　　n=125

	事前		事後		
	平均	*SD*	平均	*SD*	
関係性	4.03	0.71	4.23	0.77	**
存在感	3.22	0.88	3.42	0.90	**
貢献	3.56	0.78	3.77	0.80	**
承認	3.80	0.88	4.05	0.94	**

** : $p < .01$

（2）児童間のかかわりについての検証

　マンダラ作成時に参考にした対象を分析すると，48.8％の児童が，友だちの

意見を参考にしていた（表2）。友達に参考にされることで，貢献や承認が高まり，それによって自己有用感が向上したのではないかと考えられる。

表2　マンダラ作成時に参考にした対象とその割合　n=125

	友だち	授業者	先行事例	独自に開発
人数（人）	61	25	10	29
割合（%）	48.8	20.0	8.0	23.2

　自己有用感が特に向上した児童6名の記述から，友だちのとかかわり合いを通して学びを深めることができたということが明らかになった。6名のうち，S.A. と K.F. は，他の児童に影響を与えていた（図2）。S.Y. は，S.A. の理想の姿に辿り着く道のりの考えを取り入れた。M.K. は，S.A. の右上がりの表現，K.F. との意見交流で生まれた「道」の発想を取り入れた。K.F. は，M.A. の目標に影響を受け，自身の目標を改善した。他者のアイデア取り入れる際に，互いの作品をほめたり，お礼を言ったりすることで，自己有用感が高まっていったと考えられる。

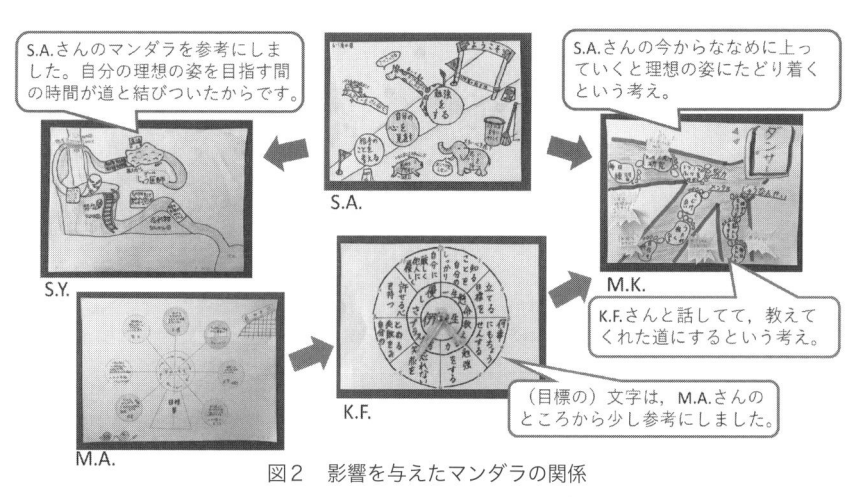

図2　影響を与えたマンダラの関係

（3）貢献活動についての検証

　地域における自己有用感と地域との関係性について分析したところ，児童の自己有用感の向上はみられないが，存在感や貢献は向上したといえる（表3）。満足度の分析では，「とても満足」「やや満足」が，83.9% を占めた。「やや不満5.6%（不満0%）」の記述は，「もっと時間がほしい。」「他の地域も清掃したい。」という活動に前向きなものであった。児童なりに地域には貢献できたとしつつも，活動

は児童だけで行ったため，地域の方との関係の構築や承認や関係性のが乏しかったことから，自己有用感の高まりは見られなかったと考える。

表3　地域における自己有用感の変化　　n=125

	事前		事後		
	平均	*SD*	平均	*SD*	
関係性	3.80	0.89	3.79	0.91	ns
存在感	3.17	0.90	3.44	0.86	**
貢献	3.01	0.89	3.17	0.90	**
承認	3.60	1.02	3.72	0.97	ns

$** : p < .01$

4　示唆されること

　総合であるからこそ，自らのキャリア発達を見つめ直し，未来に向けた目標を定め，それに取り組んでいく必要がある。本研究では，マンダラを作成することによって，朧気であった世界観を可視化し，分かりやすく表現することができた。また，ICE モデルを児童と共有したことで，児童と共に単元を構成するだけでなく，1 時間の授業にも効果的に活用することができた。学習中に，ある児童が「今までの総合と違う。覚醒総合って感じがする。いろんな意見を聞いて，自分なりの正解を見つけるのが楽しい。」とつぶやいた。

　これらのことから，ICE モデルやマンダラという学習方法は，児童にとっても分かりやすい学び方であり，学びを活性化しやすいと考える。今後は，地域や社会における自己有用感を高められるように，家庭や地域と共に児童のキャリア発達を促していけるような実践に取り組んでいきたい。

注　本稿は，下記のものをもとに作成している。
伊藤良介・溝邊和成（2024）小学校総合的な学習の時間における ICE モデルを活用した自己有用感を高めるキャリア教育の授業改善，兵庫教育大学大学院同窓会教育実践研究論文集，5，24-31.

引用・参考文献

今泉浩晃 (1988)『超メモ学入門 マンダラートの技法－ものを「観」ることから創造が始まる－』日本実業出版社
Sue Fostaty Young・Robert J.Wilson（土持ゲーリー法一監訳　小野恵子訳）(2013)『「主体的に学び」につなげる評価と学習方法－カナダで実践される ICE モデル－』東信堂
栃木県教育総合センター（2013）『高めよう　自己有用感－栃木の子どもの現状と指導の在り方－』23-25.

中学校総合：
キャリア教育の実践的改善

3.2

―ゲストティーチャー活用の試行事例をもとに―

安永　修

1　はじめに

　生徒たちが主体的な学びに向かうための方策として，中学校教員であるわたしが取り組んでいるのが，「ゲストティーチャー」を活用した授業づくりである。「ゲストティーチャー」を招いた授業のねらいとして考えていることは，主に，①生徒たちに「本物」に触れさせたい，②自分の授業力の幅を広げたいということである。①については，実際に社会の第一線で仕事に携わっている方から直接話を聞くことで，教室や学校の枠にとどまらず社会の扉の向こうにあるものを知る機会になる。②については，どの単元の時に「ゲストティーチャー」が行う授業を導入するか，そしてそこに持っていくためにどのような仕掛けをするのか，終了後はどのような形でまとめていくのかなど，これまで行ってきた授業づくりよりも，さらに工夫と方策が求められる。授業時数が限られ教える内容が多岐にわたる現状において，どのような工夫をすれば実現できるのか。そこで一つの方策として取り組んでいるのが，「総合的な学習の時間」の活用である。これまでキャリア教育の大きな柱の一つとして「職業体験活動」を行ってきているが，学校での「普段の学び」とのかかわりにおいて，改善をしていく必要があると考えている。各教科における学習と連動させながら，取り組みをしていく中で得られる成果や課題はどのようなものがあるのか，公立中学校の実践をもとに考察することで，キャリア教育のあり方を展望する意義が見い出せるのではないかと考えられる。

2　実践の内容

（1）実践のきっかけ

　「先生に勉強する意味はあるんですかと聞くと，だいたいの先生は答えてくれ

ません。『意味がある』とだけ答えて，理由は教えてくれません。」

　これは，中学校第２学年の一人の生徒が，「学ぶことの意味」を問いかける新聞のコラムを題材にしたレポートに書かれていた一文である。この生徒の意見に代表されるように各教科を中心とした学校での学びについて，その意義を十分に見い出すことができずに学んでいる生徒がいることは，日頃生徒たちと接する中で感じている。生徒たちが出したこれらの問題提起に対して，「どのように答えることが適切か」，「生徒たちが学ぶ意義を感じ取るにはどのような回答をすればよいか」について思案する中で，ある試みにチャレンジしようと考えた。それは，このコラムを執筆した新聞記者から直接話を聞く機会を設け語ってもらうことである。私はこの新聞記者とは面識はなかったが，何人かの生徒のレポートを紹介する形で手紙を出して依頼し，半年後に講演に来てくれることになった。なお，講演会までの間，生徒たちが主体的にかかわることができるように，講演会の内容を検討する企画段階から当日の運営，記者に質問したりする役割も含めた「プロジェクトチーム」を作り，１０名近くのメンバーとともに検討を重ねた。

（２）講演会の開催

　テーマは，『わたしたちはなぜ勉強するのか』と題し，第１部の講演会では，この新聞記者にプロジェクトチームで検討した以下の質問項目を中心に語ってもらった。

　①このコラムを執筆された思いや反響

　②「学ぶこと」の意味や，学ぶことが将来どのように役立つのか

　③記者が中学校時代，将来何になりたいと思っていたのか

　④人生を楽しく，面白く働けるコツ

　講演会の中で新聞記者が語られた中で特に多くの生徒たちの心に響いた内容としては，

　「勉強をなぜするのか。それは，①単純に面白いから，②ボキャブラリーが豊富な人は面白く，役に立つから，③人に優しくなるから。」

写真１：新聞記者の講演の様子

「人生を，そして仕事も楽しくすること。特に，Work（仕事）ではなく Play（楽しむ）をしよう。」

が挙がっていた。

第2部では新聞記者と生徒代表との「語る会」を行った。生徒代表から，

①新聞記者を志した理由や，なってからの苦労話

②今の日本社会，国際問題をどのようにとらえているのか

③これから社会へ出ていく上で身につけておくと良いことは何か

④チャレンジ（挑戦）することと失敗すること

について質問を行った。なお，この生徒代表の中には冒頭の問題提起を行った生徒も加わっていた。全ての質問について新聞記者からは，

「あなたはどう思うのか。」

という逆質問から始まり，生徒たちが一生懸命に考えて答える場面が見られた。

また，冒頭の問題提起をした生徒に対しては，

「あなたが問題提起をしたことで，この講演会が実現した。失敗をするから生きていける。」

と語られる場面もあった。この生徒は，講演会後の振り返りの中で，

「勉強は，今，意味が分からなくても，将来，意味が分かると信じて，頑張ろうと思いました。仕事はしたいことではなくて，その仕事に集中すると，楽しくなるんだなと分かりました。」

と記していた。直接質問する機会を設けることで少しずつではあるが，学びに向けた歩みを，一歩ずつ前に進んでいく気持ちをもつようになったと思われる。

写真2　新聞記者の講演の様子

3　実践の成果

講演会終了後に，生徒が振り返りを書く中でアンケートを実施した。その結果は表1のようになった。

表1　アンケート結果

質問1）第1部の講演会を聞いて，どうだったか。				
	大変参考になった	参考になった	あまり参考にならなかった	全く参考にならなかった
人数	８７人（５８％）	５５人（３７％）	６人（４％）	１人（１％）
質問2）第2部の記者と生徒が語る会を聞いて，どうだったか。				
	大変参考になった	参考になった	あまり参考にならなかった	全く参考にならなかった
人数	５７人（３８％）	７２人（４８％）	１６人（１１％）	４人（３％）

　　第１部・第２部とも「大変参考になった」「参考になった」と肯定的な回答をした生徒が９割前後を占め，好意的，前向きなとらえ方をした生徒が多いことが分かった。その理由を尋ねたところ，多くの生徒が

　「専門家から話が聞けて，内容がよく理解できた。」，「専門家しか分からない話が聞けた。」，「教科書に載っていない話が聞けた。」

　などと答えていた。その他に，

　「勉強することや将来の仕事についての考えに変化が見られたかどうか」という質問を設けており，提出した生徒１４７名中１１５名が肯定的な意見を示していた。主な意見として，

　「勉強することというのは，将来を楽しくするためにあることを知り，頑張りたいと思えた。また，将来の仕事は今後ゆっくりと焦らずに考えていければと思うようになれました。」（中学３年生女子）

　「今までは勉強することは嫌いだったし，誰が何と言おうと，連立方程式は将来，役に立たないと思っていた。しかし，講演の話を聞いたことで，勉強で楽しんでみたいと思えるようになった。」（中学３年生男子）

　「今，自信が持てない自分でも，これからいろんな事を学び，成長していけたら，それだけで将来というものが楽しみであり，今ある自分を大切に見つめたいと思えるようになりました。」（中学３年生女子）

　　一方で，「変化がなかった」と回答した生徒が５名いて，「勉強は何が楽しいか

分からない。」と消極的・否定的な意見もあった。

4　示唆されること

　以上の実践から，ゲストティーチャーを活用した取り組みについて，生徒の実態を踏まえ，その目的やねらいを生徒目線に合わせて行っていけば，その効果が発揮されることが示された。ただ実際に行うためには，時間や場所の確保などに調整を要することや，何よりゲストの選定が鍵になる。そのためには，日頃より周囲の協力と理解を得ておくことや，情報の収集，知見を広げておく必要がある。また，実践を積み重ね，そのノウハウを蓄積していくことで，次に引き継いでいくことも期待される。ゲストティーチャーを活用した取り組みは，生徒たちの学びの状況や実態に応じていつでも行うことができ，公的機関のメニューや，社会貢献活動として行ってくれる機関・団体を利用すれば，予算の少ない公立校でも可能である。生徒たちに何を学ばせたいのかが明確であれば，まずはそれにふさわしい方に，どんなことでも相談することはできる。そして，それを実際に実現することも，今回の実践事例では示している。さらに，その経緯を生徒たちに語っていくことで，何事にも挑戦していくことの大切さを教師自ら示すこともできる。まさにこれらのことが，生徒とともに創り出していく「実践的キャリア教育」に向けた，新たな取り組みともいえる。

　この他にも，社会科の公民で行った「模擬裁判」の授業で，弁護士と一緒に「教材開発」を行ったり，「震災学習」で震災報道に携わる新聞記者から防災知識の話をしてもらったり，これまでだれもがお世話になっている，エッセンシャルワーカーである看護師から仕事の内容や役割について語ってもらう取り組みを行ってきている。いずれも，生徒たちの学びは深まっていったことが，取り組み後の「振り返り」から示されている。今後とも，キャリア教育につながる実践を積み重ねていくとともに，それを行う上での成果と課題を整理し，「いつでも」「どこでも」「だれとでも」「どんなことでも」「成し遂げる」ことができる実践を続けていきたいと考えている。

3.3

ピクトグラムを用いた
社会貢献性を高める実践の工夫

中村　和憲

1　はじめに

　近年，地震や豪雨など大きな災害や超高齢社会化，コロナウイルスによる予測不可能な事態など激しい社会の変化に伴い，積極的に社会に参画する力や問題解決できる力が求められている。平成 29 年告示の小学校学習指導要領解説総合的な学習時間編において「実社会や実生活から」や「社会に参画」など「社会」という言葉が目標に記載されており，社会に適応する力を身につけることが学校教育の場面でも求められている。

　このようなことが求められる近年において，2020 年の東京オリンピックで話題となったピクトグラムに着目した。ピクトグラム（案内用図記号）とは，不特定多数の人々が利用する公共交通機関や公共施設等において，文字・言語によらず対象物，概念または状態に関する情報を提供する図形である。視力の低下した高齢者や障害のある方，外国人観光客等も理解が安易で，日本を含め世界中で幅広く使われている。誰もが分かり，シンプルなデザインで表現しやすいピクトグラムを生活の困り感を解消するために子どもたちが創造し，作成することで社会参画の意識が高まるのではないかと考え，実践を行った。

2　実践の目的・方法

（1）目的

　本研究では，小学校「総合的な学習の時間」において児童も捉えやすく身近で社会貢献をしている「ピクトグラム」を題材として用いる。「ピクトグラム」を題材として用いることで，児童の社会貢献性の発露や向上に有効性があるかについて研究 1 と研究 2 の検証を行う。

（2）方法

　研究1では，第4学年「総合的な学習の時間」において，ピクトグラムに対する興味や関心を持つことを中心に，地域や社会の前段階として，小さな社会である校内をより良くするためのピクトグラムを制作する実践を行った。

　研究2では，研究1で対象とした第4学年児童を継続して第5学年時において研究対象とした。「総合的な学習の時間」において，地域の課題を考え解決するためのピクトグラムを作成する実践を行った。地域の課題解決を通して，児童の社会貢献性の発露や向上が見られるかを検証した。

（3）対象・時期

　研究1：I市立I小学校第4学年児童91名　時期：2022年2月〜3月
　研究2：I市立I小学校第5学年児童90名　時期：2022年11月〜12月

3　授業実践の成果

（1）研究1より

　班で作成した29個のピクトグラムを岩本ら(2022)の分類方法を参考に以下の様に分類を行った。

1　物的環境　ルール啓発，マナー啓発，トラブル回避の行動啓発

2　人間関係　他者への支援行動（サポート），マナー啓発

　整理したものを表1に作品例と共に示す。表1に示した通り物的環境24件，人間関係4件であり，物的環境を示す作品が多く作られた。人間関係では，全体数が少ない結果となった。

　上記のことから，学校内のピクトグラ

表1　分類整理したピクトグラム　　n=29

物的環境　　　　　　　人間関係

ルール：12

サポート：3

マナー：4

マナー：1

トラブル：8

（数字は件数を表す）

ムによる表現では，日常的に利用頻度が高く表現しやすい物的環境に関するピクトグラムが多いことが分かった。また，人間関係に関するピクトグラムが少なかったことから，感情や関係性などを示唆する表現が難しいことが推察された。

　授業前後で行ったアンケート調査結果を対応のある t 検定を行い整理した（表2）。「1.校内で役立つピクトグラムを作れるなら作ってみたい」では，有意差は認められなかった。しかし，「2.学校の中だけではなくて，地域のためにもピクトグラムを作ってみたい」では，有意差が認められた（t (90)=3.7122, p <.01）。これらのことから，校内に役立つピクトグラムを作る貢献意識から，校内よりも大きい社会である地域にピクトグラムを作りたい貢献意識が向けられたと考える。

表2　アンケート調査結果　　　n=91

	授業前		授業後		t 値	
	平均	SD	平均	SD		
1	2.78	0.95	2.77	0.93	0.1976	ns
2	2.88	0.96	2.93	0.85	0.4695	**

**:p <.01

1 校内で役立つピクトグラムを作れるなら作ってみたい
2 学校の中だけではなくて，地域のためにもピクトグラムを作ってみたい

（2）研究2より

　研究1と同様に，児童が作成した90個の作品を物的環境と人間関係に分類を行ったものを例と共に表3に示す。表3に見られるように物的環境85件，人間関係5件となった。物的環境では，特にトラブル回避に関する作品が54件と多く見られた。作品内容としては，「横断歩道では左右を確認して飛び出し禁止」など交通関係に関する作品が多く見られた。交通に関するピクトグラムは道路標識として整備が図られているが，児童が通学路を利用する道において，人に対してのピクトグラムが不十分で

表3　分類整理したピクトグラム　n=90

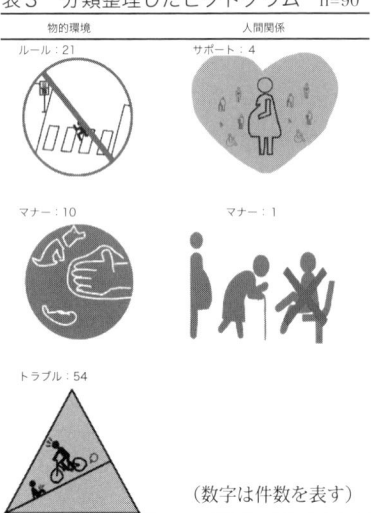

ルール：21　　サポート：4
マナー：10　　マナー：1
トラブル：54

（数字は件数を表す）

あることを考えた結果だと推測される。人間関係では，研究1と同様に作品数が少ない結果となった。これらのことから，児童が社会貢献のために作成するピクトグラムでは，利用頻度が高い物的環境が多いことが分かった。また，人間関係に関するピクトグラムの作成では表現の難しさが推察された。

授業前後で行ったアンケート調査結果を対応のあるt検定を行い整理した（表4）。

「1. 地域のためにピクトグラムを作ってみたいと思いますか」では，優位傾向が認められた（$t(89)= 1.98$, $.05 < p < .10$）。研究1で行った，アンケート結果と比べても平均値が高くなっていることから児童の地域への

表4 アンケート結果　　n=90

授業前		授業後		t 値	
平均	SD	平均	SD		
2.89	0.85	3.06	0.82	1.98	+
2.88	0.96	2.93	0.85	0.4695	ns
2.53	0.99	2.50	0.87	0.2645	ns
2.72	0.98	2.89	1.00	1.5879	ns
2.36	1.03	2.66	0.92	2.7478	**
2.30	1.07	2.42	1.03	1.0386	ns

$+: .05 < p < .10$　　$**: p < .01$

ピクトグラムを作ることによっての貢献意識が向上していることが確認できた。2.3.4.6 の4項目では，有意差は認められなかった。しかし，5.「わたしは，地域の人の役に立つことができると思う」では，有意差が認められた（$t(89)=2.7478$, $p < .01$）。地域に役立つピクトグラムを作成し，地域の方々などからの評価を得ることで，自身の力で役立つことができると実感できたからだと考える。これらのことから，社会への，関心，意欲，協力，改善を測る項目では効果的な結果を得ることは出来なかったが，「地域の人の役に立つことができる」という地域への貢献意識の変化が見られた。そのことから，地域への貢献意識の発露や，向上したとことが読み取れた。

4　示唆されること

本研究は，「ピクトグラム」に興味関心を持たせることを中心とした実践を行い校内の課題解決を行った（研究1）。同じ児童を対象に「ピクトグラム」の作成を通して，地域の課題解決を行うことで社会貢献性の発露や向上を目的とした実践を行った（研究2）。

　研究1では，ピクトグラムが身近にあることから興味関心を持ちやすいことが分かった。また，小さな社会である校内貢献するためのピクトグラムを作ることでより大きな社会である地域へと貢献意識が向けられた。

　研究2では，研究1で得られた意識を元にピクトグラム作成を通して地域の課題解決を行った。参加した児童の地域に関する意識調査より社会貢献性の発露や向上が見られた。

　このように，ピクトグラムの作成では，シンプルなデザインからどの児童においても簡単に描くことができ，制作過程で苦戦する児童は少なく取り組みやすい様子が見られた。また，シンプルに表現する中にも細かいデザイン設計や調整を行うことから，創造や改善工夫の育成にも関わっていると推測でき，社会貢献性以外の力の育成にも繋がっていると考えられた。

　これらのことより，小学校「総合的な学習の時間」において「ピクトグラム」を題材に用いる効果を捉えることができた。

注　本稿は，下記の内容をもとにして作成している。
中村和憲（2022）小学校「総合的な学習の時間」における社会貢献性を高める実践の工夫 ―ピクトグラムづくりに参加した児童の意識調査をもとに―, 兵庫教育大学大学院教育実践研究報告書, 1-15.

引用・参考文献
文部科学省（2017）小学校学習指導要領（平成29年告示）解説 総合的な学習の時間編
岩本哲也・溝邊和成・坂田紘子・平川晃基（2022）小学校「総合的な学習の時間」における表現ツールに関する実践的試み ～社会貢献意識の発露をめざすピクトグラムの活用～, 日本生活科・総合的学習教育学会, 第31回全国大会発表資料06-2

3.4

「個人探究」実践校に見る
学びの特徴と指導のポイント

長田　悠佑

1　はじめに

　中教審答申「『令和の日本型学校教育』の構築を目指して」(2021) では，「(略) 一人一人の児童生徒が自分のよさや可能性を認識しながら，豊かな人生を切り拓き持続可能な社会の創り手となる (略)」が注目され，また『個別最適な学び』についても「指導の個別化」や「学習の個性化」の取り組みに期待が寄せられている。

　こうした新時代教育の実現に向かう際，「総合的な学習の時間」については，前提として，次のような点を整理しておく必要があると考えている。『個別最適な学び』の実現に向けた先行実践では，どのような取り組みがなされていたのか。また，いわゆる「個人」が中心となった「総合学習」の取り組みは，「総合的な学習の時間」設置以前から成立していたのか。そして，それらはどのような特徴を有し，どのような効果が見られたのか。「個人」が中心となった「総合学習」については，1920 年以降実践されている文献が複数存在する。それらの先行研究をもとに，「個人重視」の総合学習にかかる系譜とその成果・課題を明らかにすることは，これからの「総合的な学習の時間」のあり方を展望する意義が見出せると考えられる。

2　実践の目的・方法

（1）目的

　本研究では，「総合的な学習の時間」において児童一人一人の興味・関心等から探究的な学びを展開する授業 (以下，「個人探究」) の事例分析を行うことを目的とする。具体的には，1920 年代以降の個人探究に対して特徴ある学校を時代ごとに抽出し比較・分析する。

（2）方法

　調査校としては1920年以降の個人探究を実施していた4校（奈良女子大学附属小学校・愛知県東浦町立緒川小学校・香川大学教育学部附属高松小学校・山形県天童市立天童中部小学校，以降，奈良女附小・緒川小・香川附高松小・天童中部小と称する）を対象とした。抽出方法は以下の2点である。① 1920年代から2020年代の100年間を初期，中期，後期に分け，個人探究に取り組んでいた学校を抽出。（初期：奈良女附小，中期：緒川小・香川附高松小，後期：天童中部小）②個人探究の対象学年や教育課程の位置付けなどで抽出。（1〜6年生を対象：奈良女附小・香川附高松小，4年生以上を対象：緒川小・天童中部小）2022年度9月〜2月にかけて，以前の実践記録や学校視察等による資料収集，教諭へのインタビュー調査などを行い，年代別調査校比較（共通点・差異点）から現代的示唆（理論的整備や実践上の工夫等）分析を行った。分析時の観点は以下の4点である。①個人探究の名称②個人探究のねらい③個人探究の教育課程上の位置づけ④個人探究の特質

3　実践の成果−調査校比較

（1）個人探究の名称（表1）

　子どもが自由に方法や内容を選択するという意味がこめられた「自由学習時間」「オープンタイム」「フリースタイルプロジェクト」どんな学習をするのか子どもたちが理解しやすいよう工夫された「なかよしラボ」

表1　個人探究の名称

奈良女附小	香川附高松小	緒川小	天童中部小
特設学習時間 1920~			
自由学習時間 1946~	しらうめ活動 1996年頃	オープンタイム 1979~	
なかよしラボ 2015~2018	学級創造活動 2013~2017		
「かがやく」の時間 2022~	個人追究 2018~		フリースタイルプロジェクト 2020~

「学級創造活動」子どもたち身につけさせたい力が名称に込められた「かがやくの時間」や「個人追究」など，名称から各校がこの時間にどのようなこだわりを持って取り組まれていたことが分かる。

（2）個人探究のねらい（表2）

4校の個人探究のねらいを各項目ごとで表に整理した。奈良女附小と香川附高松小が個人での課題解決力と協働性に関しての記述をしているのに対して，緒川小や天童中部小が個人の計画力，自

表2　個人探究のねらい

	奈良女附小	香川附高松小	緒川小	天童中部小
課題解決力	子どもが問題を見つけ課題解決していく。(自由学習時間) 問題に切り込み、解決に向けて (なかよしラボ)	創造的に問題を解決する力 (学級創造活動)		
協働性	協働的に課題を追究し (なかよしラボ)	共感的・協同的に関わる力 (学級創造活動)		
自己調整力		自律的に学び続ける力 (学級創造活動)	学習活動を計画することができる。計画に従って、学習活動を進める。(オープンタイム)	学ぶ内容や学び方、学びの計画を自分で決めて学ぶことができる。(フリースタイルプロジェクト)
自己理解	役割の自覚化 (なかよしラボ)			自分の「得意」を見つける (フリースタイルプロジェクト)
達成感・成就感			テーマを達成する成就感を味わう (オープンタイム)	結果として達成感・成就感を味わい (フリースタイルプロジェクト)

己調整力に関しての記述が多い点から，各校の重きを置いているポイントの違いが見えてきた。

（3）個人探究の教育課程上の位置づけ（表3）

奈良女附小は，特設学習時間を始めた当初は，毎日2時間行っていたが，文科省や教育学者などからの批判もあり，1時間になる。

表3　個人探究の教育課程上の位置づけ

奈良女附小	香川附高松小	緒川小	天童中部小
毎日2→1時間 (特設学習時間)			
月水木の午後 (自由学習時間)	週2時間 (しらうめ活動)	週2時間 (オープンタイム)	
週2時間 (なかよしラボ)	毎日10:10～10:40 (学級創造活動)	年間20時間 (オープンタイム)	
1～4年週2時間 5～6年週1時間 「かがやく」の時間	毎日8:15～8:40 (個人追究)		年間40時間 (フリースタイルプロジェクト)

自由学習時間の際は月水木の午後をその時間に当てているが，後に赤十字活動(今でいう委員会活動などの奉仕的な活動)が多くなっていった。「なかよしラボ」は週2時間，「かがやく」の時間は1～4年は週2時間，5～6年生は週1時間となっている。香川附小は「しらうめ活動」時代は週2時間行っていたが，「学級創造活動」時代からは毎日30分程度行う活動となっている。「学級創造活動時代」は2時間目と3時間目の間の時間，現在は毎朝の時間に「個人追究」の時間を設定していた。緒川小は「オープンタイム」を始めた当初は水曜日の1・2時間目，現在は総合的な学習の時間から年間20時間を「オープンタイム」に当てており，天童中部小は総合的な学習の時間の年間40時間を「フリースタイルプロジェクト」に当てている。実習系のテーマの子が取り組みやすくなるよう一回の授業時間を2時間，1ブロックとして設定している学校が多いことも分かった。

（4）個人探究の特質（表4）

対象学年については，奈良女附小と香川附高松小は1～6年生までを対象にしており，緒川小，天童中部小は4～6年生を対象にしている。また，奈良女附小と香川附高松小が習慣的(継続的)に設定しているのに対して，緒川小と天童中部小は期間を設定して集中的に実施しているのが特徴である。特に，緒川小学校は3期に分けた中の1期にゲストティーチャーによる体験活動を行い，そこから2期のメインの活動につなげるというねらいがある。また，保護者，地域ボランティアによる支援も長年続いている。天童中部小は夏休みを挟んだ20時間と冬休みを挟んだ20時間で設定し，長期休暇に子どもが情報収集などしやすくなるような工夫をしている。また，教師も子どもと一緒に探究活動に取り組むという点も大きな特徴である。表現方法は「朝の会での交流」「定期的な発表の場」「レポート発表」とそれぞれ異なるが，発表の機会を設定している点で4校共通していると言える。子どもの探究的な学びを支援する具体的な方法について各学校それぞれの特質が見られた。

表4　個人探究の特質

奈良女附小	香川附高松小	緒川小	天童中部小
1～6年	1～6年	4～6年 3年は体験で参加	4～6年 3年は体験で参加
毎日の日記	毎日、個人追究の時間として設定している	3期（1学期毎）に分けて集中的に実施	年間40時間 長期休暇を挟んでの単元設定
朝の会で交流 おたずね	自然発生的な交流	保護者・地域ボランティアによる支援 ゲストティーチャーによる体験授業（1期）	教師も子どもと一緒に探究活動に取り組む
年数回の自由研究「かがやく」の時間	定期的な発表の場 展覧会（創造活動）	Ⅱ期の最後にレポート作成・発表	前期・後期それぞれ最後に実践発表会を行う。

4　示唆されること

本研究において，4校の個人探究の事例分析を行った結果を整理すると個人探究を実施する上での留意点が5点見出された。1点目は，個人探究のねらいを各校の育成したい資質能力に応じて設定することである。4校で行われてきている実践は「令和の日本型学校教育」で求められている資質・能力育成に大きく関連する取り組みであると言えるだろう。2点目は，個人探究のねらいや子どもの実態に応じて授業の名称や教育課程上の位置付けを設定することである。4校とも学校や子どもの実態から個人探究のねらいを設定し，カリキュラムに位置づけている点で共通している。3点目は，子どもたち一人ひとりが興味のあるテーマを選び，自分に合った方法や場所を選択しながら学べるような学習環境をつくるこ

とである。天童中部小や緒川小の実践では，自分にあった方法や場所を選択することで自己で調整しながら学習を進めるような児童の姿が見られた。4点目は，孤立した学びにならないよう他者と対話できる場を設定することである。困った時，探究が止まった時に友達に相談したりアドバイスをし合ったり地域ボランティアに相談したり (緒川小の実践) できる環境や，家庭での学習を活用しながらいつでも問いを生み，探究ができる時間 (奈良女附小) も大切にされていた。5点目は，一人ひとりの探究的な学びを見取りながら，その都度効果的な支援方法を考えて取り組むこと，そしてそれらの支援方法について教員どうしで交流し合いブラッシュアップしていくことである。4校とも自律的な探究の実現のため，学校全体で探究の難しさを克服するための手立てを考え熱心に取り組まれていることが分かった。

　本研究を通して，個人探究がただの一つの授業実践ではなく，教育活動の重要な柱として設定され，学校全体で長年取り組まれていることを再確認することができた。また，個人探究実践校4校における特徴や指導のポイントについて具体的に見ることができた。各校で実践する際には，各校の実態 (学校規模・児童の実態など) に合った形で，先進校から得られた指導のポイントをうまく活用していく必要がある。今後は，実践を通して，個人探究の基礎的・実証的な研究を続けていきたいと考えている。

引用・参考文献

木下竹次 (1923)『学習原論』目黒書店
奈良女子大学附属小学校 (2012)『わが校百年の教育』
奈良女子大学附属小学校学習研究会 (2023)「『令和の日本型学校教育』を体現する学校」
加藤幸次 (1982)『個別化教育入門』教育開発研究所
愛知県東浦町立緒川小学校 (1983)『個性化教育へのアプローチ』明治図書
愛知県東浦町立緒川小学校 (1985)『自己学習力の育成と評価』明治図書
香川大学教育学部附属高松小学校 (1995)『個が生きる認知過程の探究』明治図書
香川大学教育学部附属高松小学校・しらうめ共著 (1999)『しらうめ活動ふれあい活動で生き生き教育課程』明治図書
香川大学教育学部附属高松小学校 (2017)『創る』東洋館出版社
奈須正裕 (2021)『個別最適な学びと協働的な学び』東洋館出版社
中央教育審議会「『令和の日本型学校教育』の構築を目指して (答申)」【総論解説】
文部科学省 (2018)『小学校学習指導要領解説』東洋館出版社

3.5　異年齢集団に見る生活科と総合の連続性

松田　雅代

1　はじめに

　小学校学習指導要領解説総則編（2017）には，生活科において育成する資質・能力が，教科間の関連を積極的に図り，幼児期の教育及び中学年以降の教育との円滑な接続が図られるよう工夫すること，とある。

　新田・村上・中野（2010）は，「教科である生活科と教科としない総合は，基本的には異なるものであるが『総合的な性格をもつ』という点で軌を一にするととらえている。生活科での学習で身に付けた身近な環境や人々への興味・関心をもつ学習活動は，総合で問題を解決する資質・能力，学び方や考え方へ発展させることが，生活科から総合へつなぐ方策である」としている。

　連続・継続を前提とした研究事例が散見できる（例えば，加納 2016，小薗・廣瀬 2017，大西・小川 2018）。しかしながら，生活科と総合の資質・能力等の実態分析から論じるカリキュラム上の連続性に関しては管見するところ見当たらない。

　また，昨今，喫緊の課題として挙げられる防災教育に関わるいずれの事例においても，児童の意識をベースとした実践的カリキュラム検討といった面では，その効果等が明らかにされておらず，今後の課題と受け止められる。

2　実践研究の紹介

（1）目的

　複数学年が合同で学習した時に，自分の学びにとってどのような効果があるかを児童の自己評価分析から特徴を明らかにする。

（2）方法

対象・時期；大阪市立小学校児童109名（第2学年2学級：49名，第3学年2学級：60名）による第2・3学年児童混成4クラス，2019年1〜2月

対象教科・単元名；生活科・総合的な学習の時間「安心・安全ひろげ隊」

単元目標；

・地域の人と町を調べ，安心・安全マップをつくることができる。

・町の安心・安全を発見し，それを活かして生活することができる。

・自分たちができる安心・安全を考え，周りに伝えることができる。

活動内容；（全15時間）

第1次　自分たちの住んでいる町を調べる計画を立てる。（2時間）

第2次　地域の人と一緒に歩き，見つけてきたことから安心・安全マップをつくる。（7時間）

第3次　つくったマップや活動を通して考えたことから，自分たちにできることを話し合い実践する。（6時間）

図1　地域を歩く

（3）結果

アンケート調査からは，以下の結果が得られた。

①　学習内容に関する質問項目のうち，両学年ともに評価が高く，差が見られない項目は以下である。

「安心・安全のものを見つけてくることができましたか」に対しては，非常に高い。学習のねらいを達成したからと考えられる。「学習したことは役に立ちそうですか」に対しても同様に高く，実生活と結び付けてきた結果であり，今後に生かそうとする有用感ととらえられる。「2・3年の学習は楽しかったですか」に対しても同じく高く，両学年ともに二学年合同学習を楽しんで学習したと言える。

②　他者への貢献度，「自分の学んだことが友だちの役に立ちましたか」に対しては，第3学年が高く存在感があったと見られる。「自分の考えを伝える」こ

とや「友だちの役に立つ」ことに関しても上学年である第3学年児童の意識が比較的高く，その力を発揮したととらえていたことが分かる。

③　異学年合同で学習してよかったことやいつも通りにできたことに，下学年児童の意識が比較的高い結果は，合同で学習しても下学年が萎縮することなくできたことの表れと推測され，「いっしょにしていつもの自分の力が出せましたか」に相関関係が認められたことからは，今後の意欲につながっていた。

一方，第3学年では，「学習は楽しかったですか」「学習してよかったですか」「助け合って学習できましたか」に相関関係が見られ，二学年の合同で学習したことによる人間関係形成の充実感が，今後の意欲につながったととらえられる。

④　自由記述した振り返り内容を資質・能力に分類した結果は以下である。

「学びに向かう力，人間性等」について振り返っていた児童が両学年ともに非常に多かった。次いで多かったのは，「知識及び技能)」，そして，「思考力，判断力，表現力等」である。第3学年では，「知識及び技能」と「思考力，判断力，表現力等」の記述数については，ほとんど変わらない。

次に，第2学年の「知識及び技能」の資質・能力においては，生活科「特徴やよさ，それらの関わり等に気付く」が多く，特活「行動の仕方を身に付ける」が次いで多かった。

また，第2学年では，例えば，自分たちが見つけたことや調べたことを伝え広めるために，他の世代にも目を向けた記述が見られるなど，社会科の「人々の生活との関連を踏まえて理解」の意識の表れととらえることができる。

一方，第3学年の「知識及び技能」の資質・能力においては，総合「探究的な学習のよさを理解」が比較的多かった。社会科の「調べまとめる技能」が，社会科「人々の生活との関連を踏まえて理解」，特活「行動の仕方を身に付ける」とほぼ同数で続く。

両学年ともに，特活「行動の仕方を身に付ける」については，ほぼ同数の児童に記述が見られ，価値が認められた人数がほぼ同数であったと考えられる。

（4）考察
生活科の気付きと社会科の理解に関する記述が比較的多いことから，それらに

対する意識の高さが表れているととらえられる。また，第3学年に，「探究的な学習の良さを理解」に対し比較的意識していることが本学習の一つの特徴として挙げられる。さらに，両学年ともに，特活の資質・能力である「行動の仕方を身に付ける」に意識が向けられたことは，初めて合同学習を経験したことによるものと推察される。

　次に，「思考力，判断力，表現力等の基礎」の資質・能力については，第2学年では，生活科「表現する」が比較的多く，生活科「自分自身や自分の生活について考え」が続いた。第3学年では，総合「まとめ・表現」が多く，社会科「表現する力」と，総合の「情報を集め」が続く。この点から，見つけたり調べたりしたことをどのように表すのかにどちらの学年の児童も意識が向いていたと言える。

　また，特活「合意形成を図ったり」が，第2学年，第3学年とほぼ同数である。合同学習での合意形成に悩んだり，重要性を認識したりした児童が，学年に関係なく同程度の人数が存在していたことが伺える。

　最後に，「学びに向かう力，人間性等」の資質・能力については，以下のような結果となる。第2学年では，特活「生活及び人間関係をよりよく形成する」を全員が記述した。次いで，生活科「意欲や自信をもって学んだり」が大変多かった。生活科「生活を豊かにしたりしようとする態度」が続く。

図2　看板の設置

　第3学年は，特活「生活及び人間関係をよりよく形成する」が大変多く，総合「主体的・協働的に取り組む」が比較的多かった。総合「互いのよさを生かし」と，総合「社会に参画」が続く。以上のことから，「生活及び人間関係をよりよく形成する」ことに両学年の児童の多くが感じていたことが分かる。特に第3学年では，「主体的・協働的に取り組む」や「互いのよさを生かし」「社会に参画」といった面にも意識が広がっている児童も存在していたことが明らかとなった。そうした点から，この学習に対して，両学年の児童の多くは，ともに「生活及び人間関係をよりよく形成する」を支持し，「主体的・協働的に取り組む」を豊かにしつつあると考えられる。

126

　今後の課題としては，教科横断・学年縦断した取り組みにおいては，ベースとなる資質・能力の分析・設定を十分にしておく必要がある。さらに，個別インタビュー等を併用するなど，データの収集・分析の充実を課題としている。

3　示唆されること

　1点目は，児童は同学年同士の学びより異学年の学びを評価している点からは，合同学習のよさを感じたと考えられる。

　2点目に，合同学習であっても自分の力が出せるということに価値を見いだしたことは，本取り組みの効果であったと言える。

　以上から，本実践においては，第2・3学年合同で取り組む際，あまり学年差が感じられない学習であり，主体的・協働的な学びの推進や生活及び人間関係をよりよく形成するものとして有効性があったととらえられる。

　即ち，地域の特色を活かした取り組みについては，学年の枠を超えて様々な児童同士の関わりを拡げ，自分たちにできることを実現させていくことで，社会に貢献する機会は身近にあると考える。

注　本稿は，下記の内容をもとに作成している。
松田雅代・溝邊和成（2019）生活科・総合的な学習の時間の連続性に関する児童の意識 −小学校2・3学年合同による地域学習を事例として−，兵庫教育大学学校教育学研究，32，183-189.

引用・参考文献

加納誠司（2016）児童前期における生活科から総合的学習への接続・発展を図る研究−2年生・3年生の実践分析からのアプローチ−，日本生活科・総合的学習教育学会誌，14-23.
小薗博臣，廣瀬真琴（2017）生活科との接続を図る総合的な学習のカリキュラムモデルの開発，鹿児島大学教育学部教育実践研究紀要，26，289-297.
文部科学省(2017)小学校学習指導要領解説生活編，総合的な学習の時間編，特別活動編，社会編，総則編
新田早苗，村上忠幸，中野英之（2010）生活科から総合的な学習へつなぐ研究−なめらかな接続と連携を目指して−，日本理科教育学会近畿支部大会発表要旨集，45.
大西有，小川泉（2018）義務教育における栽培，飼育の学習指導に関する研究−小学校生活科，総合的な学習の時間と中学校技術分野の学習内容の接続−，茨城大学教育学部紀要（教育科学），67，321-334.

3.6

カリキュラムの受容と創造

溝邊　和成

1　はじめに

　第2次世界大戦後の日本において，新しい教育の有り様としてコア・カリキュラム[1]が注目された。1930年代アメリカで実践されたヴァージニア・プラン[2]がその代表例とされ，中心的な活動(コア)を形成する一方で，周辺課程には教科的な内容を配置するという教育計画として広く受け入れられてきた。

　本稿では，コア・カリキュラムの典型とされる兵庫師範女子部附属小学校(以下，明石附小)の「明石附小プラン(以下，Aプラン)」と，その隣接地：加古川市の公立小学校である加古川小学校の「加古川プラン(以下，Kプラン)」の形式比較を概略する[3]。明石附小は，及川平治主事の提唱した「分団式動的教育法」等で有名であったことからも，大戦直後から研究が進められ，倉澤剛，梅根悟らの指導の下，「小学校のコア・カリキュラム　明石附小プラン」(1949年3月)が刊行されている[4]。一方，Kプランも加古川小学校の研究冊子としてまとめられた(1949年2月)[5]。その「はしがき(大冨校長記)」には，倉澤剛と長井八蔵(明石附小校長)への感謝の一文が見られ，明石附小と研究交流があったことがわかる[6]。石山脩平は，序文に「はじめは，(略)明石附小プランや(略)同じ構想をもって進んでいたが，(略)この方針の修正を勧告した」と述べ，加古川小学校に対して，模倣からの脱却と創造への期待を示している。

　このような背景を踏まえ，Aプラン(1949年3月)とKプラン(1949年2月)を比較対象としていく。ごく一部の史料検討であるものの，得られる知見は，単に外国あるいは日本の優秀実践校の模倣に留まらず，地域の特性を踏まえたカリキュラム編成や単元・授業づくりという実践的課題に正対する学校・教師への情報提供として，その意義が認められると考える。

2 単元表

ここでいう単元表は，縦軸：範囲（スコープ）と横軸：系列（シーケンス）によって形成される単元一覧表である。A，K プランともに，教育基本法，学校教育法，学習指導要領に示された教科目標等に加え，また地域社会の特徴に関する調査及び学校目標に関する希望調査から具体的目標及びスコープが形成されている。A プランの 10 項目（消費，生産，通信運輸，保健，保全，統制，教育，厚生慰安，宗教藝術，交際）と同様に，K プランも 7 項目（生産，通信運輸，消費，保健，保全，教養娯楽，政治）にまとめられていた。A プランのシーケンスは，6 項目（興味の中心，社会性の発達，地理的意識の発達，歴史的意識の発達，学習能力）が 2 学年ずつのまとまりとして挙げられている。K プランでは，2 学年ずつ 3 項目（興味と経験の傾向，社会意識，学習傾向）にまとめられているが，その趣旨は，A プランのものを踏襲していることが窺える。

3 教育細案の特徴

両プランとも，同じような縦書きフォーマットで教育細案が作成されている（図 1）。A プランでは，右から 1 行目は，単元名，月別配当（自○月第一週　至○月第一週），学年がある。2 行目は目標欄となり，3 行目は中心学習，基礎学習の別が記され，4・5 行目は上から児童の活動，情操（文学，音楽，美術），技術（言語，数量，其の他），健康，補導の着眼点，生活暦の項目が並んでいる。6 行目からは，それぞれの内容が記される枠となる。

K プランは，大枠では A プランと類似しているが，細かなところでは創意工夫が認められる。1 行目に配当として中心学習と基礎学習の時間数が明記されている。目標表記の後の欄に「生活学習」と明記して全ての欄を括っている。基礎学習の「情操」には（圖工，音楽，文学）という順で表記され，「技術」は「知識及技能」（言語，数量形，家庭技

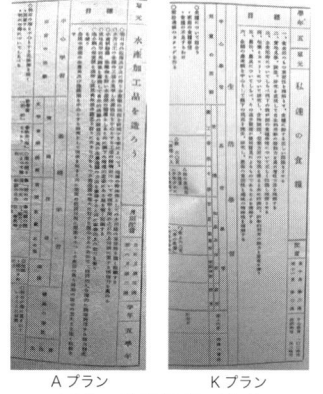

Aプラン　　　　Kプラン

図1　教育細案の形式

能）とされていた。「健康」の項目には「體育」が対応している。最下段は、「補導の着眼点」「生活暦」が逆転し「暦及行事」「指導の着眼」と記されていた。フォーマットの最後にある「効果判定」の欄の左横には、「教科的時間数（国語的，社会的，算数的，理科的，音楽的，圖画工作的，家庭的，體育的，生活指導）」、「表現活動時間数（言語文章，造形，圖表，劇化）」が設けられ，予定時間数と実施時間数の記入スペースが用意されている。こういった工夫は，実践をより意識して作成されていたと読み取れる。

Ａプランの教育細案にある基礎学習の印（〇●◎）には、表1（Ａプラン）のような意味を付していた。これに対してＫプラン（〇△）は、表1（Ｋプラン）のように取り決め、Ａプランのまま受け入れた形式ではなく、むしろ積極的に基礎学習を捉え、中心学習との関係性を明確にしようとしていたことがわかる。

表1　基礎学習に見られる記号

Ａプラン

〇…中心学習を豊かにするために，別に取り上げて練習はしないが，各活動の補導上基礎学習分野の領域から考えて特に注意を要するもの
●…中心学習で行われるものであるが，また中心学習の児童の活動を豊かにするために特に基礎学習として時間を別にして練習を要するもの
◎…スポーツ・リクレーションの時間に行う活動

Ｋプラン

〇…中心学習に直接動機付けられて取り上げて収斂する基礎技能の面
△…中心学習とは間接的なもので中心学習から発展しない知識技能であっても児童の発達に応じて十分生活の基礎として役立つ物を修練して中心学習に還元し用具として働かせるもの

4　実践をサポートする案

能力表…Ａプランには、中心学習並びに基礎学習それぞれに対応する能力表が記載されている。例えば、中心学習では5項目69観点が示されている。これに対してＫプランは、1950年のＫプラン（第四集）に能力表が示されていた[7]。社会機能7、道徳方面4、歴史面4、地理面3、理科面12といったユニークでコンパクトな30項目編成となっている。

週計画表・週案の例…週計画表は、双方とも示されている。Ａプラン（4〜6学年）では、概ね午前中に「中心学習」と「直後の技術（中心学習に直接関係した

技術の学習）」が設定され，午後から「情操（情操分野の技術練習）」「技術の発展
（技術の系統的反復練習）」「個人の問題解決」がある。Kプランの週計画表は「日
課基準表」と称され，およそ午前中に中心学習が始まり，その後に基礎学習が続
く。午後の基礎学習を終えると「しごと」「けいこ」が用意されている。「けいこ」
は基礎学習のうちで特に反復練習によって速度と正確さを要求する計算の面と漢
字・語句・文章の書写力の面とを能率的に実施するために設けられている。週案
の例では，Aプランにはない「評価と反省」欄がKプランに設けられている。予
定されていたことに加え，補うなどして実施した内容には（補）を文頭に付して
記するようになっており，細かな実践の足跡が見える工夫もあった[8]。

　単元の反省，学習材対照表…2点ともKプラン独自なもので，「単元の反省」は，
「調査事項」「学習結果の考察」「児童の感想」「教師及父兄の感想」「単元に対する
意見」でまとめるようになっている。「学習材対照表」は，全単元において「教科
書及び学習指導要領に表された教材」が中心学習と基礎学習のどこの何番目に位
置するのかが示され，教材研究の確かでていねいな作業が感じとれる。

5　示唆されること

　教育のあり方が根本から見直され，混迷を極めた時代にありながら，コアカリ
キュラムの実践研究をリードしたAプラン。その効果を認め，受容しつつ，地
域に根ざした教育の適切性と独自性を見出そうと展開してきたKプラン。両者
の比較から見られる事実は，両者が織りなす独自の成果である一方で，広く公立
学校等が直面するカリキュラム上の課題克服に向かう事例と受け止めることもで
きよう。今後もこうした比較検討等から，特色あるカリキュラムモデルの作成に
つなぐことが肝要であり，求められていく手続きではないかと考える。

注及び引用・参考文献
1）カリキュラムの類型については，下記の論文をベースに三点の記述を参照している。鈴木そ
　　よ子（2013）カリキュラム類型の理解における多様性，国際経営論集，203-215.・安彦忠彦
　　（1990）カリキュラムの類型，新教育学大事典，第2巻・第一法規／林尚示（2001）カリキュ
　　ラムの類型，天野正輝編，重要用語300の基礎知識①教育課程，明治図書，22.／天野正輝

（2001）カリキュラムの類型，日本カリキュラム学会編，現代カリキュラム事典，ぎょうせい，16 － 17.

2）ヴァージニア・プランに関する研究論文は，主として以下の2編を参考にしている。木村博一・片上宗二（1984）ヴァージニア・プランの分析的検討 ―初等学校の場合を中心に―，教育方法学研究，10，131-141. 斉藤仁一朗（2020）ヴァージニア・プランにおける作業単元と教科学習の有機的関連 ―1934 年版初等コース・オブ・スタディにおける社会科の位置づけに焦点を当てて ―，社会系教科教育学研究，32，21-30.

3）本稿は，下記の内容をもとにしている。

溝邊和成（2017）加古川プランにみるカリキュラムの特質 ―明石附小プランとの比較を通して―，日本カリキュラム学会発表要旨集,101-102.

4）兵庫師範學校女子部附屬小學校 (1949)『小学校のコア・カリキュラム 明石附小プラン』誠文堂新光社

なお，上記の参考として，以下のものを取り上げている。

兵庫師範學校女子部附屬小學校園 (1947) 研究紀要 (三) 学習輔導の指針 教育細案例 教育案研究発表論文

兵庫師範學校女子部附屬小學校 (1948) 研究紀要 (四) 明石附小プラン (試案)

兵庫師範學校女子部附屬小學校 (1948) 研究紀要 (五)・後期分 明石附小プラン (試案)

兵庫師範學校女子部附屬小學校 (1948) 明石プランの実証的研究

また，以下の資料・解説も参照している。

金馬国晴，溝邊和成，安井一郎 (2020)『戦後コア・カリキュラム研究資料集』(附属校編 第8 巻)，クロスカルチャー出版，282-366, 解題 附属校におけるコア・カリキュラムの構成 ―兵庫師範学校・神戸大学の附属を中心に―

5）兵庫縣加古郡加古川町立加古川小學校(1949)加古川プラン（第一集）

なお，上記に加え，翌年（1950 年）に作成された「加古川プラン（第二集）（一・二年改訂版）」「加古川プラン（第3 集）單元展開と評價 各学年の実際」「加古川プラン（第4 集）教育諸調査と能力表」も参考としている。また，以下の資料も参照している。

金馬国晴，安井一郎 (2019)『戦後コア・カリキュラム研究資料集』(西日本編 第 5 巻)，クロスカルチャー出版，189-237.

6）コア・カリキュラム連盟が発行している雑誌『カリキュラム 1』(1949) 誠文堂新光社 には，1948 年 11 月 1 日現在，兵庫県では，明石附小と加古川小学校のみが加盟校として記載されている。また，加古川小学校がまとめた『110 周年・新校舎落成記念誌』(1982) には，旧職員：船橋弘が「コア・カリキュラム研究時代の思い出」(79-80) として，1947 年末に東京への研修を語っている。その中で，明石附小校長：永井八蔵の紹介で石山脩平などに出会っていることが記されている。

7）兵庫縣加古郡加古川町立加古川小學校（1950）加古川プラン（第 4 集）教育諸調査と能力表，33-47.

8）コア・カリキュラム連盟編『カリキュラム 5』(1949) の「教育プログラム - 週案二例」(29-31)において，加古川プラン（高学年：5 学年の週案例）が紹介されている。

<特別寄稿8>

コアカリキュラムからのメッセージ

金馬　国晴

1　はじめに －コア・カリにおける生活と総合性－

　コア・カリキュラムは戦後初期に，各教科が分かれたままにとどめずに，あらゆる活動を社会科（学校や論者によっては理科，家庭科等も）に集約してコア（中心，中核）と称し，このコアの必要に応じて他の教科の要素（知識，技能・技術，態度）を有機的に関連付けるというプラン（カリキュラム計画）全体の構成論であり[1]，二重か三重の同心円で描かれてきた。私はコアも全体構成も，総合性・全体性・統合性を特色とした点に惹かれてきた。

　実際にコア・カリキュラム（以下では，大学の教職課程コアカリキュラムと区別するため「・」を付けて，「コア・カリ」と略す）を作成していた学校の冊子類を収集し，約200校分の450冊以上を編集する作業[2]を通じて実感されたのは，コア・カリは中心の活動に注目すると，総合的な学習や生活科の源流と言えること（幼児教育にも近い），だがそれだけでなく，コアに据えられた活動の未分化性や力動性を活かしてカリキュラム全体にわたった改造を試み，あらゆる二項対立を克服しようとする意味での総合性も含んでいたことだった。今や学習指導要領も，教科だけでなく経験や生活も重視し，横断的カリキュラムも勧めている。だが，今も昔も問題は，どれもこれも詰め込んだ図表を作成（「形式化」）するような作業は現場に負担感をもたらし，計画倒れになって実践に移されないか，年度や子どもが変わろうと改訂もされずに無理に実践される事態（「固定化」）ではないか[3]。その一因は，生活を重視し，コアにも据える理由というか理想（多忙化解消を含むはず）が，教師に見えないからではないか。

　本稿は，コア・カリが理想像として，いかなる意味の生活を重視し，総合性を主張したか，つまりカリキュラム全体をどうとらえていたかを明らかにするものである。教育学だけでなく，哲学も活用することでその必要性も示したい。

2　コア・カリとその批判に見る理想像の対立構図

　コア・カリ論者が自称し，新教育の批判者達も共有していた像は，経験主義，生活教育等で，学習指導要領で言えば戦後初期のものと1977年改訂以降のものとが含んだ論である。対して，批判者も文部省も，教科主義，科学主義，教科の学力を対置したのであり，経験主義等と教科主義等の間の揺れは，振り子にたとえられてきた[4]。コア・カリは戦後新教育の代表格とされ，ジョン・デューイらのアメリカ進歩主義の影響が強調された場合，はいまわる経験主義[5]，活動主義，児童中心主義，学力低下の元凶などとも規定された。だが，コア・カリのいう生活は教科や科学を否定していたわけではなかった。異なる理想の社会像をもつ批判者たちが，二項対立的な構図を突き付け論争化した事態であった。

3　暗黙の前提−人間もカリキュラムも機械でなく生命

　コア・カリ側の生活概念を掘り下げていくと実は，対立軸の片方にとどまらぬ広い前提，西洋の大陸哲学[6]に行き当たる。東京高等師範学校＝東京文理科大学＝東京教育大学出身のコア・カリ論者たちは，戦前，ドイツ教育学の専門家であった（倉澤剛以外）。梅根悟がコア・カリの源流をヘルバルト学派の中心統合法に見たように，石山脩平，海後勝雄らも主に，戦前も戦後もドイツ等の理論を活用した。彼らのいう生活は，科学の前段階の経験や日常生活自体より，生命を含むものととらえる。具体的には今でいう特別活動，遊びや仕事（作業，労働，労作）といった，精神を込めた生き生きとした活動で，単に身体が動く行為や行動といった意味ではないまとまり（単元）を指していた。生活は life, Laben, la vie といった外国語からしても，生命・活動の略ととらえられる。

　この生命こそが，カリキュラム全体に総合性を帯びさせる根拠であった。対して批判者が対置した科学とは，社会科学であろうと自然科学をモデルとした。ルネ・デカルトの心身二元論，つまり人間やその身体を機械と見なす科学観がそれで[7]，近代に合理主義に基づいて，半ば常識化された発想である。

　ちょうどドイツ教育学の専門家，高橋勝[8]が問うに，機械は「一つの目標に向かって走る」のだが，「ほんらい生きものは，目的合理性を逸脱したもの」なの

だ。「生命体の重要な特質」が「この世に存在する意味すらもよくわからないもの」「不安を抱えながら，ジグザグをたどり，手探りでしか歩めないもの」であるならば，とくに「子どもという『未形の生』を生きる存在も，まさに試行錯誤を繰り返す不安定な生きものにほかならない」という。

　すると，子どもを育てるカリキュラムも，柔軟で臨機応変，縦横無尽でなければ「固定化」に陥る。大陸哲学のうちでも「生の哲学」の発想が打開策となる。これは合理主義を疑う諸系譜であるが，非合理主義や不可知論にぴったり一致しない。教育界でいえば主知主義や書物中心主義への批判と重なる。大正自由教育（大正新教育）の実践家兼論者達[9]に，アンリ・ベルクソン（仏）の影響が発見されてきたが[10]，とくに生命の躍動（エラン・ヴィタール）を，すべてを生みだす創造的な推進力と見たからだった。かつ，ベルクソンには「自らの哲学を常に諸科学との対話を通じて」示した点にこそ現実味がある[11]。

　コア・カリなどの新教育論者も近年の学者や教師もよくいう自発性，主体性，創造性とは，たとえ目の前の子どもが無気力に見えても，彼らの内面と言動に生命が読めるなら信じられたものだろう。そうなれば教科や科学も子ども自ら学び取ることに期待もできる。教育は生命の力を信じる支援に変わる。

4　近年の人間科学と現代思想からとらえ直す理想像

　他方で科学も，前世紀末前後から革新されてきた。21世紀を迎えた近年になると，人間科学，質的研究といわれる諸潮流ができて，生命，活動やそうした意味での生活に関する探究が盛んに進められてきている[12]。コア・カリは，この種の学問の芽を先駆的に生み，育て得た試みであると再評価できる。

　ただし，ミッシェル・フーコーのいう「生政治」[13]に陥らないため，管理からの逃げ道がいる。フランス現代思想がここに生かせ，ジル・ドゥルーズに注目ができる。彼はベルクソンの方法論をもとに，問題を提起することを重視して，世界を問題としてとらえ，「問題とは解かれるものではなく，創造されるべきものである」[14]と考えた。梅根らの問題解決学習論[15]でいう問題も，子どもと彼らの生活をもとに立てられようとした点で，その都度創造されるものである。かつ梅

根は学校時代にとどまらぬ「人生のカリキュラム」を論じたが [16]，その内実は地域に広がり，生涯続くような諸問題の連鎖といえる。

だが，近代社会の現実は，問題を専らシステム社会の側から与え，その解決を迫ることで，人々の人格を政治・経済に役立つ材料＝人材に変える。これでは生命・活動が疎外され，資質・能力ごとにバラバラにされる。ここで，システムに生活世界が抵抗すべきとする課題（ユルゲン・ハーバマス）を共有したい。機械論的な科学はシステムの道具にされかねず，対話・コミュニケーションが織りなす生活世界の側から，生命や活動の意味の哲学，インタビューやフィールドワーク，アクションリサーチ [17] 等の人間科学でシステムを問い直したいものである。

加えて，カトリーヌ・マラブーの「可塑性」論を活用したい。これは，「すべては仮固定的に形態を持ちながらも差異化し変化していく」という，固定に肯定的な意味も持たせる「逆張り」（千葉雅也）論である [18]。かつてのコア・カリにおける理想は，いったんカリキュラム形態を図表に「形式化」しても，固定と流動を繰り返すことで「固定化」したままにさせない点にあったものととらえ直せる。

5 おわりに ーまとめと今後の課題ー

本稿はコア・カリにおける生活概念が生命とその活動であるととらえ，その暗黙の前提に大陸哲学が見い出された。コア・カリは人間やカリキュラムを機械でなく生命を根拠に総合化した点で，「生の哲学の継承」や「現代思想の先駆」といえないか。問題創造や固定ー流動論などをもとに，コア・カリと諸哲学との間の，同一性の中の差異，差異の中の同一性を考える意義はあろう。その探究から実践分析の視点もつかみたい。

注及び引用・参考文献

1）日本教育方法学会 (2004)『現代教育方法事典』図書文化，534 のコア・カリキュラムの項，金馬担当を改変。同学会による改訂版は『教育方法学辞典』(2024) 学文社。
2）金馬国晴，安井一郎，溝邊和成 (2018-2022) が『戦後コア・カリキュラム研究資料集』(全17巻，クロスカルチャー出版) として教育課程表 [8] などを抜粋・編集してきた。
3）金馬国晴 (2007)，戦後初期コア・カリキュラムの「形態」としての問題と可能性ー「明石プラ

ン」の改訂過程を手がかりに－，日本教育方法学会『教育方法学研究』32，37-48.

4）金馬国晴編 (2019)『カリキュラム・マネジメントと教育課程』学文社，第 1 章.

5）矢川徳光はマルクス主義教育学者で，1950 年に『新教育への批判－コア・カリキュラム批判』刀江書房を出版し，その言説は広まってきた。だが今日的には問題点が多い。

6）サイモン・クリッチリー (2001)，佐藤透訳（2004）『一冊でわかるヨーロッパ大陸の哲学』岩波書店が，大陸哲学の立てた問題を英米系の分析哲学と対比しながら探究している。

7）「動的平衡」論で知られる生物学者・福岡伸一が訳したアンドリュー・キンブレル (1997)『生命に部分はない』(2017)，講談社現代新書は，臓器移植，遺伝子操作などを「人間部品産業」と呼んで，歴史的背景や哲学的変遷も含めて，具体的に批判し尽くした。

8）高橋勝 (2014)『子どもが生きられる空間－生・経験・意味生成』東信堂，ⅳ‐ⅴ.

9）及川平治，千葉命吉，稲毛金七，樋口長市ら，そして野村芳兵衛である。

10）橋本美保・田中智志編 (2015)『大正新教育の思想』東信堂，他.

11）杉山直樹 (2024)『精神の場所－ベルクソンとフランス・スピリチュアリスム』青土社，157。最新動向は檜垣立哉他 (2022)『ベルクソン思想の現在』書肆侃侃房に要約されている。

12）福岡伸一らの生物学・生命科学，中村桂子の生物誌，松田雄一・大迫弘和の「生命知」，岡部美香らのパトス論的転回などが注目できる。教育学にも大田堯 (1918-2018) が生命の科学や民俗学を導入してきた（上野浩道・田嶋一編 (2022)『大田堯の生涯と教育の探求－「生きることは学ぶこと」の思想』東京大学出版会，他に詳しい。)

13）すでに現代思想を生かした研究が，「新教育とその背後にある生命思想・自然思想は，総力戦体制へ向かうなかで個々人の生を効率よく管理する新たな統治の形態，生政治の体制として理解できる」と指摘してきたという（下司晶 (2016)『教育思想のポストモダン－戦後教育学を超えて』勁草書房, 298）．鈴木貞美 (1996)『「生命」で読む日本近代－大正生命主義の誕生と展開』NHK ブックスの特に「生命主義の特徴」(266-268) も「集団と結びついた観念が発生すると，それが第一原理となり，全体主義（トータリズム）に変質する可能性が開ける。」(267) と指摘する。他日にシステムと生活世界からも検討したい。

14）檜垣立哉 (2019)『ドゥルーズ　解けない問いを生きる [増補新版]』ちくま学芸文庫,66. 特に『襞－ライプニッツとバロック』(1988，訳 1998) で諸問題が創造される様が見られる。

15）梅根悟 (1954)『問題解決学習』誠文堂新光社（『梅根悟教育著作選集 7』明治図書,1977 に再録）．戦前以来梅根が探究した問題を金馬の修士論文 (1996) で分析した。

16）梅根悟 (1949) 生活学校とコア・カリキュラム，コア・カリキュラム連盟『カリキュラム』1949 年 1 月号他。金馬は修士論文 (1996) で戦時下における源流から分析した。

17）かつて人類学が現代思想の構造主義をリードしたし，近年も矢守克也 (2018)『アクションリサーチ・イン・アクション－共同当事者・時間・データ』新曜社などが現われている。

18）千葉雅也 (2022)『現代思想入門』講談社現代新書，188-189, 他．千葉の留学時の指導教員であったマラブーは，モデルを脳に求めるが，周到にも還元主義に警戒も示している（マラブー (2009)，西山雄二他訳 (2021)『真ん中の部屋 －ヘーゲルから脳科学まで』月曜社，第 11 章）。関連して，ホワイトヘッドの有機体の哲学（活動的存在の連鎖）も注目できる。

※科学研究費補助金基盤研究 (C)21K02260「「自学共習」論の構築とカリキュラム開発－新教育研究と実践分析を手がかりに」2021-2025 年度他を活用した。

奈良女附小から学び得たこと

小幡　肇

1　はじめに

　奈良女子大学附属小学校（以下，奈良女附小）[1]は，1911年奈良女子高等師範
学校附属小学校として発足した。第一期（国民学校施行令直前まで）は，木下竹
次（二代目主事）が着任した。木下は学習を「渾一的作用」としてとらえ，学習一
元で説明する「自律的学習法」を提唱した。また，未分化の時期にある低学年に
行われる学習として，生命の全体性に立ち，生きた環境から学習材を求め，時間
割を撤廃し，子どもの興味・生命を打ち込んで学習する「全我的・全一的活動」
といった「合科学習」を提唱した。そして，子どもは，「独自学習」から「相互学習」
に進み，さらに進んだ「独自学習」に至ることを説いた。第二期（国民学校施行令
から終戦）を経て，第三期（終戦後現在）は，重松鷹泰（四代目主事）が着任し，「奈
良プラン『しごと』『けいこ』『なかよし』」による教育（1947年）を開始した。

　公立小学校において教師主導の授業を実践していた筆者にとって，奈良女附小
での実践（1990 − 2012年）は，発表者となった子どもが授業を展開するといっ
た授業のあり方やその構成・実施について考え直す転機となった。そして，「し
ごと」において，子どもによる授業と子どもがつながる学習指導を基本とした「気
になる木のはっぱをふやそう」という独自の学習を開発・実践できたと考える。

2　筆者の学び得たこと
（1）「独自学習」「相互学習」における子どもの「学習の仕事」

　木下は，学習を行う際にとるべき学習活動を「学習の仕事」とし，質疑と「解疑」
を重視した。そして，疑問は学習の出発点であり，目的となると考えた。「解疑」
は疑問の解決整理であり，目的に適する方法を立てその方法を実施することにな
ると考えた。そこから，「疑問が起これば解疑は自然にこれをともない自己を向

上させ，その結果また新しい疑問を呼び起こすことは多い」と考えた[2]。

つまり，子どもは，以下のような「学習の仕事」を行うのである。

- 整理された環境を通して，自ら学習材料を選定する。
- 疑問を学習の出発点とし，また目的とし，質疑法によって中心問題を得る。（疑問を整理する→直観・読解・聴解によって急所をつかんだ疑問を得る→取るべき疑問を決定する→中心問題を選定し研究の順序に問題を配列する→研究問題に沿って原因を探る研究をする）
- 「解疑法」による「問題解決の生活順序」を基盤に「疑うては解き，解いてはまた疑う」て疑と解とを反復する間に学習を実施する。（a. 資料収集・調査・整理　b. 問題解決　c. 解決延期　d.「相互学習」　e. 論証考査・結果利用・結果記憶

（2）「独自学習」「相互学習」における学習指導

木下は，自ら予定を立てて分業の法則を利用して進める際の学習指導の形式として，「開示・『応疑』・発問・暗示・聴取・『捨て置き（不問）』・反問・激励・記録の査閲」を示した。木下は，いずれの学習指導も，明確な思考・関係的価値に対する判断・疑問の内容を簡潔に表現する技能・他人の話を正しく聴き取る能力を育成することと，疑問の質を高め，自ら研究する意欲を起させ，工夫して解決させることを意図していると述べる[3]。

（3）奈良プラン「しごと」

奈良プランは，「教育目標を『人間として強い人間』を育てることにおき，その展開として，『しごと』『けいこ』『なかよし』の教育形態」をまとめた。そして，「真実の生活」をさせ「全身全霊を打ち込んで共同して仕事(遊び)をしていく」生活の部面を「しごと」と称した[4]。

3　筆者が開発した「しごと『気になる木のはっぱをふやそう』」という学習

　第1学年 (1995年) 「気になる木のはっぱをふやそう」において，給食をテーマに豊富な観察の視点 (例えば，家の様子との比較・分析が可能) をもつ場として給食室を選び，一年生にも可能な独自学習 (観察活動と表現活動) を開始した。給食を作る様子を観察して絵に描き，裏に「気になる」こと (例えば，「大きな釜で作るけれど，なんで大きな釜で作るのかな？」) を書く独自学習である。

写真1　考えを「はっぱ」に書いて吊るす

　この「気になる」ことは，その子どもにしかない「目のつけどころ」を課題設定のところに生かし，課題設定という一番重要な部分を子どもに委ねるものとなる。そして，各自の「気になる」ことから，相互学習の授業として取り上げていきたい話題を豊富にみつけ，似たような場面ごとに分類した。また，「気になる」ことを話題に思い浮かんだ話を聴き合い，考えを書くといった「子どもによる授業」(相互学習) を実施した。

　つまり，給食をテーマにした「独自学習」を通して，「同じ時間に同じ場所で観察活動を行う。しかし，その中にあってもそれぞれの子どもが異なる『気になる』ことをみつけていく」。「子どもによる授業」という「相互学習」を通して「友だちの『気になる』ことにかかわって自分の話を披露していくことによって，友だちの『気になる』ことにかかわる。そのような力の育成に努めた」学習である。

140

写真2　小さな授業者（発表を通して授業を進める）

　第2学年以降の「しごと」では，「学園前で働く人」「家の近くで働く人」(第2学年)，「観光客がよく来る奈良」(第3学年)，「おじいちゃん・おばあちゃん」「大和郡山市の金魚生産家」「木を育てる・木を使う」(第4学年)，「製品を作る・製品を使う」「エネルギーをつくる・エネルギーを使う」(第5学年)，「阪神大震災」(第6学年) といったテーマに沿って「独自学習」(観察・表現活動・インタビュー活動) を行い，観察・表現活動・インタビュー活動によって収集した話や様子，できごと，エピソードなどを使って寸劇を創った。そして，発表者が衣装や小道具等を準備し，発表者と協力者で寸劇を発表するシステムへ改め，「見る者を惹きつけるおもしろさのある場面劇」をめざした。

　荒木寿友は，発表者が行う寸劇について，「授業に参加する子どもたちにとっては『授業の共有化』が促進され，役割演技 (role-playing) のもつ教育的意義である」と指摘した[5]。

4　結びにかえて

　公立小学校時代と奈良女附小での筆者の授業について振り返ってみたい。公立小学校時代の筆者は，例えるなら「40人の子どもが内在する『1個の卵』」に向かって授業をしかけ，その卵の殻ごしに教材研究したことや発問を工夫したこと

をぶつけ、そこから子どもが表に出る（いわゆる発話・発言・行動）ことをめざしていた。しかし、奈良女附小での「子どもによる授業」は、1人の子どもが授業を推進するという役割を果たすことによって、子どもは必然として卵の殻から飛び出し、自身との関係において他者と自身の「気になること」について質疑し、解疑を積み重ねる学習活動を行った。結果、その対話が、次第に卵の殻にヒビを入れ、卵の殻が壊れ、最後にはそれぞれの子どもが「友だちの話題『気になること』」に対して、考えを書く（創出する）ことができるようになったと考える。つまり、授業のあり方やその構成・実施について考え直す転機を得ることができたと言える。

引用・参考文献

1）奈良女子大学文学部附属小学校（1962）奈良女子高師附属小学校略誌，奈良女子高等師範學校附屬小學校學習研究會編，学習研究，（戦後再刊第58号，カホリ書房，1952年）,26-27.

2）木下竹次（1923）『学習原論』目黒書店，400-401.

3）前掲書，471-477.

4）奈良女子大学文学部附属小学校学習研究会（1949）「わたしたちのねがい」「教育計画の立て方」『たしかな教育の方法』秀英出版，1-30.

5）荒木寿友（1999）　授業分析1「『気になる木』の『はっぱ』をふやそう ─ おじいちゃん、おばあちゃん大研究 ─ 4年星組『しごと』：小幡肇先生（1998年5月27日第4限），田中耕治編著『「総合学習」の可能性を問う ─ 奈良女子大学文学部附属小学校「しごと」実践に学ぶ ─』ミネルヴァ書房，74-99.

<特別寄稿 10 ＞

子ども主体の探究学習をどう評価するか

－「学習のための評価」「学習としての評価」へ－

勝見　健史

1　はじめに

　現在の学校教育現場では，「主体的・対話的で深い学び」を具現化すべく，各地で熱心な授業実践が展開されている。とりわけ，総合的な学習の時間における探究活動は，学習者主体の教育の典型として教育活動に位置付くものである。

　主体的学習における教師の「指導」のあり方を考えていくことは，すなわち，同時に「評価」のあり方を考えていくことに他ならない。それは，主体的学習を教師が「指導」した責任として，力がついているかを確かめ見届けるための「評価」が不可欠であると共に，そもそも「評価」が，教師のため（評定のための情報を得るため，自分の指導を改善するため等）だけに行われていて良いのかという，これまでの「評価」〈「指導のための評価」（assessment for teaching）〉の問い直しが必要だからである。

　本稿では，このような子どもの【学習】の地平に立った「学習のための評価」（assessment for learning）について考えてみたい。

2　「学習－指導－評価」の関係性を問い直す

　子どもの主体の探究活動を実現するための教師のあり方を考えるにあたって，これまでの教育実践でも視野に入れてきた「学習」「指導」「評価」の３つの関係性を問い直してみたい。「学習」「指導」「評価」の関係性を問い直すことは，主体的な学習が成立するための教師の「教える」という行為を「学習」と「評価」とを連動させて捉え直すことであり，主体的学習における教師の位置・役割を問い直すことである（図 1）。

　「学習」と「指導」の関係性（A）については，主体的な「学習」として授業が成立するための「指導」とは何かについて注視することが大切である。また，教師からの何らかの「指導」を受けながら主体的に「学習」した結果，どのよ

うな「学力」が育成されるのか（B）について も注目されるべきである。この点は，求められる「学力」に適したどのような「評価」の方法を採用したか（C）という点に帰結するものとなる。

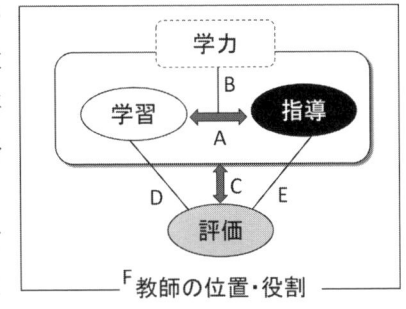

図1 「学習」「指導」「評価」の関係性

「指導」と「評価」の関係性（E）については，「指導と評価の一体化」が，「評価」と「教師の指導改善」とが表裏一体化して計画・実施されるべきとする考え方を転換することである。子どもの主体的な学習促進のために「評価」が行われるならば，「評価」は子ども側の「学習」のために還されるべきであり，まさに「指導」と「評価」は，「学習」のために一体化されて子どもに提供されることが望まれる。

「学習」と「評価」の関係性（D）については，かつて国語科における主体的学習として隆盛した単元学習では，倉澤（1949）が，「結果を見定める」のではなく「たえず見つつ行く」であるとして，学習者に並走しつつ学習に還流させる評価の重要性について言及した。つまり，学習者を外側から判定する「評価」の機能であるよりも，学習者と共に学習プロセスに直接・間接に働きかけることによる「学習」と一体化した「評価」の学習促進の機能が大切にされるべきということである。

このように，子どもの主体の探究活動では，「誰のための・何のための学力なのか」「その学力は誰によって何のために評価されるのか」「学習に対して何を指導すれば主体的な学びとなるのか」といった構造や関係を転換するところに一旦立ち返って，自身の位置・役割（F）を更新しようとする教師の意識が求められるだろう。

3　主体的な学習に還流する評価

子どもが自らの探究課題遂行の状況をメタ認知する活動を，単元の「事前段階」，「遂行段階」，「事後段階」の3つの局面（phase）で考えてみよう。探究活動を遂行するための子どものメタ認知の内容に着目して，これまでの自らの学習

の歩みを「振り返ったり」今後を「見通したり」する評価場面を単元の冒頭や節目に明示的に位置づけ，その結果が子ども側の学習に活用されるようにしたい。探究活動は一方通行ではなく，時に停滞したり，少し後戻りしたりするようなこともあるだろう。学習者である子どもが具体的に「何について」「何のために」見通したり振り返ったりするのか，子どもが自らの学びの状況を捉え，よりよく修正しながら自己調整的に歩みを進めるプロセスとするために，「モニタリング」と「コントロール」の２つの観点から「評価」を促したい。

表１の①から⑰の観点から具体化した名辞群は，子ども自身，あるいは，他者との「対話」の中で，自らに問うための「振り返りの視点」として想定するものである。これら全てを網羅的に振り返るのではなく，子どもの実態や願いを熟知

表１　学びのプロセスで自己調整を促す「振り返り」の視点

		Phase1 【学習前の自らの状況の把握】	Phase2 【進行状況の把握。調整展開】	Phase3 【目的の遂行・成果の吟味】
A モニタリング	ア 課題	①課題の困難度 ・学習課題としてふさわしいか ・学習課題について何が難しそうか ②課題達成の可能性 ・今回の学習課題は解決できそうか ・現在の力で課題達成は可能か	③課題の困難度の再評価 ・学習課題は追究に適しているか ・学習課題の難易度は適切か ・自分にとって難しすぎないか ・自分には易しすぎるものではないか	④課題達成度 ・課題は解決できたか ・どの程度達成できたか ・どの点がうまくいったか ・達成できなかった点は何か
	イ 状況	⑤既習内容 ・これまでどんな学習をしてきたか ・これまで何ができるようになっているか ・これまでの学びを今回活かせそうか	⑥遂行や方略の点検 ・解決に向けて順調に進んでいるか ・今の状況のまま進めてよいか ⑦予想と実際のずれ ・当初の想定とは異なる状況か ・思っていた通りに進んでいるか	⑧成功失敗の原因 ・うまくいったのは何が良かったのか ・うまくいかなかったのはなぜか ・その原因は何によって発生したか
B コントロール	ウ 目標	⑨目標の設定 ・今回は特にここにこだわりたい ・新たにこれができるようになりたい ・今回こんなてんを克服したい	⑩目標の修正 ・新たな目標を設定してみたい ・克服点をこう変更追加したい	⑪次回への目標再設定 ・次はこんなことを頑張りたい ・今回の結果を受けて次回はこうしたい
	エ 計画	⑫段取り・時間配分 ・この進め方でやっていこう ・時間配分をこのように判断した ・今回〜と一緒に取り組んでみよう	⑬計画の修正 ・手順をこのように変更してみる ・時間の配分をこう変更してみる	⑭次回への再計画 ・次回に向けて計画を立ててみる ・次は〜と協働して進めたい
	オ 方略	⑮方略の選択 ・今回はこのやり方で進める ・試しにこのやり方でやってみよう	⑯方略の変更 ・別のこんなやり方に変更してみる ・異なる方法を探ってみたい	⑰次回への方略再検討 ・次回は方法を変えてみよう ・次回うまくいくために今回のやり方をこう変えたい

する教師が，子どもの学びの文脈に必要だと判断したものを選び，自己評価や他者との「対話」の中に位置づけてみたい。その際，子どもの「学習」に寄り添う並走者として，「評価」と「学習」とを繋ぐために，振り返りをした内容に対して教師が必ずその子どもの学習状況に関わるフィードフォワードの言葉かけを返してやることが大切である。短い一言でも構わない。共感的・相談的な評価言としてどの子どもの学びの文脈にどのような言葉を返してやれるか，「学習のための評価」では，子どもの傍らに立ち，子どもの固有の個性的な探究の物語にまなざしを向ける人間教師の「鑑識眼（Educational Connoisseurship）」が問われることになるだろう。

4　主体的な学びをみとる鑑識眼を

　主体的な学習をみとる教師の「鑑識眼」は，子ども自身が自らの学びを見通したり振り返ったりしながら自己調整しようとする姿をどうみるか，という点で十二分に発揮されることになる。単に子どもの学習内容それ自体を漠然と見るのではなく，子どもが自分の学習状況をメタ認知したり自己調整を図ったりしていることの意味や価値を，子ども固有の学習の文脈に関連づけてみとることが重要となる。つまり，［①教師が子どもの学習状況をどうみたか］→［②子どもが自らの状況をどうみているかを教師はどうみたか］→［③これら①②のみとりを融合しながら，子どもが学習に還流させていけるようにどう関与するか］，の3段階である（図2）。

　このように，主体的学

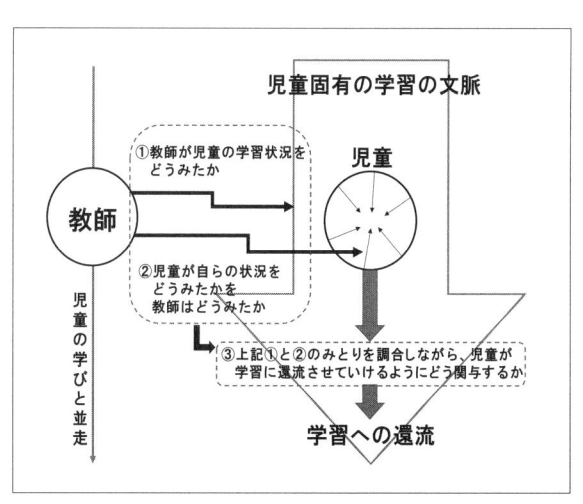

図2 主体的な学びの意味を見とる鑑識眼評価の3段階

146

習の評価が「教師のため」ではなく「子どもの学習に還流するため」のものとして機能するには，これまでの「子どもの学習する（学習した）内容の正誤判定への注力」だけではなく，子ども自身が現在の学びの状況を意味あるものとしてどう自覚し，子ども自身の意志として自らの学習の文脈上にどう位置づけていくのか，という「子どもの自律に対する教師の注力」が不可欠である。

5　おわりに －「学習として評価」（assessment as learning）へ－

　子どもの主体の探究学習においては，教師側に隠された評価から，子どもの自律的な学習に還流する「学習のための評価」（assessment for learning）に転換することが必要である。「指導」と「評価」の循環が本当に子どもの納得のいく自らの学習のためのものとなった時，教師からの指導と評価と自らの学習は子どもの内面において一体化するものになる。この状態の中で，「評価」はもはや子どもにとって必要不可欠な「学習としての評価」（assessment as learning）として，子ども側の探究のプロセスに位置付くものになるであろう。

　このように，主体的な学習における「自律性」は，放っておいても自分一人で判断できる，という自己に閉じられた内省的思考ではなく，刻々と変化する状況の中で，協働する仲間や教師との意見交換を通して調整の必要性を判断し，他者・社会と共振・共鳴しながら納得のいく歩みを進めていく社会・他者にひらかれた内省的思考として育てていくべきではないだろうか。

引用・参考文献
勝見健史（2003）『国語科主体的学習における教師の「指導」－学習のための指導・学習のための評価－』文溪堂
倉澤栄吉（1949）『国語単元学習と評価法』世界社
二宮衆一（2013）イギリスの ARG による「学習のための評価」論の考察，教育方法学研究，38，97-107.
三宮真智子（2008）『メタ認知－学習力を支える高次認知機能－』北大路書房

＜特別寄稿 11 ＞

学校のカリキュラム・マネジメント推進における子どもの参画

村川　雅弘

1　はじめに

　現行学習指導要領において，文部科学省はカリキュラム・マネジメント（引用を除き，以下「カリマネ」と略す）の推進を図り，総則に「各学校においては，児童（生徒）や学校，地域の実態を適切に把握し，<u>教育の目的や目標の実現に必要な教育の内容等を教科等横断的な視点で組み立てていくこと</u>，<u>教育課程の実施状況を評価してその改善を図っていくこと</u>，<u>教育課程の実施に必要な人的又は物的な体制を確保するとともにその改善を図っていくこと</u>などを通して，教育課程に基づき組織的かつ計画的に各学校の教育活動の質の向上を図っていくこと（略）に努めるものとする。」（下線は筆者）と明記している[1]。

　文部科学省が推進を図っているカリマネは学校レベルのものであるが，同じ学校でも学年により実態は異なるので，学校のカリマネを踏まえた上での「学年のカリマネ」，同じ学年であっても子どもの実態や学級担任の経験や力量が異なるので，それに対応した「学級のカリマネ」などがある[2]。

　教育課程編成は各学校が主体となって行うものであり。その最終責任は校長にある。カリマネに関しては，総則に記されているとおり，「児童（生徒）や学校，地域の実態を把握」した上で，３つの側面（上記の下線部分）に取り組むこととされているが，本稿では，各学校がカリマネを推進していく際の児童生徒の参画について具体事例を紐解きながら論じる。

2　学校が取り組む研究への参画

　岡山県真庭市立遷喬小学校はオープンスクールである。特に，生活科や総合的な学習の時間においては，各学年２学級の児童はおおよそ６教室分の学年ゾーンにとどまらず，テーマや内容によっては図書館等の特別教室で活動を展開する。

2名の学級担任が活動内容の異なる十数チームの状況を把握し適切に指導支援を行うのには限界がある。そのような実態もあり，当校は「主体的・対話的で深い学び」の授業づくりに早い時期から取り組んだ。

2021年度始めに，6年生がワークショップを行った。学校が「主体的・対話的で深い学び」の授業づくりを進めていく上でその育成・定着を目指している『聴ききる』姿と『表現し合う』姿を具体的に整理し，各学年にPRを行った。前者に関してはピラミッドチャートを用いて，3段階で示し，「相手の方を向いて最後まで聞く」など3つ→「反応しながら聞く」など2つ→「考えながら聞いて実行する」など2つを示し，レベルアップの大切さを訴えた。後者も同様に3段階で示した。

各学年の児童はそれに触発されて自分たちで考え，まとめ，学年内において共有化を図った。「どうすればレベルアップできるのか」が子どもたちの言葉で具体的に示されている。この取り組みは，少し形を変えながら2022年度以降も続いている。

生活科や総合的な学習の時間だけでなく，教科学習等や学級づくり（「学級のカリマネ」）等においても言語活動は重要である。遷喬小では主体的・対話的な学びの授業づくりを図る学校研究においても，児童が身に付けた言語活動を発揮し，その推進に主体的・協働的に参画している。

3　教育課程の見直し・改善にかかわる研修への参画

東京都八丈島八丈町立富士中学校は，新型コロナ感染症拡大の2020年度の7月に，秋の運動会の実施に向けての生徒による運動会実行委員会を立ち上げた。密を避けるための新種目の考案を，生徒によるアンケート調査を行い，生徒による企画会議や職員会議を重ね，新種目「魔女の宅急便」「雲のじゅうたん」のルールや演技図を完成させ，実施している[3]。

2022年3月に実施した，教育課程全体や学校行事，総合的な学習の時間等の年間指導計画の見直しを行うワークショップ（富士中では「マトリクスを用いた学校行事等の最適化ワークショップ」と呼んでいる）において，生徒の参画を試

みた。前述のように運動会で生徒が主体的に新種目を考えるという経験を行っていたので、前日夕方の研修の打ち合わせの時に、筆者はこの研修においても「生徒参加」を持ちかけた。突然の提案にもかかわらず、教員はすぐに動き、部活で残っている生徒に声をかけ、翌日の研修には9名の生徒が参加した。

研修では、「教育課程全体を見直す」2チームに4名、「総合的な学習の時間を中心に見直す」チームに3名、「特別活動を中心に見直す」チームに2名、計9名の生徒が教員に交じって年間指導計画の見直しを行った。教育課程の全容が見え、活動相互の関連も検討できるように、A3版の用紙を8枚繋げた分析用シート(活動の様子を想起できるようにカラーの写真が随所に入れられている)をテーブルに広げて、付せんを用いた協議を行った。

研修冒頭での目的や方法、時間設定等の説明の中で「発表もできれば生徒さんに」と半分冗談で言ったが、ふたを開けてみれば4チームとも生徒が発表を行った。例えば、「教育課程全体と見直す」チームは「小学校へのボランティアの中学生のリトルティーチャーを夏休みの学習教室と繋げて行い、学び合う」や「防災学習の避難所設営でカードを使ったが、実際に校舎を使ってやりたい」、「学び方学習会を何のためにやるのかを明確に示す必要がある」などと提案した。「総合的な学習の時間」チームは3年間の活動を繋げる提案を行った。

参加した生徒の感想をいくつか紹介する。「意味がないと思っていた行事について、生徒が何を不満に思っているのか、どんな活動をしたいと思っているのか、伝えられたのがよかった」や「自分が行った行事のよさ、悪さ、改善点が分かったのと、2・3年生になると何をするのかもわかってよかった」、「生徒と先生が思っていることは違うので、生徒の意見を聞いてくれるのがよかった」と参加したことを好意的に捉える感想が大半であった。教育活動の主役は生徒である。当事者である生徒の率直な意見に耳を傾けることの意義や重要性を生徒の姿や感想から改めて感じることとなった。

教員の「生徒が意欲的に発言をしていた。教員が生徒主体になるようにファシリテートしていたのがよかった。生徒にとってもよい経験になった」の感想にあるように、教員は生徒の思いや考えを上手く引き出していた。実際、「意見が言

いやすかった」という生徒の感想は多かった。また，「様々な新しい取組をやっているからこそ，このようなフィードバックが大事だと強く感じた」とあるように，冨士中のように生徒主体の新規の行事等を立ち上げていく際には，生徒の目線で一度立ち止まってみることは必要である。

4　授業研究にかかわる研修への参画

学校のカリマネのPDCAサイクルのDの中に，日々の授業のpdcaサイクルがある。授業を計画・実施し，その日の理解状況等により，その次の授業で補足説明をしたり，別の教材を投げ込んだりする。教師は日々pdcaサイクルを廻している。教師一人一人のきめ細かいpdcaサイクルが廻ってこそ，学校の大きなPDCAサイクルが有効に機能していくのである。

組織的にcを行うのが授業研究である。通常の授業研究は，一つの授業を複数の教師が参観し，事後で協議する。研修全体での学びを，授業を通して児童生徒に還元する。熊本大学附属中学校では，授業の当事者である生徒自身が授業を参観し，事後研を行い，そこで学んだことを生徒自らが学級に還元する。このような取組を15年以上続けてきた。

各学級で選出された「学習リーダー会」の生徒自身が教員に交じって研究授業を参観し，授業研究会（当校では「響き合い学習」と呼んでいる）を生徒だけで行い，その生徒が研究会の成果を各教室に持ち帰り，生徒の手で授業改善を行う。

2021年12月の訪問時，「響き合い学習」の様子はリアルタイムでその研究授業を行った3年生の教室で公開されていた。「響き合い学習」の様子を観る3年生の眼は真剣で，下学年の生徒の率直な意見にも熱心に耳を傾けていた。協議の中で下学年に褒められた3年生が満面の笑みで自然と拍手が起っていた。

5　今後の課題

カリマネの究極ゴールは「子ども一人ひとりの自己の学びのカリマネ」である。子ども一人ひとりがなりたい姿やつけたい力を思い描き，その実現を目指して計画し，日々，生活や学びを見直し改善していくことである[2]。GIGAスクール構

想の実現により，個々の児童生徒による ICT 端末を活用しての補充的な学習や発展的な学習の可能性が広がった。この「自己のカリマネ」は重要である。

　中央教育審議会答申（2016）の中で，「（前略）子供たちが自ら学習の目標を持ち，進め方を見直しながら学習を進め，その過程を評価して新たな学習につなげるといった，学習に関する自己調整を行いながら，粘り強く知識・技能を獲得したり思考・判断・表現しようとしたりしているかどうかという，意思的な側面を捉えて評価することが求められる。」(p.62) と述べているが，「自己のカリマネ」は，この「自己調整能力」に近いものと捉えている。

　一方，地方教育行政による「地域のカリマネ」も重要である。例えば，文部科学省研究開発学校の目黒区は，区として「1 単位 40 分授業午前 5 時間制」に取り組み，そのことにより生み出された時間を有効活用し各学校が特色ある教育活動を展開している。各校が特色を発揮する一方で，グランドデザインや指導案の形式を整えたり，ICT 活用の体系化を図るなど，必要に応じて共有化を図り，人事異動による無理や無駄をなくそうとしている [4]。また，尾道市は中学校区単位のカリマネを推進してきた [5]。各学校のカリマネの推進を支援する上で，その下支えとなる「地域のカリマネ」も，今後注目していく必要がある。

引用・参考文献
1）文部科学省（2017）小学校学習指導要領（平成 29 年告示），18.
2）村川雅弘編著（2018）『カリマネ 100 の処方』教育開発研究所，12-18.
3）田後要輔（2020）コロナ禍における探究的な学習と主体性の育成〜「富士中，学びのメソッド」運動会新種目考案を通して〜，村川雅弘編著『with コロナ時代の新しい学校づくり　危機から学びを生み出す現場の知恵』ぎょうせい，64-71.
4）村川雅弘（2024）子どもと教師の生きがい・やりがいを創出する「1 単位時間 40 分午前 5 時間制」，田村知子・村川雅弘・吉冨芳正・西岡加名恵編著『子どもと教師のウェルビーイングを実現するカリキュラム・マネジメント』ぎょうせい，171-178.
5）広島県尾道市立向島中学校区（2020）中学校区で進めるカリキュラム・マネジメント「しまっ子　志プロジェクト」，村川雅弘・吉冨芳正・田村知子・泰山裕編著『カリキュラム・マネジメント実現への戦略と実践』ぎょうせい，188-195.

第4章

総合で学びが豊かになるⅡ
（探究すること）

4.1

子どもの引き寄せる教材から
思考力・判断力が育つ探究

山元　慎一郎

1　はじめに

　学習指導要領（文部科学省 2018）では，『探究的な見方・考え方を働かせ，横断的・総合的な学習を行うことを通して，よりよく課題を解決し，自己の生き方を考えていくための資質・能力を育成することを目指す』と記されている。「好き」「楽しい」「やってみたい」と興味・関心に基づいた教材を設定し，取り組むことで『思考力・判断力・表現力』が育つと考える。

　子どもは楽しいことが好きで，クラスを盛り上げるために発言したり，楽しいと思うことに素直に声を上げて笑ったりすることが多い。時には友だちを笑わせたい，楽しませたいという気持ちが強すぎて度が過ぎてしまい，知らない間に周りの友だちに嫌な思いをさせてしまっていることもある。相手の気持ちを思いやり，想像することができる一方で，自分の思いを我慢してしまう子や，気持ちを相手にうまく表現できずにきつい言葉を相手にぶつけてしまう子もいる。また，恥ずかしさから人の前で表現することが苦手な子もいる。しかし，どんな子でも楽しいことが好きで，場を盛り上げたいという思いを持っている。

　そこで，人を楽しませることが好きな子たちが興味をもって学習に取り組むことができる「笑い」をテーマに「みんなが○○になる笑いの大研究」とした。「笑い」には表現方法も多く，漫才や落語の様にストーリー性のある題材からダジャレの様に単発型の題材まで種類がたくさんある。全員で舞台に立って発表したり，2人が舞台に立ち残りのメンバーが袖から BGM を流したりと表現方法も様々である。これらのことから，ストーリーを考えることや人前で発表することが苦手な子も，主体的・協働的に学習に参加しやすいと考える。さらに，人を笑わせることは相手が存在するため相手意識をもって取り組むことができ，人を傷つけず

に自分たちのめざす「笑い」の方向性を見出し，その「笑い」を表現することで子どもが意欲的に探究活動や表現活動ができると考える。

　学級・学年の横のつながりだけではなく普段のたてわり班活動を活用した。縦のつながりを作ることで，普段関わりの少ない子と関わる機会が増え，相手を思いやる気持ちをもたせることができる。さらに成長段階が違う異学年交流により，恥ずかしさを恐れずに面白いことを表現する子と客観的に表現内容を吟味する子が混ざり合い，効果的に学習が進められると考える。

2　実践の目的・方法

（1）目的

　本実践は「人の気持ちを考える」，「探究する」，「表現する」ことを目的としおこなう。人が笑っている理由について考えることで，「笑い」には相手がどう思うかで質が変わっていくことを理解できる。そのうえで，「笑い」という題材の面白さに加え，○-1 グランプリといった特別感を出すことで，児童が意欲的に探究活動や表現活動ができる。また，縦割りでグループ編成をすることで恥ずかしさを恐れずに面白いことを表現できる子（4,5 年生中心）と客観的に表現内容を吟味できる子（6 年生中心）が混ざり，効果的な場の設定やことばを選定することができ，確かな学びへと向かう（図1）。

図1 笑いについて相談する子

（2）方法

　対象；第 4・5・6 学年 105 名　時期；2019 年 11 月〜 2019 年 12 月

　単元；「みんなが○○になる笑いの大研究」（全 15 時間）

　　①　「笑い」の分析　自分たちのめざす「笑い」の方向性を考える（4 時間）

　　②　ネタ作りに挑戦　「笑い」の表現方法を探究する（7 時間）

　　③　「笑い」の発表会　探究した「笑い」を表現する・お互いの「笑い」を評価

する（3時間）

　④ 自分たちで定義した笑いが達成できたか振り返る（1時間）

3　実践の成果

（1）子どもの様子

　①「笑い」の分析　自分たちのめざす笑いの方向性を考える・・・まず，指導者が前に立って色々な「笑い」を披露することで，子どもは落語やコント，言葉遊び等，様々な種類の笑いがあることを知り興味を持った。その上で，「見ている人があたたかくなる笑い」を目指し，「笑い」を面白いかどうか（「笑いの量」）と，見ている人がどう感じるか（「あったか度」）という2つのものさし（分析の観点）が子どもから出てきた。また，2つのものさしから人によって「笑い」の感じ方が違うことを学んだ。

　② ネタ作りに挑戦（「笑い」の表現方法を探究する）・・・「笑いの量」と「あったか度」の両方を意識したネタ探しやネタ作りをするために図書の本やインターネット資料で調べ取りくんでいた（図2）。支援としては，様々な種類の「笑い」に触れられるように図書資料も用意し，行き詰った際には「笑い」のプロであるゲストティーチャーにネタの作り方や表現の仕方の指導を受けられるようにした。それによって疑問に思ったことをゲストティーチャーに尋ね，課題を解決しようとする姿も見られた。

図2　ネタ作りとネタ探し

　ネタ作りを進める中で，小道具を作ったり音響を効果的に使ったりするグループ，しゃべらずにフリップを出して表現するグループなど人前で話すのが苦手な子どもも自分に合った方法を選び表現しようとする姿が見られた。さらに表現力を高めるために，言葉の選択，話す順，掛け合いのタイミングなどの言語表現に加え，声の大きさや目線，ジェスチャー，動作表現の面白さなど何度も案を練り直していた。試行錯誤の過程で相手意識をもって表現することの重要性に気づき，より良い表現方法を探究していた。

③「笑い」の発表会：探究した「笑い」を表現する・お互いの「笑い」を評価する・・・「○-1グランプリ」の各クラスでの予選，講堂での8チームでの本選（図3）で優勝を決めた。審査は，参加した子ども全員で行い，それぞれのチームの「笑い」を分析し，評価し合う。その際，ネタ作りで意識した「笑いの量」「あったか度」の2つの観点から評価した。ポートフォリオを，使用することで評価の基準を保つことができ，自身のグループを振り返るときにも役立った。

図3「笑い」の発表会（○-1グランプリ本選）

④自分たちで定義した「笑い」が達成できたか振り返る・・・発表を終えて，自分たちが目指した「笑い」が達成できたのかを振り返った。実際に笑いがとれた場面ととれなかった場面を振り返り，これまでのポートフォリオを見返しながら，調べ方や整理の仕方・「笑い」の分析を振り返れていた。また，異学年での仲間との協力を自然とお互いに褒めあう姿もあった。最後に本学習を通して新たに学んだことや，努力したことを振り返った。

（2）「笑い」をテーマにして児童が得たこと

「あったか度」というものさしで「笑い」を分析することとしたため，児童に相手意識をもたせ，新しい発見を促すことができたと言える。「笑い」の中には人を傷つけて笑いをとる場合もある。今回「あったか度」のものさしを取り入れることで，出てきた「笑い」に対し，他者目線での分析が働き，思考力を深めることができた。また，異学年交流の中で素直に物事を思考する子（4・5学年）と客観的に分析し思考する子（5・6年）が交流することでより深い思考が生まれた。

今回最も児童が得たことは，認知的能力と非認知的能力が同時に向上したことである。「笑い」を探究するに当たってまず社会的事象をとらえ分析することが求められた。近隣のムクドリの糞による異臭をとりあげた漫才，認知症のおじいちゃんの漫談，裁判をモチーフにしたコントなど身近な問題から世界の情勢まで社会的事象をより詳細に理解したうえで題材を選ぶことで認知能力が向上した。

その上で社会的事象の中から意外性を生み出し，「笑い」を起こすことが必要となり創造力を育むこと，意外性をどう生み出すかを話し合うことで協働性も生まれ非認知的能力も同時に向上することができた。

　そのうえでよりよく表現するために話し合い言葉を吟味する，動作の一つ一つを見直すなど，何度も試行錯誤を繰り返しチャレンジしていくことでより探究が深まった。

4　示唆されること

　　人が笑っている理由について考える，「笑い」に対して相手がどう思うかを理解することを通して，「人」としての接し方を学ぶことができた。また，日ごろの表現活動にも活かすことができ，思考や判断基準に客観的な観点が加わることで，表現力や言葉の吟味が大切であることに気づくことができた。

　ネタのほとんどは日常会話や話し合いの場面が多く設定されておりその場面では，話の聞き方，発言のタイミングなどが重要になることに気づくことができた。これは結果的に，「笑い」という文化を教材化することで，「話す・聞く」学習活動が活かされる教材となっていた。

　たてわり班（異学年）で学ぶことで，教師が与えるものではなく，子どもたちが自ら獲得していく学習活動となった。教師がモデルになる，道具になる，環境になる，同じ立場になるといった働きかけを考えることで，児童が責任をもって学習に取り組み探究活動が継続することができた。時間調整は難しいが，子どもたちは休み時間や放課後など時間を見つけて取り組んでいた。

　学級活動などで行われているお楽しみ会も学習であり，「笑い」を分析することは探究活動になるということが示唆された。

注　本稿は、以下の内容に基づき、作成している。
真鍋郁子（2020）共に学び、高め合う子どもを育てる－つながろう、工夫しよう－，大阪市令和
　元年度「がんばる先生支援」研究支援報告書

引用・参考文献
文部科学省（2018）『小学校学習指導要領解説』東洋館出版社

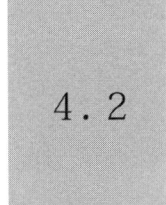

グループ探究活動に見られる成果と課題

4.2

—地域の災害リスクから，
これからの防災対策を考える—

藤原　達矢

1　はじめに

　「探究」というと，学習指導要領解説総合的な学習の時間編（文部科学省 2008）で示されている「探究的な学習における児童の学習の姿」が想起される。そこでは，「①日常生活や社会に目を向けたときに湧き上がってくる疑問や関心に基づいて，自ら課題を見付け」[1]る，とある。つまり，探究活動の始まりにある課題には子どもの中に湧き上がる「疑問や関心」が欠かせない。しかし，同じ体験をしたとしても，そこに湧き上がる疑問は一人ひとり同じとは限らない。また，一人ひとりの異なる課題について，自分一人で探究活動を進めることが難しい場合もある。だからこそ，そこには，他者からの多面的・多角的な気付き，仲間からの励ましが必要である。

　そこで，学級全体で同じ探究課題に取り組ませるのではなく，グループによる探究活動を取り入れることで，それぞれの疑問や関心に基づいた探究活動ができるようにした。本稿では，その実践の成果と課題をふり返っていく。

2　実践の目的・方法
（1）目的

　本実践では，前述の通り，グループ探究活動を取り入れる。そうすることで，一人ひとりの疑問や関心に基づいた課題に対する探究が生まれると考えている。

　これは，「学びの STEAM 化」とも通じる。「学びの STEAM 化」とは，「教科学習や総合的な学習の時間，特別活動も含めたカリキュラム・マネジメントを通じ，一人ひとりのワクワクする感覚を呼び覚まし，文理を問わず教科知識や専門知識を習得する（＝『知る』）ことと，探究・プロジェクト型学習（PBL）の中で知識に横串を刺し，創造的・論理的に思考し，未知の課題やその解決策を見出す（＝

『創る』)こととが循環する学びを実現することである。」(経済産業省 2019)[2] また, 森山ら (2022)[3] は, 日本の小中学校における STEAM 教育のあり方について, 次のように指摘している。「ここで教科の学びを文理の壁を越えて横断・融合させることが求められるが, 児童生徒の立場から見ると, そこには 2 つの方向性が考えられる。一つは, 児童生徒が自己の経験した教科の学びを問題発見・解決活動のリソースとし, これらを組み合わせて働かせるという『教科の学びの応用』である。ここで重要なことは, このような応用を児童生徒が自覚的に行っていけるようになることである。もう一つは, STEAM 教育で取り組んだ PjBL の経験を振り返ることで, 教科の学びの重要性を再認識し, 以降の学習への興味・関心を高めるなど, 『教科の学びの意義の再認識』である。STEAM 教育が, 教科横断によって実現されるためには, 探究科目と教科科目との双方が Win-Win の関係を構築できるようなカリキュラム・マネジメントが重要と考えられる。」

　これらのことから, 本実践では, グループによる探究活動の様子から①教科の学びが応用されていたか, そして, そこで得られた知識を地域へとアウトプットする活動を経験した子どもたちのふり返りから②教科の学びへの関心が高まっていたか, という 2 点で実践をふり返る。

(2) 方法
　①対象　兵庫県公立小学校第 4 学年 33 名
　②時期　令和 4 年 9 月〜 11 月の全 16 時間
　③題材

　本実践は, 地域の防災対策を題材として総合的な学習の時間を中心に取り組んだ。防災という題材は, 第 4 学年の社会科でも扱い, また自然災害についてのニュースは毎日の生活の中で触れてきているものであるため, 子どもたちにとって身近な題材である。一方で, それらの自然災害のリスクを身近に感じているとは言い難く, 危険があることはわかっているが, まさか自分のところで起きるとは考えていないだろう。そのため, 切実さをもつことができれば, 疑問や関心が湧き上がり, 探究活動が自然と動き出す題材と言える。

　また, 現在の防災対策, 家庭における防災, 災害のメカニズム, 地域の災害の

歴史，地域の人の思いなど，多様な視点から探究することができ，どの子も自分なりの探究課題をもって取り組みやすい題材であるとも考えた。

そこで図1のような単元構造図を作成し，教科横断的な単元づくりを行った。

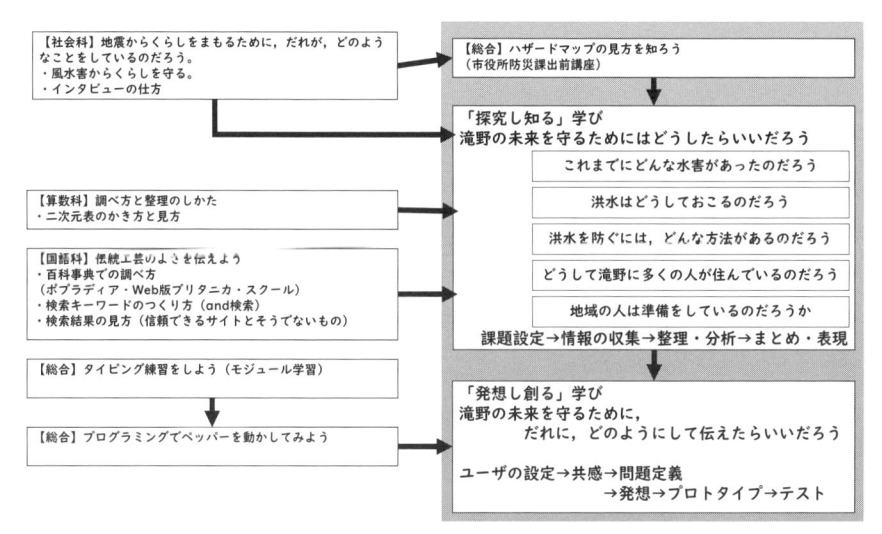

図1　単元構想図

3　実践の成果

（1）教科の学びの応用

社会科の防災に関わる単元を学習した後，市役所防災課の協力を得て，ハザードマップの見方を学習した。本校校区は川沿いに位置しているため，多くの児童の自宅が水害のリスクが高いことを表す赤や紫で示されていることに気づくことができた。さらに，平成16年本校校区を襲った洪水の様子をニュース映像や写真（図2）を地域の方の体験談をもとにして伝えた。そうすることで，これまで実感のなかった災害が子どもたちの身近なものとなった。

そこで，子どもたちの疑問を集

図2　平成16年水害時の様子（一部）

めると，大きく6つの課
題に分けることができた
（図3）。そして，それぞ
れの課題に対してどのよ
うな調べ方がよいか学級
全体で話し合い，探究課
題を選択させた。

【導入から生まれた疑問】
・大雨に備えて，どのような準備をしたらよいか。
・加東市や兵庫県，国は何か対策をしているのか。
・滝野の人たちは，大雨のために準備をしているのか。
・ハザードマップはどのように作られているのか。
・他の市や県では，これまでにどのような災害があったのか。
・なぜ滝野の町に住み続けているのか。

【どのように調べるか】
・インターネットで　・本や百科事典で
・インタビューで　　・アンケートで

図3　探究課題

　グループごとの探究の
中で，これまでの学習で身に付けてきた学び方を生か
す様子が見られた。

図4　インタビューの様子

　例えば，市や県の対策を調べるグループは，社会科
でのインタビューの経験を活かし，市役所防災課や国
土交通省姫路河川国道事務所へ電話やWeb会議シス
テムでインタビューを行った（図4）。

　また，地域住民の防災対策を調べるグループは，オンラインアンケートで住民
の危機感や対策の有無などを調査した。さらに，二次元表を用いて，その結果を
整理するなど算数科の技能を活かすことができた。

　ふり返り（図5）から，
これまでの学習を活かす
ことができたという自
信，検索やタイピングの
技能が向上していること
の実感が読み取れた。

【探究サイクルのふり返り】
インタビューでは，すばやくメモを書くことができた。
本に書いてあることをメモするときに，国語でした短い言葉で要約す
るが使えた。
アンケートのまとめをするときに，グラフや正の字を使えた。
検索のときに，どんな言葉で調べたらいいのかだんだんわかるように
なってきた。
国語での発表の仕方が生かせた。
検索の仕方によって，違う内容が書かれているので，よりくわしく書
いているページを調べられるようになった。
タブレットで（字を）打つのが速くなった。

図5　グループ探究活動終了後のふり返り（一部）

（2）教科の学びの意義の再認識

　単元のゴールとして探究活動でわかったことを，地域へと発信する活動を取り
入れた。とくに，本実践では，本市で導入している人型ロボットpepperを活用
して発表するという制限を加え，プログラミング教育の要素も取り入れた。

　ふり返り（図6）では，災害のメカニズム，防災対策など多様な視点から新た

な疑問が湧き上がっていることが読み取れる。また，発表の方法やグループワークの取り組み方，調べ学習の方法など，学び方の学びについての気付きも多く見られた。

新たに生まれた疑問や関心
・ 昔はどんな災害が起きて，どうやって守ってきたかをもっと知りたい。
・ どこから，どのように台風が日本に移動してくるのか知りたい。
・ 実際にくつの状態で水の中に入るとどうなるのか知りたい。怖さを実感したい。
・ どの食料が一番長持ちするのか，懐中電灯は何日もつのかを知りたい。

学び方の学び
・ グループでは，「こういうのいいんちゃう」と言ってくれて，動画を見せてくれたのがわかりやすかった。
・ 自分で考えていうだけだと簡単なのに，それをペッパーに任せるだけでこんなに難しいとは思わなかった。
・ 何かを調べたときに，メモをすることが学んだ事です。
・ 保護者の方たちが洪水が危険だとわかってくれてうれしい。
・ 人とペッパーが話すのを使い分けたり，クイズにしたり工夫してどうすればいいか考えた。

図6　グループ探究活動終了後のふり返り（一部）

4　示唆されること

　本実践では，グループ探究活動を取り入れることで，子どもたちが一人ひとりの疑問や関心に基づいて探究活動に取り組むことができた。また，その中で，これまでの学習経験を生かして探究活動に取り組む姿を引き出すことができた。それは，まさに知識・技能が，生きて働くものになっていく瞬間であった。さらに，多様な視点からの探究活動であったことで，その後に生まれた問いもさらに広く，深いものになったのだろう。

　しかし，探究課題が幅広いものになれば，その分教師は広い視野で子どもたちの動きを見る目が求められる。グループの活動に対して，ときに教師が介入したり，ときにグループ内，グループ間でのやりとりを促したりするなど，支援のあり方を，これからも子どもたちの姿から学んでいきたい。

注　本稿は，下記の内容をもとに作成している。
藤原達矢（2023）地域の洪水対策を題材とした小学校 STEAM 教育の単元づくり，日本生活科・総合的学習教育学会（第 32 回全国大会神奈川大会）大会紀要，150.

引用・参考文献
1）文部科学省 (2008)『小学校学習指導要領解説総合的な学習の時間編』
2）経済産業省 (2019)『「未来の教室」と EdTech 研究会 - 第 2 次提言』
3）森山潤・永田智子・石野亮・中井俊尚（2022），小中学校での実践を想定した日本型 STEAM 教育の展開方略例の提案，兵庫教育大学学校教育学研究，35，399-410.

4.3　自らの探究を共に創り出す総合の試み

平川　泰海

1　はじめに

　小学校の総合的な学習の時間では，「国際理解，情報，環境，福祉・健康」といった学習指導要領に例示されたテーマに基づいて行われ，地域の実態に応じた実践がされてきている。カリキュラムを組むことで指導の一貫性や継続性を保障し，一定の成果も出てきていると感じている。しかし，探究という言葉が出てきた昨今，今一度，子どもを主語におき，子ども主体の学びの場を創ることが必要なのではないかと考える。そこで，個人探究を総合的な学習の時間に位置付けた研究を進めることにした。本実践は兵庫県三木市立口吉川小学校で令和5年度から取り組んでいる研究「探究の共創〜みらいを創る〜」を中心とした内容となっている。尚，実践校では探究中心の学びの時間を「みらいの時間」と称し，3〜6年生が個人探究の形で，自分の探究したいことをできる時間を保障している。子ども一人ひとりが「やりたいことをできる」時間を総合的な学習の時間に位置づけることで，探究の在り方について考えていきたい。

2　実践の目的・方法
（1）目的

　本研究では，総合的な学習の時間に探究を位置づけて実践する。子ども一人一人の学びを見取り，探究中心のカリキュラムマネジメントを行う。尚，本実践は個人探究の形をとる。そのため，子どもの「したい・やりたい」ことは多岐にわたると考えられる。学校という場での実現可能性を考慮しながら，教師の支援の在り方等についても検証していく。

（2）方法

①共に創る場の設定と探究イメージ

　探究を中心とした場を設定する上で，学校だけでなく，地域に開くことで子どもたちの学びが広がると考えた。研究協力者として兵庫教育大学名誉教授の溝邊和成氏に共同研究を依頼したり，地域 FM の方に協力してもらったりしながら，探究を進める（図 1 ）。

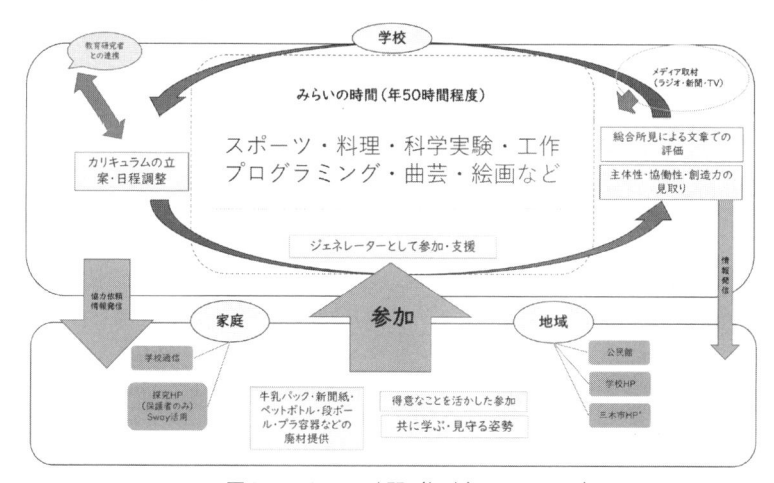

図1　みらいの時間（探究）のイメージ

　時数については，従来行ってきた総合的な学習の時間から年間 50 時間程度の時数を捻出し実践していく。また，子どもたちには年間を通した見通しがもてるように，以下のような進め方（図 2 ）を提示し進めていく。

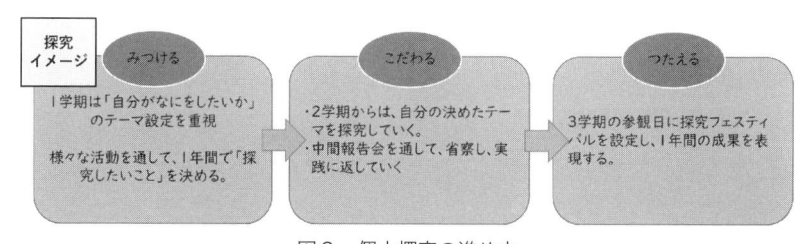

図2　個人探究の進め方

②単元目標と探究サイクル

　単元目標は本市が推進している "未来を創る学力育成三木モデル" の "主体性,

166

協働性，創造力"を基に表1のように整理し，探究している子どもの姿を見取る視点とした。

　また，探究している姿を「発見→アイデア化→表現→レビュー」を1つのサイクルとし，どの段階でも情報の整理・分析を取り入れ，な

表1　探究の単元目標

三木市		総合的な学習の時間中心	
		3・4年生	5・6年生
主体性	★より良い社会や幸福な人生を切り拓き，自己実現を図るための基盤となる，主体的に学習に取り組む態度や能力	・目的意識をもって学びに取り組み，自分に合った学習方法を選ぶことができる。 ・材や多様な他者に積極的に関わり，よりよい学びを創ろうとしている。
協働性	★答えのない課題に対して，目的に応じた納得解や新しい価値観を見出すため，他者とコミュニケーションを図り，協働する態度や能力	・相手の話している意図を考えながら聞いたり，自分の考えを工夫して表現しようとしている。 ・自分なりの答えを見出そうと，友だちや先生や地域の人とコミュニケーションを適切にとろうとしている。
創造力	★様々な情報や出来事を受け入れつつ，自分を社会の中でどのように位置づけ，社会をどう描いていくかを考えるため，新たな価値観を創造する力	・自分の考えをもち，他者意識をもって話し合いや学習しようとしている。 ・自分が経験したことやこれまで学習したことを基にしたり，自己に結びつけたりしてよりよいアイデアを出す。

りたい自分へ近づくこととした。特に「やってみる」学びを大切にし，様々な箇所でレビューをもらい，自己の課題に対して向き合っていくことを大切にしていく。このサイクルを子どもたちも意識できるように，探究の姿として示すこととした。

3　実践の成果と課題
（1）子どもの学びの変化

　子どもの学びの変化（図3）を見ていくと，1学期の"見つける"段階では多様なことにチャレンジする姿が見られた。2学期に自分の探究テーマを決定すると，大きく5つのチームに分かれることとなった。例えば，児童Aは，1学期には音楽，絵画，栽培といったことに挑戦していたが，1学期末に人形劇に興味を抱き，友だちと一緒に探究する姿が見られた。人形劇では，脚本作成，小道具製作，プレゼ

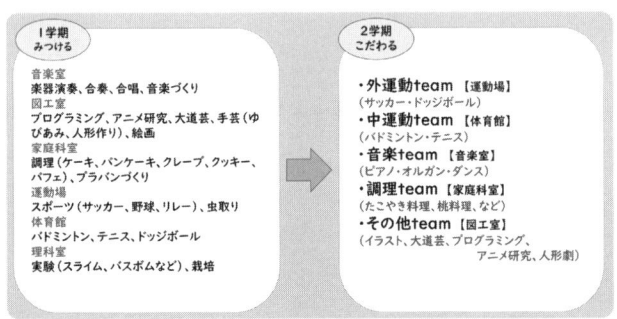

図3　子どもの学びの変化

ンといった活動を計画的に行うとともに，タブレットで自らを撮影し，改善して
いく姿が見られている。また，児童Bは1学期から調理に関心を示し，スイー
ツ作りやおかず作りに精を出す姿がみられた。回を重ねるごとに，調理の段取り
が改善され技術の向上も見取ることができた。そして，学校で調理したものを家
庭でも振舞い，家族からのレビューをもらうことで意欲的に取り組もうとする姿
も見られた。

　このように，創造力に位置づけているアイデア力や，計画する力を回数を重ね
るごとに身につける姿が見られたと同時に，「前より早くできた」「今度は時間に
注意して取り組みたい」といった振り返りの声が聞こえてきた。一方，自分で探
究テーマを決めかねる子どもの姿も見られた。"自分のやりたいことではなく，
仲のいい子と一緒にやりたい" といった情意でテーマを決めたり，2学期途中で
変更した子もいた。探究テーマの決め方は検討していく必要がある。また，個人
探究を中心としたことで，協働性について見取りにくさが残った。共通テーマで
活動している子どもたちには自然と協働場面が生まれた。しかし，一人で活動す
る子には，意図的に協働する場面を設定しなければならなかった。そして，単に
"協力することが協働性ではない" ことを考慮すると，個人探究の中での協働性
については今後も研究していく必要がある。

（2）教師の支援

　教師の支援としてはジェネレーター（活動に一緒に参加して盛り上がりを創る
人）という考えのもと，同じ空間で見守り，共に探究を創る立場を大切にした。
毎時間，振り返りシートにコメントを書き，一人一人にあった声かけに努めた。
そうすると，子どもが自分で考え，計画を立て，探究するサイクルを回す姿が生
まれてきた。教師が子どもに寄り添い，子どもの行動の意味を考えることで，見
取る力もついてきていると感じる。一方，どこまで子どもたちに働きかけをする
かは，どの教員にも共通課題として挙がった。

4　示唆されること

　本研究では，総合的な学習の時間に個人探究を位置づけ，実践してきた。探究

168

テーマに自由度をもたせることで，自然と子どもたちは考え話し合い，伸びようする姿が多くみられた。毎週の探究の時間で"どこでも""だれとでも""どんなことでも"を保障したことで，子どもの成長がみられたのではないかと考える。「来年は釣りをしたいと思っている」「来年は工作にチャレンジしたい」と次年度への見通しをもつ姿も見られている。学校という場を「やりたいことができる場」として子どもが認識すると，様々な制限を感じることなく学びを展開できるのではないかと考える。何より，子どもたちが，みらいの時間を楽しみに登校し，「みらいの時間を頑張りたいから，他のこともがんばる」といった声も聞こえてきている。教科の学習においても，失敗を恐れることなく学びに向かう姿や，多様なアイデアを出して問題解決に臨む姿も増えてきている。学校という場において，子どもを主語にした実践が増えていくことで，未来を担う子どもたちの生き生きとした姿が増えるのではないかと感じている。その一端として，本実践のような個人探究は個人の保障ができており，大きな可能性を感じている。

　一方，地域との連携や，教員の支援の仕方といった課題は残っている。子ども一人一人に合った支援を考え，準備していくことは大変な時間がかかっている。持続可能な取組にしていくためのシステムについて考えていく必要がある。本年度の実践を蓄積していき，学校での探究の在り方を探究し続けていきたい。

注　本稿は，下記の内容に基づいて作成している。
平川泰海（2024）探究の共創 ―生活科・総合的な学習の時間の実践―，闊弘和・吉川芳則・河邊昭子編著『レリバンスの構築を目指す令和型学校教育』風間書房，229-238.

引用・参考文献
藤原さと（2020）『「探究」する学びをつくる』平凡社
兵庫教育大学附属小学校（2021）『令和2年度研究開発実施報告書』
市川力・井庭崇（2022）『ジェネレーター　学びと活動の生成』学事出版
伊那小学校研究紀要（2023）『内から育つ ―自らのあゆみの中で，思いがあふれ出る子ども―』
井庭崇・鈴木寛・岩瀬直樹・今井むつみ・市川力（2019）『クリエイティブラーニング　創造社会の学びと教育』慶應義塾大学出版
三木市教育委員会（2023）『令和5年度三木市教育の基本方針　第2期三木市教育大綱基本理念　豊かな学びで未来を拓く』
文部科学省（2018）『小学校学習指導要領解説　総合的な学習の時間編』

グローバル教育の実践的試み

－食品ロス問題に着目して－

脇田　佐知子

4.4

1　はじめに

　グローバル化の一層の進展が予想される中，日本の抱える社会課題や地球規模の課題を自ら発見し，解決できる能力を有した人材を育成することが求められ，グローバル教育への注目も高まっている。小学校におけるグローバル教育の実践は，異文化理解や外国語への関心を高めることなどが中心であり，地球規模の問題解決のために，学んだ知識を発展させ，思考したことを行動に移す教育活動を展開することが求められている。その一方で，オーストラリアのグローバル教育は，問題解決に向けた行動への参加をめざす学習活動を核として実践されている。

　地球規模の課題を見てみると，世界では，飢えに苦しむ人が9億人以上いる中，日本では，まだ食べられる食料が廃棄されており，食品ロスが問題になっている。私の勤務する小学校でも，給食の残飯が多いが，子ども達にはそれが当たり前になっており，問題視している様子はない。

　そこで，オーストラリアのグローバル教育の知見を援用し，小学校第5学年の総合的な学習の時間において，食品ロスの問題を扱い，社会参画をして問題解決をめざすグローバル教育の実践を試みた。

2　実践の目的・方法

（1）目的

　地域の食を扱うお店の食品ロス問題の探究から，食品ロスの実態や地球規模の問題とのつながり，問題解決の取り組みを知るとともに，自分たちにできる解決策を考え，実行することができるようにする。

（2）方法

　対象；第5学年125名　　時期；2020年9月〜2020年11月（全19時間）
　単元；「地域のお店のお悩み解決プロジェクト〜食品ロス問題を解決しよう〜」
　下記のオーストラリアグローバル教育研究の知見を意識して実践を行った。

① 「社会認識」と「自己認識」の深化を基盤として「問題解決に向けた行動への参
　加」を促す
② 「問題解決に向けた行動への参加」としてとるべき行動は，学習者自らが自
　己決定できる
③ 「問題解決に向けた行動への参加」として行った行動を評価し，改善してい
　くことを重視する
④ 子ども達の主体的な参加，他者との協働的な学習を保障する探究的なアプ
　ローチを行う

3　実践の様子・成果

（1）実践の様子

　同年代の子ども達が，世界では，食べ物を十分に得られない現状を映像で紹介
した。その後，世界の9人に1人は食料が十分でないこと，その人々に対する
食料援助量よりも日本の食品ロスの方が多いことなどを紹介した。子ども達から
は，なぜそんなにも食品ロスが出ているのか疑問があがった。そこで，食品ロス
の原因になりそうなことをグループで付せんに書き出し，そこに，自分もやって
しまっていることを見つけて，印をつけていった。その中で，食品ロスの問題に
自分も関わっていることに気付いていった。

　その後，食品ロスの問題をこのままにしておくとどうなるのかをクラス全体で
派生図をかいて考えると，ごみ問題，地球温暖化や病気などが出てきて，子ども
達は，食品ロスの問題からは，良いことは何も生まれないから，解決すべき問題
であると認識していった。そこで，解決のためにできることを，「自分」「学校・
家族」「地域」のレベルで考えた。「好き嫌いをしない」「給食の食べ残しをしない」
「家族に呼びかける」など，「自分・学校・家族」のレベルでは様々な意見が出て

きたが,「地域」については, なかなか意見が出てこなかった。そこで, 教師が「みんなが地域の問題の解決策がなかなか見つからなかったように, 実は, 地域のお店も食品ロスの問題で困っていて, みんなに解決してほしいと依頼があったけれど, どうする?」と聞いてみた。すると子ども達は, すぐ「解決したい!」となり,「地域のお店のお悩み解決プロジェクト」が立ち上がった。依頼のあった 12 店舗の担当は, 子ども達の希望をもとに決定し, 担当ごとのグループを作り, 協力してお店の食品ロス問題を解決していくことにした。

　まず, お店ではどのような食品ロスの問題があるのかを調査するために店ごとのグループに分かれて, アンケートを作成して郵送した。アンケートの返事が返ってくるまで, 本や教師の作成した資料を活用して, 食品ロスの問題が他の地球規模の課題や SDGs とどのようにつながっているのかを学習した。子ども達は食べ物を作ることも捨てることも環境問題とつながっていること, 食品ロスの問題解決は, SDGs の目標達成につながることを知った。

　アンケートが戻ると, お店の食品ロスの原因を考え, そこから解決策を話し合った。世の中にある解決策を調べ, それも参考にした。「ご飯の食べ残しが多い」といううなぎ屋には,「ご飯の量を減らせることをお知らせするポスターがあるとよいのではないか」や,「賞味期限の長いものから買われてしまい, 短いものが残ってしまう」というスーパーには,「賞味期限の短い手前の商品から買ってほしいことを知らせるポスターがあるとよいのではないか」などお店の実態やお客さんの目線に立った解決策を考えた。

　考えた案を, クラスの仲間に提案し, 良いところと改善すべきところを伝え合い, それを基に解決策を練り直した。コロナ禍で, 直接お店の方に会うことは難しく, 電話やオンラインで解決策を提案し, 意見やアドバイスをもらった。「いいよ」「これまでそのようなことは思いつかなかった」と高評価をもらうこともあったが,「それはお客さんに失礼に当たるから難しい」や「検討してみるがコ

図1　子ども達が作成した対決策

ストもかかるのでできないかも」などの厳しい意見をもらうこともあった。お店に許可をもらった内容で，解決策の実行に向けて準備を行った。ポスターやポップ，情報を伝えるくじ引きなど，お店からの意見やアドバイスを参考に，思い思いのものを作成し，直接お店に届けに行った。

　解決策実行1週間後の結果を，手紙で知らせてもらった。「格段に食べ残しが減った」というお寿司屋さんからの手紙に，関わった子ども達はとても喜んでいた。1週間という短い期間であったが，多くの店に変化があった。しかし，「まだあまり変化は見られない」「お客さんの意識は低かった」という返事のお店もあり，子ども達は，人々の意識を変化させること，問題を解決することの難しさを感じていた。最後に，これまでの学習をふりかえり，印象に残ったこと，これからの行動を書いて実践を終えた。

（2）成果

　表1は事前と事後のアンケートをt検定にかけた結果（一部）である。ほとんどの項目において，有意差や有意傾向が見られ，実践により子ども達の変容を確認することができた。

　単元終了後の「印象に残ったこと」には，多くの子ども達が解決策の作成や問題解決活動による変化などの社会参画をして問題解決したことを挙げる一方で，食品ロスや「SDGsについて知った」などの知識を得たことを挙げていた。また，「これからの行動」については，「食べられる量を調整する」「残さず食べる」「賞味期限に気をつける」「給食を残さない」などの行動を挙げ，これからも食品ロス削減に対する意欲を高めていることが分かった。さらに，「今度は地域のごみ問題を解決したい」など他の問題解決に対しても意欲を高めていたことが分かった。

表1　アンケート結果（事前・事後）

	事前 (n=30)		事後 (n=30)		
	平均	SD	平均	SD	t
1 SDGsについて知っている。	1.47	0.90	3.80	0.41	13.33 **
2 食品ロスについて知っている。	3.20	0.85	3.90	0.31	4.37 **
3 食料自給率について知っている。	2.20	1.10	3.60	0.72	6.77 **
4 食に関わる問題が地球規模の他の問題と関係していることを知っている。	2.80	1.03	3.50	0.57	4.83 **
5 食に関わる地球規模の問題を解決するために行われてる取り組みを知っている。	2.33	0.92	3.30	0.70	4.97 **
6 地域、国、世界には多様な文化や考え方があることを知っている。	3.37	0.67	3.77	0.50	2.69 *
7 現在の社会は、多文化共生社会であることを知っている。	2.97	0.89	3.47	0.63	2.72 *
8 多文化共生社会のために、どのようなことをしていくとよいのか知っている。	2.30	0.84	2.97	0.72	3.34 **
9 世界の国々や人々との間には目に見えないつながりがあることを知っている。	2.70	0.99	3.30	0.70	2.90 **
10 グローバル社会とはどのような社会か知っている。	2.63	0.85	3.10	0.76	2.84 **
11 グローバル社会の功罪を知っている。	2.30	1.09	2.80	0.76	2.63 *

4 示唆されること

　食品ロスを様々な角度から取り上げたことで，子ども達は，食品ロスの問題の重大さや地球規模の課題とのつながり，解決すべき問題であるという認識を深めることができた。そのことが，食品ロスの問題を探究し，問題を解決したいという意識を高めたと推察する。また，地域のお店が食品ロスの問題に困っていることを取り上げ，自分でお店を選び，個人やグループの仲間と協力してアンケート調査や解決策の話し合いをできたことで，問題解決への意欲を高めることができたと考える。さらに，その解決策を，お店の許す範囲ではあるが，自由な発想で実際に行動に移し，その評価を得ることができたことも，自分達には問題解決の力があることに対する認識を生み，今後の問題解決への意欲を高めることにつながったのだと言える。しかし，今回の相手はお店であったことから，自由にやり取りできなかった。また，学年でグループを作って活動したことで，時間割を自由にできず，時間の制約ができてしまった。これらの問題をクリアし，子ども達がいつでも自由に探究できたら，より深い探究につながると考える。

　今後は，子ども達が夢中で探究に取り組める工夫を散りばめ，グローバル教育において，食品ロスや他の地球規模の問題を扱い，問題解決をめざす実践研究を積み重ねていき，その意義を明らかにしていきたい。

注　本稿は，下記の内容をもとにして作成している。
脇田佐知子（2021）小学校総合的な学習の時間におけるグローバル教育の試み，兵庫教育大学学校臨床科学における実践研究報告書，15.

引用・参考文献
石森広美（2011）高等学校におけるグローバル教育のアセスメント指標と実践枠組みに関する研究，東北大学大学院教育学研究科研究年報 59(2), 193-219.
石森広美（2013）『グローバル教育の授業設計とアセスメント』学事出版
木村裕（2009）オーストラリアにおけるグローバル教育実践の具体像－単元「水は金よりも大切？」の授業分析を通して－，教育方法学研究 34(0), 37-48.
木村裕（2014）『オーストラリアのグローバル教育の理論と実践　開発教育研究の継承と新たな展開』東信堂
文部科学省（2017）第 3 期教育振興基本計画，24.

4.5 トリビアというなかれ：伝承遊びの道具シリーズ１　「凧」

羽根田　深雪

1　はじめに

　林間学習は子どもたちが楽しみにしている行事の１つである。広い野原で思いっきり走り回れるという場を生かした活動として，「凧揚げ」に着目した。凧揚げの経験は，１年生の生活科「昔遊び」の学習以来だという子どもたちが多い。

　林間学習当日，子どもたちに凧作りキット（ぐにゃぐにゃ凧）を渡した。真っ白なビニル凧に，模様や好きなキャラクターを描き始める子，一方では，一目散に袋を開けて組み立て，すぐに揚げたいとソワソワし始める子もいる。準備ができると各々が広い原っぱに飛び出して思い思いに凧揚げを始めた。「なかなか，とばへん」「思いっきり走ったらええねんで」「糸をクックッとひっぱってみ」と走っている。すると「ワーッ」，だれかの凧が空高く揚がったとき大きな歓声が上がった。しばらくすると，あちらこちらから広い空に泳いでいるように凧が見え始めた。しかし，パラパラと雨が降り始め，活動が中止になり，子どもたちにとって心残りの形で終わってしまった。

　これほど夢中になって楽しむ子どもたちの姿を見たとき，「凧」にはたくさんの探究の秘密が潜んでいるのではないかと考えた。凧を揚げることの楽しみだけでなく，凧づくりを通して，凧のしくみやデザイン，歴史にも触れるなど，自分の課題を見つけて解決していくことが面白いと思えるきっかけになればと考え，凧づくりにチャレンジしてみることにした。

2　実践の目的・方法

（1）目的

　子どもたちはものを作って遊ぶという経験が少なくなってきている。自分の作った凧が広い空に揚がるという体験を通して，夢中になれる楽しさや喜びを味

わったとき，遊びを自らのものとし，ものづくりの楽しさの虜になると考える。まず自分が思い描く凧作りに挑戦し，何とかしてその凧を揚げたいという気持ちがある限り，試行錯誤しながら取り組むだろう。絵を描く（絵画），骨組みを作る（工作），駆け出して凧を揚げる（運動）という子どもの成長過程で必要な３つの要素が備わっている「凧」を題材に，凧作りに見られる STEAM の要素を用いて観察，分析しながら，自然と探究したくなる子どもたちの姿とは，どのようなものかを考えていきたい。

（2）方法

対象：第５学年　30 名　時期：2020 年 11 月〜 2021 年 1 月
単元：「カイトピック 2021」（全 14 時間　総合９時間　図画工作科５時間）
①「凧」について知っていることをみんなで話そう（2 時間）
②凧を作ろう（6 時間）　　③カイトピック 2021（3 時間）
④ふりかえり・まとめ・表現（3 時間）
⑤ 1 年生に凧の作り方を教えてあげよう（おまけ）

3　実践の成果・課題

（1）子どもの様子

①凧と言えば！

　凧について知っていること（例えば種類，特徴，なぜ揚がるか，どうすればよく揚がるのかなど）を聞いてみると，「昔からある伝統の遊び」「よく揚げるには，風が吹いている方に走る」「あしがある」「軽くて平べったいから揚がる」「はじめは速く走ってから止まると揚がる」「風が強いとよく揚がる」「立体のものや顔が描いてあるものがある」など，今までに自分が見たり聞いたりした様々な話が出てきた。しかし，実際に遊んだ経験のある子どもは少なかった。ここで，「凧揚げしたい！」という声が当然上がり，林間学習で使用した凧をはじめ，事前に準備しておいたいろいろな種類の凧をみんなで揚げてみた。なかなかうまく揚げられない場面もあったが，飽きることなくずっと遊んでいた。すると，何人かの子どもたちの「凧を作ってみたい！」に対し，教師は，「それはいいですね。では，

どこにも売っていない世界でひとつだけの凧を作ってみましょう！そして，凧のオリンピックをしよう！！」と，声をかけた。

②凧を作ろう！（6時間）

まず，計画書には凧の名前と凧にこめた願いを書かせた。「イニシャルカイト号…大きい『N』がポイント！高くとんでも見える!!」「オンボロイカ…あしをヒラヒラして，空を海のように泳いでほしい」，名前ひとつにもこだわりが見られ，一人ひとりの思いが溢れていた。そして，自分自身で学習計画・記録書に，毎時間の進度や振り返りを書き留めておき，次時の活動へつながる手立てとした。振り返り時には「STEAM」についても触れ分類させた。

制作は自由に自分のペースで，好きな場所で始まった。仲のよい友だちと，同じような進度の友だちと，1人で，と活動の形態は様々だが，どの子どもも活動的でいきいきとした姿が印象的だった。普段教師に指示や確認を聞いてくる子どもたちが，この時は子ども同士で聞き合っていることに驚いた。

出来上がると嬉しそうに運動場へ出て揚げに行くのだが，なかなか思ったように揚がらない。どうしたら揚がるのかと思考したり友だちに相談してみたりして，試行錯誤しながら進めていった。

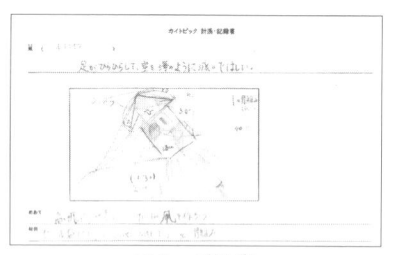

図1　計画書

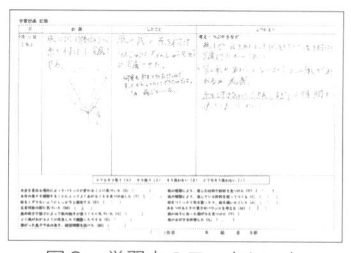

図2　学習中のワークシート

③さあ，だれの凧が一番高く揚がるか！
－カイトピック2021－

カイトピック（凧のオリンピックの名称）をどんなルールにするかを話し合った。「だれが一番高く揚がったか」「一番長く揚がり続けた

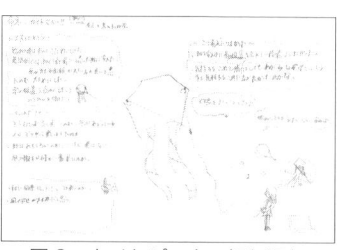

図3　カイトピックの振り返り

のはだれか」「デザイン賞」などで競争するという意見が出た。さて，どうやって一番高く揚がっているかを判定するのか…。「校舎の屋上に上がって，そこから見える凧の高さを比べるといい」「それより高かったらどうするか」最終的に，伸ばした糸の長さで一番高く揚がったかを比べることになった。

> ○時間制限ありでクラスの半分のグループで行う。○途中で壊れたときは修理してもよい。○みんなが審判になる。○使った凧糸の長さで比べる。

①振り返り・まとめ・表現（3時間）

振り返りも自由に進めた。新聞，絵本，漫画，巻物，もう一度凧作りをするなど，凧への思いが一人一人違う分，まとめ方もそれぞれの形にこだわって表現されていた。印象的だったのは，「もう一度やりたい」という思いが共通してどの子どもにもあるということだった。

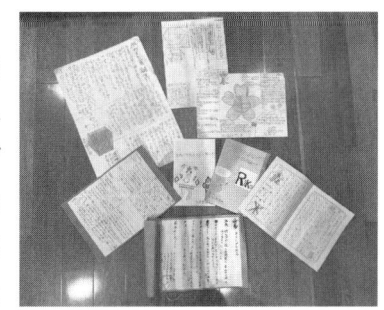

図4　様々な表現を使ったカイトピック振り返り

（2）「凧」という題材の魅力

子どもたちの頭の中に明確な目標があるので，活動の始めから終わりまで，教師が何も指示しなくても，自らやりたいことに向かって熱中することができていた。初めは自分の計画書に沿って進めていくが，途中で変更したり，友だちがやっていることを見て真似たり，柔軟にその時その時の思考をものづくりに反映させられていたことがよかった。また，1人でじっくりと取り組む子どももいれば，共同作品だと言ってグループで協力して作る子どももいた。教室の中では収まらず，廊下で制作するなど，どの子どもも自由自在に作り進めることができていた。作っては外へ出て揚げてみるもののうまく揚がらない。揚がらない原因は何なのかを考えるのだがうまくいかない，という繰り返しだが，誰も「やめたい」「もういやや」とは言わずにどんどんはまっていく。ものづくりの魅力が「凧」にはあるのかもしれない。

4 示唆されること

　形，揚げる技術，気象条件…，子どもたちが悩んでいることに，教師が明確な答えを出すことは難しく，一緒に悩み，考えることもあった。だが，子どもたちはあきらめることなく揚がる凧を作るために挑戦を続けた。そのような様子から，教師が指示をしなくても，自分から目の前にある課題を解決したくなる子どもの姿を見ることができた。凧作りは林間学習でのふとしたきっかけから出た題材であるが，日常生活の中のちょっとしたタイミングをとらえ仕掛けることで自分なりの「課題を解決したい気持ち」に出合える題材があるものなのだと気付かされた。

　日本では，お正月の遊びとしての凧揚げも，現代では珍しくなってきている。凧には長い歴史があって，それぞれの国によって凧に込められた願いや独特の形をしているものなどがある。「日本の凧には子どもの顔を描くらしいよ」と子どもの話にもあったことから，そのような内容にも触れてみるとより興味が深まるだろう。

　また，凧だけでなく，こまや糸電話，あやとりなど「伝承遊び」に着目することも面白いのではないかと考える。低学年の生活科の教材に留まらず，どの学年でも探究の視点としてものづくりの要素を含んだ価値のある題材であると考える。このように教師が常にSTEAM的な視点をもっていれば，もっと身近なところにある問題を子どもたちに探究学習のきっかけとして出合わせることができるのではないだろうか。子どもたちが自分なりの視点を見つけて探究することを楽しむきっかけになれば幸いである。自分で作った凧が大空に浮かぶことを想像して，挑戦してみたことがゴールではなく，こうしたことをじっくりやっていったことが，凧づくりだけでなく，何かに取り組むときには必要で大切なことだと思っている。

引用・参考文献

広井　力（1990）『凧をつくる』大月書店
凧の本編集委員会編（1989）『つくってあそんで②　よくあがる凧』一声社

<特別寄稿 12 >

総合の探究的な学びにおける支援

平田　幸男

1　はじめに

　本稿では，タイトルについて言及するため以下の2つを行う。第1は小学校学習指導要領解説　総合的な学習の時間編（以下，同解説）の記述や関連する先行研究の知見の確認である。第2は学校現場の教師の語りから考察することである。

2　学習指導要領解説から

　同解説には，探究的な学習として教師の指導性を発揮するために，「児童の状況や教材の特質に応じて，教師がどのような意図をもって展開していくかが問われる」と示されている。その意図とは，「期待する学習の方向性」や「望ましい変容の姿」についての明確な考えである。そして，「期待する学習の方向性」すなわち学習活動のイメージをもつことで，どのような場面でどのように指導するのかが明らかになる。また，児童の「望ましい変容の姿」を想定しておくことで，学習状況に応じた適切な指導も可能になると示されている。

　ただし，そこで常に「児童の学習状況」に応じること，すなわち「期待する学習の方向性」が固定的あるいは教師の独りよがりにならないことが大切である。総合の探究的な学習の指導における第1の基本は「学び手としての児童の有能さを引き出し，児童の発想を大切にし，育てる主体的・創造的な学習活動を展開する」ことである。そして「児童がもつ本来の力を引き出し，それを支え，伸ばすように指導していくことが大切であり，そうした肯定的な児童観に立つ」ことが欠かせない。教師が一方的に決めた学習活動を児童がただ受動的に行うことは，当然のことながらこの趣旨に合致しない。

　また，総合の探究的な学びでは児童の主体性を重視する故，時に「学習の方向

性」が教師の期待と異なることも起き得る。それを踏まえた上で支援はどのようにあるべきか。次に，先行研究の知見を確認する。

3　先行研究から

　白鳥・伏木（2020）は，探究的な学習を目指す授業づくりにおいて，子どもの探究を教師がどのように支えるのかという視点から，自らの実践を共同研究者とともに振り返り，教師の役割や指導の要件を究明した。その結果，子どもの主体性を支え，学習を発展させていく上での教師の重要な役割として以下のことを見出した。第1に，活動の背景にある子どもの考えを理解することに努め，その考えに柔軟に応じた学習環境を設定することである。第2に，子どもの課題意識に即した探究の道筋を子どもと共に考えることである。

　また，白木・伏木（2020）は，探究的な学びは，表面的な活動の展開に重きを置くのではなく，活動の背景にある子どもの考えを探り，それを的確に見取れる教師の力量に依存するとしている。そして，子どもの課題意識を常に高めようと努力する教師の働きかけや，子どもの探究の手順を指示する立場ではなく，子どもと共に試行錯誤しながら探究しようとする教師の構えを指導の要件としている。そこで，これら教師の役割や指導の要件を基に，学校現場の教師の語りから考察する。本稿では2名を取り上げる。

4　現場教師の語りから（1）

　総合を扱ったNHK学習番組に「ドスルコスル」（以下，同番組）がある。同番組では，教師の教材研究に役立つコンテンツ「先生向け教材＆資料」がある。その中で「こうする編，実践解説トーク」という動画を視聴することができる。この動画では，同番組で紹介した授業を実践者と田村学氏（視聴時点は國學院大學教授　元文部科学省視学官）が振り返り，解説している。

　同番組第20回放送「多文化共生　こうする編」におけるその動画において，三田大樹氏（取材時点は東京都新宿区大久保小学校所属）は，以下のように語っている。（注：動画より抜粋。下線部は筆者による。）

【想定していた活動を変えていくのは不安か，という質問に対して】

　躊躇はないですね。むしろそのまま強引に引っ張っていくことが，子どもの意識と活動が離れていくことになりますから，そうすることの方がとても大変なんです。子どもの表情を見ながら，「あっ，ついてこないな」と思ったら，強引に引っ張ることでなく，すぐに修正を加えるっていう勇気も必要。

【期待する学びが得られない活動だったらどうするか，という質問に対して】

　探究の過程を大事にはするが，ただ単に探究を踏んでいけばいいって解釈するのではなく，やろうとしていることを３つの視点（あなたにとって楽しいのか・実現するのか・課題にとって有効なのか）で振り返る活動を，節目節目で必ず意識して子どもに問うている。

【教師はラップをやることに見通しを持っていたか，という質問に対して】

　最初にラップが詩に似ているっていう子の発言の後に，わりと何人もの子のノリがよかった。ああ，これ興味あるんだな。私，ラップのことわからなかったものですから。なので，自分なりにラップのこと調べてみたら，奥深いなって思ったんです。有効な手段だと思いますね，ぜひ。簡単に詞を刻んでいけますし，手軽でもある。何だろうな，あのリズムに乗ると子どもが書いて表現したがる。不思議と。世代なんでしょうかね。

　この下線部に，まず「ただ単に探究の過程を踏んでいけばいいって解釈するのではない」とある。これは先行研究にある「表面的な活動の展開に重きを置くのではない」，「探究の手順を指示する立場ではない」に通ずる。

　そして，「子どもの意識」，「表情」，「ついてこないな」，「楽しいのか」，「ノリ・興味」，「やろうとしていること」，「書いて表現したがる」とある。また，自分が知らないことでも調べ，学習活動に有効であると判断すれば，それまでの計画を躊躇なく変更し，積極的に取り入れることも行っている。さらに，修正を行う一方で，学習活動の適切さについて児童が考えるための具体的な手立てを講じている。これより三田氏が，活動の背景にある子どもの考えを理解し，その考えに柔軟に応じつつ，子どもの課題意識を高めようと努めている。また，子どもと共に試行錯誤しながら探究していることが分かる。

5 現場教師の語りから (2)

　総合での探究的な学習について伝統と実績ある学校の1つに，長野県伊那市立伊那小学校(以下，伊那小)がある。2023年2月に私は伊那小の第44回公開学習指導研究会へ参加した。

　伊那小の公開学習指導研究会では，公開授業の直後にその授業が行われた場で授業者と語り合う懇談会が行われる。私は1年春組の総合学習(ポニー馬の飼育活動)を参観した。その懇談会で授業者である安田翔三郎氏は以下のように語っていた。(注：筆者の撮影動画より抜粋。下線部は筆者による。)

【これは先生の計画通りですか，という質問に対して】

　計画通りにまるで行きません。絶対行かない。むしろ，それが計画通りに行ったとしたら，相当教師が入り込んでいる。ってことは，子どもに寄り添ってだけども，子どもの後追いになったら絶対だめ。子どもがやっているから，それに自分はついていきますはだめ。子どもがそっちに行きそうだな，じゃあ，自分はこっちを先に調べておく。教材研究しようかな。でも，こっちへ行かなかった，じゃあ，今度はこっちをやろうかな，の繰り返しである。

　だから，後で紀要を見ていただきたいんですけども，紀要の年間計画のところに，「当初の計画に修正を加えたもの」という言葉が入っている。修正を加えまくる。これで行こうとしたとき，そうじゃなかった，じゃあ，これ，子どもの意識ちがうよね，ということを常に学年で連携して話し合う。なんで学年かというと，自分はその世界に入っちゃうとわかんない。だから，ちょっと学年のほかの目から見てもらう。でも，先生そう言っているけど，違うよ。今，こうじゃないということをやり合う。って考えると，どんな活動でも，もしかして，その計画通りに全て行っているとしたら，それって，本当にそうなのかなってものは，考えたほうがいいかもしれない。本当に子どもがやりたかったことはどういうものかって，それに立ち返ると，ちょっと変わってくるのかもしれない。

　この下線部に「子どもに寄り添って」，「子どもがそっちに行きそう・こっちへ

行かなかった」,「子どもの意識」,「本当に子どもがやりたかったこと」とある。また,子どもの学習状況に応じて教材研究を行ったり学習活動を修正したりしている。これより安田氏も,活動の背景にある子どもの考えを理解し,その考えや課題意識に柔軟に応じつつ学習環境を設定することに努めている。そして,子どもと共に試行錯誤しながら探究していることが分かる。

さらに,伊那小では,子どもの考えについて学年で連携して話し合って理解しようとしている。白鳥・伏木(2020)においても,子どもの探究の姿をどう捉えるかにより子どもの探究的な学習の支援の具体が変わってくることから,同僚教師との協働的なリフレクションや大学研究者(共同研究者)との意見交換を通して教育観を高める実践を行っている。大変重要な示唆である。

6 おわりに

以上から,子どもの学びに学び,子どもと共に探究しながらまた次の学びを創っていくこと,それが総合の探究的な学びにおける支援の在り方である。私自身の現場経験からも,その支援が教職の醍醐味の1つであると言える。

また,子どもと共に探究する教師の姿そのものが大きな教育環境であり,生涯にわたって探究し続ける社会にあって,子どもにとって身近な,探究し学び続ける人として1つのモデルともなるだろう。

最後に,この寄稿にあたり,同番組での語りの引用を快諾してくださった三田氏と安田氏に感謝の意を表する。

引用・参考文献
1)NHK学習番組「ドスルコスル」,第20回放送「多文化共生　こうする編」https://www.nhk.or.jp/school/sougou/dosurukosuru/origin/2018_009_010_01_shidou.html(視聴日:2024年2月4日)
2)白鳥勝教・伏木久始(2020)「探究的な学習」を創り出す子どもと教師の営み:子どもの探究を教師はどのように支えるのか,せいかつか&そうごう27,64-73
3)文部科学省(2017)『小学校学習指導要領(平成二十九年告示)解説　総合的な学習の時間編』東洋館書店,108-109

<特別寄稿 13 ＞

主体的・対話的で深い学びに向かう
総合的な学習の時間のカリキュラム

浦郷　淳

1　はじめに

　中央教育審議会答申（2016）（以下，「答申」という。）において「主体的・対話的で深い学び」が示されて以降，その姿を追うことを目的としているように見える実践に接することがある。答申では，「主体的・対話的で深い学びの実現に向けた授業改善」が示されているのであって，あくまで目標の元での授業改善が求められている。では，主体的・対話的で深い学びに向かうために，総合的な学習の時間（以下，「総合」という）がどのように展開されればよいのだろうか。具体的実践をふまえ，カリキュラムの在り方について検討してみたい。

　そもそも総合にはさまざまな実践があるが，学習対象にやりやすいという理由からか，「地域」を対象としたものが多い。それは，学びの文脈にのりやすいともいえるが，主体的・対話的で深い学びに成り得ているのかということを考えると，そうではない実践も散見される。そこで，本稿では，「地域」を学習対象としつつ，ESD（Education for Sustainable Development）や SDGs（Sustainable Development Goals）の視点を取り入れた学校の実践例をもとに，考察していく。

2　自分に立ち返る問いの存在〜小学校における ESD の実践から〜

　ある小学校では，ESD の視点を取り入れた生活科・総合を実践されている。

　3・4 年生では，「地域のよさを知る」という学習活動を展開し，校区内の地域の人とかかわり，学んだことを整理・分析し，発信するという学習に取り組んでいる。5・6 年生では，① 4 年生までに学んだ "地域" を "校区" から "住んでいる町" という視点に広げ②自分たちが学んだことからできることを考え③実践・発信④改善点を検討⑤提案するといった学習活動を展開している。

　学年で学習対象は異なっているが，児童の思考が探究の過程となるようなさま

ざまな指導の工夫がなされていた。対象となるテーマも，地域のお祭りや伝統工芸が中学年，地域の特産品とそれをつくるために必要な特産品の生産量の低下という高学年の視点が見られた。児童の学習の姿を見ると，学習対象は異なっても，常に地域を見ていた。学習対象が自分の地域にあるため，授業時間だけでなく，土曜日や日曜日に取材をしている児童も見られた。当然，取材を通してわからない言葉が出てくる。その言葉が何を意味しているのかを友だちや家族に聞いたり，もう一度聞きに行ったりする姿が見られた。そして，自分たちで解決策を考え，取り組む中で，その結果を，3・4年生は保護者や地域の方々，5・6年生は保護者や住んでいる町の担当者・関係者の方に提案する学習活動へとつながっていた。しかし，ここまでの流れは，ごく普通の総合ともいえる。

　ここに ESD の視点が加わる。先生方は，ESD の視点を取り入れるにあたり，児童に「今の地域が数年後も同じように続くのか」という地域の持続可能性について問いかけられた。その解決の中で，「現状把握」「調査」「解決策の立案」「実践」「改善」「提案」という学習活動がさまざまな形で展開された。

　例えば，3年生の児童は，地域のお祭りを調べる中で，担い手不足の問題を知る。さらに，道具が劣化している問題も知る。前者の解決のために，ある子は自分たちがお祭りの担い手になれないのかを考え，提案する。しかし，住んでいる地域の問題や練習時間の問題に直面し，結局はそれらの問題をクリアできた児童が任意で参加するという落とし所となる。単に「やってみよう」では解決しない課題に直面し，解決案を出した姿が見られた。一方，道具の劣化については，「募金で集めよう」という提案に展開した。この募金に協力してもらうために，「お祭りを知ってもらう」。そのために「自分たちで披露してみよう」「そのために練習しよう」という学習に展開した。単に『地域のお祭りを紹介しよう』ではなく，目的のために，児童の学習が展開していたといえる。

　5年生は，地域の特産品に着目した学習を展開していた。特産品の生産量の低下を，地域や町の方に聞き，その原因まで児童は学んでいた。そして，その解決のために，地域の方や町の方が予算を組んで取り組まれていることも知る。このような取り組みを知った児童の中には，自分たちにできることを考えるが，「大

人でもできていないことを，わたしたちができるの」というふり返りをする児童
も生まれていた。しかし，児童は活動を続ける中で，さまざまなことに気づき「自
分たちが活動を受け継いでいくことが大切なのではないか」と記す子も出てくる
ようになった。深い学びへとつながったと言えよう。

　単に問題を紹介し，解決を提案するだけでなく，当事者としてかかわり続ける
ことに気付いた姿であった。誰かに言われたから行う活動ではなく，主体的・対
話的な学びを通して，未来を考える深い学びにつながったと言える。

　この小学校のカリキュラムでは，「今の地域が数年後も同じように続くのか」
を問うことで，学習対象が抱える課題を自分事とし，その解決を目指していく中
で，児童自身が自分の学びがどうつながっていくのか，自分の学習活動に戻って
考える学習展開があった。ゴールが教師によって設定されるわけではなく，子ど
もの学びの文脈に沿って設定されていた。また，単に活動が展開されていくだけ
でなく，カレンダーとして学習活動の足跡が残され，次年度にも生きるようになっ
ていた。先生方は，単なる体験に終わらないように，概念的知識を明確にし，地
域や児童の実態に即した具体的な「単元ものがたり」の作成もされている。地域
の一員としての自分を自覚する学習，自分に立ち返ることができる問いが，常に
存在することによって成立した学びであるといえる。

3　意識を高める場の設定〜中学校における SDGs の実践から〜

　小中学校のつながりから，中学校の実践も見てみよう。ある中学校では，
SDGs の視点を取り入れた総合の実践が展開されていた。学年に複数クラスある
この中学校では，学年ごとにテーマを設定されている。1 年生は「地域を知る」，
2 年生は「地域とつながる」，3 年生は「発信」をテーマとされていた。1 年生は
クラス総合でさらにテーマを設定し，そのテーマに沿っての学習を深められる。
2・3 年生は学年総合として，学年全体でテーマ毎にチームを分け，学習に取り
組まれている。ここでは特徴的な実践として 2 年生を取り上げる。

　2 年生の総合は地域防災としてさらに 4 つのテーマ（「ハザードマップ」「ジオ
ラマ」「避難用品」「実態調査」）に分かれ，学習活動が展開された。

　ハザードマップ制作グループでは，「誰もが見ることができるように」という視点から，小地区ごとにマップが制作された。生徒は，自分の住む地区の今あるハザードマップを市役所の方に問い合わせ，取り寄せたり，聞き取り調査を行ったりした。さらに，それを「住む方々みんなに平等に」という視点から，3つの言語で作成している。さらに，小さな子のために，平仮名表記のハザードマップも作成した。誰もが使えるという視点で手立てを考え，作成する姿が見られた。

　ジオラマグループでは，合併前の町史から校区の姿を読み解く学習がなされ，時代ごとの地域の姿を，巨大ジオラマで表すという取り組みがなされた。町史を読み込むことは，けして簡単なことではない。知らない言葉も多々出てきており，短時間で行うこともできない。時間をかけ，読み解き，専門家に質問をするという根気強さが求められる学習が展開された。その中で，生徒は地域への防災の意識を高めることにつながっていた。

　避難用品のグループは，実際の避難所で用いられる段ボールハウスや避難食等に着目し，どのようなものがあるのかという調査を行った。インターネットの情報だけに頼るのではなく，実際に自分の住む場所ではどのような避難具が用意されているのかを比較し，避難の方法，避難場所の規模等にも着目した学習を展開した。実際に現物を取り寄せ，設置などしながら，自分の学校が避難場所となった際に想定されるトラブルを考え，整理していく姿が見られた。

　実態調査のグループでは，生徒や保護者，地域の方の防災に対する意識調査がなされた。オンライン調査も含め，さまざまな方法を用いて複数回行い，住民意識やその変化，自分たちが制作・提案していることへの感想等を，広く得ることができ，分析していた。調査時，オンライン調査の場合，集計は簡単であるが，どのように問うのかをしっかりと考える学習となっていた。

　これらの学習内容は，その成果を公開する場として，ウェブページでの公開だけでなく，近隣の小学校の6年生や保護者を招待し，発信する場も設けられていた。公開の場には市の教育長も見えられ，生徒へのコメントが寄せられていた。学びが学校の内で完結するのではなくて，外に向けた活動となっていた。

　このような学習活動は，教師のサポートも必要であるが，生徒の意欲がなけれ

ば持続しない。今回の学習成果は，生徒の主体的・対話的で深い学びが展開された中での賜物である。教師にインタビューをすると，単に結果を得るだけでなく，その過程において，課題を意識し，常に更新し続ける生徒の姿が見られたという。何より学習の過程も踏まえて，自分たちの学習が地域の役に立つという実感が，生徒自身の学びの中に生まれていっていた。SDGs のテーマに沿って活動する中で，地域を支える 1 人という意識を高めたといえる。

4　今後の期待と展望

　本稿で紹介した学びは，これまでにも見られた，地域の材を出発点としている。それを ESD 及び SDGs の視点を用いて学習を深めた例である。地域に存在する学習対象は，児童生徒がいつでも，どこでも触れられる対象であることが多い。そこから何に焦点化するかによって，児童生徒の学びは変化する。すなわち，いつでも，どこでも，だれとでも，どのようなことでも学習にはなるのである。そしてそこから，学習活動を「何のためにやっているのか」という，自分の立ち返る問いを設定したり，地域の中に住む一員としての役割を意識する場が設定できたりすれば，ESD や SDGs の目指す先ともつながっていく。

　新しく見える言葉が出てくると，わたしたちはどうしてもその言葉を追ってしまう。そうではなく，自分に立ち返る"問い"を設定したり，意識を高める場を設定したりする工夫をしながら，カリキュラムの中に学びの文脈をつくることで，その過程において，主体的・対話的で深い学びの姿が展開されるのではないだろうか。そのような新しい言葉に流されない骨太な実践を期待したい。

引用・参考文献

公益財団法人日本ユニセフ協会 https://www.unicef.or.jp/kodomo/SDGs/about/（閲覧日：2023 年 12 月 28 日）

中央教育審議会（2016）『幼稚園，小学校，中学校，高等学校及び特別支援学校の学習指導要領等の改善及び必要な方策等について（答申）』

文部科学省『ESD』https://www.mext.go.jp/unesco/004/1339970.htm（閲覧日：2023 年 12 月 28 日）

<特別寄稿 14 >

これからの子どもの学びと STEAM 教育

藤岡　達也

1　はじめに

　教育には「不易と流行」があり，それを反映して，子どもの学びにも「不易と流行」がある。保護者，教師，さらには社会そのものが，いつの時代も様々な立場から子どもたちの成長を願う気持ちには変わりがない。ただ，科学技術の発展の影響が教育界に与える影響は無視できない。今日，文理融合型の STEAM 教育が発達の段階に応じて重視されている。本稿では，VUCA と呼ばれる予測不能な時代に向かう次世代の子どもたちの学びについて現状を整理しながら，STEAM 教育とこれからの子どもの学びについて考察する。

2　高等学校を中心とした STEAM 教育の動向

　近年,学校教育への STEAM 教育の導入が注目されている。令和 5 年 6 月 16 日,第 4 期の教育振興基本計画が閣議決定され，ここでも STEAM 教育の方向性が明記されている。例えば「今後の教育政策に関する基本的な方針」としての項目の一つに「グローバル化する社会の持続的な発展に向けて学び続ける人材の育成」の中で「探究・STEAM 教育，文理横断・文理融合教育等を推進」と記されている。今後 5 年間の教育政策の複数の目標にも「確かな学力の育成，幅広い知識と教養・専門的能力・職業実践力の育成」の基本施策「高等学校教育改革」に「社会に開かれた教育課程の実現に向けて，普通科改革や探究・STEAM 教育，先進的なグローバル・理数系教育，産業界と一体となった，外部リソースも活用した実践的な教育等を通じて（後略）」が，また，「イノベーションを担う人材育成」の目標の基本施策「探究・STEAM 教育の充実」として，「学習指導要領を踏まえ，児童生徒が主体的に課題を自ら発見し，多様な人と協働しながら課題を解決する探究学習や STEAM 教育等の教科等横断的な学習の充実を図る。」なども記述されている。

　文科省は，令和 3 (2021) 年 1 月 26 日に中央教育審議会答申「『令和の日本型学校教育』の構築を目指して〜全ての子供たちの可能性を引き出す，個別最適な学びと，協働的な学びの実現〜」を公表し「新時代に対応した高等学校教育等の在り方について」の中で，「STEAM 教育等の教科等横断的な学習の推進による資質・能力の育成」をまとめている。特に高等学校での方向性が記されているが，高等学校から新たに実現できるわけではない。義務教育段階から学校でのSTEAM として，幅広い内容，従来の教科の枠組を越え，教育内容全体を総合化している。つまり，義務教育での「総合的な学習の時間」の蓄積から近年の GIGAスクール，ICT などの急速な技術の進展により社会が激しく変化し，多様な課題が生じている現状に対応してきた一つの動向と考えられる。これまでの文系・理系の枠から各教科等の学びを基盤としつつ，様々な情報を活用し，それを統合し，課題の発見・解決や社会的な価値の創造に結びつけていく資質・能力の育成に向かっていると言えるだろう。

3　発達の段階に応じた子どもの学びの連続性

　現在，先行的に進められている STEAM 教育の実例は SSH 校に見られるような高等学校の展開と捉えられがちである。しかし，それだけでないことを先の中教審答申から捉えると次のように理解できる。「社会に開かれた教育課程」の理念の下，産業界等と連携し，各教科等での学習を実社会での問題発見・解決に生かしていく高度な内容となるものであり，（中略），課題発見・探究活動には教科等横断的な学習の中で取り組む傾向にある」。当然ながら，その基本となるのは，幼児期からのものづくり体験や科学的な体験，小学校，中学校での各教科等や総合的な学習の時間における教科等横断的な学習や探究的な学習，プログラミング教育などの充実が無視できない。小学校，中学校の義務教育段階の中でも，児童生徒の学習の状況によっては総合的な学習の時間などの学びの中で STEAM 教育の展開も期待できる。ただ，多様な児童生徒や発達の段階に応じて，個々の興味・関心等を生かし，教師が一人一人に応じた学習活動を課すためには，教師の力量が大きい。児童生徒自身が主体的に学習テーマや探究方法等を設定するためには，

教師の働きかけも重要である。STEAM 教育等の教科等横断的な学習にも前提として，小学校，中学校，高等学校などの各教科等の学習による知識・理解なども備わっていなければならない。小学校から高等学校までの発達の段階に応じ，習得・活用・探究という学びの過程を重視しながら，各教科等で育成を目指す資質・能力を確実に育成することが不可欠である。そして，それらを横断する学びとしての STEAM 教育を各学校や地域，学習者に応じて展開し，その成果が各教科での学びの実用性に繋がるなどの相互効果を意識する必要がある。

　STEAM 教育の活用には，今日求められる探究学習のプロセスを重視し，生じた疑問や発展の思考などを児童生徒に記録させ，学習者自身に省察を通じて，自己効力感に結び付けることも大切である。さらに，カリキュラム・マネジメントと同様に社会に開かれた教育課程の観点から，取り組んだ STEAM 教育に関わる多様な視点を生かすことが求められる。従来，児童生徒の評価は教師等指導者からの一方向が多かったが，学習者が成果等を実感したり，足らないところを気付いたりするために，自己評価や相互評価なども取り入れることは意義がある。また，日本では学習指導要領に則った観点別評価が明確にされており，評価規準の意味については述べるまでもない。しかし，探究活動を重視した STEAM では，場合によっては評価基準を見直す必要がある。先ほどの新たな評価の方法と連動してルーブリック評価が日本においても取り入れられていることはここに意味がある。

　小学校教師のように全教科を担当する場合は「総合的な学習の時間」などで，教科横断的な実践的な取組も浸透されてきたと言える。しかし，中学校・高等学校教師のように教科・科目の専門性の強い場合，よほどの教師集団の強さがない限り，カリキュラム・マネジメントの展開は容易ではない。ただ，一方でクロス・カリキュラムのように2つの教科の連動から始めて成果を上げている実践もある。特に高等学校において生徒や地域の実態にあった探究学習を充実させている取組も見られ，実際，これまでの SSH などでの成果も報告されている。校種を越えた情報の収集，さらには教員養成や教員研修の在り方も併せて検討していくことが重要である。

4　STEAM 教育と原体験

　STEAM 教育は，国際的にも定義が多様であり，STEM に加わった「A」をデザインや感性などと狭く捉えるものや，芸術，文化，生活，経済，法律，政治，倫理等を含めた広い範囲で定義するものもある。日本では，後者の方向性であり，STEAM の A を広げることによって，改めて理系総合教育に加えるリベラルアーツとは何かが問われる。ここに「理科の学習の基盤としての原体験」(小林，2018)が科学的リテラシー育成の基礎としても不可欠となる。STEAM 教育の目的には，科学技術人材育成の側面と，STEAM を構成する各分野が複雑に関係する現代社会に生きる市民の育成の側面がある。自分の日常生活や将来を踏まえながら，各教科等の知識・技能等を活用しながら問題解決を行い，教師の課題の選択や進め方によっては児童生徒の学ぶ動機付けにもなる。

　実生活・実社会での問題発見・解決に生かし，児童生徒が自らテーマを設定し，学習を進めるためには，地域や関連した人々，などと多様な接点を持ち，社会的な課題や現在行われている取組などについて学ぶことが必要である。生徒が多様な学びの機会を得ることができるよう，社会全体で取組を進めることが求められる。このため，学校や地域社会，国においては産業界や大学等とも連携し，STEAM 教育に資する教育コンテンツの整備や制度設計を進める必要がある。教科等横断的な学習を充実することは幼少の頃からの原体験を重視し，児童生徒の能力や関心に応じた STEAM 教育の展開が期待される。

5　子どもの学びにおける不易と流行

　Society5.0 の時代において，ICT の急速な技術の進展により社会が激しく変化している時に学校はコロナ禍に襲われ，学校は一次混乱に陥った。これは想定外そのものであった。ただ，マイナス面だけから捉えたくない。コロナによってGIGA スクールや 1 人 1 台端末の学びが進んだと言えるように教育では常にピンチがチャンスになる機会と考えたい。現行の学習指導要領が小学校から完全実施される直前の 2020 年 4 月の前に生じたが，その前の学習指導要領の完全実施

が始まる 2011 年 4 月の直前には東日本大震災が発生した。遡れば先行き不透明な VUCA の時代は，何時の時代も同じである。それらを乗り越えてきた教訓は将来にも活かされるだろう。

　これからの子どもたちの学びも，これまでの各教科等の学びを基盤としつつ，様々な情報を活用しながら統合し，課題の発見・解決や社会的な価値の創造に結びつけていく資質・能力の育成にもつなげる方法は変わらない。教育再生実行会議第 11 次提言で，幅広い分野で新しい価値を提供できる人材を養成することができるよう，現学習指導要領において充実されたプログラミングやデータサイエンスに関する教育，統計教育に加え，STEAM 教育の推進が提言された。STEAM 教育の特性を生かし，実社会につながる課題の解決等を通じた問題発見・解決能力の育成に向け，その方法としてレポートや論文，プレゼンテーション等の形式で言語・表現能力を高めることは継続的な教育の取組である。情報手段の操作の習得，情報活用，情報社会への発信など，新たに対応すべき知識・技能の習得は求められる。しかし，芸術的な感性も育成し心豊かな生活や社会的な価値を創り出す創造性などの資質・能力の育成に向け，文理の枠を超えて教科等横断的な視点に立って進めること，カリキュラム・マネジメントを充実することは，今までも取組がなかったわけではなく，これからも実践が積み重ねられていくことが期待できる。

引用・参考文献

藤岡達也編（2022）『よくわかる STEAM 教育の基礎と実例』講談社
文部科学省（2023）教育振興基本計画（令和 5 年 6 月 16 日）
文部科学省（2021）中央教育審議会答申「『令和の日本型学校教育』の構築を目指して」（令和 3 年月 26 日，令和 3 年 4 月 22 日更新）
小林辰至（2018）理科の学習の基盤としての原体験，秋吉博之編著『理科教育法 第 3 版』大学教育出版，13-17.
文部科学省（2019）教育再生実行会議 第十一次提言（令和元年 5 月 17 日）

--- コラム４　個別最適な学びにせまる（明石附小史より）　---

「令和の日本型学校教育」や「個別最適な学び」が掲げる内容は，これからの教育活動にとって欠かせないものとなってきています。ここでは，温故知新を期待して，ある学校（明石附小）史からそのヒントを探ってみましょう。

1　大正時代の明石において

現在（2024 年）から 120 年前の 1904 年に遡ってみます。この年，2 月には日露戦争が始まりましたが，秋には兵庫県明石女子師範学校附属小学校の開校式がなされました。そして，その 3 年後の 1907 年に及川平治氏が同校主事として着任しています。及川氏は「分団式動的教育法（1912）」をはじめとする児童主体の教育に向かう書の著者であり，大正期における教育改革のパイオニアとして評価される人物です。彼はかねてより研究していた「バタビアシステム」を参考に一斉教授への改革としての分団式教育に着手していくことになります。赴任当初より成績不振の児童に個別教育を行った経験と「児童の能力不同」とする事実的見地に立ち，具体的方法として「固定分団式」「可動分団式」「学年分団式」の形態を挙げて展開していきます。ここでいう分団とはグループを意味し，特に「可動分団式」を本体としています。その特徴は，児童の所属する分団は教科ごとに異なり，同じ教科においても所属分団が異なることもあり，また分団の人数や期間も柔軟に展開される点です。したがって，児童の学習時の能力等に対応する分団が形成しやすく，理解不十分な児童に対して繰り返し指導することもできやすくなります。さらに，教師から直接指導を受ける教授期（通常，全体と個別が交互に行われる）と独立活動を行う研究期（独立研究期，席上課業期，席上作業期とも言う）に分かれることから，全学級教育の利益を保存しつつ，個別教育の利点が活かせることになります。そうしたところから，児童が研究法に慣れ，自的的学習の習慣が養われるといったところも利点でしょう。その学習の流れを模式的に示すと以下の図になります。全体での教授があった後，児童の実態・進度に合わせて分団をつくっていくスタイルであり，また，それぞれに応じて教員の個別指導のみならず，児童同士の相互支援も見られます。このような形で児童の学びに応じる点は，当時としてはまさに画期的といえますが，書籍の記述にもある「教育は少数者の教育ではいけない。また多数者の教育でもいけない。すべての人の教育でなければならぬ。」（中野編 1972: 249）を確かに具現しているものと受け止められます。

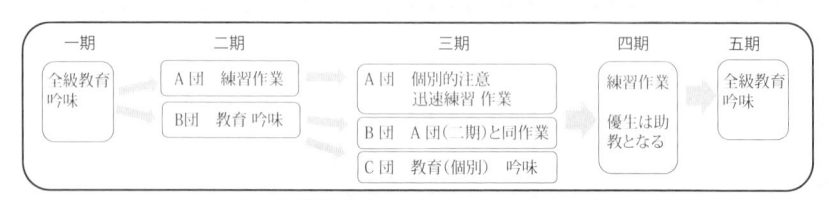

図　可動分団式の流れ (筆者作成，中野編 1972；251 参照)

2　戦後「明石附小プラン」時代

さて，今度は約 70 年前のことになります。第 2 次世界大戦後の日本においては，新しい教育をめざした取り組みが試みられていました。明石の附属小学校も同様です。同校は，倉澤剛氏や梅根悟氏等の指導も受けつつ，コア・カリキュラムという教育形式でその実現に向かいました。終戦から 3 年後の 1948 年には，研究発表会で「明石附小プラン」が提唱され，その翌年には「小学校のコア・カリキュラム　明石附小プラン」(1949) がまとめられています。その後も多くの期待と関心，また批判に応えるた

め，日々研究を重ねられ，1951年には「一人一人を生かすカリキュラム」が宣言され，1953年には「教育実践の新段階 ―明石附小プランの前進―」が刊行されました。その特徴的変化は，「子ども一人一人の最大成長」に焦点付けられたことです。いわゆる集団的基準カリキュラムから一人一人を生かす基準カリキュラムへの方向付けです。時は，目まぐるしく変化し，明石附小プランも中心学習と周辺学習の2層型のコア・カリキュラムから日常生活課程，中心課程，基礎課程の三層構造型を取り入れていました。その中で中心課程では「欲求別多数単元学習」，基礎課程では「欲求別・能力別グループ学習」と称して取り組まれていました。前者は，①個別の欲求や問題を発表する②学習集団で討議する③個別に反省して，自分の考えをまとめる④欲求を同じくする者がグループを構成する という流れが用意され，さらに展開上の注意として，学習の進み具合に応じて研究方法を共同で検討したり，経験の分かち合いとしてレポート作成・発表をしたりする点が挙げられます。実践を支える資料も経験系列表，基礎学力表，単元計画表，主題計画表，診断的指導の手引きといった形が示されました。また，一人一人を生かす教育のための効果的な学習指導の技術として①子どもの発達に即する経験内容の重点化（経験系列表・学力表）②成長途上にある子ども（学習過程に即する指導技術）③個人差に即する指導技術④教育的接触の技術 の4項目からまとめられました。例えば③では，学習過程上に現れる個人差を「欲求」「学習能力」「学習態度」「学習発展の契機及び発展のさせ方」の類型化がなされています。

3 今後への期待

　個人的には，これまでに述べてきました明石の実践は，現在にも通用するものであり，むしろさまざまな授業場面や教育活動の舞台装置として，積極的に取り込みたいとさえ思います。その後も引き継がれている明石附小の教育実践ですが，今後の期待としては，一人一人の子どもが自らの学びをオーダーメイドする姿をていねいに読み取る作業から，未来志向の教育ステージの構築を示してもらいたいと考えます。明石附小だからこそ。

引用・参考文献等
・・・及川平治に関する文献資料等・・・
大東義徹編著・谷口和良・二井明・溝邊和成著（2008）『及川平治講演集成 分団式動的教育法講義要項 復刻・解説版』木下ブンセイ
及川平治（1910）全級的個別的教授たるバタビアシステム，兵庫縣明石女子師範學校校友會，心の玉，13，10-14.
及川平治（1912）『分団式動的教育法』弘学館
及川平治（1917）『分団式動的教育法講義要項』滋賀県蒲生郡教育会
梅根悟・勝田守一監修，中野光編（1972）『世界教育学選集69 及川平治著 分団式動的教育法』明治図書

・・・明石附小プラン（1945～）に関する文献資料等・・・
兵庫師範学校女子部附属小学校（1949）『小学校のコア・カリキュラム　明石附小プラン』誠文堂新光社
神戸大学教育学部附属明石小学校・附属幼稚園（1953）『教育実践の新段階　明石附小プランの前進』東洋館出版社
神戸大学発達科学部附属明石小学校（1984）『明石附小八十年のあゆみ』木下ブンセイ
神戸大学発達科学部附属明石小学校（2004）『新教育の幕を開かん　明石附小百年のあゆみ』木下ブンセイ

・・・神戸大学教育学部附属明石小学校・附属幼稚園研究紀要・・・
明石附属プランの進展（研究紀要9：1951）
基礎学習のための基準カリキュラム（研究紀要11：1952）
新教育の前進 ―逆コースとの対決―（研究紀要12：1953）
効果的な学習指導の技術（研究紀要14：1955）

--- コラム5　世代間交流のある教室から　---

　超高齢化社会における生涯学習政策として，多様な学習機会の提供とライフステージに応じた縦のつながり（世代間交流）が重視されています（文部科学省 2012）。では，これからの生涯学習社会における学校と言えば，どんなことに特徴付けられているでしょうか。回答を考える契機の一つとして，これまでに試みられてきた「聴講生制度」や「シニアスクール」が参考になるかもしれません。ここでは，それらについて簡単に紹介してみましょう。そして，これからの学びのコミュニティとなる教室に思いを馳せてみましょう。

1　聴講生制度

　聴講生制度（あるいは聴講制度）は，生涯学習の推進を図ることを目的として，一般社会人に対して，大学等において学修機会を用意する目的で開かれた制度です。もちろん単位取得や卒業認定の要件にならないものです。このような制度を地域住民に対して初等・中等教育段階でも展開されてきています。21 世紀を迎えて間もない 2002 年，愛知県扶桑町では，全国に先駆けて 1 クラスに 2 名までを受け入れる方式で世代の違う高齢者と机を並べる教室が成立しました。10 年間の調査では，聴講生の人数は，小学校より中学校の方が多く，人気が高いことがわかりました。2005 年に開講した福岡県の那珂川町も 10 年間の受け入れ状況は，小学校・高等学校より中学校が多いという結果でした。特に英語の科目を選択するケースが多くありました。また福岡県須恵町においても同様の傾向があり，聴講生を受け入れている中学生のほとんどは，聴講生を肯定的に受け入れていたことがわかりました（溝邊ら 2015，溝邊 2017a）。高知県の土佐町では，聴講生制度としての機能を持つ「生涯楽習学校」があります（溝邊ら 2017）。これは，学校応援団（ボランティア）に登録している方々の学習機会が得られるというものです。その地域では，小学校時代に聴講生（高齢者）と交わる経験がある中学生が大半で，ともに学ぶ意識も高く，聴講生との交流の中で地域の歴史や昔の遊び等を教えてもらいたい一方で，聴講生に対して現代風の遊びや電子機器の操作等を教えてあげたいという思いがありました。

　このほか，神奈川県・鳥取県・佐賀県の中学校聴講生制度に対する調査（溝邊ら 2016）では，各クラス 2 名，受講期間：原則 1 年で，給食も学校行事等への参加も全て可となったシステムで稼働していることがわかりました。

2　シニアスクール

　シニアスクールの一般的スタイルは，学校の空き教室等を活用して，近隣住民の学び直しや新たな教養を身に付けるためのプログラムが用意され，従来の学校システムに添いながら担当の指導者（講師）に学ぶというものです。2006 年より制度として整えられてきた北海道札幌市のシニアスクール（小学校内）では，講座制（全 50 講座）でスクール独自の内容で運営されつつ，全体の半分近くが児童との交流活動が組まれています（溝邊 2017）。京都府精華町では学校運営協議会の活動の一つとして中学校にシニアスクールが開設されています（Mizobe 2017）。絵画・押し花，コーラス（造形・音楽）をはじめ，技術・家庭にかかるパソコン操作・手芸・ガーデニングなど多岐にわたる内容が講座として用意されています。また，中学校が実施する学校行事（体育会，学修発表会）や昼食会への参加もあります。さらに農作業や調理実習などのサポートも組み込まれて，様々なかかわりが自然な形で設定されていることが見られます。

　2003 年，岡山市で開校したシニアスクールは，全 3 教室（小学校 2 教室，中学校 1 教室）の複合タイプで，豊富な講師のローテーションによって講座が運営されています（溝邊 2018）。学校スタイルを踏襲したクラス担任の下，教室での給食を含め全教科受講型は，北海道や京都の事例と同じです。また他校種（小・中学校，幼稚園・保育園）の活動補佐（コミュニティサポーター）も役割を担っていることも特

徴となっています。

3　これからの教室

　聴講生制度もシニアスクールも生涯学習社会における学びの場としての意義は，大きいものだと感じられます（溝邊 2022）。そしてそれらには，必ず世代間の交流が存在・成立・強調されていることが共通点でした。現在もそうですが，これからの社会においては，国境や時代を超えるワークスペース，異年齢や複数世代で構成される集団活動がもっと当たり前になってくるでしょう。それゆえ，そうしたボーダーレス社会の一員としての資質・能力を高めていくシステムが強く求められます。その際，これまでの子ども（paid）を指導（agogus）するペダゴジー（pedagogy）一辺倒ではなく，成人の特性を活かした教育であるアンドラゴジー（andragogy）や，さらには高齢者教育学を主張するジェロゴジー（gerogogy）の特性を踏まえた実践性の高い輻輳型教育が開かれなくてはならないでしょう（ex. 加澤 2004, Knowles 1980, 西岡 2000）。そうすることによって，どの教室にもこれからの社会に寄与する新たな探究の姿が見られ，育っていくのではないでしょうか（ex. 堀 2010, 2012, 2015, 2022）。近隣の図書館や市民広場，子ども食堂や放課後児童クラブの施設などで，もうその芽生えが見られているのかもしれません。今後の広がりが楽しみです。

引用・参考文献等

加澤恒雄（2004）『ペタゴジーからアンドラゴジーへ　―教育の社会学的・実践的研究―』大学教育出版

Knowles M S.,(1980)The Modern Practice of Adult Education: From Padagogy to Andragogy, 堀薫夫・三輪建二監訳 （2012）『成人教育の現代的実践 ペダゴジーからアンドラゴジーへ』第三刷，鳳書房

堀薫夫（2010）『生涯発達と生涯学習』ミネルヴァ書房

堀薫夫（2012）教育老年学におけるエイジングと高齢者学習の理論，堀薫夫編著『教育老年学と高齢者学習』学文社，1-53.

堀薫夫（2015）高齢者教育学の存立基盤に関する一考察，大阪教育大学紀要，第Ⅳ部門，64(1)，209-216.

堀薫夫編（2022）『教育老年学』放送大学教育振興会

溝邊和成・田爪宏二・吉津晶子・矢野真（2015）小中学校の聴講生制度に見られる世代間交流，日本世代間交流学会誌，5(1)，47-55.

溝邊和成・田爪宏二・吉津晶子・矢野真（2016）中学校聴講生制度の特徴と高齢者の参加意識：資料ならびにインタビュー調査をもとに，日本世代間交流学会第7回大会全国大会要旨集，45.

溝邊和成（2017a）リ・ラーニングをひらく学校，草野篤子・溝邊和成・内田勇人・安永正史編著『世代間交流の理論と実践2　世界標準としての世代間交流のこれから』，三学出版，234-243.

溝邊和成（2017b）小学校のシニアスクールに見られる世代間交流に関する児童・高齢者・教師の意識，兵庫教育大学研究紀要，51，91-100.

MIZOBE,K.(2017) The program for the elderly: "Senior School" in junior high school, Japan, Generations United 19th Global Intergenerational Conference.

溝邊和成・田爪宏二・吉津晶子・矢野真（2017）学校支援活動参加者を対象とした聴講生制度における世代間交流～土佐町学校応援団「生涯学習学校」の分析と小・中学生の意識をもとに～，日本世代間交流学会誌，6(1)，49-58.

溝邊和成（2018）小・中学校の空き教室を利用したシニアスクールの世代間交流，日本世代間交流学会誌，7(1)，47-59.

溝邊和成（2022）世代間交流が生まれる学校システム，草野篤子・溝邊和成・内田勇人・安永正史編著『世代間交流の理論と実践3　新たな社会創造に向かうソーシャルネットワークとしての世代間交流活動』三学出版，143-151.

文部科学省（2012）長寿社会における生涯学習のあり方について～人生100年　いくつになっても学ぶ幸せ～，超高齢社会における生涯学習検討会 https://www.mext.go.jp/component/a_menu/education/detail/__icsFiles/afieldfile/2012/03/28/1319112_1.pdf（閲覧日：2015.8）

西岡正子（2000）『生涯学習の創造 アンドラゴジーの視点から』ナカニシヤ出版

--- コラム6 「総合」にまつわること ---

今では，当たり前となっている「総合的な学習の時間」という名称。でも「総合的な学習」と「総合的学習」あるいは「総合学習」と何が違うのでしょうか。そもそも「総合」をどのようにとらえているのでしょうか。時代によって，そのとらえ方や扱い方が異なっているようです。その辺りを探ってみましょう。

1　漢字の違いからすると

まず，漢字の話から進めると「総合（旧字体：總）」と「綜合」があります（ex. 梅根 1974）。例えば，「総」は，いわゆる「糸」を束ねて一つにするところからできた漢字だそうです。なので「総合」となると，同じようなものが集まって，束になって雑居しているような感じです。一方「綜」の漢字は，糸を整えておる道具（機織り機）を表していますので「綜合」には，秩序建てられているイメージが広がります。それからすれば，最近使用されている「総合学習」というのは，「総」というより，むしろ「綜」に近いようですね。「綜合」という表記は，終戦前の国民学校令（1941）に「綜合教授」が見られましたが，1970年代において当用漢字で統一することから「総合」が普及したようです。

2　戦前においては

戦前のことを少しふれておきましょう。先に出てきた「綜合教授」は，それ以前に脚光を浴びていた大正自由教育とは毛色が異なっています。そう，国民学校令とその施行規則に登場する「綜合」には，「国民科」「理数科」「芸能科」といった教科目の統合的編成のイメージがあります。また,皇国民錬成という「縦の統合」の意味合いや未分化から分化に向かう過渡期に行う限定された未分化教授が含まれていたようです。

もう少し遡って1940年代以前は，どうだったのでしょうか。周知のように，日本は，明治時代より近代教育が始まり，ヘルバルト学派の教育方法が導入され，学習者である子どもが中心というより教授側の主導が中心となる展開がなされていました。それと対峙・対抗するように，大正自由教育の前段として，子どもの活動を主軸とする「統合主義新教授法」（1899）が樋口勘次郎によって提唱されていました（生野 2014）。その主張は，一つの題材に対して多面的に取り組む方が知識は結びついて活用しやすく効率的であるというものでした。そこには「総合」というより，教科内容等が一緒に学び得るよう融合された「統合」の意図が推察されます。

その後，大正デモクラシーという時流に乗って大正自由教育が展開されました。この時代のエポックとして「八代教育主張講演会」が有名です。1921年夏，現在の筑波大学講堂で毎夕方数時間にわたって1名ずつ計8名が教育論を展開したというものです。及川平治：動的教育論，小原国芳：全人教育論など，その演者と教育論は，日本の教育界に大きな影響を与えましたが，この時代，野口援太郎（児童の村小学校）や奈良女子高等師範学校附属小学校の木下竹次も見逃せません。特に木下竹次の「合科学習」は「生活即学習」という考えのもと，低学年期では「大合科学習」が行われました（中野編 1972）。学年が上がるにつれ，「大合科学習」から「中合科学習・小合科学習」に進めるという段階的な工夫もなされました。また，当時の訓導らは研究，談話，遊戯，作業という区分に基づく「中合科学習」を進めたり，綜合学習として試行したりしました（杉村 2019，前田 2002）。その後，文部省のカリキュラム改造案として，学習課程検討の中で「綜合教授」が取り上げられました。

3　戦後においては

戦後，民主的な社会創造に向けたカリキュラム改造が行われましたが，その中で新しい教科が成立していきました（ex. 肥田野・稲垣編 1971，水内 1985）。社会科や家庭科とともに「自由研究」もありまし

た (ex. 青木 2005，山本・野田 2012，神野 2016)。これは子どもの個性を尊重した学習保障と言ってもよいでしょう。個別の課題を研究発表していくスタイルは，現在の個別最適な学びの原型とも考えられそうです。

　「学習指導要領・試案」の時代は，コア・カリキュラムが脚光を浴びました。生活学習をコアにし，周辺に教科の分化学習を配するアイデアで，カリキュラム全体をとらえています。学校名や地域名を入れて「○○プラン」と称して取り組まれているものもありました。社会機能法が取り入れられたり，「表現・社会・経済(自然)・健康」といった領域構成による三層四領域論も展開されました。これらは，総合的な学習を含むカリキュラムマネジメントの先駆的アイデアとして受け止められそうかもしれません。

　1970 年代では，教育課程改革試案の中に「総合学習」が提案されています。「作業的」「日常的」「時事的」「理論的」という分類も示されましたが，教科や領域との関係性などを問題点としつつ複雑さが残りました。学習指導要領においては，低学年期の「合科的指導」が明記されるようになり，その後の発展として，教科改変となる新教科「生活科」(第 1/2 学年) が誕生しました。さらに 2000 年代に入って，教育課程上，教科，道徳，特別活動に加わる形で「総合的な学習の時間」が新設されたことは，周知の通りです。

4　期待する「総合」

　以上のように見ていると，「総合」は，いつの時代においても子どもの生活・社会を基盤とする考えによって，カリキュラム全体を問い直す装置としての役割を担ってきたのではないでしょうか。とすれば，21 世紀中庸の「総合」に期待する点も，「総合」というフレームによって整備される知と，それを駆動させる環境(時間・場所・他者・題材・評価)の問い直しを提起する具体像ということになるでしょう。

引用・参考文献等

青木靖 (2005) 戦後「教科・自由研究」の教育実践に関する一考察：栃木師範国民学校と附属宝木小学校の教育実践を中心として，学校教育研究，20，90-101.

生野桂子 (2014) 明治期の統合的教授論：樋口勘次郎の統合主義・活動主義教授法より，宮城学院女子大学発達学研究，14，7-12.

梅根悟 (1974) 綜か綜か総か，生活教育，306，66-70.

梅根悟・勝田守一監修，中野光編 (1972)『世界教育学選集 64 木下竹次著 学習原論』明治図書

海後宗臣監修・肥田野直・稲垣忠彦編著 (1971)『教育課程総論・戦後日本の教育改革 第 6 巻』東京大学出版会

神野正喜 (2016) 成蹊小学校における「自由研究」の取り組みに関する研究，広島女学院大学人間生活学部紀要，3，97-104.

杉村美佳 (2019) 1920 〜 30 年代の奈良女子高等師範学校附属小学校における「合科学習」の課題と実践：「中合科学習」と「大・小合科学習」との接続を中心に，教育学研究，86(3)，385-395.

前田賢次 (2002) 大正・昭和初期の「合科学習」における教科課程再編プラン：「総合」「綜合」を巡る諸訓導の理論構築過程の相剋，教育学の研究と実践，1，3-12.

水内宏 (1985)『戦後教育改革と教育内容』新日本新書

山本隆大・野田敦敬 (2012) 昭和 22 年度学習指導要領 (試案) 教科「自由研究」から見る探究活動の課題について，愛知教育大学研究報告 (教育科学編)，61，1-8.

第 5 章

児童期の科学的問いを探る

5.1

ツールを用いた
子どもの思考表現とその指導

松田　雅代

1　はじめに

　小学校の理科学習では,それまでの知識や経験からの概念を認識し見直すこと,正しい概念に変容させることが重要である。そのために,学習前の考えを自覚させること,そして,友だちと実験・観察時に考えを交流する際,その時々の自分の考えを確認することがポイントになる。随所でメタ認知を働かせることが,科学概念への転換と知識の定着につながると考える。

2　実践の目的・方法

　児童のメタ認知と多様な表現が可能なツールを開発し,効果検証を行った。

　Tsai(2000 等)は,Hashweh(1986)の「概念変容モデル」の枠組みをより拡張させた「コンフリクトマップ」を考案した。わが国では,高垣ら(2008 等)の教授法の実証的検討,「コンフリクトドキュメント(福嶋・片平, 2004)」や「コンフリクトシート (加藤, 2008)」が開発・実践された。

　こうした成果を背景に,児童自身が先行概念を意識化でき,授業過程に順序性を取り入れたコンフリクトマップとしての C マップ(Cognition map)を開発した。C マップの基本的フォーマット (図 1) と特徴は以下である。

○　紙面の上部は「思考の世界」,下部は「現実の世界」,実線で分ける。

○　上段に「最初の考え」から「科学的な考え」まで実験ごとに「考え」を書く枠を並列させ,「考え」の流れを示す矢印を枠下に挿入する。

○　児童のその時々の概念に対する正しいと感じる度合いを「自信度」と定義し,概念保持の指標とした。三角形に 4 つの区切りを施し,表させる。

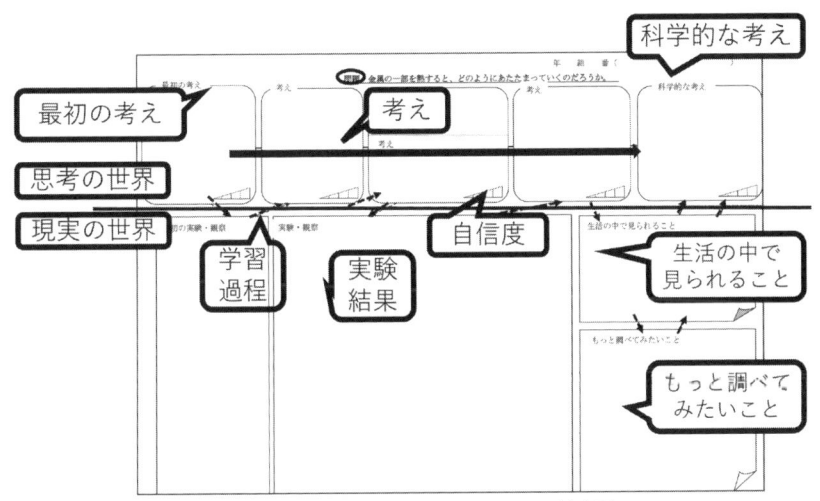

図1　C-マップ（Cognition map）の基本形

3　実践研究の紹介

（1）第4学年「もの（金属）のあたたまり方」の実践（n=27）

①先行概念と自信度

　学習前の問題が図2である。

　正概念を先行概念としてもっていても
自信度は高くない児童が多かった。

　次に，先行概念で誤概念をもつ児童
は，下へ温まる方が速い，上へ温まる方
が速いと答えた児童の数に大差が見られ
なかった。下へ温まる方が速い理由には，

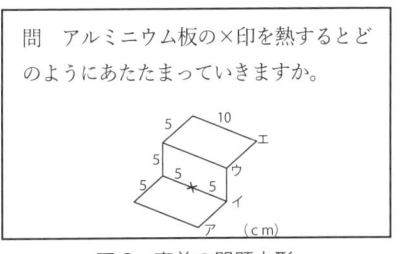

問　アルミニウム板の×印を熱するとど
のようにあたたまっていきますか。

図2　事前の問題本形

火に対するイメージや金属は底や端から温まるとの考えが見られた。上へ温まる
方が速い理由には，煙との混同や空気や水の温まり方と同じという考えが見られ
た。誤概念をもっていて自信度が高い児童が一定数いる一方，自信度の低い児童
の割合が非常に多かった。

②概念変容と自信度

　初めにもっていた考えに対する自信度に比べ，実験を繰り返すことで自信度が

高まっていった。

　以下，概念変容と自信度の関係を児童個々の数例を考察する。

　考え2で概念が変容した児童A・Bは，正概念に変容した時に自信度を上げた。考えの欄に，同じ文章の繰り返しをしつつ自信度を維持している。

　児童C〜Fは，正概念を保持していても，自信度が揺らいでいる様子が見られる。2つの実験をつなぎ合わせることが不十分であり，自信度が下がったと推察される。その後の実験で，一貫性を得て一般化しつつ徐々に自信度を上げた。

　児童Gは，2つ目の実験を行うことで急激に自信度を上げた。その後，一般化しようとして自信度が下がった。ゆっくりという表現から，広がり方についてのイメージと速さが違ったため自信が揺らいだと考えられる。

　自信度の変化過程には様々なパターンが見られた。最初に誤概念を有する児童は，実験や事象を経験する学習過程を通して正概念が意識され，自信度が高まっていくことがとらえられた。併せて，実験ごとに考え欄に自分の考えを表現することが意識付けとなり，正概念形成に寄与することが明らかとなった。

（2）第3学年「じしゃくの性質」の実践（n=31）

　Cマップ上には，科学的な考えを導き出した根拠として，各自がとらえた科学的現象を言語と非言語による正確で，かつ多様な表現が見られた。子ども自ら得た認知をより正確に示そうと，概念構築を進めた結果だと考える。

　①Cマップの表現の工夫

a. オノマトペ・メタファー

　釘を磁石にこすっている場面に「こしこし」「こすこす」。方位磁針の針の様子の場面を「ぴたっ」「ぐるぐる」「シーン」。メタファーは，「Nがにげる，Sがくる」「はりがついてくる」「はりがにげる，くぎについていく」「遊んでいるみたいにおどっているみたいに」，などの表現が見られた。

b. 問答形式

　「こすってつけるとどうなる？」の問いとそれに対する答えの形式にまとめていた（図3）。

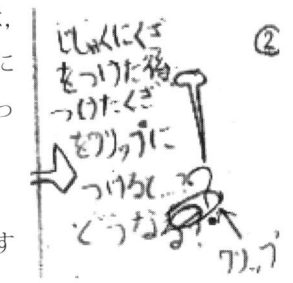

図3　問答形式の例

c. 強調

「こすった方！」「くっついた！」「回った！」,「かわる！」と感嘆符を用いて強調している。また，方位磁針の針が揺れたり，釘を動かすと引き寄せられたりする様子を描画と言語で表して

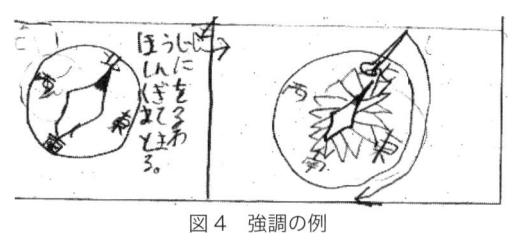

図4　強調の例

いた（図4）。また，スペースいっぱいに方位磁針を大きく描いたり，一度描いた方位磁針を再度大きく描いたりする表現が見られた。いずれも目の前で起こった現象を強調する表現であった。

d. 情意語

描画とともに,「ちゃんと向きも意味があった」「あれッ！」「ずっとくっつかなかった」,「本当になった」など心情面が分かる表現が見られた。

e. 実験方法の手順

実験方法の手順を「番号」「矢印」「枠」を用いた工夫があった。加えて，「こうやって～（略）」「つぎに」と説明を補足している言語表現が見られた。

②考察

自ら計画した実験方法を記すとともに，その実験結果としての科学的現象を理解した形で表現を工夫したところに，認知面での効果があったと推察する。

さらに，言語と描画による組み合わされた表現からは，Pavio(1986) が言うところの二重符号化理論の具体が現れたととらえられる。また，問答形式や順番，枠の設定などは，言語的な論理性に基づくことが優位に働き，実験を振り返り，自らの問題解決のプロセスを物語仕立てにしようと考えた結果といえる。

表現の工夫として5項目（a～e）の組み合わせが確認された。実験の手順等に関わる工夫は，目的に応じてモニタリングや調整を行い，取り組んできた行動の再現が主眼となっている。それをベースに，自分のとらえた理解のありようを表現している。取り上げた項目数が同じであっても，選択した項目にいくつかのパターンが見られるとともに，個々の項目の扱い方にも軽重があった。

4　示唆されること

　ツールの活用と授業の進行のポイントが次のように考えられる。

　1点目は，自分の考えを外化させることの重要性である。個々人が考察に必要と考える情報を記述することで，概念構築に効果があった。換言すれば，実験を読み解く児童の内実は一人ひとり違っている。その内実を外化させる方法の必要性が挙げられる。

　2点目は，実験と考えを紙面上で分けて記述することで，思考と現実の世界を行き来させること，即ち，Cマップは，児童にとって自然現象と考えを明確に分けてとらえられることが，概念形成に有効であった。

　3点目は，概念の変容に対し，丁寧に児童の内実を読み取っていくことの必要性である。正概念か誤概念かだけではなく，自信度も組み込んでとらえていくことが必要である。例えば，正概念に対する自信度が揺れたり強化されたりすることがあるからである。認知に関してはより細かく見る必要がある。

注　本稿は、下記の内容をもとに作成している。
松田雅代・溝邊和成（2019）子どもの保有概念と自信度に関する研究 ―小学校第4学年理科授業の事例分析を通して―，日本教科教育学会誌，42(2), 65-76.
松田雅代・溝邊和成（2022）認知的表現ツールに見られる概念変容とメタ認知の特徴 ―Cognition Mapに表れる言語・非言語の分析より―，日本教科教育学会誌，45(1), 23-35.

引用・参考文献
福嶋生悟，片平克弘（2004）理科授業におけるメタ認知ツールとしてのコンフリクトドキュメント，日本科学教育学会年会論文集，28, 403-404.
Hashweh, M.Z. (1986) Toward an explanation of conceptual change. *European Journal of Science Education*, 8, 229-249.
加藤尚裕（2008）メタ認知ツールとしてのコンフリクトシートの利用に関する試み―小学校第5学年「おもりの働き」の授業を事例として―理科教育学研究，48(3), 45-56.
Paivio Allan(1986) *Mental Representations*. Oxford University Press 53-83.
Tsai, C.-C：Enhancing science instruction (2000) The use of "conflict maps"*International Journal of Science Education*, 22, 285-302.
高垣マユミ・田爪宏二・降旗節夫・櫻井修（2008）コンフリクトマップを用いた教授方略の効果とそのプロセス ―実験・観察の提示による波動の概念学習の事例的検討―，教育心理学研究，56, 93-103.

5.2 「自然理解が変容する」を 解き明かす

岩本　哲也

1　はじめに

　小学校理科では，風や光，音，磁石，電気，空気，水，金属，生物，太陽，月，天気，地面などを対象として扱う。そして，子どもはそれらを対象に観察，実験を行うことを通して，自然理解をより確かなものへと変容させていく。自然を理解する際には，まず，自然に対して探究心をもち，具体的に働きかけることから始まる。その働きかける際の道具となるのが，身体に備わっている諸感覚である。また，諸感覚でとらえたことを言語化するところに考えの整理が認められる。

　そこで，諸感覚を働かせる活動場面と，そこに表れる児童の考えを明らかにすることを目的とし，いくつかの実践研究を行った。諸感覚でとらえた対象物に対する表現を出発点とし，その根拠を追究する活動が生じるなどの成果が見られ，児童期における「自然理解が変容する」姿の詳述につながった。

2　実践例１「第３学年　音の性質」
（1）方法

　小学校３年生27名を対象に，諸感覚を働かせてとらえた「音」を絵やことばで表現する活動を設定し，児童の考えや根拠となる理由についてとらえることとする。子どもの個々の考えを「My説」と称し，糸電話の糸をたるませたらどうなるか，実験前後で作成した「My説」の特徴・変化を事例として抽出し，分析する。

（2）結果と考察

　実験前のMy説を見ると，27名全員が「糸をたるませると声が小さくなる」と表現し，その理由として，「糸の中にある声が上りにくいから」「下から上に声が上がるときに勢いがなくなってしまうから」といった表現が見られた。このよう

に，音にも重さがあり，一度下へ行った音がもとの高さに上るとき，音自身の重さで力が減少するといった「音の力減少説」の子どもは 21 名（77.8％）いた。この 21 名に着目して，My 説を確かめるためにどのような実験をし，My 説を変容させたか調べた。その結果，諸感覚を働かせて音を探究する子どもの姿を概ね 4 タイプに整理・分類することができた（表1）。

表1　実験前に「音の力減少説」を考えた子どもの探究する姿　　　n=21

タイプ	実験前	実験	実験後	人数
A	たるんだところに声がたまり，空気中に出てしまうから声が小さくなる	たるんだ糸の一番低いところで音が漏れてくるのを確かめる	記述変更なし	4 名(19.0％)
B	たるんだところに声がたまり，空気中に出てしまうから声が小さくなる	たるんだ糸の一番低いところで音が漏れてくるのを確かめる	声が上りにくいから声が小さくなる（記述変更あり）	10 名(47.6％)
C	声が上りにくいから声が小さくなる	糸を張った状態で上から下，下から上に向けて声を出して聞き比べる	記述変更なし	5 名(23.8％)
D	声が上りにくいから声が小さくなる	糸を張った状態で上から下，下から上に向けて声を出して聞き比べる	糸が張っていないと糸の中を声が通れない（記述変更あり）	2 名(9.5％)

　My 説をもとに，聴覚を中心に働かせながら，2 種類の実験を行い，検証する姿が見られた。まさに，これは，諸感覚でとらえた対象物に対する表現（My 説）を出発点とし，その根拠を追究する活動が生じた姿といえる。自然理解を変容させた B（図1）・D タイプは 21 名中 12 名（57.1％）だった。

　一方，記述変更が見られなかった A・C タイプは 9 名だったことから，自然理解は，一度かぎりの実験では変容が見られないことがわかる。そこで，My 説を交流して友だちの考えと比較するようにした。考えが同じ子や違う子と，協力して，音が漏れてくるかを確かめたり，糸を張った状態で上から下，下から上に向けて声を出して聞き比べたりして，引き続き My 説を検証する姿が見られた。

最終的に，21名全員が実験を通して，My説の記述に変更が見られ，自然理解
の変容につながった。

図1　自然理解を変容させる子どもの姿（表1のBタイプ）

3　実践例2
「第3学年　太陽と地面の様子」
（1）方法
　小学校3年生27名を対象に，「日なたと日陰の地面の様子の違い」について，
諸感覚を働かせながら，どのような問題を見いだし，問題解決を進めるか，以下
の手順で調査する。そして，ノートの記述を対象とし，見いだした問題と実験方
法に焦点付けて，それぞれの特徴・変化を事例として抽出，分析する。

　（ⅰ）　諸感覚（視覚，触覚，聴覚，嗅覚）を明示し，日なたと日陰の地面の様
子の違いについて，問題①を見いだし，ノートに予想とともに記述する。
　（ⅱ）　見出した問題①に対して，検証計画を立案し，実験（観察も含む）を行う。
結果をノートに記録し，考察する。
　（ⅲ）　考察を学級で共有した後，新たに問題②を見いだし，ノートに記述する。

（2）結果と考察
　子どもが見いだした問題の記述をもとに，「日なたと日陰で暖かさはどのよう
に違うのだろうか」「日なたと日陰の暖かさに違いがあるのだろうか」などの問題
を「暖かさ」，「日なたと日陰で明るさはどのように違うのだろうか」「日なたと
日陰の明るさに違うのだろうか」などの問題を「明るさ」，「日なたと日陰の湿り

表2　「日なたと日陰の地面の様子の違い」に対する探究　　　　　　　n=27

問題①	実験方法	問題②	人数
暖かさ	水を手と温度計で調べる	暖かさ	7
明るさ	水と木を置き，色の違いで調べる	暖かさ	4
暖かさ	土を手と温度計で調べる	暖かさ	3
暖かさ	水と土を手と温度計で調べる	暖かさ	3
暖かさ	水と土を手と温度計で調べる	湿り気	2
暖かさ	石と鉄を手と温度計で調べる	暖かさ	2
湿り気	手に付く土の違いで調べる	暖かさ	2
暖かさ	水と土を手と温度計で調べる	明るさ	1
明るさ	水と木を置き，色の違いで調べる	明るさ	1
明るさ	水と木を置き，色の違いで調べる	湿り気	1
明るさ	石の色の違いで調べる	暖かさ	1

　具合はどのように違うのだろうか」「日なたと日陰のじめじめ度は違うのだろうか」などの問題を「湿り気」とし，問題①②を分類した。そして，子どもがどのような探究をしたかを整理した（表2）。

　暖かさに関する問題を記述した子どもは，問題①②ともに22名(81.5％)で最も多かった。実験方法は，すべて子どもの発想によるもので，暖かさに着目して，視覚と触覚を働かせて調べる傾向があると考えられる。

　問題①に対しての考察を学級全体で共有した。「日陰より日なたの方が暖かい」「日なたに物を置くと色が明るくなり，日陰に物を置くと色が暗くなる」「日なたの土は乾いていて，日陰の土は湿っている」といった結論となった。予想の記述と見比べ，「予想通り」と答えた子どもは27名(100％)で，そのうち14名(51.9％)が「予想以上に違いがあった」と答えた。結論導出後，同じ問題を再実験しようと考えている子どもは16名(59.3％)であった。

　「日なたと日陰の地面の様子の違い」について，これまでの体験や経験をもとに，「暖かさ」「明るさ」「湿り気」に着目し，問題を見いだし，諸感覚を働かせながら解決していく子どもの姿を見取ることができた。予想通りではあったが，再度，同じ問題を確かめ，自らの自然理解をより確かなものに変容させようとする姿が学級の半数近く見られた。このことから，異なる実験方法や再実験を行うこ

とができる学習過程の設定も必要と推察される。

4　示唆されること

　子どもの個々の考えを「My説」で表現したり，見いだした問題や予想をノートに記述したりして，それらを手がかりに実験を計画し，諸感覚を働かせて検証する姿が多く見られた。諸感覚を働かせた対象へのとらえが自然理解の変容につながり，より確かなものにする様子も見て取ることができた。また，個々の考えを表現することにより，友だちの考えと比較することができ，考えが同じ子や違う子と，協力して探究する姿も見られた。一度かぎりの実験で自然理解の変容が見られない場合もあり，いくつかの実験あるいは何度も繰り返す実験の用意も必要であると考えられる。自然理解を変容させたり，より確かなものにしたりするためには，いつでも，どこでも，どんなことでも，諸感覚を働かせながら調べることが必要不可欠といえるだろう。

注　本稿は，以下の内容をもとに作成している。

岩本哲也・溝邊和成・寺西絵美（2018）諸感覚を働かせ，自らの考えを生成・変化させる理科授業 −小学校第3学年「音の性質」（新単元）を事例として−，日本理科教育学会中国支部大会発表要旨集（67），25.
岩本哲也・溝邊和成・流田絵美・佐竹利仁・平川晃基・坂田紘子（2019）諸感覚を働かせた自然探究に関する基礎的調査 −小学校第3学年「太陽と地面の様子」を事例として−，日本理科教育学会近畿支部大会，52.

5.3　子どもの姿から問いの根元を探る

坂田　紘子

1　はじめに

　理科という教科学習の始まる小学校第3学年において，「日光」が題材として大きく取り上げられている。児童は，光のエネルギーという実体の捉えにくいものを対象として学習していく。学習指導要領においては，太陽と地面の様子」が地球を柱とした内容に位置付けられていることに対し，本実践に関わる「光の性質」はエネルギーを柱とした内容に位置付けられている。

　生活経験から日光に暖かさは感じていると考えられるが，鏡ではね返した日光について，暖かさの観点をもって捉えている児童はどれくらいいるのだろうか。暖かいということを活用した実践は多く見られるが，暖かさをどのように理解していくのだろうか。実際の子どもの姿から，探っていきたい。

2　実践の目的・方法

（1）目的

　光の暖かさに対する児童の理解を探るために，はね返した日光の暖かさについて，児童はどのような概念をもっているのかを明らかにすることを目的とした。

（2）方法

　本実践は，2019年10月，第3学年の児童39名を対象に行った。

　①鏡ではね返した日光が当たっているところの暖かさについて，日かげの時と比べて予想する。（予想）

　②鏡ではね返した日光が当たったところの暖かさを，物の変化の様子，手触りや温度計などで調べる。（実験・結果）

　③実験結果からわかったことと，自分の考えの変容を表現する。（考察）

3 実践の成果

（1）子どもの様子

①予想

　直射日光が当たっているところは，日かげよりも明るく暖かいということは既習しており，全員が日常経験から実感している。その上で，日かげになっているところと，日かげに鏡ではね返した日光が当たっているところの暖かさを，比べながら予想した。

　鏡ではね返した日光が当たっているところの暖かさについては，「日かげよりも暖かくなる」と予想した児童は 19 名，「日かげと同じである（変わらない）」と予想した児童は 20 名であった。このことより，鏡ではね返っているのは明るさだけであり，「暖かさははね返らない」と考えている児童も多数いることがわかる。

②実験・結果

　実験では，はね返した日光の暖かさを触って感じることはもちろん，どのような方法で可視化して検証すればよいかということを計画した。児童の自由な発想の中には，暖かくなるのであれば，アイスや氷が速く融ける，チョコが融ける，卵や肉が焼けるというようなものがあった。

　検証可能な方法を話し合いながら精査し，自分たちの考えに沿ってグループを組み，それぞれに必要な準備物を用意し，実験を行った。アイスや氷などそれぞれの物を 3 つずつ用意し，日かげにそのまま置いたもの，鏡 1 枚ではね返した日光を当てたもの，鏡 3 枚ではね返した日光を当てたもので比較した。卵や肉，チョコで実験を行ったものには全く変化が見られなかった。アイスや氷で実験を行ったものは，どれも同じくらいの融け方であり，はね返した日光による差があったのかどうかという判断は難しいものであった。

　このように，どの実験においても思っていたような明確な現象は見られなかったため，温度計で温度を測ってみようということになった。温度計を用いた実験の結果，鏡ではね返した日光が当たったところの暖かさを日かげと比較して調べると，どのグループの結果も日かげよりも温度が 3 ～ 6℃上昇するという結果が得られた。

（2）実践から見えてきたもの

　実験の前後で，鏡ではね返した日光が当たったところの暖かさについての考えがどのように変化したかについて，表1に示す。

表1　暖かさに関する考えの変化

実験前	実験後	人数
暖かくなる	暖かくなった	12
暖かくなる	変わらない	7
変わらない	暖かくなった	13
変わらない	変わらない	7

　手触りでも調べているが，数値で3〜6℃の差が出ても，暖かくなったかどうかの捉え方は様々であることがわかる。

①「暖かくなった」にも様々な見解が

　「鏡ではね返した日光が当たっているところは日かげより暖かくなる」と予想し，結果を予想通りだったと捉えた児童の中でも，はね返った光のエネルギーの大きさについての感じ方は様々であり，以下のような考えが見られた。

・直射日光よりは暖かさのパワーは減ってはね返った。

・暖かさは少ししかはね返らないと思っていたけれど，たくさんはね返った。

・もっと熱いと思っていたけれど，直射日光より減ってはね返った。

・直射日光のエネルギーを10パワーとすると，はね返るのは5パワーくらいだと思っていたけれど，その2倍くらいだった。

　このように，はね返した日光の暖かさに対する結果は予想通りだったととらえたが，光の量と温度の間には関係があるらしいという意識の喚起はあったと考えられる。

②なぜ「暖かくなる」→「変わらない」と変化したのか

　「鏡ではね返した日光が当たっているところは日かげより暖かくなる」と予想し，実験結果が3〜6℃上昇したにも関わらず，実験後の考えでは「変わらない」と捉えた児童は7名であった。これらの児童がそのように捉えたのは，「全然上

がらなかった。」や「思ったより低かった。」、「8℃くらい上がると思ったのに3℃しか上がらなかった。」という理由であった。

　その中でもA児は，実験前は「光をはね返すと暖かくなる。鏡を2枚にすると2倍の熱さになる。」という考えをもっていた。実験の際には，「卵が焼けるはずだ！」という思いから，卵に光をはね返して実験を行った。しかし，何の変化も見られなかったため，近くの友だちにも呼びかけ，数人で光を集めるようにしたが，変化は見られなかった。その後，温度計で計測を行うと5℃の温度上昇が確認できた。しかし，実験後には「温度が上がると思ったのに全然上がらなかった。」と捉えた。自身が想定していたほどの変化が目には見えなかったため，温度の上昇があったにもかかわらず，そのように考えてしまっている。

③確かめても「変わらない」

　「鏡ではね返した日光が当たっているところは日かげと変わらない」と予想し，結果を予想通りだったと捉えた児童が7名見られた。「日かげに置いたものと何も変わりなかった。」や「40℃くらいになったら上がったと思える。」という理由が見られた。

　その中でもB児は，実験前は「光をはね返しても明るくはなるが，暖かくはならない。」という考えをもっていた。実験の際には，暖かくならず何も変化が起こらないはずなので，光をはね返した所の温度の計測のみを行った。結果は，鏡1枚ではね返した所は日かげよりも3℃，鏡3枚ではね返した所は日かげよりも5℃高くなるという結果になった。しかし，他のグループの実験結果も含めて「チョコも卵も何も変化がなかった。10℃くらい上がったら，暖かくなったと思える。」という理由から，「暖かくならなかった。」と捉えた。温度変化と現象に対する説明言語との関係が十分でないために，予め想定した現象が起こらないと考えが変容しないということがうかがえる。

　以上のことより，3〜6℃の温度上昇が測定されても，児童が予め感覚的にもつ現象が現れない場合には，それを暖かくなったと認識できるわけではないことが推察される。

4　示唆されること

　本実践より，鏡では日光の暖かさははね返らないと考えている児童もおり，目に見えない「暖かさ」を理解することは容易ではないことがわかる。また，3℃の温度差という定量的な変化に対しての児童の捉え方も様々であった。このことから，児童一人ひとりがもつ科学的な考え方の進み具合を見つつ，特に小学校の低学年段階では，例えば「暖かさ」を諸感覚で感じる経験を豊かにすること，それの言語化を通じた共有化が必要であると考える。また，日常的に温度変化と生活経験を関連付けて捉えることも効果的であると思われる。日々の気温観察はもちろん，他にも例えば，風呂の湯でも3℃も違えば，体感するものとしてかなり変わるだろう。

　本実践では，どのような検証方法があるか，検証可能かどうかを考える段階において，教科書通りの活動にとらわれず，子どもたちの発想に委ね，自由度が高い活動ができたと考える。また，自分たちの考えに沿ってグループを組むことで，自分で考えたことを人と精査しながら活動し，問題解決に至ることができた。このことにより，児童一人ひとりがもつ問いや，それに対する理解について，筋道立てて自分の考えを表現することができたと考える。

　教師側の思いとしては，実験後に「暖かくなった」と捉えられると，授業が円滑にまとまるのかもしれない。しかし，39名中の14名（36%）もの児童が「変わらない」と捉えており，全員が納得できるまとめに繋げる段階ではなさそうだ。多数の考えで考察をまとめてしまうのではなく，この14名の思いも大切にしたいものである。

注　本稿は，以下の内容をもとに作成している。
坂田紘子・溝邊和成・岩本哲也・佐竹利仁・流田絵美・平川晃基（2019）光の理解に関する基礎的調査 －はね返した日光の暖かさを捉えるまでの過程に着目して－，日本理科教育学会近畿支部大会発表要旨集，48.
坂田紘子（2021）光の理解に関する基礎的調査 －はね返した日光の暖かさを捉えるまでの過程に着目して－，理科の教育2021年4月号，通巻825号，pp29-32.

5.4	感覚ベースの表現から問いの生成へ

平川　晃基

1　はじめに

　体験活動の重要性が高まっている近年，生活科や理科などの学習において，諸感覚の活用への認知が高まっている中で，学校現場においても，諸感覚に着目した認知に関する基礎的研究がなされてきている。例えば，小学校の児童を対象とした諸感覚の研究では，天羽ら（2006）など，生活科を中心とした実践的な事例報告が見られる。また，理科に関わる基礎的調査では，諸感覚でとらえた対象物に対する表現についての報告が見られる（岩本ら 2018，2019）。しかしながら，諸感覚に関する研究は，件数もそれほど多くなく，諸感覚と表現との関係なども今後の研究成果が待たれるところであると言える。

2　実践の目的・方法

（1）目的

　本研究は，小学校児童を対象に，どの諸感覚を働かせてどのようにかかわっていくか，言語表現に焦点化して検討し，その特徴を明らかにすることを目的とした。

（2）方法

Ⅰ．触覚に関する基礎的調査〜オノマトペを中心に〜

対象：小学校第 1 学年児童 30 名

時期：2019 年 10 月

検証方法：「さわったらどんなかんじ？」という題で，教室内にあるものを触るとどんな感じがするのかをオノマトペを用いてワークシートに記述する（表現

　①）。一つの対象物に対して複数の記述も可とした。

分析方法：ワークシートの記述を基に，対象物に対してどのような言葉で触覚を
　　表現しているかを分類し，その集計数から活用の傾向をとらえる。

Ⅱ．土に対する基礎的調査

対象：小学校第4学年児童30名

時期：2020年10月

検証方法：土，砂，泥，粘土にはどのような違いがあるのかを言葉で表現する（表
　　現①）。その後，土を見たり触ったりするなどして，結果や考えを言葉で表現
　　する（表現②）。

分析方法：表現①②を，諸感覚（視覚，触覚，聴覚，嗅覚）の項目別に分類し，
　　個数を数えた。また，諸感覚をどのように活用しながら探究しているか，諸
　　感覚に基づく表現を時系列に整理した。感覚の活用パターンを分類するとと
　　もに，人数を比較した。

3　実践の結果

　調査Ⅰで作製した児童の作品を基に表現の種類と，同一の対象物における児童
の表現の違いを分析した。普段触ることのない物も多く，児童は興味を持って調
査に取り組んでいた。特に記述が多かった10種類の対象物に関する表現の種類
と傾向を示したのが表1である。

　表1からもわかるように，「つるつる」と「ざらざら」という表現が多く，特に
「つるつる」は10種類の対象物全てに入っていた。このことから，児童が触覚

表1 対象物に対して児童が表したオノマトペ　　　　　　　　n=154

対象物／表現	つるつる	ざらざら	ざらつる	つるざら	つめたい	ぬるい	かたい	ぷにぷに	さらさら	ぬるぬる
黒板　（19名）	8	2	2	0	1	2	7	0	2	1
筆箱　（14名）	6	1	0	0	1	0	3	2	0	1
本　（14名）	11	6	2	1	1	1	0	0	0	0
水筒　（14名）	5	2	1	1	5	0	6	0	1	0
黒板消し（13名）	2	7	1	1	0	2	0	0	0	0
鉛筆　（12名）	5	0	1	0	0	2	4	0	0	0
机　（12名）	6	4	4	0	0	0	0	0	0	0
消しゴム（12名）	4	3	1	0	0	1	1	1	0	1
窓　（9名）	4	2	1	0	1	0	2	0	1	0
椅子　（8名）	4	1	1	0	2	0	2	0	0	0

ただし，表内の数値は，人数を示す。

を言葉で表現するときは、そのほとんどが表面の凹凸に関する感覚を表すことがわかる。また、その中で、「つるつる」、「ざらざら」の表現では表すことが難しいものには、言葉を複合させ、「つるつる」（14件）などを用いることで、表現に偏りを持たせていた。次に、児童は対象物の温度を表現することが多く、「つめたい」（11件）、「ぬるい」（8件）という表現が多く見られた。次に、児童は対象物の硬さに関しての表現が見られた。「かたかた」し、「ぶにぶに」という表現が見られた。一つ当たりの硬さに関する記述があった。このほか、対象物の水分度合に関する表現が一部に見られた。「さらさら」（4件）、「ぬるぬる」（3件）という表現である。このような水分度合に関する表現を特定の児童のみが記述していたことがわかった。

調査Ⅱのワークシートを基に感覚の項目別に分類したものが表2である。嗅覚の活用は、見られなかった。表現①では、「土はぶわぶわ」「砂はさらさら」等の「触覚（表面）」が30名中

表2　感覚の項目別分類表　n=84

感覚	観点	表現①	表現②
視覚	色	12	8
視覚	大小	5	8
聴覚	音	3	1

n=84

感覚	観点	表現①	表現③
	硬さ	8	2
	重さ	2	8
触覚	表面	15	5
	湿り気	2	3
	湿度	0	2

表内の数値は、人数を示す（複数回答を含む）.

15名（50.0%）、「土は茶色」「泥が1番濃い色」等の「視覚（色）」が12名（40.0%）であったことから、そこに探究の出発点があると考えられる。表現②では、「視覚（色）」、「粘土の粒はとても小さい」「粒の大きさが違う」等の「視覚（大小）」、「粘土は重い」「砂は軽い」等の「触覚（重さ）」が共に8名（26.7%）で最も多かった。「触覚（表面）」では10件減少した。合計は、表現①47件、表現②37件で減少した。これらのことから、表現②に比べて表現①では、観点に偏りが見られ、表現の件数が多い傾向があると考えられる。

諸感覚に基づく表現を時系列に整理し、感覚の活用パターンを分類すると、表3のようになった。表現①②共に、視覚、触覚、聴覚の単感覚を活用した「単感覚→単感覚」（タイプA）、「単感覚→多感覚」（タイプB）、「多感覚→多感覚」（タイプC）に分類することができた。多感覚の活用は、ほぼ「視覚と触覚」だった。

タイプＡは22名（73.3％）で最も多かった。タイプA1，A2，A5，A6，B，Cのように，23名（76.7％）で感覚の活用に変化があった。感覚の活用を変化させながら探究を進める傾向があると考えられる。タイプＢは7名（23.3％）で，感覚の活用が焦点化される傾向が見られた。

表3　諸感覚に基づく表現（時系列）　　n=30

タイプ	人数
A：【単感覚 (表現①) →単感覚 (表現②)】	
A1：視覚→触覚	7
A2：触覚→視覚	6
A3：触覚→触覚	4
A4：視覚→視覚	3
A5：聴覚→触覚	1
A6：聴覚→視覚	1
B：【多感覚 (表現①) →単感覚 (表現②)】	
B1：視覚と触覚→視覚	3
B2：視覚と触覚→触覚	1
B3：視覚と触覚→聴覚	1
B4：視覚と触覚と聴覚→触覚	1
B5：視覚と触覚→視覚	1
C：【単感覚 (表現①) →多感覚 (表現②)】	
C1：触覚→視覚と触覚	1

表内の数値は，人数を示す.

4　示唆されること

　調査Ⅰから，触覚に関する多様な表現が見られた。具体的に，表面の凹凸に関する感覚を表す表現や，温度に関する表現，硬さに関する表現，水分度合いに関する表現が挙げられる。これらの表現は，触覚の観点として整理することができると考えられる。他にも，「つるざら」「ざらつる」など，「つるつる」と「ざらざら」の言葉を複合させるといった表現もあった。対象物を触る前に予想した感覚と，実際に触った時に得られる感覚との一致，不一致を表現して明確にすることが，問いの生成につながると考える。

　調査Ⅱから，児童は感覚をベースにしながら，対象物をとらえようとすることがわかった。土や砂などを対象とする際は，視覚や触覚を優位に働かせる傾向がある。対象物を視覚のみ，触覚のみといった「単感覚」でとらえようとしたり，視覚と触覚といった「多感覚」でとらえようとしたりする姿もあった。また，諸感覚に基づく表現を時系列に整理，分類すると，「視覚→触覚」「触覚→視覚」「視覚と触覚→視覚」など，感覚の活用を変化させながら探究を進める傾向が見られた。感覚を複合して活用したり，活用を変化させたりしながら，対象物を表現していくことが問いの生成につながると考える。

　調査Ⅰ・Ⅱは，感覚ベースの言語表現に焦点化した。今後，言語以外での表現開発を進め，問いの生成へとつなげたい。

注　本稿は，以下の内容をもとに作成している。
平川晃基・溝邊和成・岩本哲也・坂田紘子（2021）土のかかわり方に関する基礎的調査 ～諸感覚に基づく表現に着目して～，日本生活科・総合的学習教育学会第30回全国大会発表論文集

引用・参考文献

天羽武（2006）生活科における諸感覚の活用能力を育成する実践的研究：幼児教育における諸感覚の活用事例をもとにして，生活科総合的学習研究 4, 59-66.
天羽武・野田敦敬（2006）生活科における諸感覚の活用能力を育成する実践：県内外の幼・小の活用事例をもとにして，日本理科教育学会東海支部大会研究発表要旨集（53），17.

「ARCS モデル」をもとにする 探究プロセスと子どもの様相

5.5

田中　一磨

1　はじめに

　目まぐるしく，そして高速に進化していく時代。また，多様性の中を生き抜いていく子どもたちにとって，目の前の事象に正対し，そして解決していく資質・能力が求められている。そのような背景のもと，小学校での科学教育研究において，子どもたちの探究心や自ら学ぶ力を育むために，自らの実践研究において探究プロセスと学習意欲という側面を切り口とした。その焦点として，Keller（1984）が提唱する「ARCS モデル」を単元デザイン指針とした実践を行った。

　「ARCS モデル」とは，表1に示すように人の学習意欲の主要な側面を，4つの要素（注意，関連性，自信，満足）に整理したものである。このモデルに対し，Keller は学習者の文脈において概観でき，意欲を刺激・保持するための方略をつくりだすことを可能にすると主張する。本稿では，そのモデルを援用した実践事例とその成果を述べることとした。

2　単元デザイン指針

　ARCS モデルをベースにして，表2に示すように小学校科学教育の探究活動としての単元デザイン指針を問いの形式を用いることによって整理した。

3　実践事例概要
（1）単元について

　第6学年児童を対象とする「総合的な学習の時間」において，科学的な探究活動を中心とした単元「くらしの中から『ショックのやわらげ』を科学しよう」（全21時間）を設定した。そのねらいは，身近な事物・事象を対象化し，科学的なアプローチの有用性を理解することにある。具体的には，身近に見られる梱包材

表1 ARCS モデル (Keller, 1984)

要 素	内 容
Attention （注意）	・おもしろそうだ，何かありそうだという学習者の興味・関心の動きがあれば，注意が獲得できる。 ・新奇性（もの珍しさ）によって知覚的な注意を促したり，不思議さや驚きによって探究心を刺激したりする。また，注意の持続には，マンネリを避け，授業の要素を変化させる。
Relevance （関連性）	・学習課題が何であるかを知り，やりがい（意義）があると思えば，学習活動の関連性が高まる。学習の将来的価値のみならず，プロセスを楽しむという意義や課題の親しみやすさも関連性の一側面である。
Confidence （自信）	・学び始めに成功の体験を重ね，それが自分が工夫したことだと思えれば，「やればできる」という自信がつく。 ・教師の指示にただ従うだけでなく，試行錯誤を重ね，自分なりの工夫をこらして成功した場合（学習の自己管理），自信はさらに高まる。
Satisfaction （満足）	・学習を振り返り，努力が身を結び「やってよかった」と思えれば次の学習意欲へつながる満足感が達成される。 ・マスターした技能が実際に役にたったという経験や，教師や仲間からの認知と賞賛，努力を無駄にさせない首尾一貫した学習環境などが重要である。

表2 単元デザイン指針 (筆者考案)

要 素	内 容
Attention （注意）	・学習材が子どもの生活経験と密接につながり，経験を想起させ疑問や課題を見出し，探究活動への関心を抱くことが可能となっているか。 ・学習材との出合いを適切に行い，興味・関心を喚起できているか。
Relevance （関連性）	・学習材に価値を感じ，探究活動の目的を明確にもっているか。 ・学習後の自分の姿を想起し，その姿に向かう意義や，探究活動に向けての見通しを持てているか。
Confidence （自信）	・既有の探究手法を活用し解決に向けての手応えを感じているか。 ・新規の探究手法を取り入れようとしているか。また，良さを実感しているか。
Satisfaction （満足）	・結果のみではなく，プロセスに着目し自らの学びを振り返っているか。また，教師は適切に評価できているか。 ・生活の中での科学の有用性や奥深さを実感しているか。 ・科学的に探究することの良さを実感しているか。 ・自らの手で学習を展開する良さを実感し，次なる学習への期待感をもっているか。

224

をはじめとする「もの」を衝撃から守る素材に注目し，その形や仕組みについて科学的に探究し，科学的な探究プロセスの向上をはかると共に，科学の有用性を感じとることを単元のねらいとした。

（2）単元展開と ARCS モデル要素

　表3に，単元展開と ARCS モデル要素との関係を示した。第1次（4時間扱い）の「目を向けよう」では，単元の導入から学習課題を設定する場である。生活の中での注目点として「ショック」と「緩和」を想起する A(注意) とそれに関わる学習計画 R(関連性) を位置づけている。第2次（14時間扱い）の「探究しよう」では，それぞれがしっかりと探究活動を行い，実験データを整理したり，他者へ合意を得ることが可能となるような資料を作成したりする場である。また，自らの学びを活動ごとに形成的に振り返りつつ，確かさ（手応え・充実）を感じていく場でもある。R(関連性) C(自信) S(満足) が位置づけられる。第3次（3時間扱い）の「深め合おう」では，探究活動から得た考察を互いに伝え合い考えを深め，そして学びを総括としてまとめていく場（満足・達成）である。ここには，S(満足) が位置づく。

表3　単元展開と ARCS モデル要素との関係性

	活　動	要素
第1次 (4h)	くらしの中での「ショックのやわらげ」に目を向けよう ● くらしの中での「ショックのやわらげ」について考える ● 学習計画を立てる	 A R
第2次 (14h)	くらしの中での「ショックのやわらげ」を探究しよう ● くらしの中での「ショックのやわらげ」について探究する ● 実験から得たデータを整理したり，表やグラフに整理したりする ● 自分の考えをまとめ，効果的な資料を作成する	 RCS RC CS
第3次 (3h)	くらしの中での「ショックのやわらげ」について考えを深め合おう ● くらしの中での「ショックのやわらげ」についての考えを伝え合う	 S

4　「ARCS」要素と子どもの学び

　学習後の「振り返り」のコメント（抽出児童）を ARCS の各要素に当てはめて見

表4　学習後に見られる子どもの記述

要素	子どものコメント
Attention （注意）	・箱に何かを入れて運ぶ時，上や下，すき間に何を入れると良いか分かる。<u>分かるとこれから先，役に立つと思う。</u>(I) ・最初の話し合いで，「水はどちらにもなる」と言っていたので，本当なのか調べたい。<u>プールでの飛び込み方などを思い浮かべて，水に接する大きさの関係も調べてみたい。</u>(II)
Relevance （関連性）	・やわらかい物が衝撃を吸収すると思うけど，<u>実際にやってみないとわからない</u>(III)ので調べてみる。 ・ショックをやわらげたい時，<u>あたえたい時の物の使い方</u>(IV)を知りたい。
Confidence （自信）	・30回のデータをとった。(V)次は布を2枚にふやして調べる。 ・「プチプチ」の実験をしたが，<u>他と比べていないのでまだ何とも言えない。</u>(VI) ・4枚を調べたけど，8枚の時とあまり変わらなかった。なので，<u>もう一度8枚のデータをとった。でも変わらなかった。</u>(VII)
Satisfaction （満足）	水はショックをやわらげることはあるけど，<u>深さや落ちる高さには限界がある。</u>(VIII) ・衝撃をやわらげる物は，やわらかい物で自由に形を変えられる物。<u>「かたち」を変えるということがポイントだと思う。船の先についているタイヤもそうだろう。</u>(IX)

ると，表4のようになった。要素Aでは，下線（I）は，子どもが学習材に対してどのように向き合い関連づけているかということを示している。下線（II）は，話し合いをもとに，自らが解決したいことを表明し，活動に見通しを持っている姿が表れている。要素Bの下線（III）は，予想した事を実際に実験してみないとわからないといい，科学的に探究する必要性を感じ，実験から得たデータをもとに考察していきたいという気持ちを示している。下線（IV）からは，やわらげる，あたえるという両側面に対して目を向けていることから，探究の目的意識の高さが読み取れる。要素Cにかかる下線（V）（VI）はデータ数をより多く獲得することや，他と比較して検討するという既有の探究手法を活かしていることが分かる。また下線（VII）からは，予想と反する結果となった時，再度実験をやり直しデータの正確さを確かようとしている姿が浮かび上がる。要素Sの下線（VIII）及び下線（IX）では，活動から得たことをもとに素材に対しての新たな見方をもったり，生活の中での事例と学びとを関係づけたりしていることが分かる。

5 示唆されること

　上述のように，限定的な実践の調査研究ではあるものの，小学校の科学的な探究活動場面において「ARCS モデル」を援用し，単元デザインから展開，評価という一連の流れの中で機能するための探究プロセスと学習意欲の向上に一定の効果があるのではないかと考える。また，高等教育で援用された報告が主であった「ARCS モデル」も，こうした初等教育での可能性を示唆できたことに価値があるといえる。さらに，どのような内容の学習単元でも，あるいは，どのような年齢層の学習者にも実践可能であるかもしれない。

　科学教育の目指すべきことは「科学的に探究する術を身につけ，その良さを感じとること」「生活の中での科学の有用性や奥深さを感じとること」「目的意識を明確にもち，自らの手で学習活動を展開し，科学的に探究する術を身につけていくこと」そして，「課題を成し遂げた」と実感することであると考えている。また，そのような考えへと変容させていく姿を求める必要がある。本実践は，それらを可能とする機会と言えるだろう。これからの時代に必要な子どもの「学び・育ち」をより確かにする道となるはずである。

注　本稿は，以下の発表内容（一部抜粋）に基づいている。
田中一磨（2012）ARCS モデルに基づいた小学校理科学習の展開 —第 6 学年「電気の利用」の単元評価—，日本科学教育学会研究会研究報告，27(1)，97-100.

引用・参考文献

Keller, J.M. (2010) *Motivational Design for Learning and Performance: The ARCS Model Approach*, Springer（鈴木克明監訳 (2010)『学習意欲をデザインする— ARCS モデルによるインストラクショナルデザイン』北大路書房

<特別寄稿 15 >

不易流行とは歴史からの学び方

山下　芳樹

1　はじめに

　小学校高学年の児童が社会に出る 10 年後には，約 6 割もの職業がいま存在しないものに入れ替わるという，まさに今日の常識 / 非常識が明日の非常識 / 常識となるこれまでとは質の違った世界に子ども達は向かおうとしている。

　現行の学習指導要領では，言語能力や問題発見・解決能力に加えて ICT を適切に利活用し学習活動を支える情報活用能力が，高等学校の情報 I に集約されながらもすべての校種，教科の学びにとって基盤となる資質・能力として位置付けられた。情報に関わる資質・能力を育てる中核の科目として情報 I は位置付けられたが，学習活動としては教科横断的な視点（横の視点）と小中学校における情報教育の連続性への配慮（縦の視点）が強調された。ちなみに小学校における情報教育のねらいとその実態は次のとおりである（表 1）。

　このように，情報活用能力は，各教科・科目の特色を生かしつつ，理科や社会などすべての教科の学習を通して育成すべきものとされた。

表1　小学校における情報教育のねらいとその実態

小学校・教科横断的な学習　身近な問題の発見・解決という学習を通して情報手段（コンピューターなど）の基本的な操作を学習し，情報や情報手段のよさや課題のあることを気づかせつつ，学習活動としては文字入力データの保存やコンピューターの基本的な操作を，各教科の学習を通して習得させるとともに，プログラミングを体験させてプログラミング的思考を育成する。

　共通教科である情報科の目標に「様々な事象を情報とその結びつきの視点として捉え，複数の情報を結び付けて新たな意味を見出す力を養う」とあり，この新たな意味を見出す際に「情報と情報技術の活用を振り返り改善」させ情報と情報技術を適切かつ効果的に活用する力を養う。この様々な事象のうち，自然事象に関しては理科特有の場面が想定される。

　例えば図 1 のように，自然現象を法則など本質的な部分と実験や観察などに

よって顕わになる応答とに分けたと
き，この応答をどう処理するか，こ
こにモデル化やシミュレーション等，
情報活用能力が発揮される理科特有
の場面がある。さらに，自然の示す
複数の応答（情報）を，その意味や役
割に注視しつつ，組織化することで，

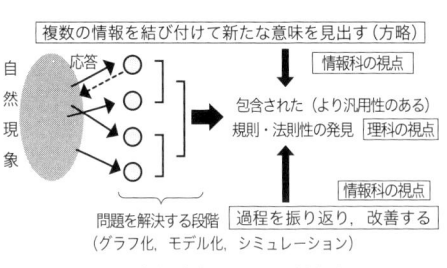

図1　自然事象における情報処理

単一の情報ではつかみ得なかった新たな意味（規則性や法則性）が見いだせるこ
とも自然科学の手法であり，これはまた「理科の見方・考え方」の考え方と軌を
一にするものである。このように ICT 活用能力の視点は，自然の声に耳を傾ける
だけで満足しがちであったこれまでの実験の在り方に対して，その声を解釈し，
読み解くことの大切さを改めて私たちに気づかせてくれる可能性を秘めている。

2　不易流行　先人たちの不断の努力に学ぶ

　明治 19 年の教科理科の誕生，戦後まもなくの生活単元学習，昭和 30 年から
40 年代にかけての系統性重視や現代化を経て近年のゆとり教育や新しい学力観
の登場，そして現在，GIGA スクール構想に代表される教育の情報化など，教育
環境の激変と呼応して，教師に求められる資質・能力もまた変化を留まるところ
を知らない。「果たして，私たちに対応できるだろか」，いつの時代も変化のた
びに，思い悩む教師の姿があった。不易流行，変化の中にあってこそ持ち続けた
い学びの姿勢や知識がある。以下，明治 19 年の教科理科の誕生，そして戦後ま
もなくの生活単元学習を事例として，教師の戸惑いの一端を紹介する。

　【事例1】　近代教育制度がスタートした明治初頭，小学校教則に見られる理科
には，養生口授（健康法），窮理学輪講（物理学），博物，化学，生理などがあり，
算術と合わせると全授業時間数の約 40％が自然科学で占められていた。

　例えば明治 7 年の文部省の手による『小学化学書』の序文には「この書は化学の
原理を説き，童蒙をして其大意を知らしむものなり」とあるように，児童に対し
て，物理学や化学という学問の初歩や大意を教えようと意図されていた。次の手

記は，東奥義塾に通う生徒による授業の様子を示したものである（表2）。まさに「知育の偏重，バランスの欠いた構成」，「高度な内容，学習困難な教科書」であった。

明治19年には内閣制度が導入され，教科書検定制度や義務

表2　明治初期の学びの様子

私が塾に居ったのは，明治8年の10月から14年の3月まで・・・塾はその頃まだ正式の中学の学則によらず，学科本位で組をつくっていました。広い部屋の中に英語数学漢文歴史等各々組が分かれていて，自分の学力によって適当な組に入って勉強するのです。・・・しかし，この制度は間もなく学年制度になってしまいました。・・・その頃，塾で使っていた教科書の主なものは大概塾に備え付けであって塾生の多くはこれを借用するのです。地理歴史数学理化生理等皆原書を教科書として教えていました。

教育制度の導入など学校教育においても学制以来根本的な改革が始まる。さらに高等小学校の配当科目に突如として「理科」という名称が用いられ，ここに物理学でも化学でもない「果実，穀物，菜蔬（さいそ），草木，人体，禽獣（きんじゅう），・・・等，人生に最も緊切の関係あるもの，日月，星，空気，温度・・・天秤，磁石，電信等，日常児童の目撃しうるところのものを教く」**教科**としての『理科』が誕生したのである。この新展開は，当時の教師にとっては青天の霹靂であった。

「博物，物理，化学といえば早速わかるけれど，理科とはいうものは一体どんなものであろうか。また，どういう風に教えてよいものか。唯一つひとつ物を教えたところで，どうもあまり面白くもない」

教師の感想に見られるように，「非常な変化で，まるで革命といってよいくらい」であった。明治23年に至って漸く，理科は何を教える教科という「理科の要旨」とその教授法とが明らかにされる。

要旨：通常の天然物，および現象の観察を精密にし，その相互・及び人生に対する関係の大要を理解せしめ，兼ねて天然物を愛する心を養う。

内容：児童の目撃しうる事実を授け，通常の物理上化学上の現象，通常児童の目撃しうる機械の構造，私用等，兼ねて人身の整理及び衛生の大要。

教授法：実地の観察に基づき，もしくは標本・模型・図画等を示し，または簡単なる試験（実験のこと）を施し，明瞭に理解せしめんことを要す。

このように，明治19年から5年を経過して，「理科の要旨は，従来のように自然科学を大意的に教えるのではなく，その自然科学の知識を以て自然物を教えるのである」という理解に至ったのである。さらに中学校においては，小学校に

遅れること10年，明治35年に「中学校授業要目」が定められるなど，教師の戸惑いを伴いつつ，日本の理科教育の根幹が確立されていった。

　【事例2】　2つ目の事例は，昭和20年代に展開された生活単元学習である。日本国憲法の制定，教育基本法や学校教育法の公布など昭和22年は戦後学校教育にとって画期的な年であった。平和的で民主的な市民の育成を目指し，すべての人が合理的でよりよい生活ができるよう「物事を科学的に見たり，考えたり，取り扱ったりする能力」，「科学の原理と応用に関する知識」，さらに「真理を見出し，進んで新しいものを作り出す態度」が身に着くよう，児童生徒の身のまわりにある事物現象に単元を求めるという経験主義的な問題解決型の学習がスタートした。昭和23年には児童用教科書「小学生の科学」が文部省主導で刊行された。第4学年から第6学年まで各5冊の計15冊，さらに実験と観察の報告（実験記録学習帳）各1冊を含めると都合18冊から構成されている。ちなみに第4学年（週3時間）の構成を見てみよう。内容としては，例えば自転車の細かな部品名まで扱うなど雑多理科という印象を与えてしまう。「生活単元学習は，実際生活というものに学習を埋没させ，自然科学の方法や論理を無視していた。また，問題解決の学習は，極端に言えば，子ども達を原始の時代に引き戻し，

1．私たちのまわりにはどんな生物がいるか（生物）
2．生物はどのように育つか（生物）
3．空には何が見えるか（地学）（3と4は合本）
4．地面はどんなになってるか（地学）
5．湯はどのようにしてわくか（物理・化学）（5と6は合本）
6．かん電池でどんなことができるか（物理）
7．どうしたらじょうぶな体がつくれるか（生物・保健）

自然に取り組んでいく何らの武器（知識）を与えないで，素手で自然に立ち向かわせ，問題を解決させようとするものである」という批判は当時の教師の率直な感想であった。教科書に書かれたものを，まるで授業請負人のごとく教えようとした

　姿勢には，明治19年に登場した理科に対する批判を髣髴とさせる。せる。第4学年の教科書の最後に設けられた教師のためのページには，生活単元学習の趣旨とともに，児童につけさせたい能力や態度が記されている。「湯はどうしてわくか」に示された「考える能力」，「技術的能力」，そして「科学的態度」について紹介しよう。

　内容の取捨選択は教師に任されており，たとえ雑多な内容であっても，そのねらいは，これらの能力，態度の育成にあった。ここには教科書を教えるのではなく，教科書で教えるのだという視点にたったとき，今に通じる能力や態度の育成が図られていたことに気づかされよう。

考える能力：普遍化する能力，関係的にみる能力，推論する能力，数量的に見る能力，予想する能力，企画する能力，筋道の通った考えをする能力，原理を応用する能力
技術的能力：材料を使う能力，記録する能力，工作する能力，機械器具を使う能力，危険から身を守る能力
科学的態度：事実を尊重する態度，科学を尊重する態度，慎重に行動する態度，道理にしたがう態度，注意深く正確に行動する態度

　昭和40年代，教育の現代化を旗印に学習内容の刷新が叫ばれた折に佐藤三郎は「教育現場には，官製の教育課程や学習指導要領を既定の事実として，敢えてその内容に挑戦しないままに，ただそれをいかに効果的に子どもに教えるかという形の「授業で勝負する」傾向が定着し始めている」と指摘した。いかに道具としてのICTを駆使し，さらに主体的対話的であっても，伝えるべき内容が果たして未来に生きる児童・生徒にとって意味あるものであるかどうかの吟味は必要であり，陳腐な内容の豊かな指導であってはならない。

　これまで経験したことのない不透明な世界に向かう児童生徒に対して，何をどう指導すべきかについては戸惑うばかりである。しかし，その指針を過去に求めつつも，社会のニーズに鋭く対応しながら先人の教えから学んだリアリティー（実感）を日々の授業実践の中で鍛え，我ものとするアクチュアリティー（体感）に変える不断の努力が教師には求められている。

引用・参考文献
山下芳樹・藤岡達也編（2022）『中等理科教育法』ミネルヴァ書房
山下芳樹・平田豊誠編（2018）『初等理科教育』ミネルヴァ書房
笹森順造編（1931）『東奥義塾再興十年史』東奥義塾学友会
高橋章臣（1907）『最近理科教授法』大日本図書
真船和夫（1968）『理科教育法』誠文堂新光社
佐藤三郎（1968）『教育の現代化運動』明治図書

＜特別寄稿 16 ＞

学び合いに見る理科の姿

水落　芳明

1　はじめに

　今，「主体的・対話的で深い学び」が求められ，それに伴って学習者同士の学び合いについても注目されている。本稿では，学習者同士がどのように学び合うのか，そしてその時，教師はどう見守るのか，具体的な姿を紹介し，学習者同士，もしくは学習者と教師の間に起こる「化学反応」について考えてみたい。

2　学び合いと教え合い

　「学び合い」と似た言葉に「教え合い」がある。これらの意味は同じといってよいだろうか？わたしは全く異なるものだと考える。

　「教える」という行為は「わかっている人」が「わかっていない人」に行うことを前提としている。したがって，「教え合い」は自分が分かっていて相手が分かっていないことをお互いに伝え合うという意味になる。この時，それぞれの学習者はどちらを向いているだろうか？自分の見えている世界を相手に伝えて，同じものを見えるようにする，つまり，同じ方向を向かせようとしているのではないだろうか？このように「教える―教えられる」時，学習者同士は別の方向を向いて「向かい合った関係」になっているのだ。

　それに対して「学ぶ」という行為は「新しい情報を知る」という意味だけでなく，対象の「意味が変わること」ととらえることができる。本稿で扱う「化学反応」はまさに「意味が変わる」学びであり，「水溶液の性質」を学ぶことは，水溶液の意味が変わることなのだ。例えば，コーラを例に考えてみよう。「水溶液の性質」を学ぶことによって，昨日まで飲んでいたコーラは，「スカッとして美味しい飲み物」という意味に加えて，「炭酸の入った酸性の液体」になる。同時にこの学習を通して子どもたちは酸性,中性,アルカリ性という概念を習得する。これによっ

て，身の回りにある飲み物や液体が別の意味をもって見えるようになるのだ。この考え方では，学習者は「わかっていない人（無知な存在）」ではなく，「わかることが可能な人（有能な存在）」ということになる。つまり「学び合う」学習者同士は学習内容を理解するという目的を共有する「同じ方向を向いた関係」ということになるのだ。

　さらに，その学習過程において，学習者同士が話し合い，意見を交流させれば，お互いの意味を変えることもできる。自分にはないアイデアや自分とは異なる説明をする姿に触れ，「自分にない考え方をできる人」という新しい意味が加わるのだ。こういう関係であれば助け合い，協力することが可能になる。自分と同じものしか持っていない人からは何も貸してもらう必要はない。しかし，自分にはないものを持っている人からそれを借りることができれば，自分一人ではできなかったことができるようになるのだ。そうすれば教室は「物事に協力して取り組み，一緒に喜びを分かち合う仲間のいる「安心して学べる場所」になっていくだろう。

3　目標と学習と評価の一体化

　私は，「学び合い」を「目標と学習と評価の一体化」と考えている1）。教師と学習者が目標を共有し，その目標に向かって学習を自己評価，相互評価し，必要に応じて教師評価もそこに加えながら一体化していく過程，それが「学び合い」なのだ。その過程なくして，あれこれ学習者が考えて行動したとしても学び合いとは言えず，「這いまわる」ことで授業が終わってしまうのではないだろうか。ここでは，「学び合いに見る理科の姿」の具体例として，私のつたない実践を紹介してみたい。教師の実験開始の合図の後，教師用机の上に用意されていた実験道具をすぐに取りに行っていた学習者が，自己評価，相互評価，そして教師評価も取り入れながら，学習目標を共有し，実験を進められるようになるように変化していく。

実験１：電磁石にもＮ極やＳ極があることを確かめる授業の導入場面

教師：それでは，これから実験を始めます。実験の目的は次の２つのことを確かめることです。１つめは，電磁石にも永久磁石と同じようにＮ極やＳ極があること。２つめは，電池の向きを変えることで極が変わること。（２つを板書）みんなで読んでみましょう。

一同：（目的を読む）

教師：実験記録は，この目的を達成するために，どんな実験をして，どんな結果が出て，それによってどんな結論になったのか等，他の人が読んでもわかるように書いてください。私からは，その結果でなぜその結論が言えるのか等の質問をします。班の全員が答えられるようにしてください。良いですか？①

一同：はい。②

教師：それでは，始めてください。

Ａ　：早く，もってこい！Ｂ！③

Ｂ　：（道具を取りに行き，道具の前をうろうろしながら選び始める。）④

・・・中略・・・

Ｂ　：（方位磁針１個とおはじきとアルミ缶２個をもってくる）⑤　爽健美茶とファンタオレンジのアルミ缶にしてみた。

Ｃ　：なんでもいいじゃんね！あの，メロンとかもあるよね？

Ｂ　：うん。

Ｄ　：すげえ〜これ，おはじきじゃん！（Ｃと一緒に遊び始める）⑥

Ｂ　：やめてよ〜！

Ａ　：（おはじき）貸して！

Ｂ　：だめだよ！

・・・中略・・・

教師：空き缶は何に使うの？⑦

一同：・・・・・⑧

教師：これは，何に使うのかな？

Ａ　：（アルミ缶が電磁石に）くっつくか⑨

D　：やってみるか？

A　：おおっ！

　　　（電磁石にアルミ缶を近づける）

D　：あっ，だめだ・・・。⑩

　　　　　　　　・・・中略・・・

　　　（クリップを電磁石に付けて遊ぶ）

教師：あれっ，ここは方位磁針を使ってないね？⑪

A　：ここにあります。（方位磁針1個を教師に見せる）

教師：この実験は，方位磁針1個でできるのかい？

A　：（教科書を見直して）できない。⑫

教師：なんでもってこないの？

D　：（方位磁針を取りに行く）

B　：遊んでたからだよ！⑬

A　：（Dに向かって）遊んでねえよな〜？

B　：遊んでたでしょ！

班全員：（教科書を読み始める）⑭

　授業の冒頭では，教師が実験の目的等を説明し，板書したものを児童全員で読んでいる。しかし，この時すべての学習者にとってその意味がきちんと理解されていたかというとそうではない。先生が読めと言った板書の文字を読んだだけであり，その内容については理解できていない子がいるのだ。①で「班の全員が答えられるようにしてください。良いですか？」という教師の投げかけに対し，学習者全員が②で「はい」と答えた時も，きちんと理解したとは言えず，先生に質問されたら答えなくてはならない程度の理解の可能性が高い。そのため，教師の「それでは，始めてください。」を受け，③でAは「早く，もってこい！B！」とBに対して実験道具を取りに行くよう促しているが，具体的には何を何個もってくればよいのかについては指示していない。何をもっていったらよいかわからないBは，④に示すように，並んだ実験道具を前にうろうろしてしまい，⑤で目についたおはじきとアルミ缶をもってくる。この段階で教師用机の上に並んだ実験道具は，Aにとって，実験道具としての意味を持っていないのだ。

236

同じ班のCやDも，実験道具として何が必要なのかを理解できていないことは，⑥で，おはじきで遊び始めてしまうことや，⑦の教師の「空き缶は何に使うの？」という質問に，⑧に示すように誰も答えられないことからも明らかだ。この班のメンバーが，実験の目的と実験道具を意識し始めたのは，この時，教師の質問に答えられない自分たちに気が付いた時ではないだろうか？そしてそれは，①②で，教師に質問されたときには答えられるようにしておかなくてはならない，という約束を思い出したことによるものではないだろうか。

⑨でAが苦し紛れに「（アルミ缶が電磁石に）くっつくか」と発話し，実験を始めようとするが，⑩で実験にならないことに気が付く。それを見た教師が⑪で「あれっ，ここは方位磁針を使ってないね？」と軌道修正のための質問をして，⑫で教科書を見直し，⑬でBから注意され，班全員が⑭でようやく学習を開始する。この後，この学習者たちはしっかりと目的を確認して実験できるようになった。

このプロトコルが示していることは，教師の冒頭の説明や板書された実験の目的を全員で読み上げることでは，実験の目的を理解できない学習者がいるということ。そしてそうした状態では，目の前の実験道具もおもちゃにしか見えない，ということだ。本当に目標を共有するためには，目標を達成しなくてはならないという責任を学習者が意識した時，ということだ。

4　今後の期待と展望

学習者が主体的に学ぶためには，学習者自身が裁量をもって自分の判断で学習を展開し，教師がそれを見守る学習デザインが必要だ２）。そして，教師と学習者が目標を共有し，学習者全員が目標を達成する主体者としての責任を分担することが必要なのだ。目標を共有し，責任を分担して，学習目標を達成する主体者として学び合っていく過程で，おもちゃのように認識していた実験道具を本来の実験道具として意味に変える「化学反応」を起こし，ひいてはお互いの意味や学ぶこと自体の意味さえも変えていくことにつながっているのだ。

引用・参考文献
１）水落芳明・阿部隆幸（2014）『成功する『学び合い』はここが違う！』学事出版
２）水落芳明・阿部隆幸（2018）『これで，理科の『学び合い』は成功する！』学事出版，8-12.

<特別寄稿 17 >

幼児期の原体験から初等理科への学び

秋吉　博之

1　はじめに

　初等理科における学びについて，幼児期の触覚・嗅覚・味覚及び視覚・聴覚の五感の形成や，そのネットワーク化を含めた基本的な体験から論じていく。

2　学習の基盤としての原体験

　原体験とは，広義には幼児期の触覚・嗅覚・味覚及び視覚・聴覚の五感の形成や，そのネットワーク化を含めた基本的な体験である。五感のなかでも，特に触覚・嗅覚・味覚は基本的な直接体験であり，一度の体験でも生涯にわたる長期記憶となる。これに対して，視覚・聴覚は間接的で意識していないと成立しない感覚である。

　乳幼児は，ものに触れるとまずそれを口に入れるしぐさが見られる。この時期は触覚・嗅覚・味覚を利用して認識しようとするが，成長するにしたがい，多くの情報を視覚・聴覚で処理し行動するようになる。成人になると外部からの情報の 85% 以上を視覚・聴覚の情報で処理すると言われているが，幼児期の触覚・嗅覚・味覚を伴う豊富な原体験が基盤となり，その後の学習における有用な情報を意図的，意欲的に取り組むようになる。

　乳児は産声をあげて生まれてくるが，当初，音声（言葉）に意味があることを知らない。自らが発する音声に相手が反応する体験を得て，音声が意思を伝えることを知り，やがて言葉が情報伝達の手段であることを理解するようになる。

　この過程は理科の学習においても同様であり，最初は具体的な事象の体験を通して，それと言葉（用語）を結びつけていくので，体験を伴わず教科書や図鑑だけで覚えた事象は定着しにくく忘れてしまう。小学校学習指導要領理科では「理科の学習を通して，自然の事物・現象についての理解を図り，観察，実験などに

関する基本的な技能を身に付けるようにするとともに，問題解決の力や自然を愛する心情，主体的に問題解決しようとする態度を養う」と示されている。この学びの中で，いきなりこれら抽象概念の解説をしても理解できずに定着もしない。土台となる体験の知 (科学) を結びつける学習が必要である。

　理科教育は，科学者を目指す人の基礎基本の学習であることはもちろんであるが，科学者ではない多くの人にも必須の学習である。自分の思っていることを正しく他の人に伝えたり，逆に他の人の思っていることを正しく受容し理解したりするためには，科学的な思考が求められる。自然の事象の体験は，科学の裏付けがなくても，それなりに納得して受け入れることができ，物が落ちることも，昼と夜があることも，日々当たり前のこととして暮らしている。ところが，科学には前提となる条件が必要である。例えば物が落ちる時，「空気の抵抗が無ければ重い物も軽い物も同時に落ちる」というように，科学的思考には「空気の抵抗が無ければ」という条件が必要である。

　条件によって答えは変わるので，その評価は条件設定とその視点から得られる結論との整合性の上に成り立っている。例えば，トカゲのちぎれた尾が動いていたり，活き作りのタイの尾がまだピクピクと動いていたりするとき，子どもたちは「まだ生きている！」と叫ぶ。この「生きているかどうか」を問う場合，前提として個体として生きているのか，器官や組織として，あるいは細胞レベルで生きていると判断するのか，そのレベル設定が必要である。個体レベルで考えると，活き作りのタイやトカゲの尾はやがて動きを止め死に至るので，「死んでいる」という判断ができ，組織レベルや細胞レベルで考えると「生きている」という判断も成り立つ。こうした場合，ともに正解と認める評価も必要であろう。

3　原体験の教育的意義

　これまで学校教育は主として図書や視聴覚教材など視覚と聴覚にうったえる教材と教授法を用いて，知識・理解に重点を置いて進められてきた。視覚は確かに事象を的確にとらえたり文字や映像情報を大量に取り入れたりすることができる重要な感覚であるが，進化の過程では，他の嗅覚・味覚・触覚等が視覚の進化を

助けてきた。また，視覚情報とそれ以外の四感覚の情報は，大脳連合野を介して密に連絡し合いながら，総合的に脳の連合作用を行っていることから，自然体験の教育的意義を考える際，触覚・嗅覚・味覚の三感覚を無視することはできない。

　五感のうち触覚・嗅覚・味覚の三感覚は，物理・化学的な受容器であり，原生動物でもこの受容能力をもっている。したがって，最も基本的な感覚であるといえる。感覚を系統発生的にみても触覚・嗅覚・味覚の三感覚は，下等なものから高等動物までもっている。これらの基本感覚を伴った知覚は一度の体験で長期記憶として残りやすい。一方，パターンを認識する視覚や音を受容する聴覚は，系統発生的には上位に位置する動物に限られており，生存という視点で見ると補助的感覚であり，一度の体験では長期記憶として残りにくい。

　ヒトの脳が健全でたくましく発達するためには，触覚・嗅覚・味覚・視覚・聴覚からのバランスのとれた刺激が不可欠である。植物や動物をはじめとする自然物は，匂いや味，手触り等が多様性に富んでおり，ヒトの脳の健全な発達に有効であると考えられる。子供に五感を通した豊かな自然体験をさせる時期は，自然物と抵抗なくふれ合うことができ，しかも脳の可塑性の大きい幼児期から9から10歳の頃が最適であると言われている。特に幼児期は科学性の芽生えを育てる時期としてとらえられる。花や葉の香り，山で採取した果実の味，土の温もり等，触覚・嗅覚・味覚の三感覚を通した実物とふれ合う体験は，幼児の心に楽しかった自然体験の思い出として，つまり原体験として長期記憶に残る。

4　原体験の理科教育上の意義

　自然の事物や現象を認識する場合，まず，その実物や現象にふれてからそれに関する知識を学ぶと認識や理解が深まる。ところが，高度情報化社会といわれる現在は実物を知らずに，知識だけが豊富になっている子どもが多くなっていると思われる。

　ヒトは外界の情報の多くを視覚と聴覚の二つの感覚から得ており，視聴覚教育が重要視されてきたのは当然のことである。しかし，視聴覚教育が有効なのは，視聴覚教材の内容と直接体験とが結びつけられたときであり，学習の基盤となる

体験が乏しい子供に対する視聴覚教育の偏重は考え直す必要がある。物を認知する場合，触覚・嗅覚・味覚・視覚・聴覚の5つの感覚が基礎となっている。従来の教育では五感のうち，視覚と聴覚が強調される傾向にあったが，これからの教育では，特に触覚・嗅覚・味覚の三感覚の重要性をみなおし，積極的に学習に取り入れることが必要である。

　そこで，自然物や自然現象を触覚・嗅覚・味覚を重視した五感を用いて知覚する体験を原体験として位置づけ，「生物やその他の自然物，あるいはそれらにより醸成される自然現象を触覚・嗅覚・味覚をはじめとする五感を用いて知覚したもので，その後の事物・現象の認識に影響を及ぼす体験のこと」と定義されている。

　原体験の内容は，自然物や自然現象を火・石・土・水・木・草・動物の七つの類型に分けて考えている。これら七つは，現在でも日常的に接することができるものであり，豊かな原体験はこれらの組合せでなされるものである。これを表1に示す。

　理科の学習の対象となる自然の事物・現象に興味や関心をもち，積極的に探究しようとする姿勢は，好奇心や感性によりもたらされるものである。したがって，原体験は，単に自然認識を深めることだけを目的としたものではない。原体験は好奇心等，人間として生きる力を身につけさせることを目的とした根源的な体験であり，教育の視点でみると全方向性をもったものである。原体験を教科の基盤とするためにはその教科の教育的な視点で方向性を与え，知識と結びつけることが大切である。理科教育では，触覚・嗅覚・味覚などの五感を通した豊かな原体験が，教育内容として取り上げられる知識や概念を意味づけたり関連づけたりするうえで重要な拠りどころとなる。そして，体験に裏打ちされた知識や概念は生きて働く力になるとともに，判断力，表現力，思考力，創造性を豊かにすると考えられる。このような観点から幼児や小学校低学年の時期に原体験を豊富に行わせることが必要である。

表1　原体験の類型と具体的事例

原体験の類型	具体的事例
火 体験	・火をおこす　・物を燃やす　・熱さを感じる　・けむたさを感じる　・火を消す　・いろいろな物質の焦げるにおいを嗅ぐ
石 体験	・石を投げる　・石を積む　・きれいな石をさがす　・石で書く　・石器をつくる　・火打ち石で火をおこす
土 体験	・素足で土に触れる　・土のぬくもりと冷たさを感じる ・土を掘る　・土をこねる　・土器づくり
水 体験	・雨にぬれる　・自然水を飲む　・水かけ遊び　・浮かべる ・海や川などで泳ぐ　・川を渡る
木 体験	・木に触れる　・木のにおいをかぐ　・木の葉，実を集める ・棒を使いこなす　・木，竹，実でおもちゃをつくる
草 体験	・草むらを歩く　・草を抜く　・草をちぎる　・草のにおいをかぐ　・草を食べる　・草で遊ぶ
動物体験	・捕まえる　・さわる　・においをかぐ　・飼う　・見る ・声を聞く　・食べる

5　今後の期待と展望

　初等理科における学びについては，子供が培ってきた経験を十分に理解したうえで，立案して授業実践を行うことになる。この際に体験に裏打ちされた知識や概念は生きて働く力になるとともに，判断力，表現力，思考力，創造性を豊かにすることを理解し，実践を深めることが大切である。

　なお，本論は山田卓三，小林辰至が論じた内容を再構成したものであることを付記する。

引用・参考文献

1）秋吉博之 編著（2018）『理科教育法　第3版』大学教育出版

2）小林辰至・雨森良子・山田卓三（1992）理科学習の基盤としての原体験の教育的意義，日本理科教育学会研究紀要 ,33(2),53-59.

3）文部科学省（2018）『小学校学習指導要領解説理科編』

<特別寄稿 18 >

ESD を取り入れた生活科と理科の進め方

小野寺　かれん

1　はじめに

　子どものとき，自然に対して何かしらの思いを抱いたことはないだろうか。卵から孵ったメダカの赤ちゃんに愛おしさを抱いたり，太陽の光を浴びてきらきら輝く海を見て美しいと感じたり，激しく降る雨や突然の雷に怖さを覚えたりしたことはないだろうか。子どもは，自然と触れ合う中で，自然と自分との間に身体的・精神的なつながりを感じ，自然に対して働きかける方法や自然とのかかわり方を探りながら成長していく。この過程を通して，自然と人間との共生に対する考えが深まっていく。そのため，教師は，子どもが自然に対してどのような思いや考えをもっているのかを丁寧に見取り，そうした思いや考えを広げ深めていくための手立てについて検討することが求められる。

　本稿では，ESD（Education for Sustainable Development，持続可能な開発のための教育）で大切にされる「自然と人間との共生」の考えに注目し，この考えを深めていくための生活科と理科の進め方について紹介する。

2　自然と人間との共生と ESD

　ESD は，地球規模の課題や身近な課題を自分事として捉え，その解決に向けて自ら行動を起こす力を身に付けるための教育である。現行の学習指導要領の前文及び総則では，「持続可能な社会の創り手」の育成が掲げられており，すべての学校において ESD を推進することが求められている。

　ESD が登場した背景には，1970 年代以降の地球環境問題の顕在化や自然災害の深刻化などによって，自然と人間との共生の在り方が注目されるようになったことが挙げられる。自然と人間が共生する社会の実現に向けて，人間は自然とどのようにかかわっていくべきなのか，自然の中でどのように生きていくべきなの

か。社会のさまざまな分野において，自然と人間とのつながりやかかわりといった共生の在り方について，議論が深められてきた。そこでは，自然に対する畏敬の念や生命尊重の態度といった，自然と人間との身体的・精神的な「つながり」が大切にされてきた。そして教育の場においては，自然と人間との共生を大上段に構えるような領域が求められるようになり，1990年代になってESDが生まれることとなった。

　生活科と理科は，そもそも自然の事物・現象を取り扱う教科であるため，ESDが大切にする自然と人間との共生の考えに迫り，自然と人間とのつながりやかかわりについて学習することが求められる。例えば，生活科では，子どもが身近な自然がもつ特徴や価値を見い出し，自分とどのようにかかわっているかに気付くことが重視されている。また，小学校の理科では，自然環境と人間とのよりよいかかわりについての考えを育むことが重視されている。このように，生活科と理科では，自然と人間（自分を含めた人間）とのつながりやかかわりについての思いや考えを育むことを目指している。では，具体的にどのような学習を展開すればよいのだろうか。

3　ESDを取り入れた生活科の進め方－動物飼育の例－

　私が小学校2年生の担任をしていたときのエピソードを紹介したい。いつもの朝の時間，ある子どもがうれしそうに私のところにやって来た。

　「先生，庭ですごいカマキリを見つけたよ。お尻から細長い虫が出てるんだ。教室で飼ってもいい？」

　すると，他の子どもがカマキリを見に集まった。クラスの虫博士は「カマキリのお尻から出てる虫は，ハリガネムシって言うんだ。もう，このカマキリは弱ってるよ。逃がしてあげようよ」と言った。しかし，カマキリを捕まえた子どもは，育てることにこだわった。

　1時間目の授業の後，子どもは虫かごに駆け寄り，カマキリを見つめていた。カマキリは，捕まえたときよりも弱っていた。子どもは，カマキリを飼いたいという思いと，もともと居た場所に帰した方がよいかもしれないという思いで揺れ

ていた。私が「カマキリは，どっちがいいのかな」と尋ねると，涙を浮かべながら，「狭い虫かごよりも，外の方がいいって思ってる・・・」と答えた。

　その後，一緒に中庭に行き，カマキリをそっと逃がし，２時間目のチャイムが鳴るぎりぎりまでカマキリを見守った。２時間目が終わった後に，一緒に中庭に行くと，そこにはもう動かないカマキリがいた。子どもは，「カマキリ死んじゃった・・・」と涙をこぼした。その後，カマキリの幸せを願いながら，二人でお墓を作った。

　紹介したエピソードでは，子どもは狭い飼育ケースにいるカマキリの気持ちを考え，そして自分の考えや行動を変化させたことがわかる。子どもの中には，昆虫には家族や仲間がいることやそれぞれの居場所があることを捉え，飼育する昆虫の本来の姿を想像しながら，「可哀そう」「心配」と思って共感したり，「逃がしてあげたい」と自らのかかわり方を考えたりする子どもがいる[1]。そのため，教師は，子どもの考えを把握し，昆虫や動物と直接触れ合う活動の中に，昆虫や動物の立場に立って考える場面を設けることが望ましい。

　しかし，こうした学習を進めると，飼育するという活動自体を否定的に捉えてしまう子どもがいるかもしれない。これは，動物と人間との共生において，多くの人が抱えるジレンマである。教師は，子どもの思いや考えを尊重しつつ，飼育を通して得られることについて，しっかりと伝えることが必要であろう。

　このように，生活科の飼育活動においては，「動物の立場（気持ち）に立って考える」機会を学習の中に取り入れることが大切である。そうすることで，子どもは動物と自分とのつながりやかかわりに気付き，いっそう飼育に励むだろう。こうした経験がきっかけとなり，動物と人間が共生するとはどういうことなのか，自分たちはどうすればよいのかを考えていくことにつながるだろう。

4　ESD を取り入れた理科の進め方－自然災害の例－

　自然観とは，人の思考・行動の根底にあるもので，自然の事物・現象を認識し，理解する際の基礎となるような自然に対する見方である。ここでは，民話を通して，子どもが自分自身の自然観を捉え直したエピソードを紹介したい[2]。

　理科の授業において，子どもたちに洪水をテーマにした民話「森を救うた大蛇」[注]
を紹介した。この民話には，自分たちではどうすることもできない洪水に絶望す
る村人や，突然現れた大蛇が洪水をせき止める様子，大蛇を祀る村人の姿が描か
れている。現代を生きる私たちは，フィクションとして楽しむだけに終わるかも
しれない。しかし，「民話が私たちに伝えたいことはなにか」という視点で読むと，
民話は大変価値のある理科の教材となる。

　実際，子どもたちは，「大蛇でないと洪水を止めることはできなかった。それ
くらい洪水は恐ろしいものだと，昔の人は伝えたかったのかな」「人間が川を変
えるのではなく，川の状況に合わせて人間が動かなくちゃいけないのかな」など，
先人の自然観に共感し，人間にとって川とはどのような存在なのか，人間は川と
どのようにかかわっていけばよいのかについて，しっかりと考えていた。

　日本では，古来より自然崇拝や神道，仏教の影響から，自然と人間とのつなが
りを大切にし，自然は人間と一体（もしくは人間より上）であることや自然は人
間にとって操作し征服する対象ではないといった自然観が育まれてきた[3]。民話
を通して，こうした先人の自然観について学ぶことで，自分はそうした自然観を
もっているのか，仮に先人の自然観を受け入れたならば，将来，自分はどのよう
に自然とかかわっていくのかについて考える機会を得ることができる。一方，す
でにもっている自分の自然観を変えることのできない子どももいる。自然観の理
解と受容，あるいは拒絶の有り様は子どもによって異なるため，あらかじめ子ど
もの実態を把握し，授業を組み立てることが求められる。

　このように，理科において自然災害を取り扱う際には，「自分の自然観を見直
す」機会を学習の中に取り入れることが大切である。そうすることで，子どもは
自然と自分とのつながりやかかわり，それを発展させて自然と人間との共生を目
指して，自分たちは何をすべきかを考えることになるだろう。

5　おわりに

　子どもたちに自然と人間との共生の考えを育むには，生活科と理科で共通して
大切にすべき学習がある。それは，「自然観を見直す機会」を取り入れた学習で

ある。つまり，自分自身がもつ自然と人間との共生についての思いや考えを自覚した後，自然が求めるものと人間が求めるものについて，双方の立場に立って考えたり，時代背景が異なる他者の自然観と比較したりして，自分自身の自然観を振り返り，そして豊かにする学習である。

　本稿では，昆虫を飼育し観察することを通して，昆虫の気持ちを考えたり，先人の川に関する自然観に思いをはせながら，先人と同じような視点で自然を見ようとしたりすることで，子どもの自然に対する感情を揺さぶり，自然観を広げ深めるような学習場面や活動を紹介した。

　こうした生活科と理科の学習は，自然と人間との共生の考えを大切にする ESD を，生活科や理科にどのように取り入れるかの実践例である。今後，さまざまな実践例が蓄積され共有されることによって，生活科や理科が持続可能な社会の創り手の育成にいっそう貢献することを期待したい。

注　民話「森を救うた大蛇」は，広島県の太田川の支流，水内川が舞台である。洪水により村が流されそうになったときに，井出から出てきた大蛇が川をふさいで洪水を止めたことで，村人は大蛇に感謝し，神様として祀るという話である。

引用・参考文献
1）小野寺かれん・藤井浩樹（2023）昆虫の立場に立って考えることについての低学年児童の認識，理科教育学研究，64(1),63-72.
2）Onodera, K. & Fujii, H.(2024) Learning about the Coexistence between Nature and Humans in Elementary Science Education: Developing Lessons Using Folktales That Reflect Ancestors' Views on Nature, *Education Sciences*, 14(1),28,1-15.
3）例えば，以下の研究が見られる。
　下川遥子・廣瀬直哉（2017）児童期後期における子どもの自然観，生態心理学研究，10(1),13-22.
　前林清和（2016）災害と日本人の精神性，現代社会研究,(2),61-75.

第6章

諸外国と結ぶ

6.1

総合的な学習の時間における
主体的に学ぶ態度の育成に係る実践

―イエナプラン教育
「ワールドオリエンテーション」から学ぶ―

野島　崇志

1　はじめに

　本実践の背景となる OECD（2018）は，『THE FUTURE OF EDUCATION AND SKILLS Education 2030』（文部科学省訳）の中で「未来は不確実であり，予測することが困難である」とし，「そうした不確実な中を目的に向かって進んでいくためには，生徒は好奇心や想像性，強靭さ，自己調整といった力をつけるとともに，他者のアイディアや見方，価値観を尊重したり，その価値を認めることが求められる。また，失敗や否定されることに対処したり，逆境に立ち向かって前に進んで行かなければならない」としている。

　したがって，これからの学校教育には，予測ができない社会の急速な変化や解決困難な課題に主体的に関わり，よりよい社会と幸福な人生の作り手となるための力をつける必要があると考えた。

　文部科学省（2018）『小学校学習児童要領（平成 29 年告示）解説　総合的な学習の時間編』では，「総合学習」の目標として「①課題の解決に必要な知識及び技能を身に付け，課題に関わる概念を形成し，探究的な学習のよさを理解する。②自分で課題を立て，情報を集め，整理・分析して，まとめ・表現することができる。③主体的・協働的に取り組むとともに，互いのよさを生かしながら，積極的に社会に参画しようとする。」ことを示している。したがって，前述した課題に対する資質・能力を獲得するために，学校教育の中では「総合的な学習の時間」（以下，「総合学習」）において学習することが適していると考えた。しかしながら，「総合学習」においても，武田ら（2018）によると「指導計画の作成が難しい」「指導の仕方が難しい」「授業内容が分散化」「児童生徒に役立っているか不明瞭」「学校差が大きい」という課題が指摘されている。さらに「総合学習」の授業をする上で最も難しい点として挙げられているのは，「テーマの設定」および「発達段階に応じたテーマ設定」であるとされている。

　このような「総合学習」における課題に対して，オランダで行われているイエナプラン教育の中の探究学習「ワールドオリエンテーション」の実践から学ぶことが解決の手がかりになりえると考えた。リヒテルズ（2019）によると「イエナプラン・スクールでは，子どもたちが自分の内側から湧いてくる問いに気づき，そこから解を求めて探究することを重視している」としている。さらに，「複数の科目に散らばった知識を組み合わせて，現実の特定の問題に対して応用することを学んでおかなければ，子どもたちはそれらの知識を本当に使って生きていくことができない」としている。つまり，「予測ができない社会の急速な変化や解決困難な課題に主体的に関わり，よりよい社会と幸福な人生の作り手となるため」の学びをイエナプラン教育ワールドオリエンテーションから学び，「総合学習」の授業実践を通して検討していくことができると考えた。

２．実践の目的・方法
（１）目的
　イエナプラン教育「ワールドオリエンテーション」の実践から学び，「総合学習」の単元を開発し，その授業実践を通して，「総合学習」における「主体的に学ぶ態度」の変容を考察する。

（２）方法
　先行研究の調査，イエナプラン教育実践校の視察，及びオランダで開催されるイエナプランビギナーズ研修への参加を行い，イエナプラン教育「ワールドオリエンテーション」の実際について明らかにする。その後，イエナプラン教育「ワールドオリエンテーション」を手がかりとして特徴を体系化し，「総合学習」の授業作成，授業を実施する。そして，2019年11月に予備調査，2020年7月に授業実践1，同年9月に授業実践2として授業を実施し，前後でどのような変容があったのか考察する。

（３）対象者と授業教材
　広島県内の公立小学校第4学年，第5学年，第6学年の約300名で探究テーマごとに編成した異年齢学習集団とする。また，授業に関わった教員9名を対象とする。

252

3　授業実践の成果

（1）イエナプラン教育ワールドオリエンテーション

　リヒテルズ（2019）によれば，「ワールドオリエンテーション」は，読み書きや算数，外国語，理科の定理や社会の基礎知識などを自らの問いをもとに探究するための重要なツールとして用い，「子どもたちがそれを使って探究しながら，世界のなかに自分の位置を見出していくこと」を目的として行われる学びであるとしている。

　さらに，イエナプラン教育の実践を明らかにするために2019年夏季オランダ・イエナプラン・オリエンテーション研修（JASおよびGlobal Citizenship Advice & Research.2019.8/25 ～ 8/30）に参加した。その研修におけるワールドオリエンテーションの説明では「大切なのは，教師が子どもたちに世界を見せることである。教師の役割は，子どもたちにおもしろいと思わせる，興味を引き出すことが大切である，なぜなら，人は，いつ学ぶのか，人は，学びたいと思ったときに学びが起きる，学習者がおもしろいと思ったときから，学びがはじまるからである。」とされていた。

　それらを整理し，基本概念や実践を元に授業を計画し，実践した。

（2）授業実践

①授業実践1

　授業実践1は，2019年11月～ 12月に公立小学校の計315名からなる異年齢学習集団を対象に行った。探究テーマは，1組グループが「オリンピック，パラリンピック」，2組，3組グループが「世界の遊び」であった。学習展開は表1の通りである。

表1　授業実践1の学習展開

時数		内容（全12時間）	
1	刺激	世界の遊びを知ろう（2組，3組グループ）オリンピック，パラリンピックの競技を知ろう（1組グループ）	教員による遊びの実演　遊び体験
2・3	問い	「問い」を立てよう	観察サークル，マインドマップ　探究したい「問い」をもとに少人数グループ編成（3組グループのみ）
4	計画	計画を立てよう	グループごとの計画作成　多様な発表方法の構想
5～9	経験・発表・探究	探究をしよう	調査（資料，インターネット）発表準備，振り返り，修正，練習
10・11	発表	発表しよう	ポスターセッション
12	記録	振り返ろう	振り返りサークル，ポートフォリオ

②授業実践2

　授業実践2は，2020年7月に授業実践1と同じ異年齢学習集団を対象に行った。探究のテーマは，1組グループが「学校」，2組グループが「オリンピック・パラリンピック」，3組グループが「コロナウィルス」であった。1組グループの学習展開は表2の通りである。

表2　授業実践2　1組グループの学習展開

テーマ			今だからこそ見直そう "学校"
時数			内容（全13時間）
1	刺激	学校の変化を知ろう	感染症対策による臨時休業やリモート授業などのニュース，サークル対話
2・3	問い	「問い」を立てよう	観察サークル，マインドマップ 探究したい「問い」をもとに少人数グループ編成
4	計画	計画を立てよう	グループごとの計画作成 多様な発表方法の構想
5～10	経験・発表・探究	探究をしよう	調査（資料，インターネット，質問紙調査） 発表準備，振り返り，修正，練習
11・12	発表	発表しよう	ポスターセッション，劇，紙芝居，ペープサートなど
13	記録	振り返ろう	振り返りサークル，ポートフォリオ

③授業実践3

　授業実践3は，2020年9月に実践1と同様の公立小学校の計327名からなる異年齢集団を対象に行った。探究テーマは，1組グループが「お金」，2組グループが「子ども」，3組グループが「大人」であった。1組グループの学習展開は表3の通りである。

表3　授業実践3　1組グループの学習展開

テーマ			お金って何？
時数			内容（全12時間）
1	刺激	お金について考えよう	お金の写真を使ったサークル対話，マインドマップ
2・3	問い	「問い」を立てよう	観察サークル，マインドマップ 探究したい「問い」をもとに少人数グループ編成
4	計画	計画を立てよう	グループごとの計画作成 多様な発表方法の構想
5～9	経験・発表・探究	探究をしよう	調査（資料，インターネット，質問紙調査） 発表準備，振り返り，修正，練習
10・11	発表	発表しよう	ポスターセッション，劇，紙芝居，ペープサートなど
12	記録	振り返ろう	振り返りサークル，ポートフォリオ

4　示唆されること

　3回の授業実践を通して，「自分の学びを振り返り，自己調整しながら，課題

解決に向かうリフレクション」の視点において，児童の主体的に学ぶ態度の育成に効果が見られたと考える。要因として，これまでの「総合学習」とは異なり，異年齢編成の少人数グループで対話をしながら，振り返り，探究を進めていく必要があったからであると考える。

　また，授業実践 1 においては，「課題解決に向けて，試行錯誤しながら取り組む粘り強さ」の視点において児童の主体的に学ぶ態度の育成に効果が見られたと考える。これまで経験したことのない「問い」の生成や探究方法でとまどいながらも異年齢編成の少人数グループで新しく人間関係を形成しながら取り組んだ結果だと考える。

　本実践から，イエナプラン教育ワールドオリエンテーションから学び総合学習の授業づくりの工夫を行うことで，児童の主体的に学ぶ態度の育成に一定の効果があると考えた。

注　本稿は，下記の内容をもとに作成している。
野島崇志 (2020) 小学校「総合的な学習の時間」における主体的に学ぶ態度の変容に関する研究：イエナプラン教育「ワールドオリエンテーション」を手がかりに，福山市立大学大学院修士論文

引用・参考文献
文部科学省 (2018)『小学校学習指導要領（平成 29 年告示）解説総合的な学習の時間編』東洋館出版社
野島崇志 (2020) 小学校「総合的な学習の時間」における主体的に学ぶ態度の変容に関する研究：イエナプラン教育「ワールドオリエンテーション」を手がかりに．福山市立大学大学院
OECD (2018) 文部科学省訳 .THE FUTURE OF EDUCATION AND SKILLS Education 2030
リヒテルズ直子 (2019)『今こそ日本の学校に！イエナプラン実行ガイドブック』教育開発研究所
武田明典 , 池田政宜 , 知念渉 , 小柴孝子 , 嶋﨑政男 (2018) 総合的な時間についての教員のニーズ調査，神田外語大学紀要，30, 235-255.

問いを中心とした授業改善

6.2

―イエナプランを手がかりに―

谷川　陽祐

1　はじめに

　近年，学校現場では「主体的な学び」や「探究学習」への関心がより一層高まっている。教師主導による学びではなく，児童自らが問いを生成し，学ぶ意味や価値を実感しながら学習に向かうことの重要性が求められている。しかし，実際の学校現場において，児童自らが問いをつくる機会は極めて少ないと推察される。そこで，「探究」「問いの生成」に関して明確に示されているオランダ・イエナプラン教育が手がかりになるではないかと考えた。

2　実践の目的・方法

（1）目的

　研究の目的を次のように設定した。第一に，イエナプランスクール大日向小学校の方法論やアイデアなどの特徴を掴む。第二に，「問いづくり」に焦点を絞った試行実践を行う。それらを受けて，児童自らが探究の見通しを持った問い（以下，「自立的な問い」と称する）の生成に向けた小学校「総合的な学習の時間」に関する指導ポイントの整理を目的とした。

（2）方法

　上記の目的を達成するために次の研究1，2，3を設定する。日本における適用事例としてイエナプランスクール大日向小学校での現地調査（研究1）を行う一方で，オランダ・イエナプランスクールの指導例等を参考に公立小学校にて試行実践を行う（研究2）。さらに研究1・2を踏まえて，いくつかの工夫を加えた試行実践（研究3）を展開することによって，児童の問いの生成に有効な支援を

検討する。

　研究 1 では，イエナプランスクール大日向小学校第 1 〜 3 学年担当指導教員及び児童 29 名を対象に，参与観察を主とした現地調査を行う。「蜂」をテーマとした探究学習（ワールドオリエンテーション：20 時間扱い）の問いの生成に関して，教員の指導行動の分類を行う。研究 2 では，研究 1 にかかるオランダのイエナプランスクールの取り組み（リヒテルズ 2019）を参考に，公立小学校第 5 学年児童 69 名を対象に試行実践を行う。児童にとって身近な「ごみ」をテーマに，問いづくりから始まる探究学習（12 時間扱い）を展開し，その成果・課題をまとめる。研究 3 では，研究 1，2 で得られた指導上の工夫を反映させ，公立小学校第 6 学年児童 64 名を対象に「お金」をテーマに試行実践を展開する（12 時間扱い）。

3　実践の成果
（1）イエナプランスクール大日向小学校での現地調査（研究 1）

　大日向小学校の探究学習（ワールドオリエンテーション）において，問いの生成プロセスに焦点を当て，教員の行動を分析した結果，表 1 のように 7 つに分類できた。問いづくりを活性化させるために教員がさまざまな方法を駆使して児童らの好奇心を喚起していたことがわかった。

表 1　「蜂」をテーマにした学びの刺激（大日向小学校）

種類	具体例
〈1〉 実物を見る	・はちの巣を見る。
〈2〉 話を聞く	・地域のはち名人に話を聞く。・養蜂場に電話をかける。
〈3〉 外に散歩に出る	・校舎外に出て，はちに関わるものを見つける。
〈4〉 ビデオを見る	・動画教材を視聴する。
〈5〉 体験する	・みつろう作りを体験する。
〈6〉 お話を聞かせる，クイズを出す	・読み聞かせをする。・クイズを出題する。
〈7〉 教室環境を整える	・関連本や実物を設置する。

　イエナプランでは，「探究したい」と思えるようなテーマ設定を大切にしており，児童の好奇心を引き出すために身近な話題から学習を始めることが特徴であ

る。児童の実態や興味関心に応じた学びの刺激があり，刺激の数・質・タイミング・組み合わせによって個性ある授業となることがわかった。

　また，児童の疑問を集める作業を行う際には，マインドマップを活用した指導が行われていた（図1）。児童らの意見を集約しやすいように，「はちみつ」「はちのす」「からだ」など大きなテーマで分けていた。また，「疑問」を「問い」にするために，問いを表す言葉（「なぜ」「どうやって」「どこで」「いつ」など）を付け加えていた。子どもたちは，「女王蜂は何をしているの？」「はちみつをどこにしまっているの？」などの問いを生成していた。課題としては，児童の呟きは一過性のものであるので，マインドマップに反映されずに取りこぼしてしまうことがある。また，話すことが苦手な児童の呟きをどう扱うのかについては検討の余地がある。

（2）公立小学校での試行実践（研究2）

　第5学年を対象として「ごみ」をテーマに問いづくりから始まる探究学習を展開した。研究1で明らかになった指導アイデアを踏まえ，文章完成法でイメージを引き出しやすくしたり（図2），付箋紙を活用し，問いを可視化するという工夫点を加えた上で試行実践を行った。

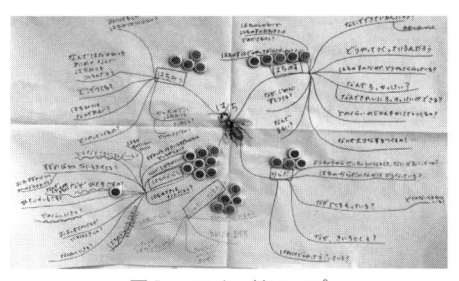

図1　マインドマップ　　　　　図2　「ごみ」のイメージ想起

　子どもたちは，「捨てられたゴミはどこに行くの？」「なぜリサイクルが必要なの？」など様々な問いを生成した。自分たちで答えを見つけていくことへの充実感が見受けられた一方で，質の高い問いの生成ができなかった。一度決めた問いを熟考したり対話したりするなど，問いの吟味・修正活動を通して，より質の高い問いを生成できるようになるのではないかと考える。

（3）公立小学校での試行実践（研究3）

　第6学年を対象として「お金」をテーマに問いづくりから始まる探究学習を展開した。研究3では，探究過程で問いの変更を認め，問いを変える都度，色を変えた付箋紙に問いを書くようにした。子どもたちは，「お金が破れたら価値はどうなるのか？」「ただの紙にどうして価値があるのか」などの問いを生成した。問いの変更を認めることによって，一度生成した問いを見つめ直す機会を得，より自分の意思に即した，自立的な問いが生起したと考えられる。自立的な問いの生成に向けた具体的な支援として，次の点を実施した。

---

① 複数の学びの刺激を行う

② 対話によって疑問を引き出す

③ 問い返しを行う

④ マインドマップを活用して児童の疑問を整理する

⑤ カテゴリー分けにより，チームで取り組めるようにする

⑥ 文章完成法（「○○とは～」）を使ってイメージを引き出す

⑦ 付箋紙を活用し，問いを可視化する

⑧ 問いの変更を認める

⑨ 問いの見通しや困難さを共有し合う

⑩ 問いの変遷を付箋紙で記録する

4　示唆されること

　本研究で明らかになった自立的な問いの生成に向けた取り組みの成果から，指導のポイントを次の3点に整理した。

　指導のポイント1点目は，イメージを想起することである。素朴な疑問を確かな問いにするためには，まず物事に対する経験や知識等に基づく印象を多く引き出させることが重要である。児童のイメージを十分に想起させてから，マインドマップを活用して疑問を繋いだり，まとめたりして整理することは，自己発露を促す有効な支援である。また，自立的な問いの生成に向けては，事前に問いを

想定しておく必要がある。なぜなら，問いづくりの方向性を見通すことで，学習が焦点化されると予測するからである。

　指導のポイント2点目は，問いを吟味することである。探究過程で問いの変更を認め，問いを吟味する余地を用意することが有効である。一度決めた問いを熟考し，より良い問いを求めていくことで，児童自らが問いの見通しを持ちやすくなっていくことが期待できる。また，生成した問いについて，付箋紙を用いて可視化することは，児童1人ひとりの問いが明確になる点で有効である。問いが変わる度に付箋紙を書かせることで，自らの意思を示すだけでなく，仲間の問いを参考にして考えを練り直すことにも効果がある。

　指導のポイント3点目は，問いを共有することである。自立的な問いの生成に向かうには，他者との対話が欠かせない。問いについて，その見通しや困難さを他者と交換・共有することで，自身にとって，確かに価値のある問いが見えてくる。「どうして」「どのように」など互いに問い返すことが，物事を多角的に捉えられるようになる支援として有効である。また，児童の興味・関心に伴って適切にチームを編成し，協働的な学習に向かう場を用意することで，仲間同士の対話を促すことができる。対話的に問いを吟味することは，固定化された物事の認識を捉え直すきっかけとなるため，問いの精緻化が期待できる。このように，他者と情報を共有するプロセスを経て，自分なりの見通しを持った問いに高めていくことが重要である。

引用・参考文献

岩野翼（2010）オランダ教育見聞録―イエナプランの小学校を視察して―，フォーラム理科教育，No.11，72-82.

ダン・ロススタイン／ルース・サンタナ（著），吉田新一郎（訳）（2015）『たった一つを変えるだけ』新評論

苫野一徳（2019）『「学校」をつくり直す』河出新書

フレーク・フェルトハウズ／ヒュバート・ウィンタース（著），リヒテルズ直子（訳）（2020）『イエナプラン　共に生きることを学ぶ学校』ほんの木

リヒテルズ直子（2019）『今こそ日本の学校に！イエナプラン実践ガイドブック』教育開発研究所

稲井　雅大

6.3 科学的な活動を支援する携帯型学習カードの開発

―オーストラリアの科学教育プロジェクトをもとに―

1　はじめに

　オーストラリアでは，2008 年からナショナル・カリキュラム（オーストラリア・カリキュラム：以下 AC）の体系的な開発に取り組んでいる。日本同様，コンピテンシーに基づく教育課程改革として，「何を知っているのか」「何ができるのか」といった資質・能力の育成が目指されている。また，国家レベルで幼小接続期における教育の推進に取り組み，小学校入学前の 5 歳児教育 PREP 制度（以下 PREP）を取り入れている。そこでは読み書きといった国語の素地や，基礎的な計算等の算数の素地，自然体験や科学遊びを通して理科の素地を習得することが目指されている。合わせて，各学校に STEM 推進用の校舎を設置する等，幼児期からの科学教育の普及に取り組んでいる。中でも，クイーンズランド州では 2014 年から Age-appropriate pedagogies（以下 Aap）として幼小接続期に焦点を当てたプロジェクトを進めている。2016 年には，Aap での指導法やカリキュラムに関するツール「Aap 携帯カード」（図 1）が開発される等，より現場での使用を考慮した取り組みとなっている。Aap の中間報告書によると，実践者の 89.7％が本プロジェクトを肯定的に捉えている。携帯カードの活用についても「どうすれば規準を達成できるのか，理由と考え方を示すことができ使用しやすい。」という回答があるように評価は高く，情報を持ち運ぶことの有用性があると認められている。しかし，これらは教員向けのカードに止まり，幼児・児童の活動をより深めるために活用できるような

図1　Aap 携帯カード

カードの開発・適用には取り組まれていない。

　日本においてもこのようなカード開発等に取り組んだ報告例は見当たらない。活用現場の環境配慮型や幼児・児童の実態が反映されたタイプのカード等があれば，より科学的な活動支援が行われると期待されており，今後の研究成果が待たれるところである。

2　実践の目的・方法

（1）目的

　小学校低学年児童ならびに指導者を対象とし，実践を通して，幼小接続期の科学的な活動を支援する携帯型学習カード（以後，「デザインシート」と称する）の開発を目的とする。Aap 携帯カードのような指導者のみを対象とするものではなく，児童への意識調査等の結果を反映させたカード作成を行うことで，指導者と幼児・児童が共に活用可能なデザインシートを作成する。

（2）方法

　Aap プロジェクトで作成された携帯カードに関連する内容検討とともに，アメリカでの先行事例として Harlen,J. & Livkin,M.（2004）の文献を整理・検討し，題材の選定や活動例の考案，接続期において取り組むべき内容の検討を行う。これは，全米乳幼児教育協会の指針や全米科学教育スタンダードに準拠しながら主として 4 歳から 8 歳における科学体験活動アイデアとして 129 の探究活動例が紹介されており，それぞれのねらいや，準備物，話し合い場面の例等も詳しく説明されている。日本においても有効な活動モデルとして参考になると判断し，それら先行事例における取組内容と Aap 携帯カードの形式を参考に，児童用のデザインシート（試作版）を決定する。

　その後，実践として小学校にある科学園で試作版を使用した実践を 3 回行い，参加した児童と指導者への意識調査からその効果を検証する。

（3）対象者と時期

　対象：大阪府内の N 小学校 1 年生（82 名），2 年生（80 名）

　時期：2018 年 5 月～ 11 月

3 授業実践の成果

（1）デザインシート作成のための予備調査・準備

オーストラリアにおける幼小接続期プロジェクトの特色と訪問調査，資料分析から，同国における幼小接続期の科学カリキュラム改革の動向を整理した。デザインシート開発におけるポイントとして，次の3点が明らかになった。

①身近な自然の不思議さや面白さを実感する学習活動となること。

②携帯ツールとして，子どもも指導者も持ち運びやすい形状にすること。

③学びの視点を，指導者同士で共有すること。

さらに，上述したアメリカの先行事例からトピックやねらい・活動例等を整理し，デザインシートに記載する内容選択の手がかりとした。

（2）デザインシート活用に関する調査Ⅰ

デザインシート第1版の開発にあたっては，予備調査の指導内容をもとに，「かがくえんであそぼう」という植物を中心とした単元で取り組んだ。内容は「葉」「小さい生き物」などであった。開発したカードのデザインが子どもに好評で，カードを携帯しいろいろな場所で活動することができた。しかし，「子どもの掌サイズとやや小さかったこと」「写真やイラストのない言葉だけの指示であったこと」より，子どもにとって活動内容をイメージしにくいものとなった。改善点として，「デザインシートの大型化」「写真の挿入」「記入内容の精選」の3点が挙げられた。

（3）デザインシート活用に関する調査Ⅱ

デザインシート第2版での最大のの改良点は「デザインシートの大型化」であった。A4サイズに拡大し，イメージしやすいよう写真も載せるようにした。指導者用の裏面には幼児期の終了までに育ってほしい幼児の具体的な姿（10の姿）について重視する点をレーダーチャートで図示することで，指導者が指導のねらいをより意識することができるようにした。

第2版のデザインシート（6種類）を用いて，「植物」単元の1年生と2年生の実践を行った。子どもが選択するデザインシートの傾向分析から，活動のしやす

さや面白さ，分かりやすさに加え，「やったことがない」「難しそう」といった子どもの姿からこれまでの経験や活動の見通し等への配慮が求められていることが分かった。よって，第3版では，より具体的な言葉とイメージしやすい写真を使用するとともに，難易度を示すマークやヒントになるような言葉，写真も取り入れることにした。

（4）デザインシート活用に関する調査Ⅲ

「植物」単元，12種類のデザインシート（第3版）を準備した（図2）。子どもの自由選択を認め，各デザインシートが選ばれる理由と傾向を分析した。一番多かった理由は「難易度が低い，自分にもできそう」といったクリアできる可能性の高さを重視したものであった。指導者が取り組ませたい内容を考える際，対象となる子どもたちのそれまでの経験や発達を考慮して「できそうだ」と思わせるものになるようにすることが大切であることが分かった。また，男女別に分析したところ，男子は「珍しいから」「不思議だから」といった対象に対する興味・関心を中心に選択していることが多く，女子は「きれい」「かわいい」といった対象自体に魅力を感じる理由で選ぶことが多かった。男女問わず活用可能なデザインシートを開発するためには，これら2つの要素を取り入れる必要があることが分かった。

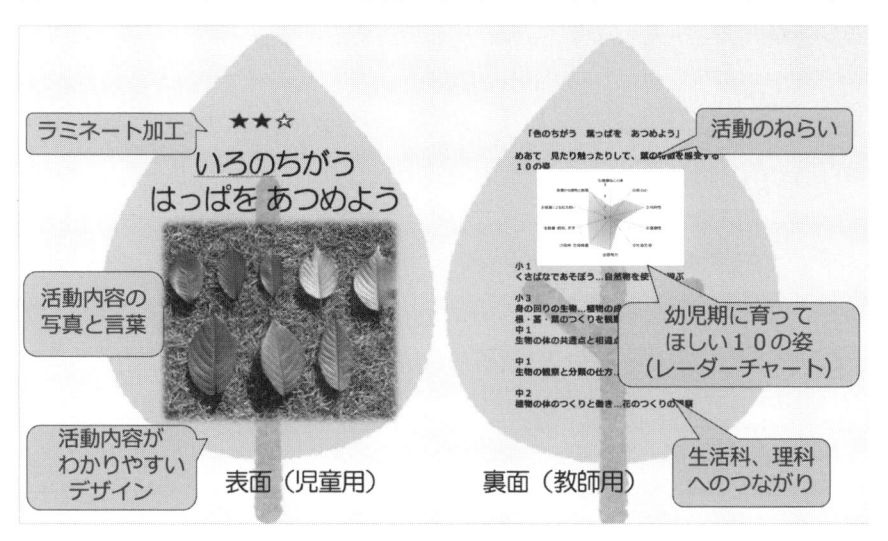

図2　デザインシート

4 示唆されること

今後のデザインシートの開発に向けて，以下のことが示唆される。

シートの内容面では，「したことがある」「できそう」といったこれまでの経験想起や活動の見通しに加え，「ふしぎ」「おもしろそう」など児童のやってみたいという気持ちを重視することが挙げられる。馴染みのある事物・現象に焦点をあて，ヒントとなる言葉・記号も含め，具体的な動作を端的に表記する。

形式面では，児童が携帯しやすく，かつ写真や文字を十分に記載できる大きさとして A4 サイズが推奨される。児童の目に止まりやすい大きめの写真やイラスト（カラー印刷），マークや記号も取り入れやすくなるためである。また対象をイメージしやすいカードの形状や色の工夫も作成上のポイントになる。

今後は，デザインシート開発例を増やし，多くの単元開発に挑むことで，カリキュラムに位置付くデザインシートの妥当性や客観性を高めていく。また，幼小連携を重視した幼稚園児への実践も必要となる。幼稚園児への実践も検討することで，より系統性のあるデザインシートを検討していくことができると考える。また，指導者研修ツールとして活用・分析することで，デザインシートのさらなる汎用性，体系化を図っていきたい。

注　本稿は，下記の3編をもとに作成している。
稲井雅大・溝邊和成（2017）オーストラリアにおける幼小接続期の科学教育 ～クイーンズランド州公立小学校 PREP の実践事例から～，日本理科教育学会近畿支部大会発表論文集 , 74.
稲井雅大・溝邊和成（2018）科学的な見方・考え方の基礎を養う幼小接続期カリキュラムの構想 ～デザインシートの開発とその適用～，日本生活科・総合的学習教育学会 第 27 回全国大会紀要 , 246.
稲井雅大・溝邊和成（2021）幼小接続期の科学的な活動を支援する携帯型学習カードの開発～小学校低学年児童を対象とした事例をもとに～，兵庫教育大学学校教育学研究第 34 号 , 333-341.

引用・参考文献

Age-appropriate pedagogies　Implementation Report 2016(2016)
https://earlychildhood.qld.gov.au/newsResources/Documents/aap-implementation-report.pdf
　　最終閲覧日：2023.11.25
Harlan,Jean D;Rivkin,Mary S (2004)"Science Experiences for the Early Childhood Years"Pearson Prentice Hall（ハーレン J. & リプキン M. 著　深田昭三・隅田学　監訳（2007）『8 歳までに経験しておきたい科学』北大路書房）

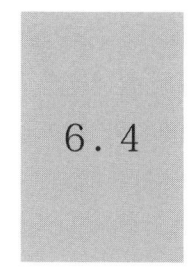

6.4 マニラ日本人学校と現地校における探究的な学び(算数科)

―ちがいを愉しむ視点を入れて―

牛島　敏雄

1　はじめに

　筆者(牛島)は，令和2年度(2020年度)から令和4年度(2022年度)までの3年間，文部科学省派遣教員として，フィリピン(図1)のマニラ日本人学校に赴任した。本稿では，マニラ日本人学校における算数科の教育実践を基にした，子どもの探究的な学びについて紹介する。また，フィリピンの現地公立小学校の様子や筆者が探究的な学びに向けて日ごろ意識して取り組んでいることもふれることとした。

図1　フィリピンの風景

2　マニラ日本人学校での教育実践

(1)マニラ日本人学校について

　マニラ首都圏のタギッグ市にあるフィリピンで唯一の日本人学校(図2)である。小中一貫校であり，9年間を同じ校舎で過ごす。運動会等の行事や児童生徒会活動も小中一貫で行い，小学部と中学部の交流もさかんである。特色ある活動として，年間を通した水泳指導や英会話，日本語教育等が挙げられる(詳細は後述マニラ日本人学校HP)。

図2　マニラの日本人学校

　研究テーマ(2019年度〜2022年度)は，「バイカルチュラルの視点をもった児童生徒を育む授業づくり」である。日本語力向上に向けて，AG5(在外教育施設の高度グローバル人材育成拠点事業；詳細は後述AG5のHP)の拠点校として，プログラムや授業づくりに取り組んだ。子どもたちが複数の文化(ちがい)を正しく理解し，お互いの文化を大切にできるために，教師が実践を構築していった。算数科における実践を以下に2つ示す。

266

（2）実践の詳細

【実践Ⅰ】実施単元　第6学年　算数「円の面積」

令和2年度はオンライン授業だったため，オンラインの長所を活かした授業実践をしようと考えた。オンライン授業では，フィリピンの自宅でも日本でも学習に参加できる。また，Zoom には，ブレイクアウトルームというグループ活動の場がある。自分たちのグループ会話は聞こえるが，ちがうグループの会話は一切聞こえない。そこで本単元では，円の面積を学習した後，「ピザの面積をもとめよう」と伝え，グループ活動を取り入れた。その際，グループに提示するピザを意図的に変えておいた（図3）。

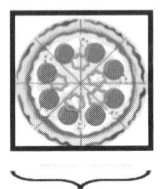

12cm

図3　提示したピザ

実は，3種類のピザの面積はすべて等しくなる。グループ活動の後，全体で解答を確認した。全グループが同じ答えとなった。筆者が「式はどんな式になったかな。」と1つのグループに発表させた。すると，他のグループが首をひねった。「え？どうして×9なんか出るの？」「わたしのグループは×4をしたよ」と意見が交錯した。この言葉が子ども自ら動き出した場面である。そして，子どもが探究する活動は「他のグループがどんなピザの面積をもとめていたのか」という，計算式からピザの形を読み取る活動へと変わっていった。そして，Google

Jamboard（図4）を用いたグループの話し合いから「なぜ面積が等しくなるんだろう」「大きいピザ1/4でも同じ面積になる！」と，新たな探究に向かっていった。

子どもが自ら探究に向かうために，こうした想定外の「ちがい」を意図的に仕組むことも有効だと感じた。

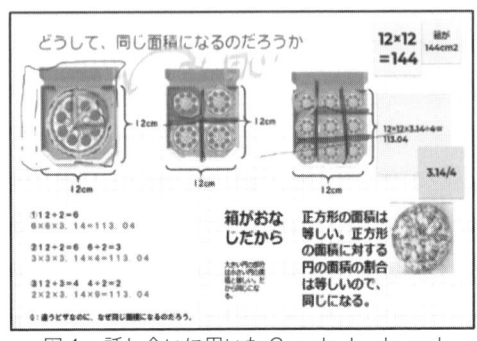

図4　話し合いに用いた Google Jamboard

【実践Ⅱ】実施単元　第4学年　算数「わり算の筆算」

この実践のきっかけは，子どもの算数ノートだった。国際結婚家庭の子ども

がわり算の計算をしたとき，「7 r 2」と解答した。「r」の意味を調べたところ，「remainder（あまり）」と出てきた。筆者自身が解答方法のちがいを愉しみ，教材化してみようと考えた。

わり算の筆算（84 ÷ 7）を学習した後，筆者は世界の国が書かれた封筒を子どもたちに渡した。封筒の中には，その国のわり算筆算（84 ÷ 7）が書かれた紙が入っている。見たこともな

図5　世界のわり算筆算に取り組む子ども

い筆算形式に子どもたちはとまどいながらも，友だちと解決していく。「これだと商を上に書けないね。」「下に1をたてたら，14はどこに書こう。」ちがう国の筆算方法を，紙や黒板を使って誰とでも説明し合っている姿はとても意欲的だった（図5）。各国の解答を確認した後，「先生，フィリピンの筆算はどうなのかな。」と発言する児童が見られた。自分が住んでいる国の筆算形式が知りたいと探究に向かった場面である。最後にフィリピンの筆算形式を提示したが，その説明で大活躍したのが前述の国際結婚家庭の子どもであったことは言うまでもない。子どもたちの探究心は一度火がつくと止まらない。その後の自主学習でも，各国の筆算を調べてくる子どもの姿がたくさん見られた。

「ちがいを愉しむ」探究が筆者から子どもに広がった場面であった（図6）。

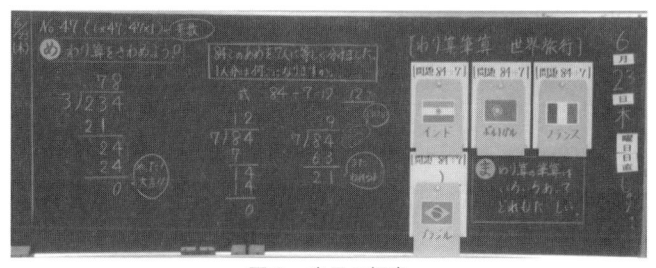

図6　当日の板書

3　フィリピンにおける現地公立小学校の実態

令和4年度の11月にマニラ首都圏の公立小学校を視察する機会を得た。タギッグ市リカルド小学校（図7）で児童数約5500人，137学級あり，1学年20クラ

ス以上ある小学校である。校舎に全校生が入れないため，午前は2・4・6年，午後は1・3・5年というように，時間を分けて同じ教室を使用している。6年生は50分授業×7コマを午前中にすべて学習する形となる。

図7　リカルド小学校

　そのような厳しい学習環境であっても，子どもの学習意欲はとても高い。参観した「比」（算数科）の授業では，1枚の模造紙をグループ全員で取り囲み，試行錯誤しながら解決していく学びの姿があった（図8）。たとえ，どのような状況でも，友だちとかかわりながら学習できることを愉しむ。

このことは，フィリピンの小学校でも日本の小学校でも変わらない。探究の芽が育まれている姿を見ることができた。

図8　比の問題解決に取り組むフィリピンの子ども

4　児童の主体性を生み出すための手立て

（1）つっこみ問題

　「つっこみ問題」（図9）とは，漫才でいうところの「ボケ」と「ツッコミ」である。教師がボケて，それを子どもたちがつっこむ形態をとる。つまり，意図的に教師の発言に誤りを含ませることで，子どもが自ら動き出す場面を

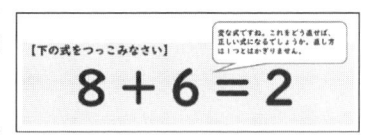

図9　つっこみ問題の例

つくり，「どこが誤りなのか」「どうすれば正しくなるのか」を説明させる活動である。

（2）見えない化

　「見えない化」（図10）とは，教材の一部を意図的に隠すというしかけである。一部を隠すことで，子どもたちは，何が隠れているか興味をもつ。そして，見えている部分を手掛かりにして，隠れている部分を探っていく。「どこを隠すか」によって，導入場面・展開

図10　見えない化の例

場面・総括場面どこでも活用可能となる。また，「どう隠すか」によって，子どもの活動やつぶやきも大きく変わってくる。子どもの能動性を促す手段であり，「どう隠すか」自体が教材研究となる。

5　示唆されること

　筆者はマニラ日本人学校に在籍中，「ちがいを愉しむ」を中核に据えて授業実践を進めた。国のちがいはもちろん，自分と友だちとの意見のちがいを肯定的に受け止め，時に取り入れ，時に融合することで，新たな考えを生み出してほしいという思いからである。

　今回，子どもたちがいつでも（クラウドや1人1台の機器で常時学習できる活動），どこでも（対面・オンラインでも，国を越えてつながる活動），誰とでも（小学部1年から中学部3年までかかわる活動），主体的に学びを進めていくために，わたしたちがちょっとした「しかけ」を設定する実践を紹介した。

　2つの実践や日ごろの実践に共通していることは，「子どもが探究に目を向ける瞬間を大切にして共有していく」ことである。そして，そのきっかけとなるのがさまざまな「ちがい」であることも再認識できた。

　教材研究を行う際，子どもが探究に目を向ける瞬間を意識して具体的な活動を考えてみる。そこで予想されるさまざまな「ちがい」に焦点を当てていくことが，児童の探究を生み出す活動となるだろう。

注　本稿は，下記の内容をもとに作成している。
牛島敏雄・黒岩督 (2017) 情報の意図的な制限による論理的思考の育成：「つっこみ問題」と「見えない化」に着目して，兵庫教育大学共同研究論文集, 7, 1-7.
牛島敏雄 (2016) 生活場面に即した作問指導による問題解決能力の育成，兵庫教育大学授業実践開発コース実践研究報告書

引用・参考文献
AG5 に関する HP　https://ag-5.jp/report/theme2-2/study/detail/118（閲覧日：2024.01.05）
在フィリピン日本国大使館附属マニラ日本人学校 HP　https://www.mjs.ph（閲覧日：2024.01.05）
藤井斉亮 (2020)『新しい算数4上・4ド・6』東京書籍
リカルド小学校 HP　https://sites.google.com/deped.gov.ph/rpcruzsr-elem/our-school（閲覧日：2024.01.05）

6.5 ニュージーランド：オークランド における幼児の環境教育の特徴

永井　毅

1　はじめに

　日本において幼児教育が重要視されている中，先進的な教育システムを採用している国からの学びは大きな示唆を与える。特に，ニュージーランドの教育は，子どもたちの自主性や社会性，コミュニケーション能力の育成で注目されている。そのため，日本の幼児教育が直面している課題を解決し，さらなる質の向上を目指すためには，ニュージーランドの教育から学ぶべき点が多く存在すると考える。

2　ニュージーランドの就学前教育

　ニュージーランドにおける就学前教育は，0歳から5歳の子どもたちを対象としており，政府の補助を受けて運営される無償の幼稚園，マオリ族専用のコハンガ・レオ，保護者が主導するプレイセンター，保育所などが提供される。義務教育は6歳から16歳までとされているが，子どもたちは5歳の誕生日から小学校に入学することができる。この期間は学校生活に慣れるための準備期間と見なされ，各児童が個別に入学するため，日本のように一斉の入学式は行われない。ニュージーランドでは，教育に関する政策や実践が継続的な研究と評価をもとに発展しており，「Te Whariki」やCarrら（2002）による「Learning Stories」評価制度など，教育の質を向上させるための斬新なアプローチが注目されている。

　伝統的な発達の枠組みが「知識の伝達」と「スキルの獲得」に重点を置いていたのに対し，ニュージーランドでの現代の発達の枠組みは，この一方的なアプローチから，対話的で社会文化的な理解に移行している。この新しい視点では，知識は大人から子どもへと一方的に伝えるのではなく，大人と子どもが協同で知識と理解を構築するプロセスとして捉えられる。これは「知識の協同構築」と呼ばれ，

教師と子どもの間の「教える─学ぶ」の関係を再考し，より共同的な学習方法を提案している。これは，マオリ族の学習概念「アコ」と類似しており，教師と子どもの役割が相互に交換可能であること，共同で知識を構築することの重要性を強調している。

3　プレイセンターの概要

　ニュージーランドには，様々な就学前施設が存在するが，その中でも特徴的なプレイセンターについて紹介する。プレイセンターは，1941 年に始まった保護者が運営する共同保育所であり，「親も子も社会の一部」という理念のもと，0歳から小学校入学前の子どもとその保護者・養育者が利用する。これは，保護者が子どもを預けるだけの保育所と異なり，親と子が一緒に活動する点が特徴である。プレイセンターは，教育省への申請により国の補助を受け，幼児教育のカリキュラムに従って運営される。活動はセッション型で，1 日は昼頃に終了し，セッションは通常 2 時間半または 3 時間である。教育方針や運営方針は保護者の話し合いで決まり，スーパーバイザーと呼ばれる保護者が指導役を務めるが，運営は参加するすべての保護者によって行われ，当番制で運営されるため，当番でない保護者は自由な時間がもてる。

　プレイセンターは，イギリスからの入植者女性たちによって設立され，親子が共に成長するという理念と，母親の子育てに関する不安や負担を軽減する目的を持って始まった。しかし，現在では保育時間の短さや必修の親教育プログラム，運営業務の煩雑さから，一部の保護者にとっては負担が大きいと感じられることもある。それでも，プレイセンターはコミュニティの社会的資本の創出に貢献し(Powell 2005)，保護者にとっては学習の機会を提供する。全ての保護者が受講する学習プログラムを通して，子どもの養育力を向上させ，最終的にはプレイセンターのスーパーバイザー資格も得られる。

4　園児と保護者の様子

　プレイセンターの実地調査で印象的だったのは，保護者が運営する施設であり

ながら，幼児教育と保育に対する深い理解を持ち，それを積極的に実践する保育者（保護者）がいたことである。その保育者たちは，自分の子どもに限らず，施設全体の環境整備，安全管理，そして問題解決にも自発的に取り組んでいた。この実践の中で，「知識の協同構築」の概念が随所に見られ，保育者と子どもたちは，日々の活動を通して，互いに学び合い，知識を共有する関係性を築いていた。このプロセスでは，保護者と子どもたちが対等な関係の中で，共に探求し，理解を深めていくことが強調されており，双方向の学びが促されている姿がみられた。

　ニュージーランドで重要視される自然観に対しては，屋外活動や自然物を使った遊びを実践し，季節の移り変わりを直接体験することで感受性を育てるため，保育に自然との関わりを随所に取り入れていた。自然との接点を意図的に作ることで，保育者と子どもたちが共に学び，成長する環境が充実し，自然への親しみや学びの経験を豊かにしていると感じた。

　絵の具で手形を取るなど，通常室内で行われる活動を自然の外気が感じられるテラスを積極的に取り入れ実施していた。この際，保育者（保護者）と子どもたちは，どの色の絵具を使うか，手形をどこに押すかを一緒に話し合いながら決めていた。子どもが主体的に活動するとき，保育者は目の前の子どもが発達年齢において，何をどこまで自分でできるかを模索し，共に制作活動を進めていた。これは，保育者が一方的に指示するのではなく，子どものアイデアを尊重しながら，共同で作品を作り上げるなかで，お互いの知識やスキルを高めているように見えた。（図1）

図1　テラスでの保育実践

図2　園庭の様子

園舎の隣には，大きなシンボルツリーが
あり，その周りは子どもたちが走って転ん
でも怪我の少ないよう芝生で整備されてい
た。斜面での三輪車遊びでは，転倒した子
どもに，保育者（保護者）が，すぐに駆けつ
けて様子を見たあと自分で立ち上がるよう
に促していた。（図2）

図3　砂場での保育実践

　園内には大きな砂場が設置され異年齢児の遊びが行われていた。子ども同士の
喧嘩が起きても，保育者（保護者）は，すぐに仲裁に入らず，しばらく様子を見
ていた。これは，子ども同士のコミュニケーション能力を養う保育者としての意
図があるように見られた。（図3）

5　示唆されること

　近年，注目されているニュージーランドの幼児教育においてプレイセンターの
視察をもとに日本の幼児教育・保育現場にどのように活用できるかを2つの観点
から導出していく。

　まず，1点目にニュージーランドはマオリ文化が多く取り入れられている。自
然環境における教育においては，マオリ文化の自然と共に生きるという理念を根
幹にしている。この考え方は，今回の保育者へのインタビューや園内の環境，子
どもたちの様子から確認することができた。日本でも，保育において自然とのかか
かわりの重要性が強調されている。しかし，日本古来の先人が重んじてきた自然
観については言及されていない。

　2点目は，マオリ族の学習概念「アコ」から派生したニュージーランドの新し
い発達の枠組みである「知識の協同構築」という考え方から，保育者と子どもが
保育実践で共に育ち合うことである。

　現在の日本の幼児教育・保育現場において井上 (2008) は，若年の保育者には
子どもに自然を十分に伝えられる実践技量がないことを指摘し，保育者の自然体

験への知識や技量を高める保育者養成校の授業改善の重要性を述べている。このように，自然を取り入れた幼児教育・保育実践を考えるとき，保育者養成校の授業で自然とかかわる実践力を高めることは大切である。しかし，現場の保育者が子どもに教えるや伝えるといった一方向の立場ではなく，「知識の協同構築」という考え方を援用し，保育者と子どもが共に探求し育ち合う双方向の関係性を構築することが重要であると考える。そうすれば，新任保育者であったとしても実践の中で子どもと共に成長していけるといった可能性が見い出せることになる。

　日本の保育にニュージーランドの教育理念を取り入れる試みは，保育者が子どもたちと一緒に学び，成長する考え方を深め，自然と調和しながら生きる先祖の教えを尊ぶことにつながる。この方策により，子ども自身が能動的に学び，探求する力を養うとともに，教師と子ども間で相互に学び合う関係性を構築することを目指す。さらに，自然体験の機会を通じて環境に対する感謝と保護の意識を育てる。このようにして，日本の保育の質を向上させ，幼児教育に新たな視点をもたらすことが期待される。

注　本稿は，下記の内容をもとに作成している。
永井毅(2020)ニュージーランド・オークランドにおける幼児の環境教育の特徴 －幼稚園とプレイセンターの視察をもとにして－，湊川短期大学紀要，56，10-16.

引用・参考文献
Carr,M., May,H., Podmore,V.N., Cubey,P., Hatherly,A. & Macaartney, B.(2002) Learning and teaching stories: Action research on evaluation in early childhood in Aotearoa-New Zealand, *European Early Childhood Education Research Journal, 10(2)*, 115-125.
井上美智子(2008)自然とのかかわりの観点からみた現職保育者研修の実施実態，大阪大谷大学教育福祉研究，34，1-6.
七木田敦，ジュディス・ダンカン(2015)『「子育て先進国」ニュージーランドの保育 －歴史と文化が紡ぐ家庭支援と幼児教育』福村出版株式会社
Powell,K.(2005) The Effect of Adult Playcentre Participation on the Creation of Social Capital in Local Communities. Massey University.
Smith, A. (2013) *Understanding Children and Childhood: A New Zealand Perspective*, 5th Edition, Bridget Williams Books.

<特別寄稿 19 >

ケンブリッジ国際カリキュラムの構造と展望

久野　弘幸

1　ケンブリッジ機構との出会い

　現在筆者は，「ケンブリッジ・カリキュラムの国際通用性に関する比較研究」に取り組んでいる。その目的は，Cambridge Assessment International Education（以下，ケンブリッジ機構）が運営する「ケンブリッジ国際カリキュラム」の組織構造とカリキュラム原理を明らかにすること，またその構造と原理を用いてどのような授業を展開し，カリキュラム効果を得ているのかを明らかにすることである。

　日本においては，国際バカロレア日本語版 DP の導入やその認定の手引きの作成等が進み，国際バカロレアへの理解と社会的関心が高まっている。他方で，ケンブリッジ国際カリキュラムについては，カリキュラム研究の死角となっており，その構造と原理に光を当てることで，教育のグローバル化の解明に新しい視点を与えるものと考えている。

　筆者とケンブリッジ機構との出会いは，2011 年にある国際カンファレンスで Tristian Stobie 氏（現ケンブリッジ機構所長）と同席したことに遡る。ケンブリッジ機構は，当時 Cambridge International Examinations Syndikates という名称であったが，ストービー氏に "Examinations" という語に対する違和感を率直に伝えたところ，「私たちは，歴史的にこの語を使用しているが，あなたの指摘のその通りである。このことは，私たちの組織の大きな課題で，常に議論をしている」旨の返答があったことを覚えている。現在のケンブリッジ機構の変貌を目の当たりにすると，ストービー氏の頭には，当時から現在の大規模な組織改革のビジョンが描かれていたのであろう。その後，2014 年にケンブリッジ市内のオフィスにストービー氏を訪ねるとともに，機構が実施する教員研修に参加し，ケンブリッジ国際カリキュラムの国際汎用性の高さと機構がもつ教育システムについて関心を抱くようになった。

2　ケンブリッジ機構の概要

　ケンブリッジ機構の組織は，役割の多様性に比例するようにきわめて複雑である。現在は，主に次の3つの資格認証システムを運用している。一つ目の認証システムは，「ケンブリッジ国際教育検定」(Cambridge Assessment International Education)であり，3歳から19歳までを対象とした5つの国際教育プログラムを提供し，2022年現在，世界160か国以上，1万以上の学校で利用されている（本項については後述）。二つ目の認証システムである「ケンブリッジ英語検定」(Cambridge Assessment English)は，英語能力に関する検定を実施し，受験者の英語能力を証明している。三つ目の認証システムは，OCR(Oxford Cambridge and RSA Examinations)と呼ばれ，スコットランドを除く英国国内の学習到達度認定システムを運用し，GCSEやA-levelsなど一般用試験のほか，職業教育の資格認証も行っている。

　以上のように，ケンブリッジ機構は，世界の英語学習者に対して英語能力の評価を行うにとどまらず，英国内および世界において幼児教育から初等中等教育，大学入試に相当する進学に向けた教育から職業教育に至るまで，多様なプログラムを運用しており，文字通り，世界最大規模の教育プログラムの開発，運用，評価，認証をしているグローバルな教育システムである。

3　ケンブリッジ機構の誕生と発展

　ケンブリッジ機構の前身となるCambridge University Local Exams Syndicate（ケンブリッジ大学地方試験シンジケート（CULES）:1857-2021）は，1858年2月に設立され，最初の試験は，1858年12月に英国国内の7都市で370人の受験者に対して実施された。以後，英国の国内における教育証明の制度の拡充とともに，その能力の認定を行う機関として発展した。

　海外に多くの植民地を有していた英国は，植民地経営に従事する英国民の子女を対象にした海外試験を早期から実施している。最初の海外試験は，1864年にトリニダードで6人の受験者に実施されたことがわかっている。以降，海外の植民地から英国の教育制度に接続するための資格認証機関としての地位を確立していく。

　1998 年には，現在のケンブリッジ機構につながる組織改革が実施された。この年，CULES は，より実態に近い Cambridge International Examinations Syndicate と改称して非営利団体に登録され，法人格を得た。2002 年には，世界的規模の国際教育プログラムを提供する Cambridge International Examinations（CIE）部門を設置し，CIE が認証する資格は，英国での大学入学資格として承認されるようになった。

　2021 年 8 月には，ケンブリッジ大学の出版部門である Cambridge University Press と合併し，Cambridge University Press & Assessment が誕生した。この統合は，「世界の教育と研究のためにより大きな力をケンブリッジに与える」ためのものであり，2022 年 8 月には，ケンブリッジ市内にあった施設を大規模に拡充し，教育学部に程近いケンブリッジ市近郊に移転した。この統合移転により，ケンブリッジ機構の組織は大きな変貌を遂げ，グローバルな国際教育の担い手として，その社会的・国際的な意義・役割を強めるに至った。

4　ケンブリッジ国際カリキュラムの基本構造

　現在の日本では，ケンブリッジ国際カリキュラム（以下，CIE）は，国際バカロレア（IB）に比べて十分に認知されているとはいえないが，世界的には国際バカロレアと並ぶ世界最大規模の国際プログラムとして知られている。その基本的な構造を整理してみよう。

①学校段階別の 5 つのプログラム…CIE は，幼児教育，初等教育，前期中等教育，後期中等教育，上級教育の 5 つのプログラムで構成されている。図は，CIE の各プログラムを一覧にしたものである。

　学校制度はイングランドの制度に合わせて設定され，2 年間の幼児教育，6 年間の初等教育，3 年間の中等前期教育，2 年間の中等後期教育

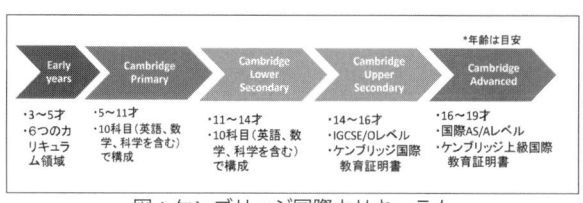

図：ケンブリッジ国際カリキュラム

（IGCSE），2 年間の上級教育（AS/A レベル）の 5 つのプログラムで構成されている。幼児教育を除いて，計 13 年の教育課程となっている。

· Art & Design　· Mathematics
· **Cambridge Global Perspectives**
· **Computing**　· Physical Education
· **Digital Literacy**　· Science
· English　· Music　**Wellbeing**
· English as a Second Language

②**教科編成（初等教育，中等前期教育）**・・・初等教育課程と中等前期教育課程は，次に示す共通の教科で編成されている。筆者が注目する教科編成の特徴として，次の３点が挙げられる。一つ目は，社会科に相当する科目として Global Perspectives という教科が設定されていること，二つ目に，デジタル教育について，データの取り扱いやプログラミングを含む Computing という教科と基礎的な操作方法ならびに安全な使用方法を習得する Digital Literacy という教科の２本立てであること，三つ目に，自己理解や肯定的な人間関係作りを目指す Wellbeing という教科が新設されたことである。それぞれの具体的な特色や課題などについては，別の機会に譲りたい。

③**教科書，教員研修**・・・ケンブリッジ国際カリキュラムのもう一つの特徴としては，充実したカリキュラムを支える体制がある。統合したケンブリッジ大学出版社からは，各プログラムに準拠した教科書ならびに関連資料が発行されている。初等教育に関するもので 350 種類以上，中等前期教育に関するものが 180 種類以上刊行され，世界中に配送されている。また，CIE を実施する教員向けの研修が年間 1500 コース実施され，約３万人が受講している。教員研修は，CIE の全体構造，各プログラムについての基本的理解，各教科の指導法，ならびにその評価法，および他の教員等との情報交換を含む発展研修の５つに区分されている。研修の受講方法としては，オンライン研修，対面研修，VR 研修などから選択することが可能である。

④**国際通用性**・・・国際カリキュラムで最も関心を集めているのは，そのカリキュラムの国際通用性であろう。各段階のプログラムを終了し，得られた成績が世界のどの大学で承認され入学許可が得られるのかによって，カリキュラムの国際的評価が決まるといえる。入学可能な評価の水準はそれぞれの大学によって異なるが，英国のすべての大学，アメリカの 650 以上の大学を含む，世界各地の高等教育によって承認を受けている。プログラムの資料には，「ケンブリッジ生の 93%が大学に進学し，その半数以上が世界のトップ 500 位以内の大学に通っている」と記されている。ケンブリッジ国際カリキュラムが持つ「国際通用性」とそれが意味するものについては，今後さらに研究を深める必要がある。

5　おわりに　―今後の展望―

　本稿で素描したように，ケンブリッジ国際カリキュラムは，体系的な教育カリキュラムの開発と運用，成果の評価，高等教育への認証を担うとともに，世界規模での教科書発行や教員研修，管理職研修を行っている。ケンブリッジ機構は，それ以外にも，一般校の CIE プログラム導入に対する支援や，プログラム卒業生のネットワーク構築など，縦横のネットワーク形成を推進している[1]。さらに，ケンブリッジ機構は，教育プログラムや教育認証システムを国ごとにカスタマイズし，ローカルな文脈を生かした国家カリキュラム設計のコンサルテーション業務や国レベルの教員研修システムの設計も行っている[2]。

　先に，ケンブリッジ国際カリキュラムは，世界最大規模の「グローバルな教育システム」であると述べたが，むしろその全体像を一言でいえば，「グローバルな教育エコシステムの確立」と表現できるのではないか。この見方を中核において，今後の研究を進めたい。

注
1) CIE や国際バカロレアなどの国際教育プログラムには，エリート主義的な特徴もみられるとして，教育社会学的視座から批判的な議論もなされている（Lim & Apple, 2015 など）。
2) 筆者がストービー氏と知己を得たカンファレンスも，カザフスタンで行われた教育カンファレンスであった。カザフスタンの教員研修ならびに管理職研修システムは，ケンブリッジ機構の下，ケンブリッジ大学教育学部のスタッフが協力し，作成・実施されている。そこには，日本の授業研究（Lesson Study）の知見も生かされている。

引用・参考文献
本稿の参考文献は，主に下に記した公式ウェブサイトによる。（閲覧日：2024 年 2 月 25 日）
Cambridge University Assessment & Press: https://www.cambridge.org/
Cambridge International Education: https://www.cambridgeinternational.org/
Lim, L., & Apple, M. W. (2015). *Elite rationalities and curricular form: "Meritorious" class reproduction in the elite thinking curriculum in Singapore*. Curriculum Inquiry, 45(5), 472–490.

＜付言＞ 代表編著者である溝邊和成教授とは，生活科・総合的学習の研究を通して温かな親交を深めさせていただいた。子どもの学びを広く深く洞察する氏の慧眼に及ぶべくもないが，本稿の執筆を新しい研究テーマ開始の機会とするとともに，溝邊教授への感謝を表したい。

<特別寄稿20 >

探究力の保障と未来の社会づくりへの参画を意識したオーストラリアの探究的な学習

木村　裕

1　はじめに

　皆さんは，オーストラリア連邦（以下，オーストラリア）という国に対して，どのようなイメージをお持ちだろうか。カンガルーやコアラなどの動物，オペラハウスなどのランドマーク，グレートバリアリーフやウルル（エアーズロック）などの特徴的な自然，先住民族（アボリジナルやトレス海峡島嶼民と呼ばれる）や移民の方たちの存在や文化，鉄鉱石やオパールなどの鉱物など，そのイメージはさまざまかもしれない。こうした多様な特徴を持つオーストラリアでは，自然と人間との調和や共存，多様な背景を持つ人々の調和や共存が，国家形成や教育において取り組むべき重要な課題の１つとなってきた。本稿では，同国における探究的な学習に関する取り組みの一端を紹介するとともに，それをふまえて，日本における取り組みへの期待と展望について考えてみたい。

2　オーストラリアのナショナル・カリキュラムの概要

　オーストラリアは，6州2直轄区から成る連邦国家である。同国では1901年の建国以来，憲法の規定により，教育に関する事項については各州・直轄区（以下，各州）に責任と権限があった。また，各学校や各教師の裁量が大きかった。そのため，各州には異なる教育制度が存在するとともに，各学校や各教師によって，多様な実践が展開されてきた。そうした中で，2008年に示された教育に関する国家指針である「メルボルン宣言」を受けて「オーストラリアン・カリキュラム（Australian Curriculum）」と呼ばれるナショナル・カリキュラムが開発され，2013年以降，各州に本格的に広がってきた。

　オーストラリアン・カリキュラムは，主として準備・移行教育段階（第1学年の前の学年として設置）から第10学年を対象（一部，第11・12学年を対象）としたものであり，「学習領域（learning areas）」「汎用的能力（general capabilities）」「学際的優先事項（cross-curriculum priorities）」の3次元で構成される。学習領域は日本の教科にあたるものであり，「英語」「算数・数学」「科学」「保健体育」「人文・社会科学」「芸術」「技術（Technologies）」「言語」の8つから成る。汎用的能力とは，オーストラリアの若者に，うまく生き，仕事をするための知識，技能，態度，傾向性（dispositions）を身につけさせるものであり，「批判的・創造的思考力」「デジタルリテラシー」「倫理的理解」「異文化間理解」「リテラシー」「ニューメラシー」「個人的・社会的能力」の7つが設定されている。これらの汎用的能力は，学習領域の内容を通して高まるものとされている。学際的優先事項としては，「アボリジナルおよびトレス海峡島嶼民の歴史と文化」「アジア，およびオーストラリアとアジアとのかかわり」「持続可能性（sustainability）」の3つが挙げられている。これらは，オーストラリアン・カリキュラムが，国，地域，そしてグローバルな状況を反映した，関連性があり，現代的で魅力的なものになるよう支援するものであり，学習領域の内容を通して扱うものとされている[1]。

3　探究的な学習の位置づけと支援のための具体的な取り組み

　前節で見たように，「汎用的能力」は学習領域の内容を通して高まるものとされており，学際的に必要かつ育成がめざされる能力であることが分かる。また，そこには，情報の批判的な検討，他者の理解や他者と協働する能力など，探究的な学習において不可欠の能力が含まれる。「学際的優先事項」もまた，学習領域の内容を通して扱うものとされている。そして，そこに挙げられている3つのテーマはオーストラリアにおいて論争的かつ取り組むべき課題とされてきたものであり，その理解や問題解決に向けた学習においては，必然的に，探究的な学習が求められる。以上のことから，オーストラリアン・カリキュラムでは，学校教育全体を通して探究的な学習に取り組むことの必要性と必然性が示されていることが指摘されている[2]。

　ところで，オーストラリアン・カリキュラムのウェブサイトでは，各学習領域の内容の説明や配列，到達基準（achievement standard），児童生徒の作品例（Work Sample）などを誰でも自由に閲覧できる。また，作品例では，到達基準，

習得が期待される力量についての説明，児童生徒の作品例，作品例の特徴などに関する注釈などが確認できる[3]。そのため，教師が授業づくりや評価活動の際に参照することはもちろん，児童生徒が自身の学習に関する見通しを持ったり自身の作品を自己評価して改善したりすることにも活用できる。

　さらに，近年では，ICTを活用した教育活動や校務を展開したり支援したりするための取り組みも進められている。例えば，国立のデジタル学習レポジトリである Scootle（スクートル）では，その機能の一部として，誰でも無料で多数の教材（文書，写真，動画，地図，歌，スピーチなど）にアクセスすることができる[4]。これは，教師による授業づくりの支援になると同時に，児童生徒が探究的な学習に取り組むにあたり，いつでも，どこでも，どのようなテーマに関しても，活用可能な資料などを入手する助けになるものでもあると言える。

4　未来の社会づくりへの参画をめざす探究的な学習

　オーストラリアには多様な自然環境が見られる。また，先住民族の人々や移民および難民とその子孫によって形成されてきたという歴史的な経緯もあり，多様な言語的・文化的背景を持つ人々で構成される国でもある。さらに，その地理的条件も相俟って，政治的にも，経済的にも，文化的にも，アジアとの強いかかわりの歴史を有するとともに，そのつながりは今後ますます重要なものになるととらえられている。そのため，自然と人間との調和や共存，多様な背景を持つ人々の相互理解や尊重をベースにした調和や共存は，国家形成や教育において重要な課題の１つとなってきた。オーストラリアン・カリキュラムの学際的優先事項は，こうした背景もふまえて設定されたものととらえられる。

　もちろん，学際的優先事項に挙げられた３つのテーマの重要性はオーストラリアン・カリキュラムの開発前から認識されており，さまざまな取り組みが重ねられてきた。例えば，「持続可能性」に関する取り組みの１つとして，連邦政府と州・直轄区政府，および私立学校の団体組織の連携のもとに全国的に進められてきた「オーストラリア・サステイナブル・スクール・イニシアティブ（Australian Sustainable Schools Initiative：以下，AuSSI）」が挙げられる。

　AuSSIは，オーストラリアのあらゆる学校に，「持続可能性のための教育（Education for Sustainability）」に関する活動への総合的なアプローチを提供す

ることを目的として 2004 年から進められてきたものであり，希望する学校が参加している。AuSSI では，カリキュラム編成や授業づくりのみならず，学習環境の整備や学校づくり，学校運営，コミュニティとの連携，コミュニティのあり方なども射程に入れた目標が設定されるとともに，教材やスタッフの研修の機会の提供など，教師の実践を支援する取り組みも見られる[5]。

このように，AuSSI では，コミュニティとの連携も通した学習活動の充実や，学習のプロセスと成果に基づいて学校やコミュニティをより持続可能なものへと変革することがめざされている。ここからは，未来の社会づくりへの参画をめざして，持続可能な社会づくりという論争的かつ取り組むべき課題をテーマに，学校内外の大人と児童生徒が協働して取り組むというかたちで，探究的な学習を進めようとしていることを指摘できる。

5　今後の期待と展望

以上をふまえて，特に次の 2 点から，日本における取り組みへの期待と展望について考えてみたい。

1 点目は，探究力の習得を保障するための手立てについてである。オーストラリアン・カリキュラムでは，学校教育全体を通して探究的な学習に取り組むことの必要性と必然性が示されるとともに，ウェブサイトにおいて，教師の実践や児童生徒の学習の支援となる情報発信が行われていた。また，Scootle や AuSSI でも，教師の実践や児童生徒の学習を支援する取り組みが見られた。これらを念頭に置けば，教師の力量形成や充実した実践の実現，そして，児童生徒の探究力の確実な習得の保障を実現するための手立てのさらなる検討は，日本において探究的な学習を充実させるうえでも重要な課題となるだろう。

2 点目は，探究的な学習の目的と方法についてである。オーストラリアン・カリキュラムでは，オーストラリアにおいて論争的かつ取り組むべき課題とされてきたテーマが学際的優先事項として設定されていた。また，AuSSI では，未来の社会づくりへの参画をめざして，学校内外の大人と児童生徒が協働して取り組むというかたちで探究的な学習を進めようとしていた。日本でも「持続可能な開発のための教育（ESD）」や SDGs に関する取り組みの必要性が高まっている今日，オーストラリアでの取り組みなどもふまえながら，何のために，どのようなかた

284

ちで探究的な学習を行うのかを各学校で再検討し，より充実した実践のあり方を追求していくことを期待したい。

　他国の取り組みを知ることは，日本の取り組みの特長や成果，課題などを検討したり，その後の取り組みの展望や具体的な方策を議論し，明らかにしたりすることにつながると考える。本稿がそのための一助となることを願うとともに，自身も今後の取り組みを進めていきたい。

　　　　　　（本稿は，JSPS 科研費 20K02489 の助成を受けて行った研究の成果の一部である）

注及び引用・参考文献

1）オーストラリアン・カリキュラム（Version 9.0 のもの）の "F-10 Curriculum overview" のページ（https://v9.australiancurriculum.edu.au/f-10-curriculum/f-10-curriculum-overview），および同ページにある "Learning areas""General capabilities""Cross-curriculum priorities" のリンク先（閲覧日：2024 年 7 月 8 日）より。オーストラリアン・カリキュラムの開発の歴史や具体像については，例えば，以下の文献も参照されたい。
　木村裕（2019）オーストラリア，日本カリキュラム学会編『現代カリキュラム研究の動向と展望』教育出版，271-274.
2）その詳細については，以下の文献を参照されたい。
　木村裕（2023）多様な学際的科目の設置と探究における『型』の習得 ―オーストラリアの取り組み，伊藤実歩子編著『変動する総合・探究学習 ―欧米と日本 歴史と現在』大修館書店，180-196.
3）オーストラリアン・カリキュラム（Version 9.0 のもの）の "Learning areas" のページ（https://v9.australiancurriculum.edu.au/f-10-curriculum/f-10-curriculum-overview/learning-areas）と "Work samples" のページ（https://v9.australiancurriculum.edu.au/resources/work-samples），および両ページにあるリンク先（閲覧日：2024 年 7 月 8 日）より。
4）Scootle のウェブサイト（https://www.scootle.edu.au/ec/p/home（閲覧日：2024 年 7 月 8 日））を参照。その詳細については，以下の文献を参照されたい。
　木村裕（2023）オーストラリア ―教師や学校を支える政府の取り組み，京都大学大学院教育学研究科教育実践コラボレーション・センター監修，西岡加名恵編『世界と日本の事例で考える学校教育×ICT』明治図書出版，136-143.
5）AuSSI の詳細については，例えば，以下の文献を参照されたい。
　木村裕（2019）持続可能な社会の実現を目指すオーストラリアの学校教育 ―「持続可能性のための教育」の取り組み，木村裕・竹川慎哉編著『子どもの幸せを実現する学力と学校 ―オーストラリア・ニュージーランド・カナダ・韓国・中国の「新たな学力」への対応から考える』学事出版，29-51.

<特別寄稿21>

オランダにおける総合学習の発展

― イエナプランを中心に ―

奥村　好美

1　オランダにおける総合学習の位置づけ

　本稿ではオランダの初等教育における総合学習の発展について，イエナプラン教育を中心に見ていきたい。最初に，オランダの教育の特徴を示す。オランダでは，憲法第23条で「教育の自由」が保障されている。具体的には，学校設立の自由，教育理念の自由，教育組織の自由があるとしばしば整理される。教育の質が十分であること，最低児童数，教育時間数など一定の条件を満たせば，公立校・私立校（bijzondere school）を問わず，学校は公費で設立・運営される。そのため，イエナプラン，ダルトンプラン，モンテッソーリなどのオルタナティブ教育が公教育の枠組みで運営されており，学校選択の自由も認められている。公立校と私立校の違いは，私立校が宗教や思想を理念に掲げられる点にある。教えられる教科等や，中核目標と呼ばれる初等学校8年間で求められる知識・技能等を示した目標，4年間・8年間単位で最低限求められる教育時間数等は定められているものの，日本と比べ多様な教育を実施しやすい環境にある。そのようなオランダで総合学習はどのように位置づいているだろうか。

　オランダで学ばれる教科等は，初等教育法（Wet op het primair onderwijs）で示されている。法では，教育には感覚的・身体的運動，オランダ語，算数・数学，英語などと並んで，「知識領域（kennisgebieden）」を含むことが求められている。知識領域には，地理，歴史，生物を含む自然，政治を含む社会関係，宗教的潮流の5つがある。教科等はできるだけ関連づけるよう求められているが，いわゆる総合学習のような合科的な時間については言及されていない。

　一方，2006年版の中核目標では，「人と世界のオリエンテーション（oriëntatie op jezelf en de wereld）」と呼ばれる領域がある。それは，「空間」「時間」「人と社会」「自然と技術」の4つから成り立っており，その他の教科等とも関わること

が示されている。中核目標上は，この「人と世界のオリエンテーション」が，合科的・教科等横断的という意味で，最も総合学習に近い領域といえる。この領域のうち，特に地理（空間），歴史（時間），自然と技術は，一括りにして学校現場でさまざまな呼称で呼ばれている。一般的な呼称の一つとして，「ワールドオリエンテーション（wereldoriëntatie）」という言葉がある。以後，本稿でもこのワールドオリエンテーションに焦点を合わせる。

　ワールドオリエンテーションについては教育監査局が約10年前に調査を実施している（Inspectie van het Onderwijs, 2015）。学校長への調査によると，空間，時間，自然と技術は多くの学校で別々に取り組まれており，総合的に実施している学校はわずか12%であった。また，ワールドオリエンテーションと他教科との関連づけについては，言葉の学習では40%の学校が実施しているが，算数・数学では12%，芸術では18%と必ずしも十分行われているわけではない。

　こうした中において，ワールドオリエンテーションを重視するオランダの学校としてイエナプラン校があげられる。イエナプラン教育では，ワールドオリエンテーションは内容的な「中心，ハート（hart）」とされている。そもそもワールドオリエンテーションという言葉自体，オランダのイエナプラン教育の発展の中で生まれてきたものと考えて良いだろう。したがって，オランダのイエナプラン教育におけるワールドオリエンテーションの歩みを紐解いてみたい。

2　オランダのイエナプラン教育におけるワールドオリエンテーション

　まず，イエナプラン教育とは，1924年にドイツのイエナ大学の教育学教授ペーター・ペーターゼン（Petersen, P. 1884-1952）が大学附属学校で始めた教育である。イエナプラン教育は，近年日本でも，オランダから紹介されており，異年齢での学級編成，リビングルームとしての教室，リズミカルな教育活動などで知られている。その背景には，すべての人がかけがえのない価値をもち，人として尊重されるべきという考え方が理念として通底している。イエナプラン教育がオランダに受容されたのは，1950年代のことである。スース・フロイデンタール（Freudenthal-Lutter, S.J.C 1908-1986）によって紹介された。

　イエナプラン教育は受容当初からドイツと同じように取り組まれていた訳ではない。1967 年に当時のイエナプラン校 13 校に行われたアンケート調査の記録では，異年齢学級を編成できていない学校や，リズミカルな教育活動が実現できていない学校など十全な形でイエナプラン教育を実施できていない学校の存在も確認されている（Deketelaere, A. & Kelchtermans, G., 1988）。ワールドオリエンテーションにあたる時間については，例えば，学校によって，「プロジェクト教育」「プロジェクト学習」「世界学」「トータル教育」など様々な名称が使われていた。このことはつまり，イエナプラン教育において当時はまだ総合学習が未発展であったことを意味している。

　オランダでワールドオリエンテーションという言葉が最初に使われた時期は不明であるが，少なくとも 1970 年頃の著書にはこの言葉が確認できる。当時，ヤンセン（Jansen, C.）がワールドオリエンテーションの進め方を図式化している [1]（詳しくは，奥村 2023）。ここでは図を掲載することはできないが，学習の最初と最後に子どもが円形に座って話をするサークルが位置づいていることから，「ヤンセンの自転車」と呼ばれる。子どもから問いがもたらされることもあれば，読みのサークルから問いがもたらされることもある。また，これまでの学習から新たな問いが生まれて新たな学習サイクルへつながることもある。教師が重要な役割を果たしながら，柔軟に学習が行われていたと考えられる。

　その後，1990 年代にオランダのイエナプラン教育でワールドオリエンテーションの教育内容やその編成が議論されるようになる。その背景の一つに，1993 年に中核目標が設定されたことがある。これによって，イエナプラン教育でワールドオリエンテーションを実施する際にも，各教科等の中核目標を意識することが求められることになった [2]。中核目標に対しては，イエナプラン教育関係者の中に危険性を指摘する声もあったものの，ワールドオリエンテーションの（内容的）構造の必要性から肯定的に捉える向きもあった。結果的に，主に中核目標に基づき，ワールドオリエンテーションのカリキュラムが開発された。

3　ワールドオリエンテーションのカリキュラムと具体

　開発されたカリキュラムは主に7つの経験領域（Ervaringsgebied）で構成されていた。7つの経験領域は、「めぐる1年」「環境と地形」「作ることと使うこと」「技術」「コミュニケーション」「共に生きる」「私の生」からなる（Both, K., 2011; リヒテルズ 2019）。各経験領域にはいくつかの領域（domeinen）があり、それぞれの領域ごとに低・中・高学年ごとの学習経験が示されている。例えば、経験領域「環境と地形」には、「人の居住地」「植物／動物の生息地」「住みかとしての地球」「空間的環境」といった領域があり、このうち「植物／動物の生息地」の中学年の学習経験としては「植物の世話を行い、その植物が生き続け、成長し花を咲かせるために何が必要かを知る」がある。

　ただし、イエナプラン校では、必ずしも既存のカリキュラム通りの実施が求められるわけではない（詳しくは、奥村 2023）。開発されたカリキュラムを参照する場合でも、柔軟にアレンジしながら取り組むことができる。また、子どもからの問いや関心、基幹（ファミリー）グループ（stamgroep）と呼ばれる学級の文化に基づき、ワールドオリエンテーションを行うこともできる。いずれの場合でも、イエナプラン教育では、ワールドオリエンテーションはさまざまな教科と関連づけて実施することが重視されている。ペーターゼンの考えに則れば、教科はあくまでワールドオリエンテーションを耕すための道具であると考えられており、できるだけワールドオリエンテーションで活用することが勧められている（Both, K., 2011）。

　ここで、言語（読むこと）とワールドオリエンテーションの関連づけの例を見てみたい（Both, K., 1998）。一般的な学校においても言語の学習は比較的ワールドオリエンテーションと関連づけて実施されていることを先述したが、イエナプランにおいても大切にされている。そこでは、子どもたちにとって意味深いテキストを使うことが重視されている。言語との関連自体は、7つの経験領域のいずれの領域でも可能であるものの、特にコミュニケーションが言語と関わる領域となる。この領域は、広い意味での言語、すなわち非言語、言語、メディアや芸術、動物の言葉、沈けさの言葉、空間や時間の言葉、神聖なものや超越的なものを示

す言葉を扱っている。各経験領域は基本的なメタファーを有しているが，コミュニケーションの場合は「本としての世界」とされ，「世界を読む」ことが重要な役割を果たすと考えられている。

　言語との関連づけの例としては，中・高学年で年に１回２週間（毎日２時間）実施しうるプロジェクトが挙げられている。それは，遊びのようなワクワクする方法で様々な情報源に触れ，それらに基づきテーマについての調べ活動を行いながら，一方でそうした情報源を取り扱う練習，特に物事を調べるために読む方法を練習するというものである。可能な場合には，子どもたちが作った本も資料とし，子どもたちは「証拠」を探す探検家や探偵のような雰囲気で学習を進める。イエナプラン教育では，意味のある文脈で学習を行うことが推奨されており，調べ活動の文脈に読むことが位置づけられていることがわかる。

　ワールドオリエンテーションについては，近年その名称を問い直し，子どもからの問いから始めることの重要性が見直される動きもあり，今なお模索が続けられている（奥村，2023）。オランダの歩みを参照する際には，今なお必ずしも完成されたワールドオリエンテーションがあるわけではないこと，ただしそこでは意味のある学習が追求されてきたことを念頭においておきたい。

注
１）　近年日本で知られている「ヤンセンの自転車」（リヒテルズ 2019）は，当時の「ヤンセンの自転車」をもとに新たに開発されたものであろう。
２）　当時の中核目標には「人と世界のオリエンテーション」という領域はない。

引用・参考文献
Both, K., Studerend lezen bij wereldoriëntatie(2), *Mensen kinderen*, Jg. 13,Nr. 5, 1998.
Both, K., *Jenaplan 21*, Zutphen: NJPV, 2011.
Deketelaere, A. & Kelchtermans, G., *De Ontwikkeling van de Jenaplanbeweging in Nederland van 1955 tot 1988*, Hoevelaken: L.P.C. Jenaplan/CPS, 1988.
Inspectie van het Onderwijs, Wereldoriëntatie: de stand van zaken in het basisonderwijs. Utrecht: Inspectie van het onderwijs, 2015.
奥村好美（2023）『子どもからの問い』で始まるワールドオリエンテーション，伊藤実歩子編著『変動する総合・探究学習―欧米と日本　歴史と現在』大修館書店 , 76-92.
リヒテルズ直子（2019）『今こそ日本の学校に！イエナプラン実践ガイドブック』教育開発研究所

<特別寄稿 22 >

ドイツの教育制度と探究の学習

松田　充

1　はじめに

　「半ドン」という言葉をご存知だろうか。午前中だけ仕事や学校に行き，午後が休みのことを指す俗語である。平成生まれの筆者は，小学生のころ土曜日に半ドンで学校に行っていたことを，微かに覚えている。日本の学校に週休二日制が定着し，半ドンがなくなったのは 2002 年である。対して，減少しつつあるのだが，ドイツの学校では現在でも半ドンが続けられている。それも土曜日だけではなく，月曜日から金曜日までの毎日というから驚きである[1]。

　半ドンの事例が示しているように，日本とドイツの学校制度は大きく異なっており，当然，そこで展開される探究の学習も異なっている。本稿では，ドイツの学校制度と探究の学習について紹介しつつ，そこから何を学べるのかを考えていきたい。

2　ドイツの学校制度

　連邦制国家ドイツは，自治権をもつ 16 の州によって構成されている。ドイツは，教育や文化にかかわる事項についての権限を州政府が持つ「文化高権（Kulturhoheit）」という制度を有しているため，教育に関しては，各々の州が独自に法律を定めることができる。もちろん国家としての一定の共通性を担保する仕組みも存在するが，教科の枠組みや教育内容はもちろんのこと，学校の終了年限や学校種も州によって異なっている。このことを踏まえたうえで，ドイツの一般的な学校制度は図1のとおりである。

　日本と同様，6歳からの9年間が義務教育期間となっている。最初の4年間は，基礎学校で初等教育が行われる。中等教育段階では，日本のように一律で中学校に進学するのではなく，生徒の能力や適性に応じて教育機関が複数に分かれる複

線型学校制度が採用されている。卒業後に就職して職業訓練を受ける者が進む基幹学校（5年制），卒業後に職業教育学校に進学する実科学校（6年制），主に大学進学希望者が進むギムナジウム（8年制）という，大きく三つの中等教育機関に分岐していく。なお，初等教育から中等教育にかけ

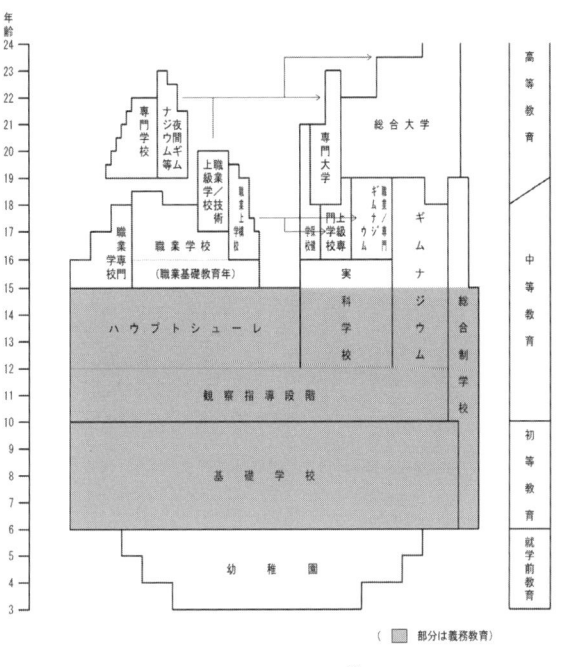

(■ 部分は義務教育)

図1：ドイツの学校制度[2]

て一貫制をとる総合制学校や私立学校も存在している。

　高等教育機関も複数あり，基本的には中等教育に応じた教育機関に進学するが，例えば，実科学校から大学に進学するというように，ギムナジウム以外からでも大学進学は可能である。中等教育機関から高等教育機関に進学する際には，中等教育機関の卒業資格試験アビトゥーアの成績が重要となる。日本のように共通テストや大学別の入試が存在しないため，アビトゥーアの成績が大学の入学に直結するのである。ただし多くの生徒は，中等教育修了後すぐに進学するのではなく，ギャップイヤーとしてボランティアや留学を経験する。大学の標準的な修学年限は3年となっている。これは，大学での教養教育を中等教育機関で学んでいると考えられているからである。

　余談であるが，ドイツでは教員資格を得るために，大学院への進学が必須であることに加えて，二度の国家試験や試補教員として勤務が必要となる。ドイツに

おいても日本と同様，教員不足が社会問題となっており，その要因の一つに長期にわたる教員養成制度があるといわれている。

3　ドイツの探究学習

　分岐型の学校制度や大学入学試験の有無など，日本と大きく異なる教育制度を，ドイツは有している。そのような中で取り組まれる探究の学習はどのようなものであろうか。

　まず，ドイツにおいてはプロジェクト型の学習が積極的に取り組まれてきた歴史がある。それは，トーク＆チョークで実施される教科授業に対して，子どもたちの興味関心に沿った活動や社会的な問題にかかわるプロジェクトに取り組むことで学習を発展させていこうとする方法である。とりわけ「プロジェクトウィーク（Projektwoche）」は特徴的である。ドイツの学校では，プロジェクトウィークとして，１～２週間継続してクラスや学年を越えて，学校の子どもたち全員が教師や保護者，地域住民を巻き込みながらいくつかのテーマにグループで取り組むスタイルが定着しているのである。ドイツのプロジェクト学習は，日本で総合的な学習の時間が導入される際に，海外の総合学習の事例として紹介されており，現在でも学習者の主体性を伸長したり，協働性を高めたり，さらには社会参画を促す教育方法として位置づけられている[3]。

　プロジェクト学習と並んで，探究のための学習方法として近年注目されているのが，まさに「探究学習（Forschendes Lernen）」である[4]。この探究学習と従来のプロジェクト学習に確定的な相違があるわけではないが，あえて両者の違いを強調してみると以下のようになる。プロジェクト学習の特徴としては，プロジェクトのプロセスや子どもの行為が重視されることが挙げられる。対して，探究学習の場合は，その原語が「Forschen ＝研究する」であるように，子どもの要求や学習の協働性を重視しつつも，学習プロセスの中で研究に類似したプロセスを実施することが特徴である[5]。つまり探究学習は，自身に関連したり，学問的な活動に関連する問題を設定をすることに始まり，その問題に対して，実験をしたり，事例を集めたりしながら，その問題に対する観察や考察を行っていく。そう

することで，新たな知
識を発見したり，これ
までの知識を構造化す
ることができる。そし
て実験や考察で得られ
た結果を発表すること
で，これまでの活動に
対する振り返りを行う
という図式となってい
る（図2参照）。

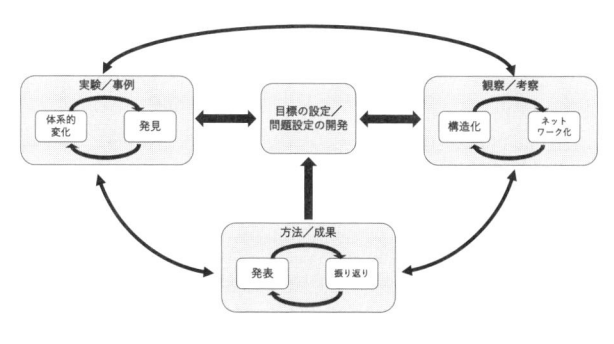

図2：探究学習のモデル [6)]

　この探究学習は，学校教育においては，生活科（Sachunterricht）や自然科学系
の教科の中で，またはプロジェクトウィークの中でも取り組まれている。加えて，
探究学習は幼稚園での活動の指針として，大学における教員養成での学修方法の
一つとして，さらには博物館でのワークショップの方法としても用いられている。

　紙幅の都合上，探究学習の具体的な実践に言及することはできないが，日本と
の異同という観点から，ドイツの探究学習の特徴をまとめたい。ドイツの探究学
習は，そこにおいて取り組まれるテーマや内容に特徴があるというよりも，上述
したような探究＝研究の方法を学習の中に取り入れようとすることに，その特徴
がある。この点は，探究のプロセスが明示されている日本と同様であるだろう。
もちろん探究学習が幼稚園から高等教育で実施されているといっても，その具体
的な方法は同一ではない。子どもたちの発達段階や学校種，学校段階によって，
探究のプロセスの中での力点の置き方は異なってくる。例えば，幼稚園で行われ
ている探究学習では，きっかけとなるための問題設定の部分が重視されるのに対
して，高等教育の段階では，探究の方法論に焦点化し，問題設定に対する方法の
妥当性などが吟味される。力点の置き方は異なりつつも，幼児教育から学校教育，
高等教育，さらには社会教育を通して探究学習が繰り返されることによって，探
究＝研究のプロセスや思考法を身につけていくことが目指されているのである。
ともすると，総合学習や探究学習によって学校の独自性を強調しがちな日本とは

294

異なって，ドイツでは探究学習によって学校種や学校間を一貫させていくことが
企図されているのである。

注および引用・参考文献

1）ドイツの学校では，2000年以降，学力低下の問題などを受け，学校の終日化が進められて
きており，現在では8割程度の基礎学校が終日化されている（学校の終日化について詳しく
は，次の文献を参照（布川あゆみ（2018）現代ドイツにおける学校制度改革と学力問題：進
む学校の終日化と問い直される役割分担の在り方，晃洋書房））。

2）文部科学省(2023)「諸外国の教育統計令和5（2023）年版　ドイツ」https://www.mext.
go.jp/b_menu/toukei/data/syogaikoku/1415074_00019.htm（閲覧日：2024年2月1日）

3）プロジェクト学習については次の文献を参照（渡邉眞依子（2013）子どもとともに創る授
業：ドイツにおけるプロジェクト授業の展開，久田敏彦監修，ドイツ教授学研究会編，PISA
後の教育をどうとらえるか：ドイツをとおしてみる，83-110，八千代出版）。

4）ドイツにおいて，探究学習が注目されている理由はいくつかあるが，その一つに，「ハッティ
研究」が探究学習を肯定的に評価したという事実を挙げることができる。オーストラリアの
教育学者ハッティ（John Hattie）は，これまで発表されてきた教育にかかわる膨大な研究を
メタ的に分析することによって，「学校での学習にとって何が最も効果的に作用するのか」
を解明しようとした。彼の研究は，ドイツの教育学に大きな影響を与えたのだが，その中
で「習熟度別学習」や「異年齢学級」が期待されている効果を見込めないことを指摘する一方
で，「探究学習は，知識，成績の向上，教科に対する態度の改善といった肯定的な効果だけ
でなく，転移可能な批判的思考スキルを生み出す」（ハッティ2018, p.248）と述べたのであ
る。ハッティの教育の効果に関する研究は，次の文献を参照（ジョン・ハッティ著，山森光
陽監訳（2018）教育の効果―メタ分析による学力に影響を与える要因の効果の可視化―，図
書文化）。

5）ドイツで探究学習をけん引しているフーバー（Ludwig Huber）による定式である（Huber,
L. (2009) Warum Forschendes Lernen nötig und möglich ist. In Huber, L., Hellmer, J. &
Schneider, F. (Hrsg.), *Forschendes Lernen im Studium. Aktuelle Konzepte und Erfahrungen*, 9–35,
Bielefeld: Universitäts Verlag）。

6）Roth, J. Weigand, H.-G. (2014) Forschendes Lernen – Eine Annäherung an
wissenschaftliches Arbeiten, *Mathematik lehren*, 184, 5.

--- コラム7 知識表現ツールの工夫（知識ウェブの開発） ---

わたしたち大人も同じですが，子どもが持っている知識の形には，いわゆる「〜は，〜である」といった命題的な形式だけではありませんね。その命題に関係する対象イメージや「〜したことがある」経験エピソードなどが絡み合って保持されているようです。そのあたりを探る道具について語ってみましょう。

1 「概念地図法」について

概念地図法 (Concept Mapping) については，Novak & Gowin (1984) の訳本（福岡・弓野監訳　1992）によってしっかりと説明されています。ご承知の通り，概念地図法は学習者の認知構造を詳述する方法の一つであり，命題の形式をとりながら，視覚的に図式化された点にその特徴があります。例えば，簡単な「雲は水からできている」という命題を表現すると，図1に示すような図になります。それぞれの概念のラベルとそのつながりを表す言葉 (linking word) によって，ラベル間の有意味な関係を図として表現するものです。ゆえに機械的学習 (rote learning) ではなく有意味学習 (meaningful learning) に有効なものと言えます。また，保持している概念を表現したものですので，いくつかのラベルが出てきます。それらを並べ，包含関係があるのかや上下の関係があるのかなど，線で結ぶところに個人的な理解のありようが見えてきます。そうした特徴から，間違った表記（誤概念の内容）を見つけ出す有効な評価ツールとしても活用できます。もちろん，お互いに同じものを表現し，比較することによって，あるいは，複数名で作成することによって，理解を深めたり共有したりするのにも役立ちます。ラベルもあらかじめ用意されたラベルのつながりを考えて作成する方法やあるキーワードから思い付くラベルを並べて線で結ぶ方法など，様々な形式が応用として考えられます。

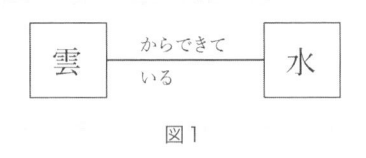

図1

2 「記憶」の形式

さて，外在化させたい子どもの内にある知識については，どのように捉えているのでしょうか。一つの回答として，知識の形式（記憶要素）には「命題」の他に「ストリング」「イメージ」「エピソード」「知的技能」「運動技能」「認知的方略」のタイプがあるとされています (White 1988)。表現として言い換え可能な「命題」に対して，電話番号や詩，諺など敷衍されない単位の形態となる「ストリング」，感覚についての心的表象である「イメージ」，経験の記憶ととしての「エピソード」，心的・肉体的課題遂行能力の「知的技能」「運動技能」に加え，課題の明確化・目標を立てるなど，思考をコントロールする際に働く「認知的方略」となります。

3 「知識ウェブ」の開発

概念地図法は，子どもの保持する命題に関して，視覚的にわかりやすい表現ツールでしたが，他のタイプの知識への対応が不十分でした。そこで，子どもの多様な知識を表現可能にした「知識ウェブ (Knowledge web)」を考案しました（溝辺ら 1997）。前節で述べた White モデルにしたがって，表現困難な種類を避け，知識ウェブには，命題・イメージ・エピソード・ストリングの4種類を表現可能としています。自信度の表記も可能にしています。その特徴を活用場面での作成に即しながら，説明すると次のようになります。まず，中心となる言葉を用意し，その言葉に関連する単語・文章あるいは図絵などを想起します。それらをラベルとして，知識の4つのタイプ（命題，ストリング，イメージ，エピソード）に分類します。関係があると判断されたラベル同士を線で結びます。この際，関係性があると強く意識

してつないだ線は太線，中程度の自信では通常の実線，あまり自信がない場合には破線で示します。ラベル間の関係に関する表記は，できるだけ記します。図2のように，また自分にはなかったもので，他の子どもたちから取り入れるラベル，あるいは線やつながりを表す言葉の加筆・修正などは，色を変えて表記するようにします。

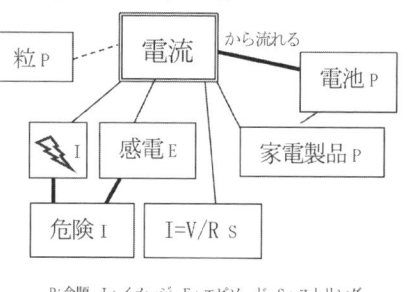

P:命題，I:イメージ，E:エピソード，S:ストリング

図2

応用的な扱いとして，例えば，対象と自分を知識ウェブ上に登場させ，対象そのものに帰属性の高い命題やストリングといった普遍的な意味の記憶に関わるラベルと自己に帰属性の深いイメージ・エピソードといった体験的な意味記憶に関わるラベルを区別して表記できるようにします。あるいは，区別した上での関連性を話し合う機会を設けることで，知識ウェブ活用からの課題生成や問題解決の見通しが見えてくるのではないかと考えます。

4　様々な道具開発への期待

知識表現ツールに関して言えば，上記の事例はほんの一例にしか過ぎません。現在もその実践的研究が多数行われてきていますが，今後も概念地図法の更なる進化が期待されるとともに，子どもの知識表現の重要性を踏まえ，その目的や必要性に応じたベストツールの開発が望まれます。そのためには，形式的によく似たツール同士の競合・せめぎ合いがあってもよく，また，いくつかのツールを掛け合わせて新たな化学反応を起こし，時代にマッチする斬新な開発も必要だと思っています。そうすることが次世代の教育実践を拓く貢献につながると考えるからです。

引用・参考文献等

堀哲夫・森本信也訳(1990)『子ども達は理科をいかに学習し教師はいかに教えるか』東洋館出版社 (White R.T., *Learning Science*, Basil Blackwell, 1988)

Novak J.D.(1990), Concept mapping: A useful tool for science education, *Journal of Research in Science Teaching*, 27(10),937-949.

福岡敏行・弓野憲一監訳(1992)『子どもが学ぶ新しい学習法，概念地図法によるメタ学習』東洋館出版社 (Novak J.D., Gowin D.B., *Learning how to learn*, Cambridge University Press, 1984)

溝辺和成・野上智行・稲垣成哲(1996)コンセプトマップを利用した理科授業における子どもの相互交渉に関する研究，神戸大学発達科学部研究紀要，3(2), 103-109.

中山迅・稲垣成哲監訳(1997)『子どもの学びを探る　知の多様な表現を基底にした教室をめざして』東洋館出版社 (White R.T.,Gunstone R., *Probing Understanding*, Taylor & Francis Group Ltd., 1992)

溝辺和成・野上智行・山口悦司・稲垣成哲(1997)知識ウェブの開発とその利用の事例的分析，理科教育学研究，38(2), 147-161.

溝辺和成(1999)総合的学習における知識ウェブの適用，日本科学教育学会年会論文集，23(0), 387-388.

溝辺和成(1999)知識ウェブを用いた授業の質的研究，日本理科教育学会全国大会要項，270-272.

溝辺和成(2000)知識ウェブの適用から展開する理科授業，理科の教育，49(1), 16-18.

溝辺和成(2000)知識ウェブの開発とその適用，物理教育，48(2), 112-117.

--- コラム8　自然を表すことば ---

　わたしたちは，身近に見られる自然の事物・現象をどのようなことばで表現しているのでしょうか。使い慣れたことばも含め，改めて整理してみましょう。

1　自然の様子をそのままことばに

　日本語独特の成り立ちかもしれませんが，自然に聞こえてくる音をそのままことばとして使用していく場合があります。例えば，「ひゅうひゅう」「ビュービュー」など風の音を表すことばです。また，「チュンチュン」とか「ミーンミーン」といった鳥や虫の鳴き声もそうでしょう。最近では，擬音語，擬態語，擬声語を総称するオノマトペという表現が使われ，定着してきています。このオノマトペは，日本語には多く，幼児期の頃からそれをうまく駆使し表現することを通して，身の回りの事物・現象の理解につなげています[1)]。つまり自分がとらえた自然理解を表す道具の一つということになります。とすると，オノマトペを集めたり，つくったりして「自然」を豊かに表すことを通して，さまざまな人ともコミュニケーションがとれるかもしれませんね。

2　自然を表すことばへの嗜好1

　小学生や小学校教員を対象にしたある意識調査では，「自然を表すことば」は，理科学習として扱う学習価値が認められ，学びたい項目に雲や月，星などの気象関係が多く見受けられました[2)]。その多くには，漢字表現が使われています。そこで，その漢字に焦点付けてみましょう。もともと「月」という漢字などは，他の古代文字誕生と同じように対象物の絵が元になってできたようです。いわゆる象形文字の類ですね。では，天気予報などでよく見たり，聞いたりする「雲」に似たものの漢字を集めてみてください。そう，「霧」「霞」「霙」「霜」・・・がすぐに思い付きます。「雨」という共通文字がかぶさっていることからも，全て水の姿，表情，特徴を一つの漢字に込めて表そうとしていることがわかります[3)]。そうなってくると，自分が感じた対象のイメージや理解した内容を漢字一文字に込めたくなります。そんな時，字数がやたら多い漢字[4)]や奇妙な漢字[5)]に出会うと，自らの創作意欲もグイグイ湧き立てられます。このあたりで「日」や「月」が付く漢字の創作にチャレンジしてみてはどうでしょう。ユニークな文字が現れるかもしれませんよ。でもその前に，ぜひ漢字の成り立ち[6)]に当たってみましょう。面白い成り立ちを知ることによって，想像もしなかった驚きの漢字ができるかもしれませんから。

3　自然を表すことばへの嗜好2

　一文字の漢字による表現から離れると，今度は，二文字以上で表現される「雨」の種類が気になりますね。「小雨」や「豪雨」，「梅雨」「時雨」「氷雨」などは一般的でしょう。季節というファクターが加わり，さまざまな様相を呈してくる「雨」ですが，その変化をうまく捉えた漢字が「雨」の前に形容されます[7)]。

　さて，さて，このあたりになってくると，漢字一文字の名前に拘らず，「どうしてそんな漢字の名前が付いたのか」が気になってきます。しかも，日頃の生活の中では，気象に限らず，動植物に関しても関心が寄せられます[8)]。例えば，春の頃に見かける「ツバメ」。「燕」「玄鳥」となぜ書くの？カマキリは，「蟷螂」以外の漢字があるの？「バッタ」の漢字は？「イチョウ」に使われる漢字の出どころは？ といくつも疑問が湧いてきます。当然，徹底的に調べていく"探究"が始まりますが，これらに対する解答が得られれば得られるほど，自分でも物語をつくって，創作漢字の表現をしてみたくなってきます。

　対象を一転して「色」についてはいかがでしょう[9)]。身の回りに溢れている「色」については，どの世代も関心は高いでしょう。その色の名前といえば，例えば「鼠色」「山吹色」など伝統色の多くは，自然の事物の漢字表記が付されることによって，それぞれの特徴が説明されています[10)]。小学生を対象にした試

行実践[11]もあるように，書籍やネット情報での「名前の由来」に関する知識獲得とともに，自らのこだわりによって表現する「命名」作業の面白さや概念理解の深まりに満足感が得られることでしょう。

引用・参考文献等
1）例えば，以下の報告がある。
　　池田仁人・戸北凱惟（2005）低学年児童の「気付き」の表現に関する研究：生活科におけるオノマトペの機能，理科教育学研究 45 (3), 1-10.
　　近藤綾・渡辺大介・大田紀子・伊藤祥子・小津草太郎, 越中康治（2008）保育における自然体験活動でのオノマトペ表現に関する実態調査，幼年教育研究年報 30,113-119.
　　近藤綾, 渡辺大介, 越中康治（2008）自然体験活動の中で見られる幼児のオノマトペの機能に関する一考察：観察事例による検討, 広島大学大学院教育学研究科紀要 第三部 教育人間科学関連領域, 57, 305-312,
2）溝邊和成（2012）自然を表すことばに関する基礎調査，日本理科教育学会近畿支部大会発表要旨集, 54.
　　溝邊和成（2013）自然を表すことばに関する基礎調査 (2), 日本理科教育学会近畿支部大会発表要旨集, 32.
3）円満字二郎（2020）『雨かんむり漢字読本』草思社
4）笹原宏之編著（2023）『画数が夥しい漢字 121』人修館
5）杉岡幸徳（2023）『奇妙な漢字』ポプラ新書
6）例えば，以下のシリーズが挙げられる。
　　伊東伸夫（2007）『成り立ちで知る漢字のおもしろ世界』全 7 巻，スリーエーネットワーク
　　伊東伸夫（2018）『白川静文字学に学ぶ 漢字なりたちブック』全 7 巻，太郎次郎社エディタス
7）高橋順子（2001）『雨の名前』小学館
8）円満字二郎（2020）『漢字の植物苑 花の名前をたずねてみれば』岩波書店
　　円満字二郎（2023）『漢字の動物苑 鳥・虫・けものと季節のうつろい』岩波書店
9）福田邦夫（2021）『色の名前事典 507』主婦の友社
10）吉岡幸雄（2000）『日本の色事典』紫紅社
11）例えば，下記の一連の報告に見られる。
　　田中一磨・下吉美香・溝邊和成（2010）自然にみられる色の弁別を促す活動構成 (1)　小学校第 4 学年総合学習の実践事例，日本理科教育学会東北支部大会講演要旨集, 13.
　　下吉美香・田中一磨・溝邊和成（2010）児童の自然の色への命名に関する一考察 (1)　小学校第 5 学年総合学習の実践をもとに，日本理科教育学会東北支部大会講演要旨集, 14.
　　田中一磨・下吉美香・溝邊和成（2010）児童の自然の色への命名に関する一考察 (2)　小学校第 4 学年総合学習の実践をもとに，日本理科教育学会四国支部会報, 12-13.
　　下吉美香・田中一磨・溝邊和成（2010）自然にみられる色の弁別を促す活動構成 (2)　小学校第 5 学年総合学習の実践事例，日本理科教育学会四国支部会報, 14-15.

---　コラム9　トピック学習の周辺　---

1　視察の掘り起こし1

　古い話になります。1980年代，附属小学校教諭として総合学習の実践に奮闘する中，書籍（ex. 稲垣1984）等に刺激されたこともあり，諸外国の総合学習が気になった自分が抑えられなく，1990年代前半イギリスの小学校8校に単独訪問してしまいました。もちろん，その背景にナショナルカリキュラム制定（1988）の動きがあったことは，後付け理由としてあります。英語，数学に加え，科学が中核教科としている点にも興味があったからです。

　帰国後，トピックワーク（Topic Work）としてまとめた報告（溝辺・野上1999）では，学期に二つトピックワークを実施することや学校全体でテーマを検討し，ローテーションするなどのアイデアや，どの学校の時間割もほぼ同様であり，午前中は二つのブロックに分けられ，昼食後1ないし2ブロックで午後3時過ぎまでというようになっていたことも示しています。具体的なトピックの構成においては，トピックウェブ（Topic web）の活用が見られます。トピックウェブは，紙面中央にテーマが示され，そのテーマに関連づくキーワードが寄せられ，またそれに関連するワードが広がっていくパターン（図1左）と，テーマから教科名が紐づいて活動や内容が表記されているもの（図1右）があります。

　さらに，ナショナルカリキュラムには，「環境教育」「市民教育」など五つのクロス・カリキュラー・テーマと4つのアプローチ（単一教科，多分野，学際的，クロスカリキュラコース）が用意され，実践的な取り組みに結びついています（ex. 磯崎1996）。カリキュラム統合やクロスカリキュラムの特徴をとらえている寺西（1997,1998）の報告や環境教育に焦点づけて論じている研究（ex. 谷口・大西1998）等も併せて，トピック学習実践の参考にしたいところです。

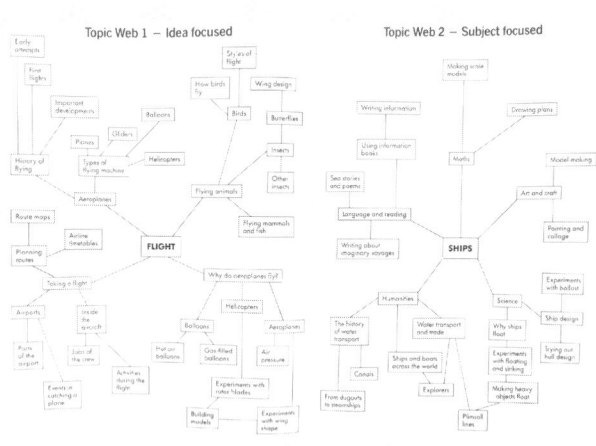

図1　トピックウェブ例
Wray D.(1989) より引用

2　視察の掘り起こし2

　前述の視察から10年余の後に，またイギリス訪問をしています。イギリスの幼稚園や小学校等10校を対象とした調査（溝邊・隅田2013）では，「光と影」「恐竜」などシンプルなトピックを掲げてクラスで取り組んでいると報告しています。また，「ワールドブックデー」や「テクノロジーウィーク」等学校全体で取り組むものも用意されています。もちろん1週間や1日で取り組むなどトピックの設定は，学校に任されており，個性的です。さらに個別的な取り組みが保障されている分，より探究活動ができやすいように教室環境も工夫されています。「なぜwhy」「いかにhow」が示されている看板があったり，「さあ観察しましょう」といったポスターが用意されていたりします。また，コンポストに取り組む学習手引きカードが丁寧に置かれていたりしていました。絵本活用に関しても「人形と文字がセット」の絵本があっ

たり，読み聞かせ用の大型絵本（big book）が用意されたりしています。プレスクールやチャイルドセンターなどでは，支援体制として正規教員の他にアシスタントが配属されており，子どもの活動の様子を記録していたり，活動の準備を整えたりしていました。もちろん集積された記録は，直接的な指導に役立てたり，本人の学習履歴として保管したりしていました。また，保護者向けに提示することにも役立っていました。

3　少し発展して

　指導法の一つとしての科学絵本の扱いに関しては，その効果やアイデが示されています（ex.Fllag etc.2002, Cavendish etc.2006, Howlett 2008）。幼稚園・小学校教員等を対象に行った調査（溝邊・隅田2012）の概略は，次のようになります。幼稚園の指導経験の有無によって活用頻度に違いが見られました。また，指導経験年数が5年以上の教員は，絵本自体の工夫（取り外し機能や博物館ツアーガイド付き等）にあまり重きを置いていませんが，子どもが回答に困るような質問や話し合いの課題に関心を示していました。それに対して指導経験5年未満の教員は，綺麗なイラストを希望するとともに活動用教材・資料付に関心が高く，かつ子どもが困るような質問やキーワード，科学的な問題も望んでいたことがわかりました。またストーリーの面白さと子どもが困るような質問との間には経験年数に関わらず正の相関が見られ，それへの期待がありました。

　これらの視察の経験や調査結果から，今の日本の教育を見つめ直し，子どもに関わるトピックとその指導の転換を心がけたいものです。

引用・参考文献等

Cavendish,J.,Stopps,B.,& Ryan,C.(2006).Involving young children through stories as starting points. *Praimary Science Review*,pp.18-20.

Flagg,A.& Ory,T.(2002). *Teaching Science with Favorite Picture Books*, Scholastic Inc.Professional Books.

Howlett,C.(2008).Science from Stories.In H.e.Ward, *Teaching Science in the Primary Classroom*, pp.94-104.Paul Chapman Publishing

稲垣忠彦編（1984）『子どものための学校：イギリスの小学校から』東京大学出版会

磯崎哲夫（1996）英国におけるクロスカリキュラムとその運営，野上智行編著『「クロスカリキュラム」理論と方法』（総合学習への提言1）明治図書，96-133.

Kerry T.,Eggleston J.(1988)Topic Work in The Primary School, Routlage.

教科書研究センター編（1999）新しいメディアに対応した教科書・教材に関する調査研究 —平成10年度文部省調査研究委嘱—，イギリスにおける「トピック学習」，137-171.

溝邊和成・野上智行（1999）イギリスの小学校におけるトピックワーク，せいかつか，6，126-132.

溝邊和成・隅田学（2012）英国における科学絵本に関する教員の意識，日本理科教育学会発表要旨集，357.

溝邊和成・隅田学（2013）英国における幼児・児童期理科カリキュラムの実践的素描，日本理科教育学会発表要旨集，223.

Tann S.C.(Ed.)(1988) *Developing Topic Work itn the Primary School*, The Falmer Press.

谷口和也・大西洋悦（1998）クロスカリキュラムにもとづく環境教育の開発（1）—The National Curriculum をてがかりとした総合的教科の可能性—，岩手大学教育学部附属教育実践指導センター研究紀要，8,65-79.

寺西和子（1997）イギリスのトピック学習 —カリキュラムの統合化の視点から—，愛知教育大学教科教育センター研究報告，21，115-122.

寺西和子（1998）イギリスの「クロスカリキュラム」の検討 —その社会的生活と構成論から—，愛知教育大学研究報告 教育科学，47，21-29.

Wray D.(1989)*Project Teaching*, Scholastic Publications Ltd.,34-35.

第7章

教員養成・育成に向かう

7.1 保育者養成課程 保育内容「環境」における自然体験活動を取り入れた授業デザイン

永井　毅

1　はじめに

　乳幼児期は，子どもの成長と発達にとって非常に重要である。この時期に得られる経験は，人生における学習と発達の基盤を形成する。子どもたちが環境，社会，文化と豊かにかかわることは，彼らの好奇心を刺激し，様々な興味を喚起するために必要である。保育者は，子どもたちの発達段階を深く理解し，子どもの個性やニーズに応じた保育計画を立て，実践できる専門知識と技術が求められる。また，社会の変化に伴う新しい保育に対応するため，保育者自身も継続的に学習を続ける必要がある。保育者養成においては，理論と実践を融合させた教育内容が重要であり，特に自然とかかわる保育実践は，子どもたちの感性を豊かにし，人格形成に多大な影響を与えるものである。

　しかし，文部科学省の答申 (2013) によれば，青少年の自然体験活動は減少傾向にある。特に，都市部出身の学生においては，自然での遊び経験が乏しく，自然とかかわる保育実践などに関して不安や疑問を感じているとされる。田尻ら (2004) の調査では，保育者養成校の教員の多くが，学生の自然体験の不足を認識しながらも，授業を通してその不足を補うことの難しさに直面していることが報告されている。これらの事実を背景に，保育者養成では自然体験を取り入れることの重要性が強調されている。

　また，「虫」をテーマにした活動は子どもたちにとって貴重な自然体験であり，山下ら (2008) は，これらの活動が子どもたちの命の理解や思いやりを育む上で有効であると述べている。それにもかかわらず，保育者養成課程の学生の中には，虫に対する嫌悪感を抱く者が多い。平田ら (2017) の調査によると，虫嫌いの学生が多い中でも卒業後，多数の学生が子どもたちと虫捕りをするという意向を示

している。これは，教育保育現場で子どもたちと虫にかかわる際の不安を抱えている学生が多いことを示し，実習における苦手意識の克服が求められる。また，この問題に対して，自然とかかわる保育実践の向上を目的とした授業開発も必要であると考えられる。

2　実践の目的・方法

（1）目的

　現代社会における自然体験の減少に対し，保育者養成課程で自然とのかかわりを重視した授業デザイン開発し，その有効性を検証することを目的とする。

（2）授業デザイン

　本項で取り扱っている授業デザインでは，保育者養成を目指す学生に対する心理的側面の配慮，グループワークの活用，及び継続的な複数回授業の実施に重点を置いている。学生が自らの幼少期の経験を想起し，保育者としてのアイデンティティと効力感を育むための演習，同級生とのコミュニケーションを深め情報共有するグループワーク，そして実践的なスキルを構築するための継続的な授業内容が組み込まれている。

（3）対象者と授業教材

　対象：大阪府内の O 女子短期大学前期開講科目「環境演習」（必修）の受講生：2 年次生（2014 年度入学）85 名

　教材：「虫」

　時期：2015 年度前期（2015 年 4 月〜 2015 年 9 月）

3　授業実践の内容

　本授業では「虫」を教材にして，「自信経験」と「保育者アイデンティティの確立」に重点を置き，学生に保育者としての自覚と「自分らしさ」を探究させることを促した。これらを受けて『仲間との活動共有』『達成・成功経験』『自身の成長

実感』とともに『自分らしい実践活動』を見つける機会を作ることを特に意識し，演習授業を構成している。

　授業形式・内容については，次の3点を配慮して設定した。1点目は，講義で得た知識と演習を通した体験を密接に結びつけることである。具体的には，「虫とのかかわり」に関する講義内容を学んだ後，その知識を基にした演習を行い，実際の保育現場で役立つ体験を積むことに焦点を置いている。2点目は，開講期間中に保育実習が実施される点を配慮し，実習中に子どもと一緒に虫とかかわることを想定して保育実習前に虫との直接的なかかわりを多く取り入れた点である。これは，「虫捕り」や「虫の飼育」などの直接的な活動を取り入れ，保育現場での実践をイメージできるようにした。3点目は，学生が自分らしい虫とのかかわり方を見つける機会を作ることである。具体的な指標としては，虫が好きな学生は知識を深め，子どもたちに虫とのかかわり方を指導できるようになることを目指す。一方，虫が苦手な学生は，嫌悪感の程度に応じて，自分に合った虫との距離やかかわり方を見つけていった。

4　調査結果
（1）アンケート調査の結果

　受講学生の授業に対する意識調査（事前・事後）については，表1に示すような結果が得られた。項目1［虫をさけようとする］は，事前では平均値が3.22点であったところから，多くの学生が虫を避ける傾向があると見られたが，事後では2.65点となり，その傾向が薄れていることがわかる。項目2［虫を触ることができる］も事前2.45点に比べ，事後の平均値は2.84点と高くなり，肯定

表1　事前・事後 意識調査の分析結果　　　　n=85

項目	事前 M (SD)	事後 M (SD)	t 値
1	3.22 (0.803)	2.65 (0.715)	9.08***
2	2.45 (0.775)	2.84 (0.717)	5.97***

ただし，項目1：虫をさけようとする
　　　　　項目2：虫を触ることができる　　　　　***：$p<.01$

的な回答が多くなったことがわかる。

（２）事後アンケートの質的分析

　授業後の自由記述による意識調査では,学生の自己認識の変化を《以前の自分》《授業》《自己変容》《実践への自信》《保育実践（実習）》のカテゴリーで分類し分析した。《以前の自分》カテゴリーでは，虫に対する恐怖や嫌悪を示す記述が多く見られた。《授業》カテゴリーでは，【知識の獲得】と【虫とのかかわり】が中心で，虫の扱い方や観察等の実体験に関する記述が寄せられた。また，クラスメイトの影響を表す【他者からの影響】も確認された。これらの経験は《自己変容》につながり，【態度・ふるまい】【興味・関心】や【嫌悪感】の軽減に影響を与えた。具体的には，虫に触れることの抵抗感が減少し，興味や関心が高まったことが示された。《実践への自信》カテゴリーでは，保育者としての自信を感じる【保育者効力感】と，保育者としての自覚が深まった【保育者である自分】が見られた。《保育実践（実習）》カテゴリーでは,実際の保育現場で虫に対する【行動】の変化や適切な【言葉掛け】が行えるようになったことが示された。関係図は図１のようになった。

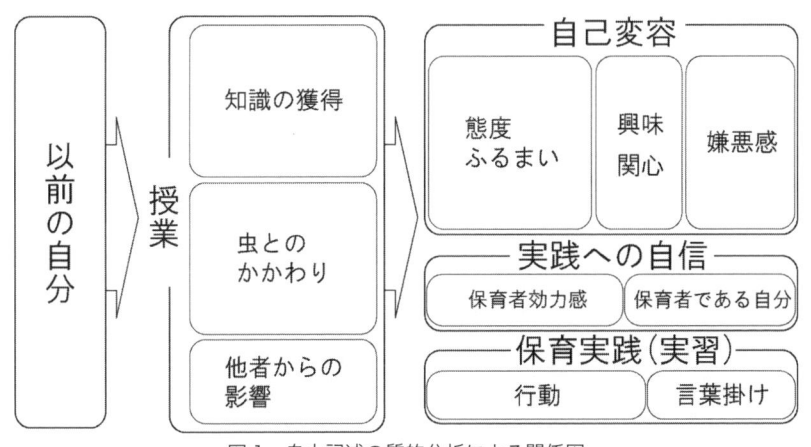

図１　自由記述の質的分析による関係図

308

5 示唆されること

保育者養成プログラムにおいて「虫」とのかかわりをテーマにした授業実践は，学生の意識と行動を変容させ，保育実習で自信を持って取り組めたことが確認できた。学生は「虫」への恐怖や嫌悪感を軽減させ，興味と関心を深めることができたのは，専門的な講義内容と「虫」との直接的な触れ合いを含む演習の相乗効果によるものと考えられる。

また，授業実践の成果は，心理的側面への配慮，グループワークの活用，継続的な授業実施という3つの重要な要素によって支えられていることが明らかになった。心理的配慮によって，学生は保育士として直面するであろう実際の課題に対する対処法を見出し，自己効力感を強化した。グループワークを通して協働学習が促進された。さらに，継続的な授業は学習経験の深化を促し，学生が徐々に苦手意識を克服し，自己成長を実感するプロセスをサポートした。

保育者養成において実施された授業実践は，学生が得た理論知識を実践に応用し，将来の保育実践で自信を持って行動できる土台を構築するのに寄与できると期待される。この過程では，「虫」とのかかわりを通して，学生自身の自己認識が形成され，異なるシチュエーションに対する適応力が向上したことが確認された。保育実習期間中には，学生の変化した意識が具体的な言動に表れ，習得したスキルが実際に活かされたことが明らかになった。

注　本稿は，下記の内容をもとに作成している。
永井毅・溝邊和成（2019）子どもの自然遊びを豊かにする保育実習前授業の改善 —保育にかかわる「虫」を題材とした演習授業に見る学生の意識変化—，保育学研究，57(1)，90-101.

参考文献
中央教育審議会（2013）今後の青少年の体験活動の推進について（答申）http://www.mext.go.jp/b_menu/shingi/chukyo/chukyo0/toushin/07020115.htm（情報取得 2016/5/1）
田尻由美子・林幸治（2004）「自然とかかわる保育」の実践的保育指導力の養成について (1)—保育者養成校の教員の考えや教育の実態に関する調査研究—. 精華女子短期大学紀要，30，31-42.
山下久美・首藤敏元（2008）虫との関わりが幼児の社会性の発達に与える効果について. 埼玉大学紀要，57，105-121.
平田豊誠・小川博士（2017）幼稚園教諭・保育士志望学生の「虫」と「動物」についての意識調査. 佛教大学教育学部学会紀要，16，63-74.

7.2 教師の意識変化を促す「総合」の校内研修モデルとその展開

野崎　大輔

1　はじめに

総合的な学習の時間（以下：総合的な学習と称する）では、学校行事（特別活動）と混同した取り組みが行われていたり、各教科における知識・技能の習得を図る補充のような実践がされていたりすることなど（中央教育審議会 2016a）、依然として学校間で指導方法の工夫や校内体制の整備などの格差が課題となっており（中央教育審議会 2016b）、その充実が求められる。久我（2017）は、総合的な学習の停滞状況への解決策として、教員の指導力を向上する必要性があるとし、研修の機会を増やすことや教員の意識改革推進の重要性を論じている。松井（2014）は、総合的な学習において、教員が探究的な学習をイメージできるようになるためには、実践を記録しており返ったり、複数の教員で協議したりする必要があることしている。しかしながら、現在学校現場で実施されている教員を対象とした研修（校内・外）は、教科指導や生活指導、○○教育といった社会の要請に応えたものが中心になっており（文部科学省 2020）、教員が総合的な学習の指導力を向上させることが難しい状況にある。すなわち、総合的な学習を推進するためには、教員の学びの場を充実することが必要である。

2　目的・方法
（1）目的

そこで本実践では、小学校を対象とした総合的な学習の校内研修プログラム試案を作成するために、次のように実践1と2を設定した。実践1では、校内研修プログラム試案を作成するための基礎的調査として、授業検討会を計画・実施した。実践2では、実践1で示された課題を踏まえ、校内研修を計画・実施した。

（2）方法

　Ａ市立Ｂ小学校において総合的な学習を指導している教員5名を研究対象者とした。調査時期は，2020年7月～12月（実践1），2021年5月～7月および8月（実践2）とした。また，実践1では，授業検討会の実態と参加教員の意識を調査対象とし，実践2では，授業検討会の話題，授業デザインシート，参加教員の意識を調査対象とした。

3　実践1：Lesson study meeting
（1）授業検討会のデザイン

　実践1では，以下の3点に着目して，総合的な学習の授業検討会を実施した。

①　継続性

　参加教員が授業実践で抱える課題を継続的に支援するために，単元実施期間（7月～12月）にかけ，毎月第1・3水曜日の放課後に，1時間程度実施した。

②　個別性

　教員個人の課題意識に焦点をあてながら，一人ひとりの成長を支援していくために，参加教員が授業で抱えた個別具体的な不安や悩みをテーマとして取り上げた。

③　協働性

　参加教員同士の学び合いによる相互成長を促すために，参加教員が自分たちで意見を出し合い，一人ひとりが教え手にも学び手にもなりながら課題の解決を進めた。

（2）成果と課題

　実践1の結果，授業検討会では，「児童の興味・関心に基づく活動」「地域講師との連携」「総合的な学習の指導に対する不安感」といった参加教員に共通する課題が継続的に話し合われていること，全ての参加教員が話題提供者となっており，協働して課題解決が進められていることが確認できた。参加教員の意識からは，日々の授業実践で生じる不安や悩みに対して同僚と協働的にアプローチすること

が，総合的な学習に対する教員の意識変容や指導力向上に効果的であることがわかった。また，授業検討会において，参加教員間に相互支援体制が構築されたことで，日常的に総合的な学習に対する不安や悩みを相談できる同僚性が形成されたことが確認できた。一方で，授業検討会において，参加教員の総合的な学習に対する個別的な課題意識を焦点化して追究する点が不明確であるという課題が示された。今後，個人の研究テーマを明確化するとともに，継続性と協働性を保障するような持続可能型総合的な学習の校内研修プログラムを検討する必要があるといえる。

4　実践 2：Study up meeting
（1）校内研修のデザイン

　実践 2 では，実践 1 の授業検討会モデルをもとに，個人研究テーマへの継続的・協働的探究に焦点化した校内研修のデザインを構築・実践する。

① 　個人研究テーマの明確化

　校内研修では，全体研究テーマに基づいて，参加教員が個人研究テーマを設定した。個人研究テーマは，参加教員一人ひとりの個別的な課題意識や興味・関心を付箋に記述し，参加教員一人ひとりが個人で整理・分析しながら設定した。また，それぞれが設定した個人研究テーマを共有する場面を設けた。

② 　定期的な省察過程の導入

　参加教員が，全体・個人研究テーマを意識しながら定期的に自己省察を進めるために，実践報告シートと授業デザインシートを活用した。授業実践後には実践報告シートで，授業実践の実態を分析し，参加教員が抱える課題を整理した。また，授業検討会では報告用資料とした。授業検討会後には授業デザインシートで，授業検討会での学びを整理し，授業改善の方向性や具体案を明確化した（図 1）。

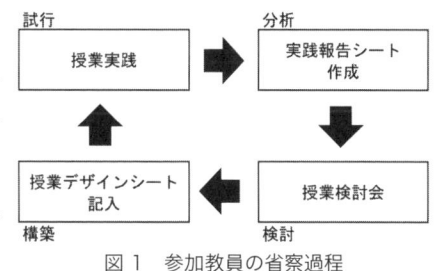

図 1　参加教員の省察過程

③　個人研究テーマへの継続的・協働的探究

　校内研修では，総合的な学習の単元実施期間の5月〜7月にかけて継続的に授業検討会を実施した（図2）。事前研修では，個人研究テーマの設定，5月〜7月には，授業検討会の実施，事後研修では，実践報告シートと授業デザインシートを活用して，校内研修での学びをふり返った。授業検討会においては，全体を60分として，1人につき25分程度の授業検討を行った。また，参加教員2人の研究テーマを取り上げることを基本とした（図3）。

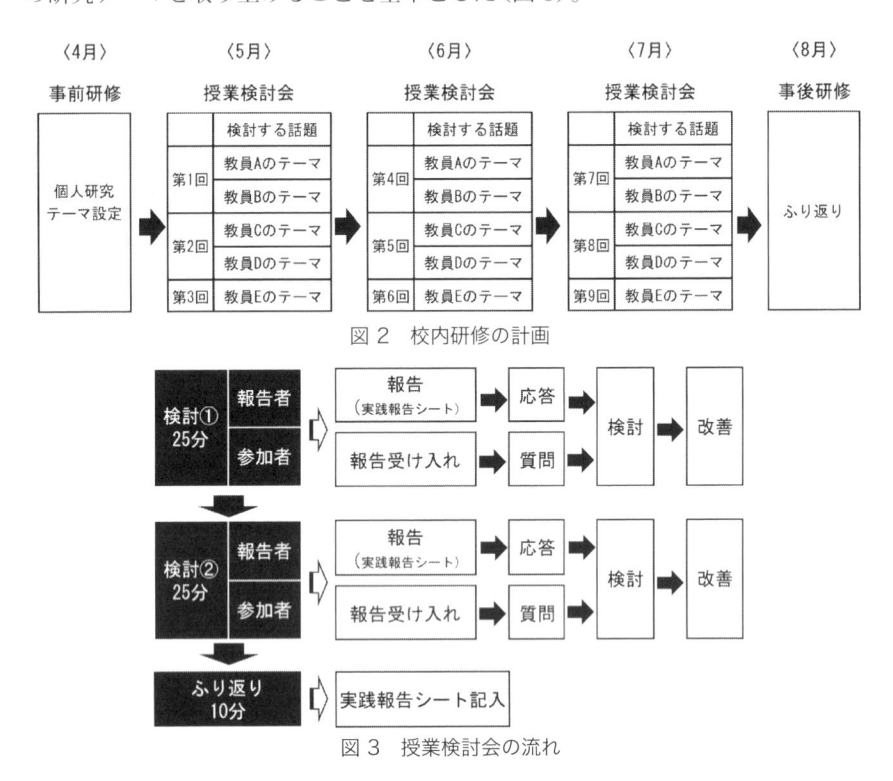

図2　校内研修の計画

図3　授業検討会の流れ

（2）成果と課題

　実践2の結果，個人研究テーマへの継続的・協働的探究に焦点化した校内研修を実施することで，全体・個人研究テーマが相互に影響を与え合いながら，一貫性をもった発展的な授業改善が進められること，参加教員間に同僚性が構築さ

れることがわかった。また，定期的な自己・協働省察が，授業改善の視点の明確化，自己充実を実感させる機会になることも明らかになった。これは，総合的な学習の指導力向上には，教員の自己・協働省察が必要であるとする松井（2014）の指摘に対する一つの回答を得たといえる。一方，参加教員の課題意識を焦点化・具体化する必要性や研修プロセスに個人研究テーマを見直す機会を位置付けるといった課題が示された。

5　示唆されること

　実践 1 と 2 から，総合的な学習を担う教員の学びをより充実させるためには，参加教員の抱える課題意識を明確化する手立てや研修の方向性に応じて研究テーマを修正していく機会を設ける必要性が示唆された。また，専門性を必要とする課題を検討する難しさが指摘されており，総合的な学習に求められる指導力を整理したうえで，教員の力量形成に焦点化した校内研修プログラムを検討することが重要な課題ととらえている。

注　本稿の内容は，以下の論文 2 編をもとに再構成したものである。
野崎大輔・溝邊和成（2021）小規模校の総合的な学習の時間の校内研修に関する研究：授業検討会における継続性・個別性・協働性に焦点をあてて，兵庫教育大学学校教育学研究 34，101-109.
野崎大輔・溝邊和成（2022）総合的な学習の時間の校内研修に関する研究：小規模校参加教員の個別的な課題意識を焦点化して，兵庫教育大学学校教育学研究 35，81-88.

引用・参考文献
中央教育審議会（2016a）総合的な学習の時間の成果と課題について―教育課程部会，資料 2-1，3.
中央教育審議会（2016b）幼稚園，小学校，中学校，高等学校及び特別支援学校の学習指導要領等の改善及び必要な方策等について（答申），236.
久我周夫（2017）総合的な学習の時間の課題と改善についての検討：授業を受けてきた側の調査から見えてきたもの，大阪夕陽丘学園短期大学紀要 60，23-35.
松井千鶴子（2014）総合的な学習の時間を重視する A 小学校における教師の力量形成に関する事例的研究：赴任初年度の教員を対象にした PAC 分析による探究的な学習のイメージから，上越教育大学教職大学院研究紀要 1，159-169.
文部科学省（2020）平成 30 年度における教員研修実施状況調査結果
　https://www.mext.go.jp/content/20200626-mxt_kyoikujinzai01-000008282-16.pdf(閲　覧日：2023 年 11 月 20 日)

7.3 学習者主体の学びをめざすための人材育成に係る実践

野島　崇志

1　はじめに

　本実践の背景は，文部科学省（2018）によると「学校教育には，子供たちが様々な変化に積極的に向かい合い，他者と協働して課題を解決していくことや，様々な情報を見極め知識の概念的な理解を実現し情報を再構成するなどして新たな価値につなげていくこと，複雑な状況変化の中で，目的を再構築することができるようにすることが求められている」とされているため，授業の在り方を見直す必要があると考えた。さらに，感染症等の対応により，学校の在り方の変化が求められたことも大きく関連する。

　さらに，文部科学省（2022）の調査によると「令和3年度始業日時点の小・中学校の「教師不足」人数（不足率）は合計2,086人（0.35%），5月1日時点では1,701人（0.28%）とあり，また，「教員の年齢構成について，公立小学校及び公立中学校では前回調査時より30歳未満の比率が上昇し，50歳以上の比率が低下している」とあることからも「技術の発達や新たなニーズなど学校教育を取り巻く環境の変化を前向きに受け止め，教職生涯を通じて探究心を持ちつつ自律的かつ継続的に新しい知識・技能を学び続け，子供一人一人の学びを最大限に引き出し，子供の主体的な学びを支援する伴走者としての役割を果たすこと」（文部科学省．2022）ができる教員の人材育成が必要であると考えた。

　そこで，OECD（2019）「LEARING COMPASS 2030」にある「生徒が教師の決まりきった指導や指示をそのまま受け入れるのではなく，未知なる環境の中を自力で歩みを進め，意味のある，また責任意識を伴う方法で，進むべき方向を見出す」という考えをもとに，学習者主体の学びをめざすための人材育成に係る実践について考察する。

2　実践の目的・方法
（1）目的
　学習者主体の学びを実現する授業づくりを柱とした人材育成の実践について考察する。
（2）方法
　授業づくりのための1)学習者主体の授業づくりに迫る学習指導案づくり，2)授業づくりの共有，3)課題発見探究学習を中心としたモデル授業の実施，の3つの実践について人材育成を視点に考察する。
（3）対象者
　広島県内の公立小学校における授業を行う教員を対象とする。

3　授業実践の成果
（1）学習者主体の授業づくりに迫る学習指導案づくり
①授業の展開が見える学習指導案づくり
　学習指導案づくりは，児童の実態，学習の目的，評価，展開などを明らかにする上で，重要であると考える。しかし，作成に時間がかかる，研究授業のときにしか書かず日常的には使いにくい，児童の実態と学習の展開が合っていないものになっているなどの課題が見られた。そのため，筆者は，2016年より学習の計画を明らかにしながら，作成の手間ができるだけ省くことができる学習指導案づくりを兵庫教育大学溝邊和成教授（2016年当時）のご指導で検討してきた。

　図1は，後述するモデル授業として行った際に使用した学習指導案の本時の例である。できるだけ文章を簡潔にし，その分イラストや写真をつかうことで，作成の手間を軽減しつつ，授業の中で大切にしたいところが明確になるように工夫した。この学習指導案を使うことで，授業の展開が分かりやすくなっただけでなく，共有する際にも活用できた。

②学習者の課題を明らかにする学習指導案づくり
　学習指導案作成の際に，授業づくりの目的は，学習内容を教えることが目標で

316

算数科　学びづくり案（略案）

単元名：三角形と四角形
日　時：2022年9月27日（火）10:45〜11:30（3時間目）
目　標：第4時　三角形を1本の直線で切ったときの形を使って、三角形を2つに分けたときの特徴について考えることができる。
　　　　三角形を構成する要素に着目し、構成の仕方を考える（イ　思考力、判断力、表現力等）

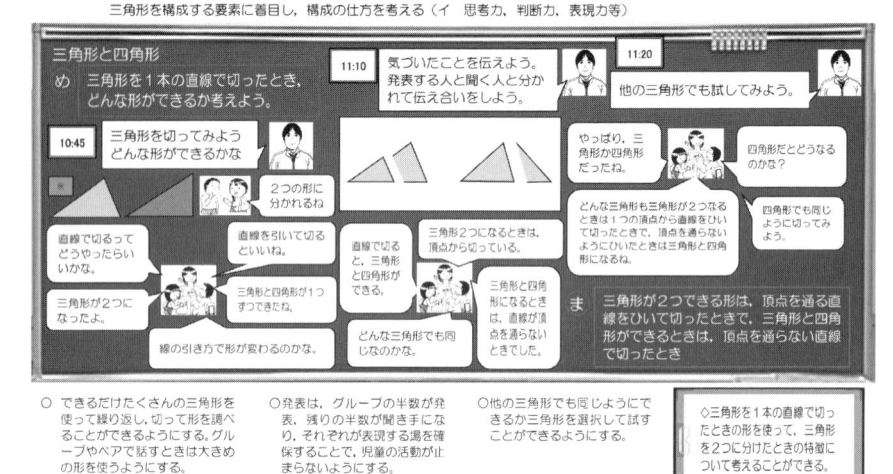

図1　学習指導案

はなく、学習内容を通して児童の課題解決に向かうことであるという意識改革を行った。学習指導案を検討する際に、児童観が未記入のまま、指導観が作られているものがあった。そのため、学習内容や教材が教員の想定する展開となっており、児童の課題やニーズとは合わない、または合っているか検討できないものとなっていることがあった。

　そこで、児童観は、「児童の課題を明らかにし、分析し、課題解決のための指導観などを計画するためのものである」と在り方を見直した。

　児童観の在り方を見直すことで、児童の課題解決のための仮説と手立てを検討し、仮説を検証する形で授業改善を行うことができた。

（2）授業づくりの共有
① Google classroom を活用した授業づくりの工夫の共有

　筆者が勤務していた学校は、授業を行う教員が約40名と大規模校であった。故に、それぞれの授業づくりの工夫を共有する時間の確保が難しかった。そのため、授業づくり専用の Google classroom（以下 classroom）を作り、授業の動画

をアップロードし，コメント機能を活用して授業の感想，アドバイスなどを日常的にやり取りできるようにした。

②教員経験年数が少ない教員のための自主研修

　教員経験年数が少ない教員のための自主研修を行なった。主な内容は，教材研究の進め方，学習指導案の作り方，授業の進め方の基本，特別な支援が必要な子どもたちへの接し方，評価の進め方などである。参加希望の教員から，どんなことを学びたいか調査し，ニーズに適した内容の研修を進めた。特に，特別な支援が必要な子どもたちへの接し方については，模擬授業を行うことで実感を伴った理解をすることができるようにした。また，参加した教員との対話を重視し，必ず，それぞれの意見を聞きながら，一方的な学びではなく，考えを言語化して表現することで，自身の学びについて自分で認知できるようにした。

（3）課題発見探究学習を中心としたモデル授業の実施

　教員の「こんな授業を見てみたい」という意見をもとに，子どもたちが主体的に学ぶ授業の実際についてモデル授業を行った。その際，どの授業でも課題発見探究学習を子どもたちが進めることを中心として行った。

　また，課題発見探究学習を行うための資料や発問の意図について模擬授業を通して体験的な理解をできるようにした。授業に参加したり，classroom を見たりした教員からは，教科書にあることを教えるのではなく，教科書にあることを使って，子どもたちがもっと学びたいと考えること，そのための資料と提示のタイミングなどの工夫について学んだことや実際に授業で取り組んだというリフレクションがあった。

4　示唆されること

　本実践を通して，教員が授業改善にむけて「自分の強みを生かしたり，学び合ったりすることで充実感を得られているか」ということについてどのような変化があったかを質問紙調査を行い，表1に整理した。

表1　教員に対する質問紙調査の結果

「自分の強みを生かしたり，学びあったりすることで充実感を得られているか」

選択	肯定的な回答の割合（％）	10月		2月	
		とてもそう思う	そう思う	とてもそう思う	そう思う
		6.1	78.8	18.4	68.4
自由記述	肯定的な記述	・他の先生の実践を見ることができた。 ・得意な内容をいかして工夫ができた。 ・いろいろな知識や方法を得られた。 ・子どもと学びを作ることができた。 ・子どもたちの反応がよかった。		・子どもたちが意欲的に取り組んだ。 ・教材研究の時間があった。 ・自分が思いつかないことを吸収できた。 ・子どもたちと一緒に問いを見つけ，考えを深めることに楽しさを感じた。	
	否定的な記述	・負担に感じることがある。 ・考えていた授業実践ができていない。		・自信がないことが多い。 ・改善のための時間が十分にない。	

　表1にあるように授業改善を子どもたちの実態を中心にして考えていること，教員自ら課題を見つけ，改善のための実践とその分析，更なる改善に繋げようとしていることが分かった。しかし，教材分析，授業改善には時間がかかり，限られた勤務時間の中で行うことに負担感があること，教員経験年数の少ない教員が授業改善の効果を実感しながら充実感につなげることができていない傾向にあることが分かった。今後も，なぜ学習者主体の学びづくりが必要なのか，目的を明らかにしながら，すべての教員が現在の子どもたちに必要な力を伸ばすことができる授業づくりをめざして，研鑽できる仕組みづくりが求められる。

引用・参考文献

文部科学省（2018）『小学校学習指導要領（平成29年告示）解説　総則編』．東洋館出版社

文部科学省（2022）「教員不足」に関する実態調査　令和4年1月

野島崇志（2020）小学校「総合的な学習の時間」における主体的に学ぶ態度の変容に関する研究：イエナプラン教育「ワールドオリエンテーション」を手がかりに．福山市立大学大学院

野島崇志（2023）チャレンジする教員集団をめざして〜授業改善を柱とした児童の主体的に学ぶ力の育成を通して〜．令和5年度第64回広島県公立小中学校教頭研究大会．課題別研究発表．第1分科会「教育課程に関する研究」

OECD（2018）文部科学省訳．OECDラーニング・コンパス（学びの羅針盤）2030

7.4 生活・総合における教員研修のあり方を問う

―学校全体で取り組む研究会と教師の成長―

平山　恭子

1　はじめに

　生活科や総合的な学習の時間（以下，総合という）では，学校や地域の特色を生かして教育活動を行うことができる。とりわけ，総合においては教科書がなく，何をどのように学習するか，各学校が目標，内容を設定しなければならない。つまり，特色を生かして工夫できる反面，指導する教師の力量が問われることになる。

　一方で，現行の学習指導要領では，生活科は幼児教育と小学校教育の円滑な接続を実現するスタートカリキュラムにおいて中心となる教科であり，総合は各学校の教育目標を具現化するカリキュラム・マネジメントの軸となると示されている。このことから，生活・総合は，各学校の教育課程を編成し，実施していく上で重要な役割を担っているといえる。そうすると，生活・総合の学習をデザインし，実施していく教員の育成が，ますます求められる。

　ここでは，令和元年11月に開催された「全国小学校生活科・総合的な学習教育研究協議会兵庫大会」に向けて，神戸市立成徳小学校（以下，成徳小という）で取り組んだ4年間の研修について紹介する。

2　研修の概要とその成果

　＜研究主題＞

　なかまとともに　地域とともに　未来を切り拓く子どもを目指して

　～学び合いを通した主体的・対話的で深い学びと探究的な学校カリキュラムの創造～

　この研究主題を掲げ，学校全体で取り組んだ研究会を振り返ると，次の3つのステップがあった。その過程に，教員研修のあり方や教師の成長につながる手がかりが見えてくる。

（1）体制づくり

①校長のリーダーシップ

　当時の校長は，子どもの実態から生活・総合を中心とした学校づくりを進めることを打ち出した。成徳小の教育目標は，「笑顔あふれる成徳の子」で，その中に「心豊かな子，ともに学ぶ子，たくましい子」という目指す子ども像を掲げている。この３つの子ども像のうち「ともに学ぶ子」を焦点化することとした。それは，比較的学力は高いけれども自尊感情が低い，友達との関係が薄いという子どもたちの現状があったからである。そこで，生活・総合を軸とした教育課程の編成を進め，その中で行う主体的・対話的で深い学びの視点からの授業改善を行うことで，自尊感情の高まりや子ども同士のつながりを深くすることを直結させようとした。校長が「生活・総合」のもつ力を信じ，学校を，子どもを，教師を変えようと考えたのである。

②外部人材との連携

　成徳小は平成７年の阪神・淡路大震災で大きな被害を受けた地域にある。学校を核に人々が強く結びつき，地域コミュニティーの力で町を復興させてきた。現在，学校は地域福祉センターや公園が併設されており，常に地域の人々の拠点となっている。まさに「地域に開かれた学校」である。生活・総合では，「地域の人材」をいかに活用して，子どもの学びにつなげるかが鍵となる。校長は，保護者・地域自治会・幼稚園・保育所・中学校・区役所・父親の会・成徳スポーツクラブ21・児童館などのメンバーで構成された本校の教育を考える組織として，地域総合教育会議（年２回開催）を立ち上げた。この会議に参加されている多くの地域の方々に生活・総合の授業に協力していただくことができた。なかでも，幼稚園・保育所との連携は大きく進んだ。年間を通して，子ども同士の交流だけでなく，教員同士が保育と授業を見合い，幼小接続期のカリキュラムのあり方について検討を重ねることができた。

　また，神戸市小学校研究会（神小研）生活・総合部に所属している他校の先生方に指導・支援していただく体制を整えた。他にも，同じく全国大会会場校の明

石市立大観小学校と淡路市立志筑小学校との合同研修会を開催した。

③学識経験者の指導

　専門的な見地からは，愛知教育大学の野田敦敬先生にご指導いただいた。野田先生には4年間，何度も成徳小に足を運んで各学年に丁寧に指導・助言をいただいた。それにより，教職員は専門的な学びを得ることができ，自信をもって単元や授業のデザインと実践を進めることができた。

（2）教師の意識改革「教師が教える」から「子どもが学ぶ」へ

　「主体的・対話的で深い学びの視点からの授業改善」は，現行の学習指導要領改訂の基本方針であり，すべての教育活動において実現されるべきことである。それには，教師の意識改革が必要となる。そこで掲げたのは，「教師が教える」から「子どもが学ぶ」へ，というフレーズである。その際，授業改善のイメージを共有する資料として，田村学著『授業を磨く』から「教師に求められるファシリテーターとしての役割」のイラスト（43頁）等を活用した。そして，子ども同士の「学び合い」を大切にした授業づくりを進め，授業改善の一つの方略として，ペアやグループの学習形態を取り入れた。生活・総合ではもちろん，どの教科においてもこの学習形態で授業改善を進めた。つまり成徳小では，「主体的・対話的で深い学び」を比較的イメージしやすい「生活・総合」を中心に取り組むことをきっかけに，すべての教科等の授業改善を進めようとしたのである。ここが「生活・総合」を中心とした教員研修の大きな強みだと感じる。実際，教員同士の会話の中に「子どもがこのように言うんだけど」とか「子どもがこんなことも調べたがっているんだけど」と，子どもが主体となって探究する姿を語る声が，多く聞かれるようになっていった。

（3）学校カリキュラムの編成，実践と改善の繰り返し

　総合のカリキュラム編成においては，これまで年間で羅列されていた活動を単元化することに取り組んだ。例えば，4年生は以前から，学校に併設されている地域福祉センターの高齢者との交流会や地域に暮らす障害のある方と出会う活動

等を行っていた。これを単発のイベント的にするのではなく，福祉を内容とする単元に構成していったのである。また，国語や道徳等との関連を図り，教科等横断的に取り組むことも意識した。これら，地域の学習材や教科等の内容といった「あるものを見直す」ことが，カリキュラム編成の手がかりとなった。見直す際のポイントは，「探究」である。「課題の設定」「情報の収集」「整理・分析」「まとめ・表現」の繰り返しを子どもの視点で組み立て，実践し，振り返り，改善していく。いわゆる PDCA サイクルである。特に，4 年生の実践で興味深かったのは，同じ福祉を内容とした単元でも，学習対象や学習形態等が年度ごとに大きく変化していったことである。子どもが学ぶ姿をもとに，実施していく上での時間的なことや支援体制のあり方，地域の実態等を振り返り，その改善を次年度の単元へ反映させていった。その過程にこそ，教師が学習をデザインしていく力が形となって表れていたといえる。

　成徳小は各学年 4 〜 5 クラスの大規模校である。担任と専科の教員を含め 6 〜 7 人の学年チーム体制で，願いを共有しながら進めてきた。しかし，目の前の子どもとともに学習を創り上げていく生活・総合においては，個々の教師の願いも大切にされるべきであろう。学年チームで練り上げた単元を，担任がそれぞれのクラスで実践する。

写真 1　研究会当日の授業

学校のカリキュラムとして編成したとしても，その年，その教師の願いによって様々な工夫ができることで，さらに豊かな学びを生む。研究会当日の授業（写真 1），これまでの実践の軌跡を表現した数々の掲示物（写真 2），この研究会を通して成長した教師の姿がそこにはあった。教師の成長が子どもの成長を支えると感じた光景であった。

写真 2　研究会当日の体育館掲示

3　示唆されること

　この研究会を通して，生活・総合の研修を学校全体で取り組むことの価値を改めて感じた。成徳小は全国大会を契機として，それを目指して進めたが，いつ，どの学校においても，生活・総合を軸に研修を行うことは，カリキュラム・マネジメントの目的である教育活動の質の向上につながるのではないだろうか。ここで重要なのが，組織で取り組むことである。学年や学校，さらに地域の人や他校の教員等，だれとでも一緒に取り組むことができ，そうすることが子どもの学びを豊かにする。本書の書名にあるように，これからの教育のキーワードは「探究」である。生活・総合の学習材は，身近なところにたくさんある。どんなことでも学ぶ対象となり，子どもと教師が共に「探究」することで思いや願いを叶える—成し遂げることができる。この過程での経験が，子どもはもちろん，教師自身の確かな力を育成する。研究会への取組を通して，生活・総合には，未来の教育を豊かにする可能性があるのではないか，と感じることができた。研究会直後はコロナ禍に見舞われたが，成徳小が生活・総合を軸に教育活動を行うことは，今も大切に引き継がれている。この研究会に一緒に取り組んできた多くの先生に感謝するとともに，これから私自身も子どもたち，先生方との「探究」を楽しみ，成長を続けたいと思う。

注　本稿は、下記の内容をもとに作成している。
神戸市立成徳小学校（2019）『第28回全国小学校生活科・総合的な学習教育研究協議会　兵庫大会　指導案集』5-8.
平山恭子（2021）社会に開かれた教育課程としての学校カリキュラムの創造，一般社団法人兵庫教育会，梅檀，10，27-32.

引用・参考文献
田村学（2015）『授業を磨く』東洋館出版社
文部科学省（2018）『小学校学習指導要領解説 生活編』
文部科学省（2018）『小学校学習指導要領解説 総合的な学習の時間編』
文部科学省（2019）特殊Ⅱ新学習指導要領に向けた指導の在り方 [総合的な学習の時間] 座談会「学校教育目標の明確化と総合的な学習の時間の全体計画の改善」，初等教育資料，1月号，56-65.

＜特別寄稿 23 ＞

教職大学院生同士の学び合いをひらく

伊藤　博之

1　はじめに

　本稿では，教職大学院での教育効果を一層向上させる上で院生同士の学び合いを効果的に組織することの重要性に着目して継続的に行われてきている兵庫教育大学大学院での実践研究を紹介し，その過程及び成果（課題）から得られる「教え手の『学び』を高めるための方策」への示唆を提供したい。

　2008 年度に立ち上げられた教職大学院では，従来の修士課程が研究者的な力量形成が目的とされていたのに対して，「高度な専門的職業能力」（中央教育審議会, 2005）の育成が目指されている。日本のポスト大学教育における「教え手」の力量形成について大幅な制度の見直しが行われたのである。

　近年文部科学省の高唱する「個別最適な学び」や「協働的な学び」は，教育学研究や教育実践の歴史を鑑みると，決して目新しい事柄ではない。私たちの実践（研究）の場である教職大学院においても，院生個々人の実践研究は，自ら課題を設定し，先人の業績にも拠りつつ課題解決のための方法を模索し，自分なりの解決策を見いだし，その妥当性を検討（検証）するという形をとることから明らかなように，まさに「個別最適な学び」そのものである。さらに多くの場合，配属されたゼミの成員間の相互作用による「協働的な学び」の場も用意されている。ゼミ以外の個々の共通基礎科目やコース専門科目においても，意識的な教員によってその科目の枠内において，複数教員による協働授業（T.T）やアクティブラーニングの導入が積極的に行われてきた。しかしながら，それらの取り組みが個別分散的に行われているだけでは十分な教育成果が得られない。そうした反省から，「授業を究める」をスローガンとしていた授業実践開発コースにおいて，2010 年代半ばから授業改善・カリキュラム改善の試みが本格化することになった。

2　コース教員（有志）による授業検討会

　その取り組みのきっかけとなったのが，コース教員の有志によって始められた「ボトプアップ型 FD 活動」である。田中（2011）による分類で伝達講習×トップダウン型とされる FD 活動が当時主流であったのに対し，授業やカリキュラム改善活動に対して教員がより意欲づくと想定された相互学習×ボトムアップ型 FD 活動のあり方を採用したのである。児童・生徒・学生・院生を対象とする授業において，知識の伝達ではなく知識の再生産や経験学習を，また教育内容・方法の他者による選択・決定ではなく自己選択・自己決定を重視しようという改革の方向性を FD 活動に適用することが有効であると考えられたからである。2015 年6 月から，有志が集って（＝ボトムアップ），自らの授業について省察してお互いの工夫や課題をまとめ，報告し，それについて集団的に質疑や討論していこう（＝相互学習）ということになったのである。最初 1 年間はほぼ 2 ヶ月に 1 回の割合で授業検討会（計 5 回）を行った。その中で，個々の授業内容や教育方法に関わる有効な工夫が共有されると同時に不十分点が指摘される。それを受けて改善案が策定され，次年度のシラバスに反映された。

　加えて，我々の「ボトムアップ型 FD 活動」の成果と課題がその参加者にどのように自覚されたかを調べた結果，以下のことが明らかになった。（伊藤他，2017）すなわち，①授業改善やカリキュラム改善に関する成果として，参加者の授業改善やカリキュラム改善に対する意識を高める効果があること，②教員集団の形成に関する成果として，(1) 知識基盤の共有化：当該コース担当教員として持つべき知識基盤を共有化したり，各自の固有性を再確認したりする機会になっていた，(2) 同僚性の構築：活動を通して教員間の人間関係が深まり，当該コース担当教員としての同僚性の構築がうながされた，(3) 院生に対する指導やアドバイスの的確さの向上：討議の中で語られる院生の姿を共有化することによって，個々の授業の中での院生に対する指導やアドバイスの的確さが向上した。その一方で，課題として，❶授業研究の質の深まりに関する課題：報告者の意識に上る事柄のみが検討の対象となりがちである，❷活動への参加に関する課題：教員の業務多様化や多忙化により時間を合わせて集まることがなかなかむつかしい，が

挙げられた。さらには❸個々の科目でバラバラに取り組むのでは効果が見いだし
づらい課題：より一層のカリキュラム改善の必要性も明らかになっていった。中
でも喫緊の課題は，院生同士（とりわけ現職院生と学卒院生の間）のコース専門
科目の学修上に協働性を発揮させることであることが認識されるに至ったのであ
る。

3　共通課題の解決を展望した授業改善，カリキュラム改善

　院生同士の協働性を発揮させることを考える上で，その方向性は大きく分けて
2つある。一方は，共通性に着目して授業効率を上げようとするものであり，他
方は，異質性に着目して，異質な故に相互に負の相乗効果（アナジー効果）を及
ぼす危険性を意識しつつも，逆に異質な故に相互に刺激し合い，学びに広がりと
深まり（正の相乗効果：シナジー効果）を得させようとするものである。
　大学院に進学する上で，個々の院生の進学意図や教育要求は多様である。し
かしながら，大枠で見た場合，現職院生と学卒院生はそれぞれ比較的似通った
教育要求を持っている。我々が行った調査の結果，例えば「院生同士の学び合
いに対する意識」には以下のような実態があることが明らかになった（伊藤他，
2017b）。①教職大学院入学の段階では，現職院生と学卒院生の間に指導・被指
導に対する想定や期待に大きな意識のずれがあること，②学卒院生は，授業にお
いて何らかの形で現職院生と関わり合う場面があれば指導されたと感じやすくな
るのに対して，現職院生は，意図的に学卒院生を指導することが求められる学習
場面を設定しなければ自ら指導したという意識を持ちにくいと考えられること，
③現職院生は，幅広い内容について多様な指導を学卒院生に対して行ってきたと
考えているのに対して，学卒院生は現職院生より主として授業づくりに関する指
導を受けたと感じており，両者には指導・被指導内容の感覚にずれのあること，
④キャリアの異なる院生間で生じる指導・被指導関係は，両者にとって自己の成
長を促す貴重な学習経験になり得るものであること，⑤両者には関わりあいたい
内容に差異があり，学卒院生が授業づくりや教材研究など，授業力形成に資する
学び合いを期待しているのに対して，現職院生は社会人としての心構えや自己の

振り返りの促進など，人間的な成長に資する関わり合いを期待していること，であった。

　我々は，この調査・分析活動を通して明らかになった２者間の意識のずれを無視，もしくは授業効率を妨げるものとして排除するのではなく，ずれの激しい教育内容について，一部は現職院生向けの授業と学卒院生向けの授業に分化させる一方で，授業力形成に資する学び合いを設定し，その際に現職院生が学卒院生のメンター的な役割をもちつつ協働的な活動を行う授業を設定することとした。その上で，各科目でも同質性，異質性に留意した協働的活動を組織するというカリキュラム改善を試行したのである。

　さらに，2019年度に，授業実践開発コースが生徒指導実践開発コースと合併し学校臨床科学コースに改編されるに伴って行われたカリキュラム改編において，上記の方向性を継承，発展させた。授業づくり，授業改善のための必須技能として，コルトハーヘンの提唱するALACTモデルによる省察サイクル（Korthagen, 2014）を，他者の力を効果的に借りつつ，自主的に回すことのできる力量をつけることを共通目標に設定した。その上で，中軸となる授業（前後期で１つずつ）を設定し，それの理論的基礎を提供する科目群と長期的多角的視野を提供する科目を位置づけることによって中軸となる授業を支援する形でのカリキュラムマネジメント（科目間連携）という形へ発展させた。さらに，2022年度以降は，共通テーマを，「適応的熟達化」を見据えた「ダブル・ループ学習」の惹起・促進に再整理して実践研究を進めてきている。

4　今後の期待と展望

　以上に紹介してきたことから，教職大学院の院生の学び合いをひらく上での有効性を確認してきた事柄をまとめると以下の通りである。すなわち，①自分の授業実践や自分たちのカリキュラム実践について省察しそれを交流する場と機会を定期的に設けること，②その際，強制的な参加ではなく自主的な参加が保障されること，③可能ならば，あらかじめ時間割等を調整し，関係教員が一堂に会することができる時間帯（空きコマ）を確保すること，④個々の授業内だけで解決で

きない共通の課題を確認すること，共通課題克服のために，⑤関係者全員で担当する中軸となる科目を設定すること，⑥各科目の独自性を確保した上で，中軸となる科目を軸に他科目との連携を構築すること，である。

　以上に紹介した我々の実践研究は，授業やカリキュラムの改善を教育学，心理学といった専門分野から研究的にアプローチしようという研究者によって（その条件を活かして）積み上げられてきたものである。それ故，これを「教え手」一般の授業改善やカリキュラム改善の活動のモデルとするには留意すべき点がある。それは，これまでに歴史的に積み上げられ，現在でも積み上げられつつある「大文字の理論」（Korthagen, 2014）の学習（批判的検討を含む）は各人の研究活動に組み込まれており，日々自主的に行われているという土台が前提として存在していることである。その土台が希薄である，もしくはほぼない場においては，「大文字の理論」自体を学ぶ場や機会を設定したり，個々人の自主的な学びを促進したりする取り組みが並行して行われることが必要であろう。

引用・参考文献

中央教育審議会（2005）今後の教員養成・免許制度の在り方について（中間報告）

伊藤博之・大西義則・奥村好美・黒岩督・米田豊・長澤憲保・永田智子・松本伸示・溝邊和成・宮田佳緒里・森山潤・山内敏男・吉田和志・吉水裕也（2017a）教職大学院におけるボトムアップ型 FD 活動の試み－兵庫教育大学授業実践開発コースの自主的・協働的授業研究活動の取り組み－，兵庫教育大学研究紀要，50，95-104．

伊藤博之・森山潤・大西義則・奥村好美・黒岩督・米田豊・長澤憲保・永田智子・松本伸示・溝邊和成・宮田佳緒里・山内敏男・吉田和志・吉水裕也（2017b）教職大学院における院生同士の学び合いに関する意識実態の把握 －コース専門科目のカリキュラム改善のために－，兵庫教育大学研究紀要，51，101-108．

Korthagen, F. A. J. (2014)Promoting core reflection in teacher education: Deepening professional growth. In Orland-Barak, L. & Craig, C. J. (Eds.), *International Teacher Education: Promising pedagogies (Part A)*, (pp.73-89). Bingley, UK: Emerald.

田中毎実（2011）日本の FD の現在－なぜ？相互研修型 FD なのか？，京都大学高等教育研究開発センター編『大学教育のネットワークを作る－ FD の明日へ』東信堂

<特別寄稿 24 >

教職大学院における
指導力向上のための授業改善

―模擬授業の導入とその工夫を例にして―

宮田　佳緒里

1　はじめに

　子どもは，学校生活や日常生活の中で様々な物事に興味を示す。総合的な学習（探究）の時間では，そうした子どもの興味・関心や生活経験が，学習活動の起点であり継続の原動力といえるほど重要である。そのため，探究をサポートする教師は，子ども一人ひとりの興味・関心をとらえ，学習活動に活かすための力量を持つことが必要である。ところが，一人ひとりを見ているつもりでも，「これなら多くの子どもが興味を持つはずだ」と，子どもをひとまとめにして集団としてとらえてしまうことが，意外に多いように思われる。ここでは，子ども一人ひとりの興味・関心をとらえ活かせる教師になるために，教職大学院でどのような学びができるかを考えたい。

2　教職大学院での模擬授業

　教職大学院では，学校現場における実践力・応用力など教職としての高度な専門性を育成するために，理論と実践の融合を強く意識した体系的な教育課程編成と，教育方法の導入が行われている（中央教育審議会,2006）。その教育方法の一つが模擬授業である。

　模擬授業はもともと「マイクロティーチング」という名で，学生や若い教師が新しい技術の開発や古い技術に磨きをかけることを目的に開発された（Brown,1975 斉藤他訳 1981）。通常の授業に比べて少人数で，授業内容も縮小して短時間で教えることによって，教育実習生が教育現場で教える前に，特定の教授スキルを訓練することができる（金子,2007）。

　ただし，指導技術の訓練に終始するだけでは，教職大学院の授業として十分とはいえない。模擬授業を，現職院生と学部卒院生が共に授業づくりについて追究

し，新たな学びを得るきっかけとして位置づけることが重要である。そのためには，模擬授業の準備段階から現職院生と学部卒院生が共同で指導案を検討し，教材観や児童生徒観を交流する機会を設けることが考えられる。また事後研においても，授業者役の言動や授業の単なる粗探しにならないよう，院生同士が対話的に授業を振り返られるようにするための工夫がいる。例えば，東京学芸大学の渡辺・岩瀬（2017）による「対話型模擬授業検討会」では，授業者役と学習者役が模擬授業中に考えたこと感じたことを出し合い，そこに生じたズレに着目し問題を深く掘り下げていく。それにより，授業者役も学習者役もより深い省察を行うことができるとされる。

　ところで，マイクロティーチングが開発された当初，学習者役をするのは本物の子どもであった（eg.Brown,1975 斉藤他訳 1981）。一方，現在の日本の大学で行われる模擬授業では，大学（院）生が学習者役をするのが一般的である。学習者役の学生は，既知の内容であっても，既有知識をいったん保留し，模擬授業中に出会う言葉や資料だけを頼りに思考し，周囲と関わる必要がある（渡辺，2019）。これは教職経験の乏しい学生にとっては容易でなく，子どもが授業内容についてどのくらい知っていてどう反応するかがわからないため子どもになりきれない，あるいは観察的・評価的態度を示してしまうなどの困難さのあることが指摘されている（太田,1980）。教職経験豊富な現職院生も，学校種が異なるなど，担当経験のない学年の子どもを演じる際には同様の困難さがあり，結果として模擬授業での反応が正答ばかりに偏る傾向がある。

　学習者役の困難さを軽減するには，自らの演じる子どもが，何を知っていて，授業中にどのような態度を示すかが指定されているとよいのではないか。そこで有用と思われるのが，児童生徒のイメージカード（佐久間他 ,2019）である。これは，子どもの学力，指導の通りやすさ，授業態度の現れ方など 13 の特徴が書かれたカードであり（図1），学習者役は受け取った

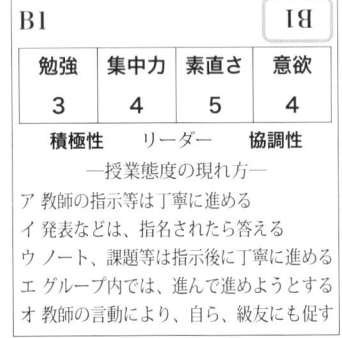

図1　児童生徒のイメージカード
佐久間他（2019）より引用

カードの特徴を基に学習者役を演じる。佐久間他（2019）は学部生を対象とした実験から，児童生徒のイメージカードを授業者役と学習者役の両方に配布した条件と，学習者役のみに配布した条件で得られる模擬授業中の臨場感は，カードを全く配布しなかった条件よりも，実際の授業に近いことを示した。子どもの特徴がカードで明示されたことで，学習者役が演じやすくなり，実際の授業に近い状況が再現されたためと考えられる。

　カードに記載する子どもの特徴や授業態度を考える過程で，模擬授業を行う学級の子ども一人ひとりの姿を想像することになる。佐久間他（2019）では研究者がカードを作成していたが，それを学生自身に作らせ，カードに書かれた学習者の特徴を基に授業を準備するよう促せば，学生の子ども理解につながるのではないだろうか。こうした考えを基に実施されている，模擬授業の一つの方法を次項で紹介する。

3　学習者カードの作成から始める模擬授業

　兵庫教育大学教職大学の教育方法・生徒指導マネジメントコースでは，1年次の前期と後期に1コマ（全15回）ずつ，模擬授業を行う科目がある。授業ごとに到達目標は異なるものの，模擬授業を行う共通の目的は「授業の創造，実践，検討（分析・評価），改善を行う力の育成」である。

　模擬授業の準備段階から，現職院生と学部卒院生混合のグループで指導案検討を行う。グループで教材研究をし，教材観と児童生徒観を共通理解したうえで，授業者役は本時案を，授業者以外のメンバーは学習者カードを作る。学習者カードは，佐久間他（2019）の児童生徒のイメージカードを参考にしつつ，記載する子どもの特徴を，授業の成立に必要でかつ簡単なもの2つまでに限定したものである。このようにしたのは，過去の実践から，特徴の数が多すぎたり難しすぎたりすると，学習者役が演じきれないことが明らかになったためである（宮田,2022）。総合的な学習（探究）の時間の模擬授業ならば，子どもの興味・関心が授業成立に不可欠と考えられるため，その中身を書くことになろう。模擬授業は，45(50)分授業の一部の20分間を切り出す形で行う。

　事後研は，「対話型模擬授業検討会（渡辺・岩瀬,2017）」に近い形で，対話的に行われる。後期の授業で授業研究の理論と実践を学ぶために「対話型模擬授業検討会」の進め方を学生が協働的に改善する試みを毎年行っている（奥村他,2020）。2022年版の流れは表1のとおりである。

　このようにして学生自身に学習者カードの作成とそれに基づく授業実践を行わせたところ，学部卒院生のみならず現職院生からも「子どもたちを豊かにイメージできる」「児童生徒を意識した授業を作るうえで意味があった」などの回答が得られた（宮田他,2023）。教職大学院でこうした経験を繰り返し行うことで，子ども一人ひとりの興味・関心をとらえ活かすための力量が形成されるのではないかと考えられる。

表1　2022年版　兵教大型対話型模擬授業検討会の流れ

⓪　授業者は頭の中を整理し，その他の人は検討会の会場設営。その後，指導案を見る。
①　まず2周，学習者から感じたことを一つずつ話す。（目安10分） ・特に気になった点から話す（時系列順に縛られない）・ここは学習者役の視点をベースにする段階
②　授業者から，この授業のポイントと感じた点を話す（目安5分） ・自分のこだわった点，ALACTにつながりそうな点を話す。
③　①，②を受けて「ズレの発見」を意識し，気になる点を掘り下げる（目安30分） ・ここからはああまり発言の順序性にはこだわらない。Doから，Think,Feel,Wantへと意識し，必要に応じて掘り下げる。（授業者から学習者へ，学習者から授業者へ，豊かかな対話をしたい）
④　余裕があれば，第4局面をみんなで創造する（目安10分） ・③をふまえて授業者の新しい「観」とつながる「選択肢の拡大」を出し合う。

4　今後の展望

　一人ひとりの子どもの興味・関心を起点に探究を進めるならば，総合的な学習（探究）の時間の活動は，「個人探究」として展開されることとなる（cf.第3章第4節）。「令和の日本型学校教育」の柱の一つとして，個別最適な学びが示されたことで，今後は「個人探究」への注目が高まり，教職大学院の模擬授業でも「個人探究」の実践を行う学生が現れることが予想される。

　ここで問題となるのが，従来の模擬授業は一斉授業を前提としている点である。第3項で紹介した模擬授業も同様である。一斉授業では，全員共通の教材が用

意され，授業者役と学習者役あるいは学習者役同士の相互作用が行われ，事後研ではそうした事実を基に議論されることとなる。ところが個人探究の模擬授業を行おうとした場合，ややもすると，授業者役は授業中ほとんど話さず，学習者役がそれぞれ異なる教材でひたすら個人作業をして 20 分間を終えるということがあるかもしれない。このように全員で共有される事柄がほとんどない状態では，事後研での議論の焦点も定めにくくなることが予想される。したがって，教職大学院の模擬授業に，個人探究（ひいては教科学習における個別最適な学び）をどのように取り入れれば，学生の力量形成に資するかを検討することが今後の課題となる。

引用・参考文献

Brown, J.(1975) *Microteaching: A programme of teaching skills.* London: Methuen & Co. Ltd.（斉藤耕二・菊池章夫・河野義章 (訳)(1981) 授業の心理学，同文書院)

中央教育審議会 (2006) 今後の教員養成・免許制度の在り方について（答申）

金子智英子 (2007) マイクロティーチングに関するわが国の研究動向について―保育者養成課程へのマイクロティーチングの導入と課題―，文京学院大学人間学部研究紀要，9，131-150.

宮田佳緒里 (2022) 単元密着型の児童生徒イメージカードの導入が教職大学院における模擬授業に及ぼす効果，日本教授学習心理学会第 18 回年会予稿集，14-15.

宮田佳緒里・溝邊和成・伊藤博之・松田充 (2023) 教職大学院の模擬授業参加者にとって有用な児童生徒イメージカードの条件，日本教授学習心理学会第 19 回年会予稿集，14-15.

奥村好美・伊藤博之・松本伸示・溝邊和成・宮田佳緒里 (2020) より深い省察を促す模擬授業検討のあり方に関する一検討 ―F. コルトハーヘンの ALACT モデルを参照して―，兵庫教育大学研究紀要，57，85-94.

太田静樹 (1980) マイクロティーチングにおける役割について，奈良教育大学紀要 人文・社会科学，29，147-157.

佐久間大・高石哲巳・今井智貴・長谷川勝久・室田真男 (2019) 児童生徒のイメージカードを用いた模擬授業のデザイン，日本教育工学会論文誌，43，91-103.

渡辺貴裕 (2019) 小学校の模擬授業とリフレクションで学ぶ授業づくりの考え方，くろしお出版.

渡辺 貴裕・岩瀬 直樹 (2017) より深い省察の促進を目指す対話型模擬授業検討会を軸とした教師教育の取り組み，日本教師教育学会年報，26，136-145.

<特別寄稿 25 >

探究的な学習における評価

徳島　祐彌

1　はじめに

　探究的な学習では，問いの設定から調査や実験の進め方，最終的な作品まで，子どもの学びは多様に広がっていく。その際に，探究の成果をどのように評価し，指導と学習に活かしていくかが悩みどころである。

　本稿では，探究的な学習における評価の在り方について，これまでの総合的な学習の時間の評価や，近年の議論を踏まえながら整理する。ここで主な対象としている「探究的な学習」とは，各教科の理解を深めるための探究ではなく，教科を超えた横断的・総合的な性格を持つものである。

　学習指導要領解説では，総合的な学習の時間について，ペーパーテストなどによる数値的な評価は適当でないとされている。そのような評価ではなく，子どもの成長を多面的にとらえるために，発表やプレゼンテーション，話し合いの観察，レポートやノート，ポートフォリオ，自己評価や相互評価，教師や地域の人々による他者評価など，多様な評価方法を適切に組み合わせることが重要とされる（文部科学省，2018，124-127，中学校も同様）。これら多様な評価方法の中でも，特に注目されるのがポートフォリオである。

　ポートフォリオとは，「子ども・青年の作品（work）や自己評価の記録，教師の指導と評価の記録などをファイルや箱などに系統的に蓄積していくもの」（西岡，2016，182）である。ポートフォリオは，上記の発表（記録）やレポート，自己評価と相互評価（の記録）なども蓄積するものであり，さまざまな探究の足跡を広くまとめる役割を持つ。そして，このポートフォリオづくりを通して，子どもが自己評価をしたり，教師が指導と学習について評価したりするのがポートフォリオ評価法である。ポートフォリオ評価法は，「総合的な学習の時間」創設時に注目され，現在の探究的な学習でも取り入れられている。また，ポートフォ

リオを電子化した e ポートフォリオの活用も広まっている。

　以下では，まず，西岡（2016）に依拠しつつ，ポートフォリオ評価法を中心として探究的な学習の評価を考える際のポイントを確認する。

2　ポートフォリオの設計と活用の視点

　さまざまな資料をためていくポートフォリオは，ややもすると，ただの資料置き場になってしまったり，見返すことのないデータや文書の山になってしまったりする。そうならないためには，ポートフォリオつくる目的や，収録する資料の範囲，資料を入れる容器，所有権を明確にしておく必要がある（西岡，2016，183-184）。ここでの所有権とは，ポートフォリオに収める資料と，その評価規準・基準の決定権を誰が持つかを考えるものである。所有権については，①教師があらかじめ決定している，②教師と子どもが交渉しながら決めていく，③子ども自身が決定するという 3 種類に大別される。子どもと教師が相談しながら次の目標を設定していく総合学習においては，②のタイプ（基準創出型ポートフォリオ）が推奨される（西岡，2016，184）。ただし，実際に進めるときには，必ずしも明確に 3 つのタイプに分類されるわけではない。

　また，指導の中でポートフォリオを活用するためには，次の 3 点が重要になるとされる（西岡，2016，185-186）。1 点目は，子どもと教師で見通しを共有することであり，つくる意義や残すものなどを共通理解して取り組むことが求められる。2 点目は，蓄積された作品を編集することであり，日常的にためた資料から長期的に残すものを選ぶ，発表会でポートフォリオを他者に見せる（そのために整理する）といった機会が大切になる。3 点目は，子どもと教師（および関係者）がポートフォリオを見ながら学習状況を話し合い，これまでの活動のふり返りや次の目標を確認するポートフォリオ検討会を行うことである。検討会は，子どもにとって学びの成果を見せる機会にもなる。

　このように，あらかじめ目的や収めるものを明確にして子どもと共有することや，指導の中でポートフォリオをどのように用いるかを考慮することが大切である。探究的な学習においては，ポートフォリオ評価法を活かした指導を計画・実

施できることが教師の力量として必要となるだろう。

3 評価規準・基準としてのルーブリックの活用

　ポートフォリオ評価法は，子どもの探究の過程を，教師と子どもがともに評価していく有効な方法である。しかし，ポートフォリオ検討会などの機会において，教師も子どもも次にめざす方向性を全くイメージできていなければ，話し合いが省察の機会として十分に機能しないことも想定される。そこで，探究でめざす姿の大きな方向性や，長期的な探究の深まりの様子を示すものとして，ルーブリックを用いることが広まっている。ルーブリックは，成功の程度を示す数レベルの尺度と，各レベルに対応するパフォーマンスの特徴を記した記述語から成る評価基準表のことである（西岡，2023a，62）。

　探究に関するルーブリックは，社会科学・自然科学など分野の違い，コミュニケーションなどの汎用的スキルの育成，ポスター発表などの短期的なものと最終的な目標を示す長期的なものの区別など，目的や用途に応じて作成されている（cf. 西岡，2023a；二宮，2019）。近年では，スーパーサイエンスハイスクール（SSH）8校の連携によって，科学的探究・数学的探究を評価するための「標準ルーブリック」が提案されている（西岡・大貫，2023）。また，イギリスの大学入学資格試験の例では，「マネージメント」や「資料の活用」など4つの観点でつくられたルーブリックが紹介されている（二宮，2023）。

　ただし，ルーブリックに関しては，既存のものを単に流用するのではなく，各学校がめざす探究の在り方や，子どもの実態に合わせて作成していく必要がある。また，教師の間で評価基準を共通に理解し，評価の一貫性を高めていくことも大切である。そのために，複数人で同じ作品を評価し，その結果について話し合いながらルーブリックを作ったり見直したりしていく活動も重要となる（ルーブリックの留意点については，西岡，2016，西岡，2023b を参照）。

　加えて，教師ではなく子ども自身が，ルーブリックを用いて自らの学習をふり返る活動を行い，学習をモニタリングしたりコントロールしたりするなど，メタ認知を育てる評価の在り方も求められている（二宮，2019）。ルーブリックを使

うにしても，教師が指導改善や適切なフィードバックを行う「学習のための評価」だけではなく，子ども自身が評価基準を使って自分の学習を主体的にとらえ直す「学習としての評価」も重要ということである。

4　今後の課題と展望

　ポートフォリオ評価法やルーブリックの活用は，探究的な学習の評価を効果的に進める方法であり，実践も積み重ねられている。しかしながら，とりわけ（探究に限らず）ルーブリックの活用に関しては課題も指摘されている。以下，探究的な学習に即して，今後の課題と展望を3点確認する。

　1点目は，ルーブリックに示された観点や基準に探究の過程が縛られるような，「評価のための学習」という状況になってしまうことである（二宮，2019，63-64）。教師が作成したルーブリックを提示することで，子どもにとってはその基準を満たすことだけが学習の目的となり，豊かな学びが失われるという事態が起こりうる。「学習としての評価」を実施していても，教師から与えられたルーブリックを自分の学習に当てはめるだけでは，子どもは評価の主体になっていないのである（cf. 遠藤，2020）。基準創出型ポートフォリオと同様に，ルーブリックの活用においても，教師側だけでなく子どもが作品を見るなかで考えた規準・基準とすり合わせていくことが大切であり，その具体的な在り方を理論化し，実現していくことが重要となるだろう。

　2点目は，ルーブリックを教師と子どもがともにつくるとしても，そのルーブリックを用いて子どもが自身の学習を評価することで，探究での学びの創造性を失ってしまいかねないことである。探究に限らず，学習者（子ども）がルーブリックを使うことに対しては，作品を質的に評価することの複雑さが失われるという点が批判されており，教師の下で多くの本物の作品に出合い，作品の全体を評価（判断）していく経験の重要性が指摘されている（石田，2021）。この点は，長期的なルーブリックを用いて探究の指導をする場合にも当てはまるだろう。ルーブリックを補助的に用いつつ，子どもがよい探究の在り方を具体的な作品や人物から考えていくような活動も必要になると考えられる。

　3点目は，教師同士が話し合ってルーブリックをつくる際に，評価の信頼性（いつ誰が評価しても同じ結果になるか）の確保をめざすほど，多様な価値を互いに認めてすり合わせるよりも，過度な標準化・画一化がおこりかねないことである（遠藤，2022）。作品を吟味して評価基準を熟考するプロセスが，単に出てきた言葉を表に入れてまとめる作業へと矮小化してしまうことは少なくない。そこで，作品に対する多様な見方を尊重しながら対話できるルーブリックづくりの在り方が問われる。この点は，ルーブリックではなく作品事例とその論拠を集めて質的判断にアプローチするという構想（石田，2022，68）にも学びつつ，教師の力量形成の視点をもって具体化する必要があるだろう。

引用・参考文献

遠藤貴広（2020）コミュニケーションとしての評価，田中耕治編集代表『評価と授業をつなぐ手法と実践（シリーズ学びを変える新しい学習評価：2019年改訂指導要録対応，理論・実践編3）』ぎょうせい，144-154.

遠藤貴広（2022）反照的均衡としてのモデレーション：総合的な探究の時間における学習評価の方法論的展望，教師教育研究，15，419-427.

石田智敬（2021）ロイス・サドラーによる形成的アセスメント論の検討：学習者の鑑識眼を錬磨する，教育方法学研究，46，1-12.

石田智敬（2022）発散的課題の学習評価における教師の力量形成：ルーブリックは助けか足枷か，教育方法の探究，25，61-68.

文部科学省（2018）『小学校学習指導要領（平成29年告示）解説 総合的な学習の時間編』東洋館出版社

二宮衆一（2019）探究学習における教育評価のあり方，日本教育方法学会編『教育方法48：中等教育の課題に教育方法学はどう取り組むか』図書文化社，50-66.

二宮衆一（2023）探究する能力の育成と評価：イギリスの大学入学資格試験への探究的学習の導入，伊藤実歩子編著『変動する総合・探究学習：欧米と日本 歴史と現在』大修館書店，160-177.

西岡加名恵（2016）『教科と総合学習のカリキュラム設計：パフォーマンス評価をどう活かすか』図書文化社

西岡加名恵（2023a）『探究的な学習』を評価するルーブリック，西岡加名恵・大貫守編著『高等学校「探究的な学習」の評価：ポートフォリオ，検討会，ルーブリックの活用』学事出版，62-70.

西岡加名恵（2023b）『探究的な学習』における評価のポイント，月刊高校教育，56(8)，26-29.

西岡・大貫（2023）前掲書

340

---   コラム 10　教育実践研究者のリ・ラーニング　 ---

VUCA の時代 [1] と言われる現在，より質の高い，確かな教育が求められています。それには，教育現場に関わる教師の教育実践力・研究力を高めていくことが最も重要かつ急務だと考えます。高等教育においては，高度な教育実践研究力を求める実践者への指導や教育実践研究指導ができる研究者養成の場として，教職大学院や教育系博士課程のあり方等を考えていかなくてはならないでしょう。ここでは，それらを概括しつつ，期待を膨らませてみましょう。

1　教職大学院

周知のように専門職大学院 [2] としての「教職大学院」[3] は，「学校現場における職務についての広い理解をもち，自ら諸課題に積極的に取り組む資質能力を有し，新しい学校づくりの有力な一員となる新人教員」と「学校現場が直面する諸課題の構造的・総合的な理解に立って，教科・学年・学校種の枠を超えた幅広い指導性を発揮できるスクールリーダー（中核的中堅教員）」の養成を行うところです。現在全国で 50 余の教職大学院が設置され，新たに教員免許を取得できたり，教員免許を持っていなくても入学できたりするなど多様な学びに対応しています。修士（教育学）を取得するこれまでの修士課程に対して，教育現場に多様な関わりをベースとする教職大学院では，学位として教職修士（専門職）が授与されます。標準修了年限は 2 年ですが，大学院によっては，短期履修や長期在学といったフレキシブルな対応も見られます。また，教員スタッフも必要専任教員数の 4 割を超える割合で，実務家教員が採用され，様々なニーズに対応する体制が整備されています。

このようなシステムは，科学技術の進展やグローバル化に伴う社会変化に対応しかつ活躍できる高度専門職業人養成のニーズを受け，平成 15 年度より実施された専門職大学院制度の一つです（教職大学院：平成 20 年度〜）。学部教育だけでは，十分なし得なかった「理論と実践の融合」の実現をめざす教員養成教育であり，社会貢献としての教育実践に寄与すべく，どの教員にもリ・ラーニングとしての機会保障と言えるのではないでしょうか。

2　教育系博士課程（後期課程）

大学院教育については，「2040 年を見据えた大学院教育のあるべき姿」として，新しい社会における知の生産や価値創造を先導する「知のプロフェッショナル」の育成が示されています [4]。そして，研究者，高度専門職業人，大学教員等の人材養成機能の充実が大学院教育の改善方策として求められています。

このようなニーズに先駆けて，複数大学による連合の博士課程が誕生してきています。教育系の連合大学院博士課程（後期課程）設立数はわずかですが，その一つに兵庫教育大学を基幹大学とする連合大学院博士課程があります [5]。1990 年台後半に制定され，その後今日に至るまで，進化・拡充が図られています。

教育系博士課程にかかわる学位 Ed.D. [6] については，たとえば，アメリカの取り組みが挙げられます。約 1 世紀となる Ed.D. の歴史を有し，教育分野の実践的な活動や調査研究と密接に通じているとされ，大学院教育の高度な能力を育成する例として報告されています。2005 年以降では，「カーネギープロジェクト CPED」[7] によって，Ed.D. の整理・再評価がなされ，現在も 100 以上の大学が参加する国際プロジェクトに発展し，その影響力は大きいと言えます。日本の Ed.D. に関しては，広島大学や名古屋大学などが取り組んでいます [8]。

リカレント・モデルについては，先の兵庫教育大学の報告があります [9]。組織・運営の特徴や教員・学生を対象にした調査を行っています。結果的には，これまでに変更がないフレームとして，連合大学院の利点を活かし，1 人の学生に対して複数の指導教員体制とフレックスタイム・カリキュラム制度の継続が望ましいとしています。これは，学生の職種・職歴等の実態から，学生の時間的負担への配慮によっ

てリカレント化につながる工夫ととらえられます。改善案としては，修学中の論文作成の負担や学位取得後のキャリアアップ等を考慮して，修学期間の3年間にプレステージ（修学前2年間），アフターステージ（修了後3年間）を加えたリカレント・モデルを用意し，実践性の高い学術研究の保障と社会での活躍を支援するイメージを挙げています。さらに，学生向けのモデル案を用意する一方で，指導教員向けの研修プログラムを稼働させることも重要だとして提言しています。これからの大学院における学修には，学生・指導者一体型のリカレント・モデルの構築が予想されます。

3　期待も込めて

　こうした教職大学院・教育系博士課程が，誰もがいつでも，いつからでもチャレンジでき，修学希望者のニーズに応じた学びが確かに得られるところになる・・・そんな日も近いのではないでしょうか。その時は，ぜひチャレンジしてみたいですね。

引用・参考文献等
1）https://www.meti.go.jp/policy/economy/jinzai/souzousei_jinzai/pdf/houkokusho_r3.pdf（閲覧日：2023.8.10）
2）https://www.mext.go.jp/a_menu/koutou/senmonshoku/index.htm（閲覧日：2023.8.10）
3）https://www.mext.go.jp/a_menu/koutou/kyoushoku/kyoushoku.htm（閲覧日：2023.8.10）
4）https://www.mext.go.jp/b_menu/shingi/chukyo/chukyo0/toushin/1411360.htm（閲覧日：2023.8.10）
5）https://www.hyogo-u.ac.jp/rendai/（閲覧日：2023.8.10）
6）例えば，以下のものが挙げられる。
　橋本鉱市（2002）米国における専門職学位プログラム ―教育系プロフェッショナルスクールのEd.D.―，学位研究，16，95-104．
　福留東土（2012）大学院教育と研究者養成 ―日米比較の視点から―，名古屋高等教育研究，12，237-256．
　今津孝次郎（2011）教職専門職博士課程EdDの可能性と課題，日本教師教育学会年報，20，8-17．
　黒田友紀（2014）米国における専門職学位Ed.D.をめぐる議論の検討，教科開発学論集，2，149-157．
　小川佳万（2002）学位から見たアメリカ教育大学院 ―その特質と問題点―，名古屋高等教育研究，2，161-184．
　白畑知彦・新保淳・北山敦康（2015）本共同教科開発学専攻の今後の方向性 ―国内外のDoctor of Education(Ed.D.)の実態調査に基づいて―，教科開発学論集，3，181-188．
　新保淳・高根信吾・長倉守・白畑知彦（2016）米国におけるDoctor of Educationプログラムとの比較から見える共同教科開発学の特性，教科開発学論集，4，185-192．
　倉本哲男（2019）アメリカにおけるEd.D.カリキュラムの研究 ―ハワイ州立大学(University of Hawaii)のEd.D.指導論を事例に―，アメリカ教育研究，29，29-43．
7）https://www.cpedinitiative.org
8）松下晴彦（2010）研究大学におけるEd.D.プログラムの意義 ―名古屋大学「教育マネジメント」の事例―，名古屋高等教育研究，10，181-197．
　水野考・天野かおり・佐々木保孝・杉原薫（2008）教職課程担当教員の養成プログラム構築に関する研究 ―広島大学における「Ed.D型大学院プログラムの開発と実践」，その現状と課題―，教育学研究紀要，中国四国教育学会編，54(1)，260-269．
　大橋隆弘・上野哲（2009）高等教育政策と大学の自己改革：広島大学大学院教育改革プログラム「Ed.D型大学院プログラムの開発と実践」における取組を手がかりに，広島大学大学院教育学研究科紀要，3，教育人間科学関連領域，58，55-64．
9）溝邊和成・久我直人・高橋敏之・田村隆宏・西山修・松本剛・水落芳明・若田美香（2023）『教育系博士課程におけるリカレント・モデルの構築』学事出版

--- コラム 11　年齢の違う他者の育ちにかかわる　---

　ずいぶん前のことになりますが，銀行員の家庭に傘を持った女性家庭教師が舞い降りてくるファンタジーな話（イギリス児童文学作家の作）が映画化され話題になりました。私自身も楽しく鑑賞しましたが，当時のイギリス社会における教育の姿が感じられる作品でもあります。しばらくして，その映画と関係する「Nanny」という言葉（確か 2013 年『13 歳のハローワーク（https://www.13hw.com/jobcontent/J000100232.html）』で人気職業第 1 位だったとか）が目に飛び込んできました。それに加えて「守姉」とか「アロマザリング」も気になりました。

1　「Nanny」について

　イギリスでは，Nursery School や Day Nurseries, Child Minder, Combined Nursery Centres などの様々な就学前施設がある中，Nanny（以下，ナニー）は，生後間もない頃から就学前（就学後も含まれる場合もある）の子どもの保育・教育を任される「乳母」的役割を担う存在です。その歴史的成立の詳細は省略しますが，古くから上流家庭では，子どもの保護者と個別契約によって雇用されるナニーの存在が重視されていたようです（ex. 松本 2016）。現代では，住み込みで働く以外に様々な形態があるようですが，一般的には，子ども部屋（nursery）において，トイレの仕方から食事のマナー，言葉づかい等しつけの全てを任され，指導していきます。そのため，保護者のような存在ともなり，また本当の家族のように子どもへの影響は大きいものとなります（ex. 藤田 2014）。このナニーになるための免許があるわけでもありませんが，専門的ナニー養成校（ex. ノーランド・カレッジ Norland colledge: https://www.norland.co.uk/）もあります（ex. 椨 1994）。なお，ナニーとは別に 19 世紀後半のヴィクトリア時代の社会を反映して，その需要が高まった女性家庭教師：ガヴァネス（governess）も存在しています（ex. 川本 1994）。

2　「守姉」という知恵

　さて，日本の就学前教育においては，「守姉」という保育システムの存在が気にかかります。沖縄の島などでは，半世紀前まで当たり前の風習として，親子という血縁関係を持たない他人（主として未成年女子）によって「幼児のめんどうをみる」ことがなされていました。それが「守姉」です。村落によって異なりますが，「守姉」となる女子の年齢は 10 歳前後が多く見られます（ex. 具志堅 2013）。通常，いわゆる金銭的雇用関係ではなく，お世話をしている「子守り」の返礼としての贈り物などが渡されているようです。また，「守姉」と「守子（世話を受ける子ども）」の関係は，血縁のある家族でなく，擬制的でありながら生涯続き，そして一世代で終了する個人と個人の結びつきです。「血縁関係を持たない他者による母親的な養育を行っている姿」を日常生活の一部として見出すことができるわけですが，このようなかかわりを，仮親による保育システムの一形式として見なすことも可能ではないでしょうか。1970 年代にあった沖縄返還以降「守姉」の姿は，すっかり見られなくなったようですが，今一度そのよさを見直し，現代風の活用に向けた検討を試みてもいいかもしれません。

3　アロマザリング

　根ヶ山・柏木（2010）によれば，アロマザリング（allomothering）とは，「母親的養育行動を母親以外が行うこと」であり，「他人が子どもの養育に関与することであり，保育園・幼稚園・こども園・学校などの教育機関や出産・育児にかかわる医療・保健機関，あるいは子育て支援などの制度も広い意味で含まれうる」としています。子どもにとっては，母親が重要であるけれども，アロマザリングは，単なる母親の代行というより，様々な人・物・ことが関与する保育・教育の共同システムを示しているように捉えられるのではないでしょうか（ex. 比嘉ら 2013, 根ヶ山 2012）。そうした考えを進めていくならば，先

の「守姉」についても，その土地の風土・風習に応じた土着のアロマザリングの展開例を見ているのではないかと考えます。そして，それは制度的アロマザリングの色彩が強い就学前施設での取り組み等との共同作業によって「家族・コミュニティ」の子育て機能がより十全に働くのではないかと期待するところです。

4　育てられているときに

　「Nanny」であっても「守姉」であっても，生後間もない時期からおよそ就学前の乳幼児期の子どもの保育・教育を担当する者は，自らもその用意された環境の中で歩み，成長・発達を続けていることになります。例えば，「守姉」を経験する女子は十代半ばまでが多く，つまり，自分も育てられる立場の年齢に，自分より小さな他者の育ちに接していくことになります。その間，自らの過去の経験や現時点だから感じること，将来大人になった時のシミュレーションなど，様々なことが立ち現れ，自身にとっても大きな学び・育ちが見出されるのではないかと思います。こうした状況を「育ちの共同システム」と称するならば，そのビジョンを意識したこれまでの成果・課題(ex. 金田編 2003)等を踏まえた議論から，昨今の小・中学校及び高等学校家庭科における保育教育や発達教育の検討に連動させていくことが求められているのではないかと考えます。それは，保育体験学習，幼児との触れ合い体験といったこれまでの家庭科の教育成果等も踏まえつつも，「親性準備性」(ex. 伊藤 2019)の受け止めであったり，幼少期から経験知として蓄積される異年齢集団活動の体系化，あるいは子どもの将来を方向付ける職場体験学習や専門職養成につながる保育・教育実習のあり方を形成していく可能性を有しているのかもしれません(ex. 岡野ら 2011,2012)。

引用・参考文献等
藤田泉(2014)19・20世紀転換期イギリスの子ども部屋におけるナニーの役割についての考察，平成音楽大学紀要，14，75-91.
伊藤葉子(2019)中・高校生の親性準備性の発達と保育体験学習，日本家政学会誌，70(6)，321-327.
比嘉憲枝・大湾明美・田場由紀(2013)ヒトのアロマザリングの概念の検討：離島の「15の島立ち」の支援に向けた文献レビュー，沖縄県立看護大学紀要，22，69-76.
具志堅邦子(2013)守姉という存在，沖縄国際大学，地域文化論叢，15，45-63.
金田利子編著(2003)『育てられている時代に育てることを学ぶ』新読書社.
川本静子(1994)『ガヴァネス(女家庭教師)：ヴィクトリア時代の「余った」女たち』中央公論社
松本亜弓(2016)イギリスの各種就学前教育施設とナニーについての考察，跡見学園女子大学，コミュニケーション文化，10，241-267.
根ヶ山光一・柏木惠子編著(2010)『ヒトの子育ての進化と文化：アロマザリングの役割を考える』有斐閣
根ヶ山光一(2012)『アロマザリングの島の子どもたち：多良間島子別れフィールドノート』新曜社
岡野雅子・伊藤葉子・倉持清美・金田利子(2011)家庭科の幼児とのふれ合い体験と保育施設での職場体験学習の効果との比較，日本家庭科教育学会誌，54(1)，31-39.
岡野雅子・伊藤葉子・倉持清美・金田利子(2012)中・高生の家庭科における「幼児とのふれ合い体験」を含む保育学習の効果：幼児への関心・イメージ・知識・共感的応答性の変化とのその関連，日本家政学会誌，63(4)，175-185.
椨瑞希子(1994)イギリスにおける保育専門職成立過程の一考察：ナニー養成校ノーランドをてがかりとして，聖徳大学研究紀要短期大学部，27(1)，77-84.

--- コラム 12　アップデートの目　---

　子どもに何をどうはたらきかければよいか…とても気になるところですね。少しでも意図や意味，理由などが分かれば，それを意識して，あるいはその観点に立って自らの言動をチェックしたり，スキルアップを心がけたりできるでしょう。また，教育に対する構えや姿勢についてもその役割などからイメージを膨らませることができるなら，自信を持って子どもに接するようになるかもしれません。そのきっかけを少し考えてみましょう。

1　ことばをかける

　教師の教授行動，特にことばかけについては，Palincsar (2003) が述べる分析観点が示唆的であると考えます。「目立たせる（Marking）」「もどす（Turning Back）」「復唱する（Revoicing）」「表現させる（Modeling）」「付け加える（Annotating）」「まとめる（Recapping）」の6点にまとめられています。例えば，「目立たせる（Marking）」は「アイデアに注目させ，その重要性を強調する。」と述べ，「リズが今言ったことを聞きましたか。もう一度言ってみて，リズ。それは，とても重要な考えです。」といった例を示しています（Palincsar 2003）。黒田・森本（2010, 2011, 2016）などは，「目立たせる（Marking）：子どもによる考えの表現において，特に大事と思われるところに子どもの注意を向けたり，強調したりする」などとして，理科授業内の発話検討に活用しています。また松村・中城（2021）は，それらを細分化して「もどす」と「表現させる」に5タイプ（前者：確認型，連続型，再考型，切り返し型，根拠型，後者：一答型，多答型，仮説型，発見型，選択肢型）を導き出しています。岩本ら（2022）の報告では，小学校3年生を対象にした単元導入授業（理科）のプロトコルで「表現させる」から始まり，「目立たせる」「まとめる」「もどす」といったパターンが見られました。また「もどす」や「表現させる」ところから，最後にクラス全体の問題として「目立たせる」こともあり，様々なバリエーションの可能性が考えられます。同様に5年生の授業（理科）の問題の設定，結論の導出場面では，ともに「表現させる→復唱する」が見られました。さらに問題の設定場面「表現させる（選択肢型）」や，結論の導出場面「もどす（根拠型）」なども確認されています（岩本ら 2024）。こうした一つの授業，一つの場面，一つの対話の中で，教師自身の教授行動モデルが構築されていることが考えられます。「観点」を持ちながら，しかしそればかりに囚われない，縛られない「教授行動」の分析・振り返りを繰り返す過程で，教師自身がそのモデル構築に向かっていくことができそうです。

2　ファシリテーション

　「令和の日本型学校教育」が注目される昨今，Society 5.0 に向けた「ファシリテーターとして授業を組み立てる」能力が求められています（経団連 2020）。ファシリテーションは「集団が持つ知的相互作用を促進する動き」であり，「人が本来持っていた力を引き出し，相互にかけ合わせることで増幅し，集団の力を最大限に高めていく」とされています（中教審 2021）。また「集団による問題解決，アイデア創造，合意形成，教育・学習，変革，自己表現・成長など，あらゆる知識創造活動を支援し促進していく働きのこと」（堀 2004）「知的・情緒的相互作用を支援・促進する働き」（工藤 2010）などが見られます。「基本的に子どもと対等な位置を保ちながら，教室にいる子どもそれぞれの思いや活動を引き出し，子ども同士をコラボレーションさせながら活性化させていく」（武田 2011a）役割があり，その能力には，「場のデザイン・対人関係・構造化・合意形成・情報共有化」が示されています（武田 2011b）。また，授業ファシリテーションモデルの提案もなされていますが，実践的検討が待たれるところでもあります。田中・山中（2023）では，Cranton（入江・豊田・三輪訳 1999）を引用しながら，役割を「学習者が表明するニーズに応えて学習者の成長と変化を励まし支えること」と説明しています。さらに，子どもに指示・管理・教え込んだりせず，子どもがやりたいことの手助けをするととらえ，ファシリテーターとしての

教員養成の案が示されています。こちらにおいてもファシリテーション能力育成にかかる研究報告が期待されます。そうした際，ファシリテーション活性化の道具使用も悪くないでしょう（ex. 石川・小貫編2015）。それらの活用と自己省察を通して，ファシリテーションのスキルアップや自身のマインド変化を映し出す実感も味わうことができ，教師としての立ち位置を意識した姿を語ることによるアップデートができると思います。

3　探究における教師の関わりレベル

　自らが課題を設定し，解決するといった「自分の学びをオーダーメイドできる」子どもの育成を目指す授業には，探究のプロセスにおける教師の関わりのフレームを意識しておくことも重要になってきます。例えば，Banchi & Bell (2008) によれば，いくつかのレベルがあるようです。探究場面において，教師側からの提供が「問い」「進め方」「解答」まであるレベル１：確認のための探究（Confirmation Inquiry），「問い」「進め方」のみのレベル２：構造化された探究（Structured Inquiry），「問い」のみ提供されるレベル３：ガイド付き探究（Guided Inquiry），そして何も提供されないレベル４：自由な探究（Open Inquiry）です。このようなフレームを起点として，その中で生起する子どもとの対話に着目していくことによって，前述の「ことばかけ」や「ファシリテーション」につながるアップデートになるのではないかと考えます。今後のコラボによる成果報告が楽しみです。

引用・参考文献等
Banchi, H., & Bell, R.(2008) The many levels of Inquiry, *Science and Children, 46(2)*, 26-29.
Cranton, P. 著，入江直子・豊田千代子・三輪建二訳(1999)『おとなの学びを拓く─自己決定と意識変容を目指して─』鳳書房
堀公俊(2004)ファシリテーション入門，日経文庫
石川一喜・小貫仁編(2015)教育ファシリテーターになろう！グローバルな学びを目指す参加型授業，弘文堂
岩本哲也・溝邊和成・坂田紘子・平川晃基・流田絵美(2022)問題を見いだす過程に関する基礎的調査─小学校第3学年「太陽とかげの位置の変化」より─，日本理科教育学会四国支部大会発表論文集，40，44-45.
岩本哲也・溝邊和成・坂田紘子・平川晃基・流田絵美(2024)学習場面における教師の効果的な働きかけの事例分析─第5学年「振り子の規則性」を通して─，日本理科教育学会オンライン全国大会発表論文集
工藤亘(2020)令和の日本型学校教育に求められる教師のファシリテーション能力についての一考察─学校教育でのファシリテーション・サイクルを目指して─，玉川大学教師教育リサーチセンター年報，11，97-108
黒田篤志・森本信也(2010)対話的な理科授業を通した子どもの科学概念構築に関する教授論的研究，理科教育学研究，51(1)，51-62.
黒田篤志・森本信也(2011)談話としての理科授業を通した科学概念構築に関する研究，理科教育学研究，51(3)，85-99.
黒田篤志・森本信也(2016)対話的な理科授業における教授行動の変容に関する教室談話分析，日本教科教育学会誌，39(1)，97-110.
松村有祐・中城満(2021)教師の発話分析における視点の細分化に関する考察─パリンサーの対話的な教授行動を視点に用いて─，日本科学教育学会研究会研究報告，35(6)，9-12.
中央教育審議会(2021)「学校管理職を含む新時代の教職員集団の在り方の基本的考え方（資料1）」https://www.mext.go.jp/content/20210915-mxt_kyoikujinzai02-000016721_2.pdf「教師に求められる資質能力の再整理（資料2）」https://www.mext.go.jp/content/20210915-mxt_kyoikujinzai01-000017240_3.pdf（閲覧日：2022.8)
日本経済団体連合会(2020)「Society 5.0 に向けて求められる初等中等教育改革 第二次提言─ダイバーシティ＆インクルージョンを重視した初等中等教育の実現─」https://www.keidanren.or.jp/policy/2020/110.html（閲覧日：2022.8)
Palincsar, A.S.(2003). Collaborative Approaches to Comprehenshion Instruction, In Sweet, A. P. & Snow C.E.(Eds.), *rethinking reading comprehenshion*, 99-114, The Guilford Press.
武田正則(2011a)教育現場の協働性を高めるファシリテーション実践学，学事出版
武田正則(2011b)ファシリテーション能力育成のための校内研修モデルの開発─学習促進案（facilitation plan for learning）の提案─，日本教育情報学会年会論文集，27，46-49.
田中真秀・山中信幸(2023)児童と生徒の主体的・対話的な学びを支援できる教員のファシリテーション能力の育成─教員養成段階における授業開発─，川崎医療福祉学会誌，32(2)，499-506.

わたしたちの推し（推薦図書）

森本信也編著
『理科授業をデザインする理論とその展開』
東洋館出版社・2017 年

　学校教育には，複雑な状況変化の中で目的を再構築することができるようにすることが求められると言われて久しい。

　本書刊行の言葉に，森本氏により以下が語られている。「理科授業に表れる子どものアクティブな学習を評価し，その変容を図るための指導の方法について，多様な視点から検討した。理科授業におけるアクティブな学習を，子どもは現在の彼らの考えを深めるのに必要と思われるものを，彼ら自身の判断で取捨選択していく。子どもが学習への明確な目的意識をもち，自らの判断のもとで情報を収集し，考えを深化させていくこと，これをアクティブな学習と捉えている。」上記を踏まえ，構成主義的な視点に基づく様々な学習論，指導と評価の方法論が展開されている。例えば，子どもの描画や比喩的表現，また，科学概念の記憶や多様性を価値付け，評価する。このような学びに即した理科授業のデザインが多く示されている。さらに，自律的な動機づけを促進する授業，メタ認知に基づく授業，自己調整的に進める授業，形成的アセスメントに基づく授業等である。

　現代の理科教育に関わる教育課題を解決する方策について示唆が得られ，実践として大いに発展できる。（松田雅代）

藤原さと著
『「探究」する学びをつくる』
平凡社・2020 年

　一般社団法人こたえのない学校の代表理事をされている筆者の PBL（プロジェクト型学習）についての著書である

　アメリカ，ハイ・テック・ハイ校とその教育プログラムの紹介から始まる。プロジェクトベースの学びとは，子どもたちや教師の姿，その効果が丁寧に語られる。筆者が，プロジェクトは「発表」の場面から逆算するとして，そのプロセスは，示唆に富む。子どもたちがもてる力を発揮し，成長する姿を的確に捉え，「美しい仕事」と表現する。

　また，生徒中心の「評価」の意義と方策を述べ，学習する組織としての教師を頼もしく見守る筆者は，人への愛情と信頼に溢れている。実践の紹介にとどまらず，日本の学校教育への応用についても，分かりやすく書かれている。

　併せて，『協働する探究のデザイン（2023 年）』も続けて読むことを勧める。実践に向け，心躍る続編である。探究のデザインを「概念を使った探究」「課題解決による探究」「探究の評価」「探究における協働」と進め，探究の究極の目的に対する考えをまとめつつも，今，求められる姿に言及している。（松田雅代）

347

Ｊ．Ｄ．ハーレン，Ｍ．Ｓ．リプキン著，深田昭三・隅田学 監訳
『8歳までに経験しておきたい科学』
北大路書房・2007年

　この書籍は，教育や科学的な概念にとらわれず，内容をじっくりと味わうことで，その背後にある深いメッセージを感じ取ることができる。主なテーマとしては，子どもたちが生きる上で必要不可欠とされる科学体験を具体的に示している。

　幼少期は，多くのものに対して好奇心旺盛に接する時期である。その無垢な疑問や不思議を，具体的な活動や事例を通じて，科学的な視点で捉え，理解していくための道筋が示されている。それらの事例は，子どもたちが自らの手で実践しながら，身の回りの世界やその仕組みに関心を寄せ，楽しく学ぶための具体的なヒントとなっている。

　教育者や保護者として，発達段階における子どもたちの純粋な「なぜ？」という質問にどのように答えるべきか，また，それをどのように科学的な体験に繋げるかについて，多くの示唆とアイデアを得ることができる。子どもたちが科学に興味を持つことは，単なる学問の研究だけでなく，日常生活の中での問題解決能力や論理的思考能力を養うための大切なステップである。本書は，未来を担う世代に科学の魅力とその重要性を伝えるために，教育者や保護者，さらには社会全体に読まれるべき内容である。（永井毅）

井上美智子・無藤隆・神田浩行編著
『むすんでみよう　子どもと自然』
北大路書房・2010年

　現代の社会において，子どもたちの自然体験は減少している。しかし，幼少期の発達と保育・教育において，自然とのかかわりは非常に重要な要素とされている。この書籍は，その重要性を実感させ，持続可能な保育を目指す保育者たちに，具体的な方法や事例を通じて自然教育の実践を示唆している。

　本書では，まず，子どもと自然との関わりの重要性やそのあり方，発達と保育の可能性に焦点を当てて解説している。そして，実際の保育現場での実践方法や自然との楽しい遊び，保護者や地域を巻き込んだ取り組み方法，自然と接する際の注意点やスキルアップの方法などが詳しく紹介されている。最後に，実際の保育園や地域の事例を取り上げ，園庭や自然環境の見直しから，子どもと大人が共に参画するお米づくりの体験，蚕や動物の飼育など，具体的な取り組みの紹介とその実践例を通じて，保育の多様な可能性を示している。

　自然との関わりを深めることで，子どもたちの成長や発達にどれほどの効果があるのかを理解し，その価値を最大限に引き出すための方法を探究した書籍であり，持続可能な社会，そして，その保育実践を目指すすべての保育者や保護者にとって，参考となる一冊である。（永井毅）

奈須正裕著
『総合学習を指導できる"教師の力量"』
明治図書・1999 年

　総合学習は，「探究」を本質とするため各教科を指導する力量とは異なった力量が必要であるともいわれている。著者は"教師の力量"について，名人芸のようなものではなく，自身のあり方を新たなものにしていこうとする研鑽の先に到達する一つの境地であると述べ，力量と呼ぶべきではないとする。筆者が示すように，本書は"教師の力量"の具体を問うものではない。ここでは，「どのようにして，子どもたちを主人公にした教育実践を創造していくのか」といった視点で"教師の力量"が語られている。例えば，第Ⅱ章では，子どもの外側からでなく内側から学習を編み出す学習者中心カリキュラムを構築するためのヒントが示されている。第Ⅳ章を見ると，著者が，総合学習の実践原理としている子どもたちの願いや興味を第一優先にした活動の具体が語られている。第Ⅵ章において筆者は，教師が立てた計画（枠）に児童がおつきあいをする総合学習を茶番と指摘し，児童の現実に即応できることこそ真の"教師の力量"であると論じている。本書では，総合学習の本質的意義が様々な視点から語られており，総合的な学習（探究）の時間を担う教師の抱える悩みを解決する糸口となり得る書籍である。（野崎大輔）

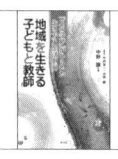

中野譲著，竹内常一・山田綾解説
『地域を生きる子どもと教師「川の学び」がひらいた生き方と生活世界』
高文研・2017 年

　2007 年の全国学力・学習状況調査の再実施以降，教育現場においても，これまで以上に合理主義・成果主義の波が押し寄せている。また，子どもたちの発達をテスト結果という数値化されたものだけで推し量ろうとする風潮が強まっている。このような教育観のもとで重きがおかれるのは，できるだけ手間や労力を省き，迅速に解へたどりつくための方法とスキルであろう。このような場では，学習者が指導者とともに試行錯誤しながら探究に浸る余裕は保証されていない。一方で，本書には，地域のひと・もの・ことや子どもたちの生活実態に基づいて構築された取り組みが記録されており，子どもたちが，地域を基盤とした文化的な営みの中で発達していく様子が活き活きと表現されている。著者は，子どもたちの現実世界と向き合い，一人ひとりが多様な選択肢の中で，自己実現できるような活動を繰り広げている。子どもたちが，各々のペースと方法で課題解決に向かうプロセスは，まさに「探究」であり，そこには，学校や教科の枠にとらわれない重層的な学びの場が存在している。このような子どもの文脈を大切にした手探りの取り組みにこそ，本質的な「探究」の機会が訪れるのではないだろうか。（野崎大輔）

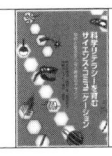

鈴木真理子, 楠見孝, 都築章子, 鳩野逸生, 松下佳代　編著
『科学リテラシーを育むサイエンス・コミュニケーション』
北大路書房・2014 年

　サイエンス・コミュニケーションとは,「科学のおもしろさや科学技術をめぐる課題を人々へ伝え, ともに考え, 意識を高めることを目指した活動のこと」(文部科学省)であり, 日本では 2005 年ごろから, 主に学校外で展開されてきている。本書は①この動向が従来の科学教育に影響を与えるのか, ②この影響を受け, 新しい科学の学びは生まれるのか, ③新しい科学の学びはどのようなものなのか, ④生まれ変わった科学の学びを支える知のネットワークはどうあるべきなのか, といった問いをもってⅢ部で構成されている。

　Ⅰ部「学校教育での科学教育」では, 学校での科学教育の変遷や現状を取り上げ, 3つの課題について, サイエンス・コミュニケーションの果たす役割は大きいと述べられている。Ⅱ部「サイエンス・コミュニケーションの現在」では, 英国・オーストラリア・韓国・米国といった国々での科学系博物館における展示の仕方や教育機関との連携のあり方や科学技術政策との関連, 日本の小中学校理科における科学系博物館の利用について紹介されている。また, ICT の活用の点からもネットワーク形成の新しい動向についても述べられている。Ⅲ部「科学的リテラシー・批判能力の形成」では, 意思決定の主体に焦点をあて, 科学リテラシーの形成について述べられている。さらに, サイエンス・コミュニケーションにおける批判的思考の重要性とその育成のための指針についても述べられている。巻末には, 本書で述べられてきた視点から国内外の科学館や博物館を紹介したガイドブックが掲載されており, 本編で述べられた視点を持ってサイエンス・コミュニケーションの現場を体験してほしいという願いが込められた一冊となっている。(稲井雅大)

白井俊著『OECD Education2030 プロジェクトが描く教育の未来：エージェンシー, 資質・能力とカリキュラム』
ミネルヴァ書房・2020 年

　OECD Education2030 プロジェクトとは,「2030 年という近未来において子ども達に求められるコンピテンシーを検討するとともに, その育成につながるカリキュラムや教授法, 学習評価などについて検討していくもの」(文部科学省)である。本書では, プロジェクトのナショナル・コーディネーターである筆者が, その膨大な会議文書やプレゼン, 議論等をもとに, 成立過程と内容を OECD と文部科学省両方の立場から日本の現状に照らし合わせ, 分かりやすく解説している。さらに文中にある 11 の「コラム」では, プロジェクトと日本の教育とのかかわりが詳しく解説され, 読みやすい内容となっている。

　本来 Education2030 プロジェクトは, コンピテンシーの枠組みを特定するものでもカリキュラムの分析を行うものでもなく「各国の政策形成に対して科学的な根拠を提供して, その政策形成を助けること」(OECD)を目的としており, 本書では全体を通してその点を踏まえた構成となっている。終章「これからの日本の教育を考える」では日本がこのプロジェクトに参加して得た知見をもとに, これからの日本の教育についてどのような示唆が得られるのかの検討をすることで, 今後の教育にどのように生かしていくべきかを問うものとなっている。(稲井雅大)

350

Sue Fostaty Young, Robert J.Wilson 著，土持ゲーリー法一 監訳，小野惠子 訳『「主体的学び」につなげる評価と学習方法 −カナダで実践される ICE モデル−』東信堂・2013 年

　この書籍は，「主体的・対話的で深い学び」を実践する上での重要な示唆が散りばめられている。ICE（アイスと発音する）モデルは，アクティブ・ラーニングの授業改善を目的に提唱されたものであり，学習を I（Ideas アイデア），C（Connections つながり），E（Extensions 応用）の３つの段階として捉え，学習者と共有することで，主体的な学びを実践することができるとしている。また，ICE モデルは，評価方法理論でもあることから数値的な評価だけでなく，質的な評価として改善していく視点についても示唆し，具体的なマトリックスを示している。特に，記述式の課題については，具体的な事例をもとに，それぞれの学習段階における評価基準を丁寧に整理されている。さらに，幼稚園児から大学院生に至るまで，さまざまな分野での活用事例を紹介し，ICE モデルの汎用性の高さについても示している。

　学習方法について記された書籍は数多くあるが，ICE モデルは，誰もが簡単に持ち運べ，汎用性の高い理論である。そのため，本書は，「主体的・対話的で深い学び」となる授業改善に取り組まれている多くの教育者にとって，たいへん参考となる一冊である。（伊藤良介）

神谷和宏著
『自己有用感・自尊感情を育てるコーチング・アプローチ』
明治図書・2017 年

　いじめや不登校など，児童生徒の抱える問題が大きく取り上げられる現代の社会において，ますます社会を生き抜く力の育成が求められている。その中で，「自分には価値があり，尊敬されるべき人間であると思う感情」（自尊感情）や「他者との関係の中で，自分がどれだけ大切な存在であるかということを，自分自身で認識する感覚」（自己有用感）を育むことは，とても意義深いことではないだろうか。

　本書では，子どもの自尊感情や自己有用感を育成するために，コーチングに基づくスキルを数多く紹介している。これらのスキルは，教科指導だけでなく，日常の学校生活における生活指導や生徒指導にも大きな示唆を与えてくれる。また，子どもの短所を長所に置き換えるリフレーミングも取り上げていることから，教員だけでなく，子育てに悩む保護者にとっても，我が子に対する見方をふり返るよいきっかけになるだろう。

　教員だけでなく，保護者や子どもを取り巻くすべての環境に携わる人々に読んでもらいたい一冊である。（伊藤良介）

リヒテルズ直子著
『今こそ日本の学校に！イエナプラン実践ガイドブック』
教育開発研究所・2019 年

　本書は，イエナプランを取り入れた公立学校の変革を促進するための実践的な手引き書である。理論編では，グローバル時代に求められる人間形成や新学習指導要領との関連性など，イエナプランの魅力や基礎的な知識が紹介されている。メソッドにとらわれないビジョンとしてのイエナプランの原則や特性など，イエナプランが目指す考え方について詳しく解説されている。実践編では，イエナプランを教室や学校に具体的に取り入れるためのヒントが示されている。また，異なるバックグラウンドを持つ子どもたちが共に学ぶためのグループづくり，対話・遊び・仕事・催しの 4 つの基本活動の展開方法，ワールドオリエンテーション（探究）やカリキュラム・マネジメントなど，学びの共同体を築くための具体的な実践方法も示されている。そして最終章では，日本の学校でイエナプランの実践を可能にするためのいくつかの提案が記載されている。教材や教員の働き方改革，特別支援教育の見直しなど，日本の教育システムにおける具体的な課題への対応策について言及している。本書は学校の教員だけでなく，教育に関わるすべての人にとって，学びの楽しさを追求し，主体性と協働を尊重した新たな教育のあり方を模索する手助けとなるだろう。（谷川陽祐）

ダン・ロススタイン／ルース・サンタナ著，吉田新一郎訳
『たった一つを変えるだけ』
新評論・2015 年

　ページを開いてすぐ，インパクトのある言葉が飛び込んでくる。「教師に指示されているかぎり，僕らは何も学んでいない」。本書は「質問づくり」がなぜ重要であるか，そのスキルを身につける方法に焦点を当て，質問をすることの重要性を強調している。教育批評家のニール・ポストマンは，「知識は質問の結果であり，質問をすることは人間が持つ最も重要な知的ツールである」と述べ，学校教育がこの重要なツールを十分に教えていないことに注目している。バード・カレッジのレオン・ボッツタイン学長は，「質問をする力こそが，解釈や探究に不可欠なものを分析する力であり，どのように質問するかを知っていることが基本的なスキルである」と語る。本書は，これらの洞察を基に，質問づくりのスキルを学習者に効果的に習得させるための具体的な方法が提案されている。学校教育において，これまでに行なってきた授業の 9 割は元のままで良いとした上で，「質問づくり」のスキルを既存の教育や指導方法に取り入れることで，学習者が主体的で自律的な学びを実現できる可能性を示唆している。実践編では，「質問づくり」において押さえておきたいルールについて詳細に記述されている。たった 1 つを変えることが，児童や生徒の探究的な学びを大きく変える可能性を秘めていると言えるのではないだろうか。（谷川陽祐）

奈須正裕著
『個別最適な学びと協働的な学び』
東洋館出版社・2021 年

　中教審答申「『令和の日本型学校教育』の構築を目指して」で重視されている「個別最適な学びと協働的な学びの一体的な充実」について，山形県天童市立天童中部小学校の実践を中心に述べられている。「今も未来も幸せにくらすことができる子どもを育む学び続ける子どもの育成」を研究主題に掲げて，学校が一丸となり取り組まれている実際が，多くの写真や資料から伝わってくる。実践は「仲間と教師で創る授業」に加え「自学・自習」「マイプラン学習」「フリースタイルプロジェクト」という子どもたちが自主的に学び進める三種類の学習を中心に行われているが，その実践のもとになった理論や他の学校の実践なども詳細に書かれているのが本書の特徴である。特に緒川小学校の「オープンタイム」を参考に実践されている「フリースタイルプロジェクト」は個人での探究を実現する授業実践となっている。また，書籍の中には実践だけでなく学校教育の成立から現代に至るまでの歴史の変遷が分かりやすく説明されており，今，求められる「個別最適な学びと協働的な学び」「探究」とは何かを改めて考え直すことのできる書籍である。（長田悠佑）

孫泰蔵著
『冒険の書　AI 時代のアンラーニング』
日経 BP・2023 年

　「私たちはなぜ勉強しなきゃいけないの？」「なんで学校に行かないといけないの？」数々の「問い」を抱えた「僕」が時空を超えて探究の旅に出かけるという物語である。
　物語の中には，コメニウス，ホッブズ，フーコーなど多くの偉人たちの考えが筆者との対話を通して描かれている。第 2 章「秘密を解き明かそう - なんで学校にいくんだっけ？」では，「子どもを子どもあつかい」せず子どもの見方を変えること，「一人ひとりの個性が違うことを愛でる」ことができた時に，「学びはおもしろさを取り戻す」ことができると訴えられている。第 4 章「探究しよう - 好きなことだけして何がいけないの -」では，「これからの時代において大事なことは，論理的に解決策を出そうとすることでなく，『良い問いを立てる』こと」，学校現場において自ら問いを立て「じぶんごと」にして自由に学びを進めていくことの重要性が述べられている。
　起業家であり最先端人工知能（AI）に触れた筆者が予測困難な時代，AI の未来に必要な教育について真正面から問いを立て，探究するプロセスが詳しく書かれており，「教育とは何か」「教師の役割とは何か」を根本から問い直すことのできる書籍である。（長田悠祐）

執筆者等一覧

編集者

氏　名	プロフィール　等
溝邊和成	九州共立大学教授。神戸大学大学院総合人間科学研究科修了：博士（学術）。小学校教員，広島大学，甲南女子大学，兵庫教育大学を経て現職。兵庫教育大学名誉教授。はじめに，第3章第6節，コラム1〜12担当
松田雅代	元大和大学講師。兵庫教育大学大学院連合学校教育学研究科修了：博士（学校教育学）。小学校教頭を経験。現在，四天王寺大学，帝塚山大学，桃山学院教育大学非常勤講師。第2章第1節，第3章第5節，第5章第1節，推薦図書 担当
永井　毅	相愛大学准教授。兵庫教育大学大学院連合学校教育学研究科修了：博士（学校教育学）。幼稚園教諭，保育士，湊川短期大学を経て現職。 第6章第5節，第7章第1節，推薦図書 担当
長田悠佑	三田市教育委員会指導主事。兵庫教育大学大学院学校教育研究科修了：教職修士（専門職）。小学校教員を経て現職。 第3章第4節，推薦図書 担当

執筆者1

氏　名	所属／担当箇所	氏　名	所属／担当箇所
青木千夏	大阪市立新庄小学校教諭／ 第2章第2節	礒野久美子	兵庫大学准教授／ 第1章第3節
伊藤良介	加古川市教育委員会 指導主事／第3章第1節 推薦図書	稲井雅大	大阪成蹊大学准教授／ 第1章第1節，第6章第3節 推薦図書
岩本哲也	大阪市立味原小学校首席／ 第1章第2節，第5章第2節	牛島敏雄	三木市立広野小学校教諭／ 第6章第4節
北田寛人	尼崎市立浜小学校教諭／ 第2章第4節	木原夢華	伊丹市立鴻池小学校講師／ 第2章第3節
坂田紘子	大阪市立東桃谷小学校 指導教諭／第5章第3節	田中一磨	明石市立高丘西小学校教頭／ 第5章第5節
田中万里子	舞鶴市立中舞鶴小学校 教諭／第2章第6節	谷川陽祐	沖縄県上本部小学校教諭／ 第6章第2節 推薦図書
中村和憲	福岡市立賀茂小学校教諭／ 第3章第3節	流田絵美	学校法人大宮学園大宮 幼稚園主幹教諭／ 第1章第4節
野崎大輔	宍粟市立山崎西小学校教諭／ 第7章第2節 推薦図書	野島崇志	福山市立戸手小学校教頭／ 第6章第1節，第7章第3節
長谷川 士	舞鶴市立中保育所保育士／ 第2章第6節	羽根田深雪	大阪市立大桐小学校教諭／ 第4章第5節

氏名	所属等	氏名	所属等
平川晃基	大阪市立豊新小学校教諭 / 第5章第4節	平川泰海	三木市立口吉川小学校教諭 / 第4章第3節
平山恭子	神戸市立六甲アイランド小学校教頭 / 第7章第4節	藤原達矢	加東市立滝野東小学校教諭 / 第2章第5節, 第4章第2節
椋本有加里	舞鶴市立舞鶴こども園園長 / 第1章第5節	安永 修	川西市立清和台中学校教諭 / 第3章第2節
山元慎一郎	大阪市立友渕小学校教頭 / 第4章第1節	脇田佐知子	名古屋市立植田東小学校教諭 / 第4章第4節

執筆者2（特別寄稿）

氏　名	所　属　等	氏　名	所　属　等
秋吉博之	和歌山信愛大学教授 特別寄稿17	伊藤博之	兵庫教育大学准教授 特別寄稿23
浦郷 淳	長崎国際大学講師 特別寄稿13	大貫麻美	白百合女子大学教授 特別寄稿7
奥村好美	京都大学准教授 特別寄稿21	小野寺かれん	京都光華女子大学講師 特別寄稿18
小幡 肇	文教大学教授 特別寄稿9	勝見健史	兵庫教育大学教授 特別寄稿10
神長美津子	大阪総合保育大学特任教授 特別寄稿5	北野幸子	神戸大学教授 特別寄稿4
木村 裕	花園大学教授 特別寄稿20	金馬国晴	横浜国立大学教授 特別寄稿8
久野弘幸	中京大学教授 特別寄稿19	小谷卓也	大阪大谷大学教授 特別寄稿1
隅田 学	愛媛大学教授 特別寄稿3	田村隆宏	鳴門教育大学教授 特別寄稿6
徳島祐彌	兵庫教育大学講師 特別寄稿25	名須川知子	大阪総合保育大学教授 特別寄稿2
平田幸男	至学館大学准教授 特別寄稿12	藤岡達也	滋賀大学教授 特別寄稿14
松田 充	兵庫教育大学准教授 特別寄稿22	水落芳明	上越教育大学教授 特別寄稿16
宮田佳緒里	兵庫教育大学准教授 特別寄稿24	村川雅弘	甲南女子大学教授 特別寄稿11
山下芳樹	行知学園日本語学校高田馬場校校長 特別寄稿15		

（アイウエオ順）
(2024年4月1日現在)

子どもと教師の学びと育ち
― 新時代の探究をひらくポイント 61+α ―

2024 年 9 月 25 日初版印刷
2024 年 9 月 30 日初版発行

編著者　溝邊和成・松田雅代・永井毅・長田悠佑
発行者　岡田金太郎
発行所　三学出版有限会社

〒 520-0835 滋賀県大津市別保 3 丁目 3-57 別保ビル 3 階
TEL 077-536-5403　FAX 077-536-5404
https://sangakusyuppan.com

モリモト印刷株式会社　印刷・製本